JAVA로 배우는 자료구조

알고리즘 공부를 위한 실전적 자료구조

저자 : 허준영, 장준혁, 이재홍, 정진만, 민 홍, 한정규, 홍지만

도서출판 홍릉

저자소개

허준영 한성대학교 컴퓨터공학부 교수

장준혁 한남대학교 컴퓨터공학과 교수

이재흥 경기대학교 AI컴퓨터공학부 교수

정진만 인하대학교 컴퓨터공학과 교수

민 홍 가천대학교 AI · 소프트웨어학부 교수

한정규 동아대학교 컴퓨터공학과 교수

홍지만 숭실대학교 컴퓨터학부 교수

JAVA 로 배우는 자료구조

알고리즘 공부를 위한 실전적 자료구조

인 쇄: 2024년 11월 15일 초판 1쇄
발 행: 2024년 11월 30일 초판 1쇄

저 자: 허준영 · 장준혁 · 이재흥 · 정진만 · 민 홍 · 한정규 · 홍지만
발행인: 송 준
발행처: 도서출판 홍릉
주 소: 01093 서울시 강북구 인수봉로 50길 10
등 록: 1976년 10월 21일 제5-66호

전 화: 02-999-2274~5, 903-7037
팩 스: 02-905-6729
e-mail: hongpub@hongpub.co.kr
http://www.hongpub.co.kr
ISBN: 979-11-5600-246-8(93000)

정 가: 28,000원

본 교재는 2024년도 과학기술정보통신부 및 정보통신기획평가원의 'SW중심대학사업' 지원을 받아 제작 되었습니다.
본 결과물의 내용을 전재할 수 없으며, 인용(재사용)할 때에는 반드시 과학기술정보통신부와 정보통신기획평가원이 지원한 'SW중심대학'의 결과물이라는 출처를 밝혀야 합니다.

머리말

자료구조와 알고리즘은 컴퓨터공학 분야를 지탱하는 두 개의 기둥과 같습니다. 자료구조는 데이터를 효율적으로 조직하고 관리하는 기초를 제공하며, 알고리즘은 이러한 구조를 활용하여 복잡한 문제를 효과적으로 해결합니다. 이러한 주제에 대한 숙달은 학업적 성공뿐만 아니라, 소프트웨어 솔루션의 효율성과 성능이 성공과 실패를 가르는 현실 세계에서도 필수적입니다.

이 책은 자바 프로그래밍의 기초부터 시작하여, 다양한 자료구조와 알고리즘의 기본 개념을 체계적으로 학습할 수 있도록 구성되었습니다. 기초적인 자료구조인 배열부터 시작해 클래스, 문자열, 사용자 입출력, 예외 처리, 그리고 기본적인 수학 개념까지를 포함하고 있습니다.

우리는 이 책을 통해 독자들이 자바 프로그래밍을 더욱 깊이 이해하고, 자료구조와 알고리즘 설계에 대한 자신감을 키울 수 있는 훌륭한 안내서가 되기를 바랍니다. 특히, 자료구조에 대한 이해는 알고리즘의 효율성을 극대화하는 데 필수적인 요소이며, 이 책은 이러한 기초를 단단히 다질 수 있도록 도와줄 것입니다. 자료구조를 잘 이해함으로써, 독자들은 복잡한 문제를 더 효율적으로 해결할 수 있는 능력을 기를 수 있으며, 나아가 고급 알고리즘의 설계와 분석에도 쉽게 다가갈 수 있을 것입니다.

프로그래밍은 단순히 이론을 이해하고, 눈으로 보고 끝나는 학문이 아닙니다. 프로그래밍의 진정한 가치는 실제로 코드를 작성하고, 문제를 해결하며, 그 과정에서 얻은 경험을 통해 더욱 깊이 체득되는 것입니다. 이 책은 자료구조의 기본 개념에서부터 시작하여 더 고급 개념에 이르기까지 여러분을 안내하기 위해 설계되었습니다. 우리는 자료구조를 학습하는 것이 단순히 이론적인 연습에 그치는 것이 아니라, 실습을 통해 이해가 가장 잘 이루어지는 실질적인 여정이라고 믿습니다. "百聞不如一行" (백 번 듣는 것이 한 번 직접 해보는 것만 못하다)는 말은 이러한 철학을 잘 담고 있습니다. 즉, 아무리 많은 설명을 듣고 예제를 보더라도, 직접 코드를 작성해보지 않으면 진정한 이해에 도달하기 어렵습니다. 실제로 손을 움직여 코딩해보는 경험이야말로 프로그래밍 능력을 향상시키는 가장 중요한 방법입니다. 따라서 여러분의 이해와 응용 능력을 향상시키기 위해 다양한 프로그래밍 예제를 포함하는 데 특별히 신경을 썼습니다. 예제를 통해 코드를 작성하고, 직접 실행해보며 얻는 경험이야말로 프로그래밍을 진정으로 이해하는 데 필수적이라고 믿기 때문입니다. 이러한 접근 방식은 독자들이 보다 직관적으로 내용을 이해하고, 학습에 몰입할 수 있도록 도울 것입니다.

이 책은 서울대학교 컴퓨터공학과 시스템소프트웨어 연구실에서 함께 연구한 7명의 저자들이 공동으로 집필하였습니다. 각 저자는 자신의 연구 경험과 전문성을 바탕으로, 독자들이 쉽게 이해할 수 있도록 노력하였으며, 실제 강의실에서 설명하는 듯한 서술 방식을 유지하려고 힘썼습니다. 또한, 가능한 많은 예제 프로그램을 포함하여 학생들이 직접 코딩을 통해 개념을 명확히 이해하고, 실전에 적용할 수 있도록 돕고자 했습니다. 이러한 접근 방식은 독자들이 보다 직관적으로 내용을 이해하고, 학습에 몰입할 수 있도록 도울 것입니다. 실습을 통해 코드를 작성하고, 직접 실행해보며 얻는 경험을 통해 프로그래밍 실력을 향상시켜 나갈 수 있을 것입니다.

우리는 이 책이 프로그래밍의 기초를 확립하고, 자료구조의 이해를 통해 복잡한 문제를 효율적으로 해결하는 능력을 키우는 데 큰 도움이 되기를 진심으로 바랍니다.

2024년 10월

저자일동

차 례

Chapter I

자료구조 공부를 위한 프로그래밍과 수학 기초 / 1

A. 자바 프로그래밍 기초 1

1 배열 (Array) 2
(1) 배열 생성 2
(2) 배열 원소 순회 5
(3) 다차원 배열 7

2 클래스 9
(1) 클래스 선언 10
(2) 클래스 사용하여 객체 생성 11

3 정적(static) 메소드와 main함수 11
(1) 정적 메소드 11
(2) main 함수 12

4 문자열 13
(1) 문자열 생성 13
(2) 문자열 연결 (Concatenation) 13
(3) 문자열 비교 13
(4) 문자열 메소드 14
(5) StringBuilder와 StringBuffer 16

5 사용자 입출력 16
(1) 사용자 입력 16
(2) 콘솔 출력 18

6 예외 처리 19
(1) try-catch 구문 19
(2) finally 블록 20
(3) try-with-resources 구문 20

(4) 예외의 전파 (throws 키워드) 20
(5) 사용자 정의 예외 21

B. 수학기초

1 **조합론적 원리** 22
2 **지수와 로그(Exponentials and Logarithms)** 23
3 **합계와 반복** 25
4 **점근적 표기법** 27
5 **랜덤화와 확률(Randomization and Probability)** 28
Exercise 30

Chapter II

자료구조 기본 개념 / 33

1 **자료구조 용어 정리** 34
(1) 문제, 알고리즘, 프로그램 34
(2) 데이터와 자료구조 35
2 **자료구조와 ADT** 36
3 **알고리즘의 성능 분석과 복잡도(Complexity)** 37
(1) 시간복잡도 37
(2) 공간복잡도 40
4 **점근적 알고리즘 분석과 점근표기법 ($O\ \Omega\ \Theta$ asymptotic notation)** 41
(1) O(Big Oh) 41
(2) Ω(Omega) 42
(3) Θ(Theta) 42
(4) $O\ \Omega\ \Theta$의 관계 42
(5) O(Big Oh) 기반의 시간복잡도 클래스 43

5 최적의 알고리즘 44

6 대표적인 문제들의 복잡도 45

7 병합 정렬 49

8 자료구조 : 데이터의 조직 50

Exercise 52

Chapter III

재귀(Recursion) / 55

1 재귀의 기본 개념 56

2 재귀와 반복의 차이 57

3 재귀의 일반적인 오류 59

(1) 베이스 케이스 생략 오류 62

(2) 스택 오버플로우 63

(3) 진행 실패 63

4 재귀의 복잡도 64

5 응용 : 힐버트 곡선(Hilbert Curve) 문제 65

Exercise 70

Chapter IV

연결 리스트(Linked List) / 73

1 단일 연결 리스트 74

(1) 노드와 노드 구조체 75

(2) 연결 리스트의 정의와 시작 76

(3) 연결 리스트의 삽입 76

(4) 연결 리스트의 삭제 78

(5) 응용 1. 간단한 다항식 프로그램 79

(6) 응용 2. 연결 리스트를 활용한 다항식 프로그램 82

2 이중 연결 리스트(Doubly Linked List) ····· 94
(1) 이중 연결 리스트(Double Linked List)를 위한 노드 클래스 ····· 96
(2) 이중 연결 리스트에 노드 삽입 ····· 97
(3) 이중 연결 리스트에서 노드 삭제 ····· 100
(4) 응용 1. 이중 연결 리스트를 활용한 프로그램 ····· 101
(5) 응용 2. 이중 연결 리스트를 활용한 프로그램 ····· 108
3 환형 연결 리스트(Circularly Linked List) ····· 117
4 자바의 ArrayList와 LinkedList ····· 120
Exercise ····· 122

Chapter V
스택(Stack) / 125

1 스택 기본 연산 ····· 127
(1) 스택의 원소 정의와 초기화 ····· 127
(2) 스택이 비어있는지 가득 차 있는지 검사 ····· 128
(3) push() ····· 129
(4) pop() ····· 129
(5) 스택의 오류 처리 ····· 129
(6) 동적 배열을 사용하는 스택 구현 ····· 130
2 응용 ····· 134
(1) 응용 1. 하노이 타워(Tower of Hanoi) ····· 134
(2) 응용 2. N-퀸 문제(N-Queens Problem) ····· 137
(3) 응용 3. 수식 표기법의 변환 ····· 137
3 연결 스택 ····· 151
(1) 연결 스택의 구조 ····· 152
4 자바의 Stack, Deque 클래스 ····· 157
Exercise ····· 159

Chapter VI

큐(Queue) / 161

1 배열을 사용한 큐의 구현 ···· 163

2 정적 배열을 이용한 환형 큐(Circular Queue) ···· 170

3 동적 배열을 이용한 환형 큐 ···· 180

4 연결 리스트를 이용한 큐 ···· 187

5 자바의 Queue 구현 클래스 ···· 192

Exercise ···· 194

Chapter VII

트리(Tree) / 197

1 트리의 표현 ···· 199

(1) 리스트 표현(List Representation): ···· 199

(2) 왼쪽 자식-오른쪽 형제 표현(Left Child-Right Sibling Representation): ·· 200

2 이진 트리(Binary Tree) ···· 200

(1) 이진 트리의 분류 ···· 201

(2) 이진 트리의 구현 ···· 204

(3) 이진 트리의 순회(Binary Tree Traversal) ···· 209

3 힙 트리(heap tree) ···· 215

(1) 최대 힙에서 삽입 ···· 216

4 우선순위 큐(Priority Queue) ···· 223

(1) 정적 배열을 이용한 우선순위 큐 구현 ···· 223

(2) 힙을 이용한 우선순위 큐 구현 ···· 225

(3) 이진 탐색 트리를 이용한 우선순위 큐 구현 ···· 227

5 힙 정렬(Heap Sort) ···· 230

6 이진 탐색 트리(Binary Search Tree, BST) ······ 236

7 선택 트리(Selection Tree) ······ 247

(1) 승자 트리(Winner Tree) ······ 248

(2) 패자 트리(Loser Tree) ······ 254

8 푸리에 트리 ······ 255

Exercise ······ 259

Chapter VIII

정렬(Sorting) / 261

1 버블 정렬(Bubble Sort) ······ 262

2 선택 정렬(Selection Sort) ······ 263

3 삽입 정렬(Insertion Sort) ······ 264

4 병합 정렬(Merge Sort) ······ 266

5 퀵 정렬(Quick Sort) ······ 267

(1) 삼분할 퀵 정렬 ······ 270

(2) 랜덤화 퀵 정렬 ······ 271

(3) 쓰리 미디언 퀵 정렬 ······ 273

(4) 비재귀적 퀵 정렬 ······ 275

(5) 중앙 피벗 퀵 정렬 ······ 278

6 힙 정렬(Heap Sort) ······ 280

7 기수 정렬(Radix Sort) ······ 280

8 정렬 프로그램 통합 ······ 283

9 자바의 정렬 ······ 288

Exercise ······ 292

Chapter IX

해싱(Hashing) / 295

1 정적 해싱(Static Hashing) ······ 300

(1) 해시 테이블의 예 ······ 302

(2) 해시 함수 ······ 303

(3) 해시 함수의 종류 ······ 303

(4) 충돌(Collision) 처리 ······ 304

2 동적 해싱 ······ 310

(1) 디렉터리를 사용하는 동적 해싱 ······ 310

(2) 디렉터리를 사용하지 않는 동적 해싱 ······ 311

Exercise ······ 316

Chapter X

탐색(Searching) / 319

1 순차 탐색(Sequential Search) ······ 320

2 이진 탐색(Binary Search) ······ 321

3 색인 순차 탐색(Indexed Sequential Search) ······ 325

4 보간 탐색(Interpolation Search) ······ 328

Exercise ······ 331

Chapter XI

이진 탐색 트리(Binary Search Tree) / 333

1 AVL(Adelson Velsky Landis) 트리 ······ 334

(1) LL 회전(Left-Left Rotation) ······ 336

(2) LR 회전(Left-Right Rotation) ······ 337

(3) RR 회전(Right-Right Rotation) ······ 338

(4) RL 회전(Right-Left Rotation) ··· 338
(5) 이중 회전 알고리즘 ··· 339

2 2-3 트리 ··· 344
(1) 2-3 트리에 데이터 삽입 ··· 344
(2) 2-3 트리에 데이터 삭제 ··· 348

3 기타 이진 탐색 트리 ··· 349
(1) 2-3-4 트리 ··· 349
(2) 레드-블랙(Red-Black) 트리 ··· 349

Exercise ··· 352

Chapter XII

그래프(Graph) / 355

1 그래프 이론의 역사와 활용 ··· 356

2 용어 ··· 357

3 그래프의 표현 방법 ··· 360

4 그래프 순회(Graph Traversal) ··· 363
(1) 깊이 우선 탐색(DFS, Depth First Search) ··· 364
(2) 너비 우선 탐색(BFS, Breadth First Search) ··· 374

5 최단 경로 알고리즘(Shortest Path Algorithm) ··· 382
(1) Dijikstra(다익스트라)의 최단 경로 알고리즘 ··· 383
(2) Bellman-Ford(벨만-포드)의 최단 경로 알고리즘 ··· 388
(3) Floyd(프로이드)의 최단 경로 알고리즘 ··· 392

6 최소 신장 트리(Minimum Spanning Tree) ··· 396
(1) 크루스칼(Kruskal)의 최소 비용 신장 트리 ··· 397
(2) 프림(Prim)의 최소 비용 신장 트리 ··· 401

Exercise ··· 405

찾아보기 ··· 409

Chapter I

자료구조 공부를 위한 프로그래밍과 수학 기초

자료구조는 컴퓨터과학과 프로그래밍에서 핵심적인 개념 중 하나로, 데이터를 효율적으로 저장, 관리 및 조작하는 방법을 다루고 있다. 이를 이해하려면 기본적인 프로그래밍과 수학적 개념을 알아야 한다. 본 장에서는 자료구조 공부를 위해 최소한으로 필요한 자바 프로그래밍 기초와 수학 기초를 다룬다.

A 자바 프로그래밍 기초

1 배열 (Array)

ADT Array

(1) 목적 : 인덱스(index) 각 값에 대하여 집합 item에 속한 한 값이 존재하는 <index, value>쌍의 집합. index는 1차원 또는 다차원의 유한 순서 집합이다. 예를 들면, 1차원의 경우 {0, …, n-1}과 2차원 배열 {(0,0),(0,1),(1,0),(1,1),(1,2),(2,0),(2,1),(2,2)} 등이다.

(2) 함수 (Function)

모든 A ∈ Array, i ∈ index, x ∈ item, j, size ∈ integer

Array Create(j,list)	::=	return j차원의 배열. 여기서 list는 i번째 원소가 i번째 차원의 크기인 j-tuple이며 item들은 정의되지 않았음.
Item Retrive(A,i)	::=	if(i ∈ index) return 배열 A의 인덱스 i값과 관련된 항목. else return 에러.
Array Store(A,i,x)	::=	if(i ∈ index) return 새로운 쌍<i,x>가 삽입된 배열 A. else return 에러.

end Array

배열은 자바 프로그래밍에서 중요한 데이터 구조 중 하나로, 동일한 데이터 유형을 가진 여러 값을 하나의 변수로 저장할 때 사용된다. 배열은 동일한 데이터 타입의 원소들로 구성되는데 예를 들어, 정수 배열은 정수 값만 저장할 수 있다. 또한, 배열은 고정된 크기를 갖는다. 따라서 배열을 생성할 때 크기를 지정해야 한다. 이 크기는 배열에 저장할 수 있는 원소의 개수를 의미하며, 한 번 크기가 지정되면 변경할 수 없다.

(1) 배열 생성

배열의 선언은 type[] array_name;과 초기화는 array_name = new type[size]; 형태로 이루어진다. 여기서 type은 배열에 저장될 데이터의 자료형을 나타내고, array_name은 배열 이름(실제로는 배열 객체 참조)이름이며, size는 배열의 크기를 나타낸다. 선언과 초기화를 한 문장으로 type[] array_name = new type[size]과 같이 할 수도 있다. 예를 들어, int[] numbers = new int[5]는 5개의 정수를 저장할 수 있는 배열을 생성하게 된다.

배열은 index로 각 배열의 원소에 접근한다. 배열 내의 각 원소에는 인덱스(색인)를 사용하여 접근할 수 있다. 인덱스는 0부터 배열 크기보다 1 작은 값까지의 범위를 갖는다. 예를 들어, numbers[0]은 배열 numbers의 첫 번째 원소를 나타낸다. 배열은 기본적으로 메모리에 연속적으로 저장된다. 이는 배열의 인덱스를 통해 각 배열의 원소를 빠르게 접근할 수 있도록 해준다.

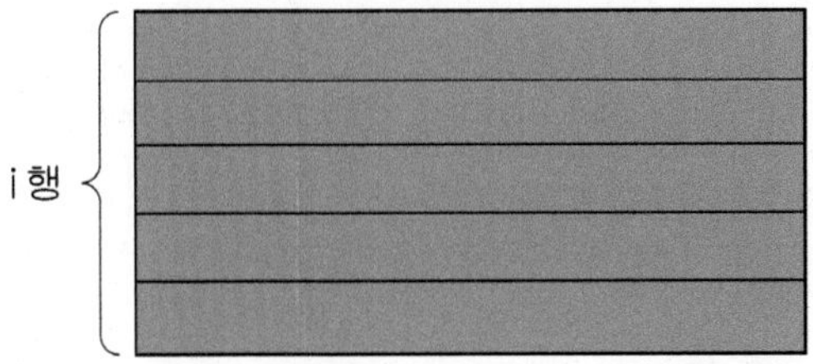

그림 I-1 1차원 배열, type x[i];

배열을 선언한 후에는 각 원소에 초깃값을 할당할 수 있다. 초기화는 배열의 인덱스를 사용하여 각 원소에 접근하고 값을 할당하는 방식으로 이루어진다. 배열 생성과 초기화의 예는 <예 I-1> 과 같다.

```
int[] list1 = new int[5]; //크기가 5인 정수 배열을 생성
int arr_length = list1.length; // 배열 객체의 필드인 length는 배열의 크기를 나타냄
list1[0]=1;     // 첫 번째 원소의 값(value)에 1의 값을 할당
list1[1]=2;
list1[2]=3;
list1[3]=4;
list1[4]=5;
int list2[] = {1, 2, 3, 4, 5};  //  배열을 생성하고 초기값을 지정
int n = list1[4];      // n에 list1[4]의 값(5)을 대입
int[] list3;
list3 = new int[n]; // 크기가 n인 정수 배열을 생성
String[] list4 = new String[3];  // 크기가 3인 문자열 참조 배열 생성
list4[0] = "Hello";
list4[1].length()   // 오류 발생
```

〈예 I-1〉 배열 생성과 초기화

배열이 생성될 때 원시(primitive) 타입과 참조(reference) 타입에 따라 차이가 있다. 원시 타입은 해당 타입의 값이 저장될 공간이 할당되지만, 참조 타입은 해당 타입의 객체가 생성되는 것이 아니고 해당 타입의 객체를 참조할 수 있는 공간이 할당된다. 즉 <예 I-1>에서 list1 = new int[5]는 int 타입 값을 5개 저장할 수 있는 공간이 생기므로 바로 list1[0]의 값을 접근할 수 있다. 하지만 list4 = new String[3]은 String 객체 자체가 3개 생성되는 것이 아니라 String 객체를 참조할 수 있

는 공간만 생성된다. 즉 list4[0]의 값을 읽으면 null이 들어 있고, list4[0]의 필드나 메소드(앞의 예에서는 문자열 길이를 나타내는 length()메소드)를 접근하게 되면 오류가 발생한다.

배열 이름은 실제로는 배열 객체를 가리키는 참조이기 때문에 배열 참조 값을 다른 배열 참조 변수에 대입하더라도 동일한 배열 객체를 가리키게 할 수 있다. 즉, 배열을 함수 매개변수로 전달하여, 함수 내부에서 배열의 원소를 수정한 후 반환하면, 함수에서 수정된 내용이 그대로 유지된다. 자바에서 배열 객체는 배열의 크기를 나타내는 필드로 length가 있으므로 함수에 배열을 전달할 때 배열을 크기를 전달할 필요가 없다. <예 I-2>는 배열 참조 변수를 전달하여 배열의 내용을 변경하는 예를 보여준다.

> **참고**
>
> 원시(primitive) 타입과 참조(reference) 타입
>
> 원시 타입은 자바 키워드로 정해져 있는 byte, short, int, long, float, double, char, boolean과 같은 타입으로, 원시 타입으로 선언된 변수에는 해당 타입의 값이 저장된다. 반면 참조 타입은 배열이나 클래스 타입 등으로 해당 타입으로 선언된 변수에는 해당 타입의 값이 아니라 해당 타입 값을 "참조"하는 주소값이 저장된다. 원시 타입 변수에는 값이 없다는 의미를 표현할 수 없지만, 참조 타입의 경우 null이라는 값을 주어 값이 없다는 의미를 표현할 수 있다. 예외적으로 열거(enum) 타입 변수의 경우는 참조하는 주소가 아니라 정의된 값 중 하나가 저장된다.

```
public class JavaBasic
{
    public static void updateArray(int[] arr)
    {
        for (int i = 0; i < arr.length; i++) {
            arr[i] = arr[i] + 1;
        }

        for (int a : arr) {
            System.out.printf("%d ", a);
        }
        System.out.println("");
    }

    public static void main(String[] args)
    {
        int[] list1 = new int[5]; //크기가 5인 정수 배열을 생성
        list1[0]=1;    // 첫 번째 원소의 값(value)에 1의 값을 할당
        list1[1]=2;
        list1[2]=3;
        list1[3]=4;
```

```
        list1[4]=5;

        updateArray(list1);
        updateArray(list1);
    }
}
```

▶ 실행결과

```
2 3 4 5 6
3 4 5 6 7
```

〈예 I-2〉 배열 참조 값을 전달하여 배열 내용을 수정하는 함수

(2) 배열 원소 순회

배열의 각 원소를 한 번씩 순회하는 방법은 보통 for 루프를 이용할 수 있다. Java 8 이상부터는 Stream을 사용하여 함수형 언어 스타일로 순회할 수도 있다. <예 I-3>은 크게 4가지 순회 방법의 예를 보여준다. ①은 전통적인 for를 이용한 순회 방법을 보여준다. ②는 for를 이용한 새로운 순회 방법으로 원소를 지정하기 위한 인덱스가 필요 없다. 보통 읽기용으로는 간편하게 사용할 수 있고, 배열의 원소를 변경하기에는 적합하지 않다. ③은 배열을 Stream으로 만든 후 forEach() 메소드에 람다식을 주어 람다식에서 배열 원소를 접근하는 방법이다. ④는 IntStream을 만들어서 배열 원소를 접근할 인덱스를 forEach() 메소드에 전달하는 람다식에서 사용하여 배열 원소를 접근하는 방법이다.

```
import java.util.Arrays;
import java.util.stream.IntStream;


public class ArrayIteration
{

    public static void main(String[] args)
    {
        int[] array = {1, 2, 3, 4, 5};

        System.out.println("Traditional for");  // ① 전통적인 방법
        for (int i = 0; i < array.length; i++) {
            System.out.println("Index " + i + ": " + array[i]);
        }
```

```
        System.out.println("for-each"); // ② for each 방법
        for (int element : array) {
            System.out.println("Element: " + element);
        }

        System.out.println("Stream");  // ③ Stream과 람다식 사용 방법
        Arrays.stream(array).forEach(element -> System.out.println("Element: " + element));
        System.out.println("Stream with method reference");
        Arrays.stream(array).forEach(System.out::println);

        System.out.println("IntStream");  // ④ IntStream과 람다식 사용 방법
        IntStream.range(0, array.length).forEach(i -> System.out.println("Index " + i + ": "
+ array[i]));
    }
}
```

실행결과

```
Traditional for
Index 0: 1
Index 1: 2
Index 2: 3
Index 3: 4
Index 4: 5
for-each
Element: 1
Element: 2
Element: 3
Element: 4
Element: 5
Stream
Element: 1
Element: 2
Element: 3
Element: 4
Element: 5
Stream with method reference
1
2
3
4
5
IntStream
Index 0: 1
```

```
Index 1: 2
Index 2: 3
Index 3: 4
Index 4: 5
```

〈예 I-3〉 배열 원소를 순회하는 다양한 방법

(3) 다차원 배열

자바에서 2차원 이상의 다차원 배열은 C나 C++언어와 유사하다. 다차원 배열을 선언한 후 초기화하거나 선언과 동시에 초기화할 수 있다. 전자의 경우는 new를 사용하여 동적으로 배열을 할당해야 하고 후자는 new 없이 바로 원소값을 지정하면 된다. 배열의 원소가 다른 배열을 참조하는 형태로 가변 배열을 생성할 수도 있다.

<예 I-3>은 다차원 배열을 선언하고 사용하는 예를 보여준다. ①은 2차원 배열을 선언하고 초기화하는 방법을 보여준다. 이때는 모두 0으로 초기화된다. 선언과 동시에 초기화하기 위해서는 선언할 때 {1, 2, 3, 4}와 같이 원소를 바로 할당하면 된다. 배열 요소 접근은 차원 수 만큼 []를 사용하여 원소의 인덱스를 지정하면 된다. 예를 들어 2번째 행의 3번째 열은 arrayB[1][2]와 같이 접근하면 된다.

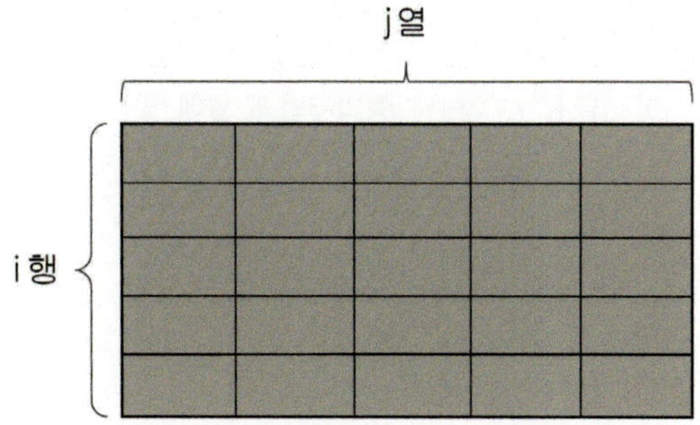

그림 I-3 2차원 배열, type x[i][j];

②는 3차원 배열을 선언하고 초기화하는 방법을 보여준다. 2차원과 크게 다른 점은 없고 선언할 때 추가된 차원만큼 []를 더 쓰고, 원소 접근할 때도 []를 한 번 더 써서 3번째 인덱스를 추가로 지정해주면 된다.

③은 가변 배열을 사용하는 방법을 보여준다. 행은 지정하고 열의 수는 지정하지 않은 상태로 배열을 선언하고 초기화한다. 그리고 각 행에 대한 배열을 생성하여 참조하도록 한다.

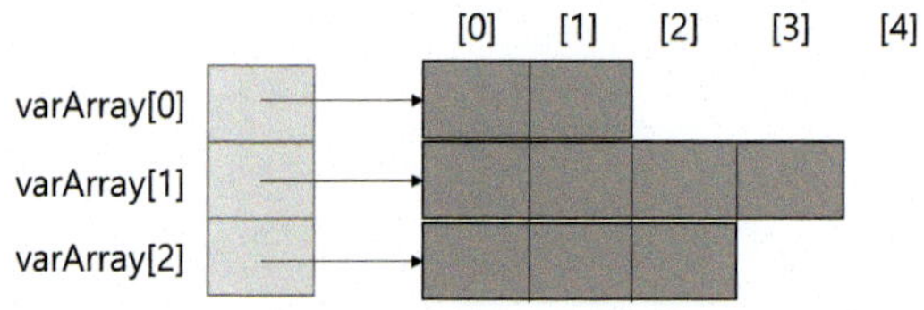

그림 1-3 2차원 가변 배열 동적 생성

```
public class MultiDimArrays
{
    public static void main(String[] args)
    {
        // ① 2차원 배열 선언
        int[][] arrayA;

        // 2차원 배열 초기화 (3x4 배열)
        arrayA = new int[3][4];

        // 선언과 동시에 초기화
        int[][] arrayB = {
            {1, 2, 3, 4},
            {5, 6, 7, 8},
            {9, 10, 11, 12}
        };

        // 배열 요소 접근
        int value = arrayB[1][2]; // 2번째 행의 3번째 열에 있는 값에 접근
        arrayB[0][1] = 20; // 1번째 행의 2번째 열에 값을 20으로 설정

        // 2차원 배열 순회
        for (int i = 0; i < arrayB.length; i++) { // 행을 순회
            for (int j = 0; j < arrayB[i].length; j++) { // 열을 순회
                System.out.print(arrayB[i][j] + " ");
            }
            System.out.println();
        }

        // ② 3차원 배열 선언
        int[][][] array3D_A;

        // 3차원 배열 초기화 (2x3x4 배열)
        array3D_A = new int[2][3][4];

        int[][][] array3D_B = {
            {
```

```
                {1, 2, 3, 4},
                {5, 6, 7, 8},
                {9, 10, 11, 12}
            },
            {
                {13, 14, 15, 16},
                {17, 18, 19, 20},
                {21, 22, 23, 24}
            }
        };

        int value3 = array3D_B[1][2][3]; // 2번째 블록의 3번째 행의 4번째 열에 있는 값에 접근
        array3D_B[0][1][2] = 42; // 1번째 블록의 2번째 행의 3번째 열에 값을 42로 설정

        // ③ 가변 배열
        int[][] varArray = new int[3][]; // 3개의 행을 가진 가변 배열 선언
        varArray[0] = new int[2]; // 1번째 행은 2개의 열을 가짐
        varArray[1] = new int[4]; // 2번째 행은 4개의 열을 가짐
        varArray[2] = new int[3]; // 3번째 행은 3개의 열을 가짐

    }
}
```

▶ 실행결과

```
1 20 3 4
5 6 7 8
9 10 11 12
```

〈예 I-4〉 다차원 배열 선언과 생성 및 사용 방법

2 클래스

자바에서 클래스는 객체 지향 프로그래밍(OOP)의 핵심 개념으로, 객체의 설계도 또는 청사진이라고 할 수 있다. 클래스를 사용하여 객체(Instance)를 만들 수 있으며, 클래스는 객체의 상태(속성)와 동작(메소드)을 정의한다.

(1) 클래스 선언

클래스는 주로 다음과 같은 요소로 구성된다.

- 필드(Field): 클래스의 속성을 나타내는 변수로 객체의 상태를 저장한다.
- 메소드(Method): 클래스의 동작을 정의하며 객체가 수행하는 기능을 나타낸다.
- 생성자(Constructor): 객체를 초기화하는 특별한 메소드로 new에 의해 객체가 생성될 때 자동으로 호출된다.
- 접근 제어자(Access Modifiers): 클래스, 필드, 메소드의 접근 범위를 정의한다. 예를 들어, public, private, protected가 있으며 public의 경우 외부에서 접근이 가능하고 private은 외부에서 접근이 불가능하다.

<예 I-4>는 클래스를 선언하는 기본적인 문법을 보여준다. 클래스 선언을 위해서 class라는 키워드를 사용하고, class 키워드 뒤의 ClassName은 클래스의 이름이다. 이 클래스는 field1과 field2라는 두 개의 필드와, 이 필드들을 초기화하는 생성자(클래스 이름과 동일한 메소드)를 가지고 있다. 그리고 method1, getField1, setField1이라는 메소드를 가지고 있다.

필드 field1과 field2는 private으로 선언되어 이 클래스에 의해 생성되는 객체 외부에서는 접근이 불가능하고 메소드는 public으로 선언되어 외부에서 접근이 가능하다. 이와 같이 필드를 외부 접근으로부터 보호하고 메소드를 통해서만 접근하도록 하는 것을 캡슐화(Encapsulation)라고 한다.

```
public class ClassName {
    // 필드 (변수)
    private int field1;
    private String field2;

    // 생성자
    public ClassName(int field1, String field2) {
        this.field1 = field1;
        this.field2 = field2;
    }

    // 메서드
    public void method1() {
        // 메서드 내용
    }

    public int getField1() {
```

```
        return field1;
    }

    public void setField1(int field1) {
        this.field1 = field1;
    }
}
```

〈예 I-4〉 클래스 선언

(2) 클래스 사용하여 객체 생성

<예 I-5>는 클래스를 사용하여 객체를 생성하고, 클래스에 정의된 메소드를 통해 객체의 기능을 동작시키는 예이다. 앞에서 정의한 ClassName을 이용하여 객체 obj를 생성하고, 클래스에 정의된 메소드를 통해 obj에 있는 필드를 접근하거나 클래스에서 정의된 기능을 동작시킬 수 있다.

```
public class Main {
    public static void main(String[] args) {
        // ClassName 클래스의 객체 생성
        ClassName obj = new ClassName(10, "Hello");

        // 메서드를 호출하여 필드 값을 얻기
        System.out.println("Field1: " + obj.getField1());

        // 필드 값을 변경하기
        obj.setField1(20);
        System.out.println("Updated Field1: " + obj.getField1());
    }
}
```

〈예 I-5〉 객체 생성 및 사용

자바에서 객체지향을 위해 클래스 외에도 상속, 다형성, 추상 클래스, 인터페이스 등과 같은 개념도 제공하고 있다. 이에 대한 자세한 내용은 본 교재의 범위를 벗어나므로 여기에서는 설명을 생략한다.

3 정적(static) 메소드와 main함수

(1) 정적 메소드

정적(static) 메소드는 클래스에 속하는 메소드로, 특정 객체(instance)에 속하지 않는다. 즉, 객체를 생성하지 않고도 호출할 수 있는 메소드이다. 일반적으로 정적 메소드는 클래스의 모든 인스턴스가 공유하는 공통 기능을 구현할 때 사용된다.

정적메소드는 메소드 정의 앞에 static이라는 키워드를 추가하여 정의한다. 그리고 호출은 ClassName.method() 와 같이 클래스 이름 뒤에 점(.)을 붙이고 메소드 이름을 써서 호출한다.

<예 I-6>은 정적메소드 생성과 사용 예를 보여준다. MyClass의 counter 필드와 incrementCounter 메소드 모두 static 키워드가 붙어 있어 정적 필드이고 정적 메소드이다. 즉 MyClass의 인스턴스를 생성하지 않고 바로 사용가능하다. Main 클래스의 main() 메소드 역시 정적 메소드로 Main 클래스의 인스턴스 생성 없이 바로 사용이 가능하다. 여기에서 정적 메소드 MyClass.incrementCounter()를 호출하고 있다.

<예 I-6>에는 두 개의 public 클래스를 정의하고 있는데, 각 public 클래스는 별도의 파일로 저장되어야 하며, 클래스 이름과 파일명은 동일해야 한다. 즉, MyClass 클래스는 MyClass.java 파일에 작성되어야 하고, Main 클래스는 Main.java 파일에 작성되어야 한다.

```
public class MyClass {
    private static int counter = 0;

    public static void incrementCounter() {
        counter++;
        System.out.println("Counter: " + counter);
    }
}
```

```
public class Main {
    public static void main(String[] args) {
        MyClass.incrementCounter(); // Counter: 1
        MyClass.incrementCounter(); // Counter: 2
    }
}
```

〈예 I-6〉 정적메소드 생성 및 사용

(2) main 함수

main 함수는 자바 프로그램의 시작 지점(entry point)이다. 모든 Java 프로그램은 실행될 때 자바 가상머신, JVM(Java Virtual Machine)이 가장 먼저 main 함수를 호출한다. <예 I-6>에서 Main클래스의 main() 메소드가 바로 main 함수를 정의하고 있다. 즉, <예 I-6>이 실행될 때 main() 메소드가 가장 먼저 시작된다.

4 문자열

문자열(String)은 기본적으로 String 클래스를 사용하여 다룬다. String은 자바에서 매우 중요한 클래스이며, 여러 가지 방법으로 문자열을 생성하고 조작할 수 있다.

(1) 문자열 생성

```
// 리터럴을 사용한 문자열 생성
String str1 = "Hello, World!";
```

```
// new 키워드를 사용하여 문자열 객체를 생성
String str2 = new String("Hello, World!");
```

String 객체는 불변(immutable)이다. 즉, 한 번 생성된 문자열은 변경할 수 없다. 문자열을 조작하는 모든 메소드는 항상 새로운 문자열 객체를 반환한다.

```
String str = "Hello";
str = str + " World";  // 새로운 문자열 "Hello World"가 생성되어 str이 참조함
```

위 예에서 str이 가리키는 객체는 처음에는 "Hello"였지만, " World"를 추가하면 새로운 문자열 "Hello World"가 생성되고, str은 이 새로운 객체를 참조하게 된다.

(2) 문자열 연결 (Concatenation)

문자열을 연결하는 방법은 + 연산자를 사용하거나 concat() 메소드를 사용하여 연결할 수 있다.

```
String str1 = "Hello";
String str2 = "World";
String result = str1 + " " + str2;  // "Hello World"
```

```
//String 클래스의 concat() 메소드
String str1 = "Hello";
String str2 = "World";
String result = str1.concat(" ").concat(str2);  // "Hello World"
```

(3) 문자열 비교

비교 연산자 ==는 문자열 비교에 사용할 경우, 문자열의 내용이 아니라 문자열 객체 참조를 비교

한다. 따라서 같은 참조가 아니지만 문자열 내용이 같은지 여부를 비교하기 위해서 비교 연산자 == 가 아니라 equals() 메소드를 사용해야 한다.

```
String str1 = "Hello";
String str2 = "Hello";
boolean isEqual = (str1 == str2);  // true (같은 리터럴을 참조)
```

```
String str1 = new String("Hello");
String str2 = new String("Hello");
boolean isEqual = (str1 == str2);  // false (다른 객체를 참조)
```

```
String str1 = new String("Hello");
String str2 = new String("Hello");
boolean isEqual = str1.equals(str2);  // true (내용 비교)
```

위 예에서 같은 리터러를 참조한 경우에는 비교 연산자 == 가 원하는 결과를 가져오지만, 그렇지 않은 경우 두 번째와 같이 같은 내용의 문자열이지만 false가 되어 원하지 않은 결과를 초래한다. 따라서 문자열 비교에서는 항상 equals()를 써야 한다.

대소문자를 무시하고 문자열 비교하려면 equalsIgnoreCase() 메소드를 사용한다.

```
String str1 = "hello";
String str2 = "HELLO";
boolean isEqual = str1.equalsIgnoreCase(str2);  // true
```

(4) 문자열 메소드

* 문자열 길이 반환 - length()

```
String str = "Hello, World!";
int len = str.length();  // 13
```

* 문자열 내에서 특정 위치 문자 반환 - charAt()

```
String str = "Hello";
char ch = str.charAt(1);  // 'e'
```

인덱스는 0부터 시작한다.

* 문자열 일부분을 반환 – substring()

```
String str = "Hello, World!";
String sub = str.substring(7, 12);  // "World"
```

* 특정 문자가 처음 나타나는 곳의 인덱스 반환 – indexOf()

```
String str = "Hello, World!";
int index = str.indexOf('W');  // 7
int notFound = str.indexOf('z');  // -1, 찾지 못하면 -1을 반환
```

* 문자열을 소문자 또는 대문자로 변환 – toLowerCase(), toUpperCase()

```
String str = "Hello, World!";
String lower = str.toLowerCase();  // "hello, world!"
String upper = str.toUpperCase();  // "HELLO, WORLD!"
```

* 문자열 앞뒤 공백을 제거 – trim()

```
String str = "   Hello, World!   ";
String trimmed = str.trim();  // "Hello, World!"
```

* 문자열 내의 특정 문자를 교체 – replace()

```
String str = "Hello, World!";
String replaced = str.replace('o', '0');  // "Hell0, W0rld!"
```

* 문자열 형식화 – format()

```
int age = 25;
String name = "John";
String formatted = String.format("Name: %s, Age: %d", name, age);  // "Name: John, Age: 25"
```

* 문자열 분할 - split()

```
String str = "apple,orange,banana";
String[] fruits = str.split(",");  // {"apple", "orange", "banana"}
```

(5) StringBuilder와 StringBuffer

StringBuilder와 StrinBuffer는 문자열을 효율적으로 조작할 수 있게 해주는 클래스이다. 문자열(String)은 불변이지만 StringBuilder와 StringBuffer는 가변이므로 쉽게 조작이 가능하다. 따라서 이를 이용하여 문자열을 적절히 변환하여 만든 후 마지막에 문자열로 변환하여 사용한다. StringBuffer는 StringBuilder에 비해 스레드 안전(Thread-safe)하기 때문에 멀티스레드 환경에서 문자열을 조작할 때 사용한다.

```
StringBuilder sb = new StringBuilder("Hello");
sb.append(", World!");  // "Hello, World!"
String result = sb.toString();  // "Hello, World!" 문자열로 변환
```

```
StringBuffer sb = new StringBuffer("Hello");
sb.append(", World!");
String result = sb.toString();
```

5 사용자 입출력

(1) 사용자 입력

사용자로부터 입력을 받는 방법은 여러 가지가 있는데, 그중에서 가장 많이 사용되는 두 가지 방법은 BufferedReader와 Scanner이다. 이 두 가지는 모두 콘솔에서 입력을 받을 때 사용되지만, 각기 다른 특징과 용도가 있다. BufferedReader는 대량의 입력을 처리할 때 효율적이며, 입력을 한 줄씩 읽어올 수 있으나 모든 입력이 문자열로 처리되므로, 다른 데이터 타입으로 변환하려면 추가 작업이 필요하다. 반면에 Scanner는 다양한 데이터 타입을 처리하는 메소드를 제공하며, 토큰 단위로 입력을 처리할 수 있어 사용하기 편리하다. 하지만 처리 속도 면에서는 BufferedReader가 우수하다.

BufferedReader는 자바 I/O에서 제공하는 클래스로, 문자 입력 스트림에서 문자를 효율적으로 읽을 수 있게 해준다. 특히, 대량의 데이터를 처리할 때 유용하다. BufferedReader는 입력을 버퍼에

저장한 다음 한 줄씩 읽어들이는 방식으로 동작한다. BufferedReader는 보통 InputStreamReader와 함께 사용되며, System.in을 통해 콘솔 입력을 받을 수 있다.

```
import java.io.BufferedReader;
import java.io.InputStreamReader;
import java.io.IOException;
public class Main {
    public static void main(String[] args) {
        BufferedReader reader = new BufferedReader(new InputStreamReader(System.in));
        try {
            System.out.print("Enter your name: ");
            String name = reader.readLine();  // 한 줄의 입력을 받음
            System.out.println("Your name is: " + name);
        } catch (IOException e) {
            e.printStackTrace();
        }
    }
}
```

위 예에서 readLine()은 한 줄의 입력을 읽고 문자열로 반환한다. 줄바꿈 문자(Enter)는 포함되지 않는다.

BufferedReader는 항상 문자열을 반환하므로, 숫자나 다른 데이터 타입이 필요할 경우 아래와 같은 변환이 필요하다.

```
System.out.print("Enter your age: ");
int age = Integer.parseInt(reader.readLine());  // 문자열을 정수로 변환
```

Scanner는 Java에서 입력을 쉽게 처리하기 위해 제공하는 클래스이다. Scanner는 입력을 공백, 줄바꿈 등으로 구분하고 다양한 데이터 타입으로 변환할 수 있다. 기본적으로 콘솔 입력을 다루는 데 편리하다.

```
import java.util.Scanner;
public class Main {
    public static void main(String[] args) {
        Scanner scanner = new Scanner(System.in);
        System.out.print("Enter your name: ");
        String name = scanner.nextLine();  // 한 줄의 입력을 받음
        System.out.println("Your name is: " + name);
```

```
        System.out.print("Enter your age: ");
        int age = scanner.nextInt();  // 정수 입력을 받음
        System.out.println("Your age is: " + age);
        scanner.close();
    }
}
```

위 예에서 nextLine()은 한 줄의 입력을 읽고 문자열로 반환한다. nextInt()는 다음 공백까지 읽은 후 입력을 정수로 변환하여 반환한다. 이 외에도 nextDouble(), nextBoolean() 등과 같이 입력을 실수, 논리값으로 변환하는 메소드도 있다.

close()는 입력이 끝난 후 리소스를 해제하기 위한 메소드이다.

(2) 콘솔 출력

콘솔 출력은 주로 print(), println(), printf() 메소드를 통해 이루어진다. 이들 메소드는 모두 System.out 객체를 통해 호출되며, 콘솔에 텍스트를 출력하는 데 사용된다.

print() 메소드는 인자로 전달된 값을 출력하고, 커서를 출력된 텍스트의 끝에 유지한다. 즉, 줄 바꿈이 이루어지지 않는다.

```
System.out.print("Hello");
System.out.print("World!");
```

▶ 실행결과

```
HelloWorld!
```

println() 메소드는 인자로 전달된 값을 출력한 후, 줄 바꿈을 수행하여 커서를 다음 줄로 이동시킨다.

```
System.out.println("Hello");
System.out.println("World!");
```

▶ 실행결과

```
Hello
World!
```

printf() 메소드는 형식화된 출력을 제공한다. C 언어의 printf()와 유사한 방식으로 동작한다. 출력할 내용을 서식 지정 문자열(format string)과 함께 지정할 수 있으며, 서식 문자열 안에 변수 값을 삽입할 수 있다.

```
int age = 25;
String name = "John";
System.out.printf("Name: %s, Age: %d\n", name, age);
```

▶ 실행결과

```
Name: John, Age: 25
```

6 예외 처리

예외 처리는 프로그램 실행 중 발생할 수 있는 오류(예외)를 적절하게 처리하여 프로그램의 비정상적인 종료를 방지하고, 예측 가능한 방식으로 오류를 관리하는 기능이다. 예외 처리는 프로그램의 안정성과 신뢰성을 높이는 데 필수적이다.

자바에서는 예외 처리를 하지 않은 경우 컴파일 오류가 발생하는 예외와 그렇지 않은 것이 있다. 전자는 try-catch 블록으로 예외 처리 하거나 메소드 선언부에 throws를 써야 하며 그렇지 않은 경우 컴파일 오류가 발생한다. 보통 IOException이 여기에 해당된다. 후자는 RuntimeException 부류로 배열의 범위를 벗어나는 접근이나 산술 오류 등이 여기에 해당된다.

(1) try-catch 구문

try 블록 안에 예외가 발생할 가능성이 있는 코드를 작성하고, catch 블록에서 해당 예외를 처리한다.

```
try {
    // 예외가 발생할 수 있는 코드
    int result = 10 / 0;
} catch (ArithmeticException e) {
    // 예외가 발생했을 때 실행될 코드
    System.out.println("Cannot divide by zero!");
}
```

위 예제에서 ArithmeticException이 발생하면, catch 블록이 실행되어 "Cannot divide by zero!"라는 메시지가 출력된다.

(2) finally 블록

finally 블록은 예외 발생 여부와 관계없이 항상 실행되는 코드 블록이다. 자원 해제, 파일 닫기 등의 작업에 주로 사용된다.

```
try {
    int result = 10 / 0;
} catch (ArithmeticException e) {
    System.out.println("Cannot divide by zero!");
} finally {
    System.out.println("This will always be executed.");
}
```

위 예제에서는 예외가 발생해도, finally 블록 안의 내용이 실행된다.

(3) try-with-resources 구문

try-with-resources는 자원을 자동으로 해제하는 try 구문이다. AutoCloseable 인터페이스를 구현한 자원을 사용할 때 유용하다.

```
try (BufferedReader br = new BufferedReader(new FileReader("file.txt"))) {
    String line;
    while ((line = br.readLine()) != null) {
        System.out.println(line);
    }
} catch (IOException e) {
    System.out.println("File error: " + e.getMessage());
}
// try 블록이 끝나면 BufferedReader 자원이 자동으로 닫힌다.
```

(4) 예외의 전파 (throws 키워드)

메소드에서 예외를 처리하지 않고 호출자에게 전파하려면 메소드 선언부에 throws 키워드를 사용한다.

```
public void readFile(String fileName) throws IOException {
    BufferedReader br = new BufferedReader(new FileReader(fileName));
    // 파일 읽기 작업
}
```

위 메소드를 호출하는 쪽에서는 아래처럼 예외를 처리하거나 다시 더 위로 throws 해야 한다.

```
public void someMethod() {
    try {
        readFile("file.txt");
    } catch (IOException e) {
        System.out.println("Handled IOException");
    }
}
```

(5) 사용자 정의 예외

필요에 따라 사용자 정의 예외를 만들 수 있다. 사용자 정의 예외는 Exception 클래스나 RuntimeException 클래스를 상속받아 생성한다. throw 키워드는 예외를 생성하는 방법으로 아래 예에서 사용자 정의 예외인 CustomException()을 발생시킨다.

```
class CustomException extends Exception {
    public CustomException(String message) {
        super(message);
    }
}
public class Main {
    public static void main(String[] args) {
        try {
            throw new CustomException("This is a custom exception!");
        } catch (CustomException e) {
            System.out.println(e.getMessage());
        }
    }
}
```

B 수학 기초

여기에서는 수학적인 기초가 부족한 학생들을 위하여 이 책에서 다루는 수학적 용언과 간단한 확률 이론을 다룬다. 컴퓨터공학도를 위한 아주 훌륭한 수학책들이 있으니, 자료구조를 위해서만 아니라, 다른 전공 공부를 위해서라도 반드시 공부하기 바란다.

1 조합론적 원리

(1) 덧셈 원리(Addition Principle): 어떤 일을 하는 방법의 수가 m이고 다른 일을 하는 방법의 수가 n이라면, 이 일을 하거나 저 일을 하는 방법의 수는 m + n이다.

(2) 곱셈 원리(Multiplication Principle): 어떤 일을 하는 방법의 수가 m이고 다른 일을 하는 방법의 수가 n이라면, 이 일을 하고 그 다음에 저 일을 하는 방법의 수는 m × n이다. 즉, 이것을 하고, 그 다음에 저것을 하는 방법의 수를 의미한다.

(3) 팩토리얼 표기(Factorial Notation): 팩토리얼 함수는 n이 0보다 큰 정수인 경우 1부터 n까지의 정수를 모두 곱한 것을 나타낸다. 따라서 5! = 1 × 2 × 3 × 4 × 5 = 120이 된다. 특별한 경우로, 0! = 1이다. 팩토리얼 함수는 n이 커짐에 따라 빠르게 증가한다. 계승 함수를 직접 계산하는 것은 시간이 많이 소요되기 때문에 좋은 근사치를 제공하는 방정식을 가지고 있는 것이 유용할 수 있다. Stirling의 근사치는 $n! \sim \sqrt{2\pi n}\,(n/e)^n$ 인데, 여기서 e는 약 2.71828이다. 따라서 $\sqrt{2\pi n}\,/e^n < 1$ 이기 때문에 n!은 n^n 보다 느리게 증가한다. 그러나 양의 정수 상수 c에 대한 c^n 보다는 빠르게 증가한다.

(4) 순열(Permutation): 서로 다른 n개의 항목 중 순서있게 r개를 선택하는 경우의 수로 다음 공식으로 주어진다.

$$\mathrm{P}(n,r) = \frac{n!}{(n-r)!}$$

(5) 조합(Combination): 서로 다른 n개의 항목 중 순서를 고려하지 않고 r개를 선택하는 경우의 수로 다음 공식으로 주어진다.

$$\mathrm{C}(n,r) = \frac{n!}{(n-r)! \times r!}$$

이러한 원리와 공식은 조합론적 문제를 해결할 때 매우 유용하다.

2 지수와 로그(Exponentials and Logarithms)

A^x은 A를 x 제곱한 값을 나타낸다. 여기서 x가 양의 정수이면, 이것은 단순히 A를 x번 곱한 값이 된다. 예를 들어, x가 4이면 A^x는 A × A × A × A 가 된다.

음수 지수인 경우 x에 대해 A^x은 1을 A의 -x 제곱으로 나눈 값과 같다.

즉, $A^x = 1/A^{-x}$ 이 된다.

예를 들어, x가 -2인 경우 A^x은 $1/A^2$이다. 여기서 x가 0인 경우 A^x은 1과 같다. 이것은 지수의 기본적인 특성이다.

정수가 아닌 제곱수인 경우, 지수 계산은 여전히 가능하지만, 미적분에서 나오는 지수 함수 e^x를 사용하여 정의하며, 이는 지수 급수를 기반으로 정의된다. 더 자세한 이야기는 미적분 관련 수학 책을 참고하기를 바란다.

$\log_b k$는 숫자 k의 밑이 b인 로그를 나타낸다. 다시 말해, 이것은 $b^x = k$를 만족하는 유일한 값 x이다.

컴퓨터 수학에서 다루는 대부분의 로그는 밑(base)이 2인 이진 로그이다. 이는 데이터 구조와 알고리즘이 주로 데이터를 반으로 나누거나 이진 비트로 코드를 저장하기 때문이다. 따라서 로그 기호에서 밑을 생략한 $\log k$는 $\log_2 k$를 나타내는 것이다. 이해가 안 될 경우 $\log_b k$를 k를 b로 나누어서 결과가 1 이하가 될 때까지 나누어야 하는 횟수로 생각하는 것도 나쁘지 않은 방법이다.

예를 들어, 이진 탐색(binary search)을 수행할 때 매 비교마다 가능한 답의 수를 2로 나눈다. 이 작업은 가능한 답이 하나 이하가 될 때까지 반복된다. 따라서 초기에 가능한 답이 최대 n + 1개인 경우 이진 탐색에 의해 수행되는 비교 횟수는 최대 $\lceil \log_2(n+1) \rceil$이다.

로그는 양의 값 m, n, r, 양의 정수 a와 b에 대해 다음과 같은 특성을 갖는다.

- $\log(nm) = \log n + \log m$
- $\log(n/m) = \log n - \log m$
- $\log(n^r) = r \times \log n$
- $\log_a n = \log_b n / \log_b a$

첫 번째와 두 번째 특성은 두 숫자의 곱셈(또는 나눗셈)의 로그를 두 숫자의 로그를 더하거나(또는 빼는) 방식으로 찾을 수 있다는 것을 말한다. 세 번째 특성은 첫 번째 특성의 확장이다. 네 번째 특성은 변수 n과 두 정수 상수 a와 b에 대해 $\log_a n$ 과 $\log_b n$ 은 n의 값에 관계 없이 상수 배율 $\log_b a$ 로 차이가 난다는 것을 알 수 있다. 컴퓨터 수학에서 대부분의 실행 시간 분석은 비용의 상수 요소를 무시한다. 네 번째 특성은 로그의 밑이 변경되더라도 전체 비용을 상수 배율로만 변경할 수 있기 때문에 그러한 분석이 로그의 밑을 신경 쓸 필요가 없음을 나타낸다.

$2^{\log n} = n$ 이기 때문에 세 번째 특성은 $\log n^2 = 2\log n$ 임을 알 수 있다. 로그의 제곱은 $(\log n)^2$ 로 쓸 수 있지만 $\log^2 n$을 사용하는 것이 전형적이다. 또한 로그의 로그는 $\log\log n$으로 표기한다.

숫자에 로그를 얼마나 많이 취해야 1의 값에 도달하는지 알아야 할 때는 특수한 표기법이 사용된다. 이 양은 $\log^* n$으로 표기한다. 예를 들어 $\log^* 1024 = 4$는 log 1024 = 10, log 10 = 3.33, log 3.33= 1.74, 그리고 log 1.74 < 1로 총 4번의 로그 작업이 필요하기 때문이다.

컴퓨터 수학에 다루는 또 다른 로그는 자연 로그(natural logarithm)이다. $\ln k$로 표기하는데, 이는 $\log_e k$를 의미하는 것으로 여기서 e는 오일러 상수(Euler's constant)로 $\lim_{n \to INF} (1 + \frac{1}{n})^n \approx 2.71828$ 로 정의 된다.

자연 로그는 특히 흔한 적분의 값이기 때문에 컴퓨터 수학에서 자주 등장한다.

$$\int_1^k 1/x\,dx = \ln k \quad \text{(식 1)}$$

로그에 대해 가장 흔하게 수행하는 두 가지 조작 중 하나는 로그를 지수로 변경하고 로그의 밑을 변경하는 것이다.

$$b^{\log_b k} = k \quad \text{(식 2)}$$

$$\log_b k = \frac{\log_a k}{\log_a b} \quad \text{(식 3)}$$

예를 들어, 이를 이용하여 자연 로그와 이진 로그를 비교할 수 있다.

$$\ln k = \frac{\log k}{\log e} = \frac{\log k}{(\ln e)/(\ln 2)} = (\ln 2)(\log k) \approx 0.693147 \log k \quad \text{(식 4)}$$

즉, 자연 로그는 이진 로그의 약 0.693147 배로 계산된다.

3 합계와 반복

대부분의 프로그램에는 loop 구조가 포함되어 있다. loop가 포함된 프로그램의 실행 시간 비용을 분석할 때는 loop가 실행될 때마다 비용을 합산해야 한다. 이것은 합산(summation)의 한 예이다. 합산(summation)은 일련의 매개변수 값에 적용된 함수의 비용을 단순히 더한 것이다. 합산은 일반적으로 다음과 같은 "시그마(Sigma)" 표기법으로 작성된다.

$$\sum_{i=1}^{n} f(i) \qquad \text{(식 5)}$$

이 표기법은 정수 범위에서 f(i)의 값을 합산하고 있다는 것을 나타낸다. 식의 매개변수와 초깃값은 Σ 기호 아래에 표시되고, 여기서 i = 1이라는 표기법은 매개변수가 i이며 그 값이 1에서 시작한다는 것을 나타낸다. Σ 기호의 위쪽에는 표현식 n이 있다. 이것은 매개변수 i의 최댓값을 나타낸다. 따라서 이 표기법은 i가 1부터 n까지의 정수를 범위로 할 때 f(i)의 값을 합산한다는 것을 의미한다. 이것은 또한 f(1) + f(2) + ... + f(n-1) + f(n)으로 쓸 수 있다. 문장 내에서 Σ 표기법은 $\Sigma_{i=1}^{n} f(i)$로 작성된다.

합산이 주어지면 종종 동일한 값을 갖는 대수 방정식(Algebraic Equation)으로 대체하고 싶을 것이다. 이를 폐쇄형 해(closed-form solution)라고 하며, 합산을 해당 폐쇄형 해로 대체하는 과정을 합산을 해결한다고 한다. 예를 들어, 합산 $\Sigma_{i=1}^{n} 1$은 단순히 1을 n번 더한 것이다. n개의 1의 합은 n이므로 폐쇄형 해는 n이 된다. 다음은 유용한 합산과 해당 폐쇄형 해의 예이다.

$$\sum_{i=1}^{n} i = \frac{n(n+1)}{2} \qquad \text{(식 6)}$$

$$\sum_{i=1}^{n} i^2 = \frac{2n^3+3n^2+n}{6} = \frac{n(2n+1)(n+1)}{6} \qquad \text{(식 7)}$$

$$\sum_{i=1}^{\log n} n = n\log n \qquad \text{(식 8)}$$

$$\sum_{i=1}^{\infty} a^i = \frac{1}{1-a} \text{ for } 0<a<1 \qquad \text{(식 9)}$$

$$\sum_{i=1}^{n} a^i = \frac{a^{(n+1)}-1}{a-1} \text{ for } a \neq 1 \qquad \text{(식 10)}$$

(식 10)의 특별한 형태로

$$\sum_{i=1}^{n} \frac{1}{2^i} = 1 - \frac{1}{2^n} \qquad \text{(식 11)}$$

$$\sum_{i=1}^{n} 2^i = 2^{n+1} - 1 \qquad \text{(식 12)}$$

(식 12)의 결과로

$$\sum_{i=1}^{\log_2 n} 2^i = 2^{\log_2 n + 1} - 1 = 2n - 1 \qquad \text{(식 13)}$$

대부분의 이러한 식은 수학적 귀납법을 사용하여 증명할 수 있다. 그러나 귀납법은 닫힌 형태의 솔루션을 유도하는 것보다는 단지 제안된 닫힌 형태의 솔루션이 올바른지 확인하는 데 도움을 준다.

재귀 알고리즘의 총 시간은 재귀 호출을 실행하는 데 걸리는 시간을 포함하기 때문에 재귀 알고리즘의 실행 시간은 주로 재귀식으로 표현된다. 재귀 관계는 자신의 하나 이상의 (작은) 인스턴스를 포함하는 표현을 사용하여 함수를 정의한다. 팩토리얼 함수의 재귀적 정의가 대표적인 예입이다.

n! = (n - 1)! * n (n > 1); 1! = 0! = 1;

또 다른 표준적인 예로는 피보나치 수열이 있다.

Fib(n) = Fib(n - 1) + Fib(n - 2) (n > 2); Fib(1) = Fib(2) = 1;

이 정의로부터 피보나치 수열의 첫 7개 숫자는 1, 1, 2, 3, 5, 8, 13이 된다.

재귀 관계는 종종 재귀 함수의 비용을 모델링하는 데 사용된다. 팩토리얼 함수에 의한 크기 n의 입력에 필요한 곱셈 횟수는 n = 0 또는 n = 1 (기본 경우)일 때 0이며, n - 1의 값에 대한 fact 호출의 비용에 1을 더한다. 이는 다음과 같은 재귀식을 사용하여 정의할 수 있다.

T(n) = T(n - 1) + 1 (n > 1); T(0) = T(1) = 0;

재귀식을 닫힌 형태의 솔루션으로 대체하려는 것은 합계와 마찬가지로 일반적이다. 한 가지 접근 방법은 재귀식을 확장하여 우측에 나오는 T의 모든 출현을 그 정의로 대체하는 것이다. 예를 들어, 재귀식 T(n) = T(n - 1) + 1을 확장하면 다음과 같이 된다.

$$T(n) = T(n - 1) + 1 = (T(n - 2) + 1) + 1$$

이 재귀식은 계속 확장할 수 있지만 목표는 재귀식을 해석하고 그것을 합으로 표현할 수 있는 어떤 패턴을 확인하는 것이다. 위의 예에서 다음과 같은 패턴을 확인할 수 있다.

$$(T(n - 2) + 1) + 1 = T(n - 2) + 2$$

그리고 재귀식을 다시 확장하면 다음과 같이 된다.

$$T(n) = T(n - 2) + 2 = T(n - 3) + 1 + 2 = T(n - 3) + 3$$

이것은 $T(n) = T(n - i) + i$의 패턴으로 일반화될 수 있기 때문에 이를 통해 다음의 결론을 내릴 수 있다.

$$T(n) = T(n - (n - 1)) + (n - 1) = T(1) + n - 1 = n - 1$$

이 패턴이 정확한 닫힌 형태 솔루션임을 증명한 것이 아니라 패턴을 추측한 것뿐이므로, 이 프로세스를 완료하기 위해 귀납 증명을 사용해야 한다.

4 점근적 표기법

데이터 구조를 분석할 때 우리는 다양한 작업의 실행 시간에 대해 언급한다. 정확한 실행 시간은 물론 컴퓨터마다 다르며 심지어 개별 컴퓨터에서 실행마다 다르다. 작업의 실행 시간에 대해 이야기할 때, 우리는 그 작업 중에 수행되는 컴퓨터 명령의 수를 참조하는 것이다. 그러나 아주 간단한 프로그래밍 코드라고 할지라도 이 시간을 정확하게 계산하기 힘들 수도 있다. 따라서 실행 시간을 정확하게 분석하는 대신, 이른바 빅 오(O) 표기법을 사용한다.

함수 f(n)에 대해, O(f(n))은 다음과 같은 함수 집합을 나타낸다.

$$O(f(n)) = \{ g(n): c > 0, \text{그리고 } n_0\text{가 존재하여 } n \geq n_0\text{일 때 } g(n) \leq c \times f(n) \}$$

그래프적으로 생각하면, 이 집합은 n이 충분히 큰 경우 $c \times f(n)$이 g(n)을 지배하기 시작하는 함수 g(n)으로 구성된다. 우리는 일반적으로 점진적 표기법을 사용하여 함수를 간단히 표현한다. 예를 들어, 5nlogn + 8n - 200 대신에 O(nlogn)을 쓸 수 있다.

증명

5nlogn + 8n − 200 ≤ 5nlogn + 8n (logn이 1 이상인 n ≥ 2인 경우)≤ 5nlogn + 8nlogn (logn을 1로 치환하면) ≤ 13nlogn
이것은 함수 f(n) = 5nlogn + 8n − 200이 상수 c = 13 및 n_0 = 2를 사용하여 O(nlogn) 집합에 속함을 보여준다.

5 랜덤화와 확률(Randomization and Probability)

자료구조에서 사용되는 데이터는 무작위로 선택되어진다. 이 선택은 저장된 데이터나 수행 중인 작업과는 독립적이다. 따라서 이러한 구조를 사용하여 동일한 작업 집합을 여러 번 수행하면 서로 다른 실행 시간이 발생할 수 있다. 이러한 데이터 구조를 분석할 때 우리는 그들의 평균 또는 예상 실행 시간에 관심이 있다.

무작위 데이터 선택되는 구조에서 실행 시간은 확률 변수이며, 우리는 그 기댓값을 찾고자하는 것이다. 이산 확률 변수 X가 어떤 계수 가능한 범위 U에서 값을 가질 때, X의 기댓값은

$$E[X] = \sum_{x \in U} x \cdot \Pr\{X = x\} \qquad (식\ 14)$$

가 된다.

여기서 $\Pr\{\varepsilon\}$는 사건 E가 발생할 확률을 나타낸다. 이러한 확률은 무작위 데이터 구조가 만드는 무작위 선택과 관련이 있다. 데이터 구조에 저장된 데이터나 데이터 구조에서 수행되는 작업 순서가 무작위인 것으로 가정하지 않는다. 기댓값의 가장 중요한 특성 중 하나는 기댓값의 선형성(Linearity)이다. 기댓값의 선형성이란 말은 임의의 두 확률변수 X와 Y에 대해 $E[X+Y] = E[X] + E[Y]$ 가 성립한다는 것을 말한다. X와 Y가 독립 사건이든 의존 사건이든 성립한다. X = Y라고 할 때 $E[X+Y] = E[2X] = 2 \times E[X] = E(X) + E(Y)$가 되며, c가 상수이면 $E[cX] = c \times E[X]$ 도 성립한다.

일반적으로 임의의 확률 변수 $X_1, X_2, \ldots, X_k$에 대해서,

$$E\left[\sum_{i=1}^{k} x_k\right] = \sum_{i=1}^{k} E[X_i] \qquad (식\ 15)$$

이다.

기댓값의 선형성은 복잡한 좌변의 무작위 변수를 더 간단한 우변의 무작위 변수의 합으로 분해할 수 있게 할 수 있다. 보다 쉽게 설명하면, 확률변수의 기댓값은 $E[X] = \sum X \times P(X=x)$로 정의한다. 여기서 확률변수 X를 함수로 생각하면, $E[X] = \sum X(s) \times P(\{s\})$로 써도 된다.

반복적으로 사용되는 유용한 기법 중 하나는 지표 무작위 변수(indicator random variable)를 정의하는 것이다. 이러한 이진 변수는 어떤 것을 계산하고자 할 때 유용하다. 예를 들어, 동전을 k번 던져서 동전이 앞면으로 나오는 횟수의 기댓값을 알고 싶다고 할 때, 직관적으로 정답은 k/2라고 알고 있지만, 기댓값의 정의를 사용하여 이를 증명하면

$$\begin{aligned} E[X] &= \sum_{i=0}^{k} i \cdot \Pr\{X=i\} \\ &= \sum_{i=0}^{k} i \cdot \begin{bmatrix} k \\ i \end{bmatrix} / 2^k \\ &= k \cdot \sum_{i=0}^{k-1} \binom{k-1}{i} / 2^k \\ &= k/2 \end{aligned} \qquad \text{(식 16)}$$

와 같다.

이것을 계산하기 위해서는 $\Pr[X=i] = \binom{k}{i} = k\binom{k-1}{i}$를 충분히 계산할 수 있어야 하며, $i\binom{k}{i} = k\binom{k-1}{i}$ 과 $\sum_{i=0}^{k}\binom{k}{i} = 2^k$ 같은 이항계수(binomial coefficient)의 성질도 알아야 한다.

Exercise

01. 다음과 같이 변수들이 선언되어 있을 때

```
int c = 13;
String szSubject = "Computer Science";
double[][] matrix = { {0.1, 0.2, 0.3}, {0.4, 0.5, 0.6}, {0.7, 0.8, 0.9}};
```

다음 표현식(expressions)의 결과값을 쓰시오.

(1) szSubject.length() + c

(2) szSubject.charAt(5)

(3) szSubject.charAt(1)+2

(4) szSubject.substring(0, 5)

(5) szSubject + szSubject.substring(9, 15)

(6) szSubject.split(" ")[0]

(7) matrix[1].length

(8) matrix[2][2]

(9) matrix[1][1]

02. 다음 코드가 실행되었을 때 result에 들어갈 값을 쓰시오.

```
StringBuffer sb = new StringBuffer();
sb.append("Data");
sb.append("Structure");
String result = sb.toString();
```

03. 다음 두 문장을 하나의 문장으로 표현하시오.

```
int[] p;
p = new int[10];
```

04. 다음 프로그램의 수행 결과를 쓰시오.

```
public class Main {
    static int m; // Pay attention here!!!
    public static void main(String[] args) {
        int x = 0;
        for (int i = 0; i < 4; i++) {
            x += mystery(i);
            System.out.printf("i = %5d\tx = %5d\n", i, x);
        }
    }
    public static int mystery(int k) {
        return (k != 0) ? (m += 2) : (m = 0);
    }
}
```

05. 다음 프로그램의 수행 결과를 쓰시오.

```
import java.util.Arrays;

public class Main {

    public static void main(String[] args) {
        int[] a = {1, 2, 3};
        int[] b = {4, 5};
        int[] c = {6, 7, 8, 9};
        int[][] varArray = new int[3][];
        varArray[0] = a;
        varArray[1] = b;
        varArray[2] = c;

        for (int i = 0; i < varArray.length; i++) {
            for (int j = 0; j < varArray[i].length; j++) {
                System.out.printf("%d ", varArray[i][j]);
            }
            System.out.println("");
        }
    }
}
```

06. 두 문자열 string1과 string2가 있을 때, string1의 i번째 위치에 string2를 삽입한 문자열을 반환하는 함수를 작성하시오.

07. 다음과 같은 원소가 주어질 때 가장 큰 원소를 출력하는 프로그램을 작성하시오.

```
가능한 입력 : 1~100까지 정수 중 총 5개의 정수 입력
```

```
입력 : 5, 7, 2, 9, 8
가장 큰 원소는 9.00
```

08. 문자열을 입력하면 문자열에서 모음과 자음의 수를 세는 프로그램을 작성하시오.

```
가능한 문자열 : 100자 이하의 문자열
```

```
입력 : string
모음의 수 : 1
자음의 수 : 5
```

Chapter II

자료구조 기본 개념

본 장에서는 자료구조의 용어를 정의하고 알고리즘의 품질을 평가하기 위한 주요한 성능 분석 기준에 대해 다룬다. 또한 알고리즘의 실행시간을 비교하기 위한 점근적 알고리즘 분석과 점근표기법 ($O\,\Omega\,\Theta$)에 대해 다룬다.

1 자료구조 용어 정리

(1) 문제, 알고리즘, 프로그램

프로그래머들은 일반적으로 문제(Problems), 알고리즘(Algorithms), 컴퓨터 프로그램(Computer Programs)과 관련된 작업을 수행하는데 이 세 가지는 비슷한 개념이면서 실제로는 의미가 다르다. 먼저 문제 (Problems)는 수행해야 할 작업을 말한다. 문제 정의에는 문제를 해결하는 방법에 대한 제약 조건이 포함되어서는 안 되며, 문제 정의는 정확하게 되어야 하고 완전히 이해된 후에 해결 방법이 개발되어야 한다.

그러나 문제 정의에는 해결 방법에 의해 소비될 수 있는 리소스에 대한 제약 조건이 포함되어야 한다. 컴퓨터에 의해 해결되어야 하는 모든 문제에는 명시적 또는 암시적으로 해당하는 제약조건이 항상 존재한다. 예를 들어, "프로그램은 사용 가능한 주 메모리와 디스크 공간만 사용할 수 있으며, 특정 시간 내에 실행되어야 한다"는 것이 제약조건이다.

알고리즘 (Algorithms)은 일부 계산 작업을 수행하기 위한 유한한 단계로 이루어진 시퀀스이다. 알고리즘은 반드시 컴퓨터로 수행할 수 있을 만큼 간단하고 명확한 단계가 있어야 하며, 유한하게 많은 단계 후에 종료해야 한다는 특징을 가지고 있다. 알고리즘에 대한 이 정의는 많으나, 가장 중요한 것은 알고리즘은 프로그램이 아니라 일련의 단계라는 것이다. 알고리즘은 구현을 위한 추상화된 것이기 때문에 다른 프로그래밍 언어로 동일한 알고리즘을 표현할 수 있어야 한다. 문제를 해결하기 위한 단계적인 절차 또는 방법으로 알고리즘은 주어진 입력에 대해 원하는 출력을 생성하는 논리적인 단계로 구성된다. 알고리즘은 일련의 연산, 제어 구조, 반복 루프 등으로 표현될 수 있다. 문제를 해결하기 위해 선택된 알고리즘의 효율성과 정확성은 매우 중요하다.

알고리즘의 구조는 1. 입력 단계 2. 할당 단계 3. 결정 단계 4. 반복 단계 5. 출력 단계 등을 포함한다. 또한 알고리즘은 유한성(finiteness), 명확성(definiteness), 효과성(effectiveness), 입출력성의 성격을 갖는다. 유한성이란 뜻은 알고리즘은 유한한 수의 단계 후에 종료되어야 한다는 것을 의미한다. 명확성은 알고리즘의 단계는 정확하게 정의되거나 모호하지 않아야 한다는 것을 의미한다. 마지막으로 입출력성은 알고리즘에는 특정 초기 및 정확한 입력과 중간 및 최종 단계 모두에서 생성될 수 있는 출력이 있어야 한다는 것을 의미한다.

알고리즘은 자연어를 이용하여 서술적으로 표현하는 방법이 있으며, 순서도(flow chart)를 이용하여 표현 방법, 프로그래밍 언어를 이용한 구현 방법을 구체적으로 표현하는 방법, 그리고 마지막으로 의사코드(Pseudo-code)를 이용하여 추상적으로 표현하는 방법이 있다. 일반적으로 대부분의 프로그래밍 언어로 구현할 수 있게 하기 위해 알고리즘은 의사코드로 표현하는 경우가 가장 많다.

컴퓨터 프로그램 (Computer Programs)은 알고리즘의 구현이라고 할 수 있다. 알고리즘을 특정 프로그래밍 언어로 작성하여 컴퓨터에서 실행할 수 있도록 만든 것이다. 프로그램은 입력을 받아 알고리즘을 실행하고, 출력을 생성하며, 주로 컴파일러 또는 인터프리터를 통해 실행된다.

(2) 데이터와 자료구조

데이터는 많은 다양한 방식으로 조직되고 구성될 수 있다. 컴퓨터과학에서 데이터는 프로그램의 논리적 또는 수학적 모델, 특히 데이터의 구성 방식을 의미한다. 구성된 데이터 또는 데이터의 구성된 집합을 데이터구조 또는 자료구조(Data Structure)라고 한다. 자료구조는 컴퓨터에 자료(데이터)를 효율적으로 저장하고, 사용할 수 있게 하고, 가장 효율적인 알고리즘을 사용할 수 있도록 하는 방법이다. 잘 정의된 자료구조를 사용하면 실행 시간을 줄이고 메모리 공간도 효율적으로 사용하게 하여 중요 작업을 수행할 수 있다. 다양한 종류의 자료구조가 다른 종류의 응용에 맞게 구조화되는데 예로 B-Tree는 데이터베이스의 구현을 위해 잘 정의된 자료구조라고 할 수 있다.

자료구조는 기본적으로 두 가지 문제를 해결해야 하는 논리적 개념이라고 할 수 있다. 첫 번째 문제는 데이터를 저장하는 방법이고 두 번째 문제는 데이터에 대해 수행할 작업이다. 따라서 자료구조는 기본적으로 데이터를 저장하는 방법에 대한 논리적 정의와 데이터에 대해 수행할 작업에 대한 논리적 정의를 다루는 것이라고 할 수 있다.

자료구조는 두 가지 목표가 있다. 첫 번째 목표는 유용한 수학적 개체와 연산을 식별하고 개발하고, 이러한 개체와 연산을 사용하여 어떤 종류의 문제를 해결할 수 있는지 결정하는 것이며, 두 번째 목표는 이러한 추상 개체를 표현하기 위한 표현 방법을 결정하여 구체적인 표현에서 추상 연산을 구현하는 것이다.

원시(primitive) 데이터 타입은 프로그래밍 언어에서 직접 지원되며, 정수, 문자, 실수 등이 이에 포함된다. 비원시 데이터 타입은 프로그래밍 언어에서 정의되지 않으며, 프로그래머에 의해 정의되는 것을 의미한다. 이러한 데이터 타입은 "데이터 + 정의된 연산"으로 구성된다.

선형(linear) 데이터 구조는 데이터 원소를 선형 방식으로 구성하여 데이터 원소가 연속적으로 연결되어 있는 구조이다. 선형 데이터 구조는 컴퓨터의 메모리도 선형 방식으로 구성되어 있기 때문에 구현하기 쉬운 편이다. 배열, 연결 리스트(linked list), 스택(stack) 및 큐(queue) 등이 선형 데이터 구조에 포함된다.

비선형 데이터 구조에서는 데이터 원소가 순차적으로 구성되지 않는다. 다차원 배열, 트리, 그래프, 테이블 및 집합과 같은 데이터 구조는 널리 사용되는 비선형 데이터 구조의 예이다.

2 자료구조와 ADT

자료구조의 선택은 ADT(Abstracted Data Type, 추상화된 데이터 타입)의 선택에서 시작된다. ADT는 데이터와 데이터에 대한 일련의 연산들을 명기한 것으로 데이터 유형에 대한 수학적 모델이라고 할 수 있다.

ADT는 원소들의 집합으로 구성되며, 명확하게 정의된 연산들의 집합으로 가능한 데이터 타입에 대한 가능한 연산(operation) 및 이러한 연산들의 동작(behavior, semantics)으로 정의할 수 있다. C++ 및 Java와 같은 객체 지향 언어는 클래스를 통해 ADT를 명시적으로 표현할 수 있다. ADT의 예로는 리스트, 스택, 큐, 집합, 트리, 그래프 등이 있다.

효율적 알고리즘을 설계하고, 연산 복잡도를 추정하기 위해서 필수적으로 ADT를 올바르게 선택해야 한다. 따라서, 컴퓨터 프로그래머는 데이터의 특성과 해당 데이터에 대해 수행해야 하는 연산에 따라 사용할 자료구조를 잘 결정해서 사용해야 한다. 일반적으로 사용되는 데이터 구조에는 목록, 배열, 스택, 큐, 힙, 트리 및 그래프가 포함된다. 어셈블리(Assembly) 언어와 저수준의 프로그래밍 언어를 제외하고 대부분의 프로그래밍 언어에서는 자료구조를 지원한다.

자료구조는 단순(Simple) 자료구조, 복합(Compound) 자료구조로 분류할 수 있다. 단순 자료구조는 기본(primitive) 자료구조를 사용하여 단순 자료구조를 구성할 수 있다. 기본 데이터 구조는 컴퓨터 언어 중 하나의 표준 데이터 타입을 나타내는 데 사용되는데 변수, 배열, 포인터, 구조체, 공용체 등이 기본 자료구조이다.

복합 자료구조는 기본 자료구조 중 하나를 사용하여 구성할 수 있으며 특별한 기능을 갖는다. 복합 자료구조는, 선형(Linear) 자료구조, 비선형(Non-linear)자료구조로 분류할 수 있다. 선형 자료구조는 메모리에 있는 데이터 원소의 연속적인 배열로 구성될 수 있으며, 배열 데이터 타입을 사용하여 구성할 수 있다. 선형 데이터 구조는 데이터 원소를 선형으로 구성하여 각각을 연속적으로 연결한다. 컴퓨터의 메모리도 선형적으로 구성되어 있기 때문에 선형 데이터 구조를 구현하는 것이 쉬운 편이다. 배열, 연결 리스트, 스택 및 큐는 일반적으로 사용되는 선형 데이터 구조의 예이다.

비선형 데이터 구조에서는 데이터 원소가 순차적으로 구성되지 않는다. 다차원 배열, 트리, 그래프, 테이블 및 집합과 같은 데이터 구조는 널리 사용되는 비선형 데이터 구조의 예이다.

각 데이터 구조는 순회(traversing), 탐색(searching), 삽입(inserting), 삭제(deleting), 정렬(sorting), 병합(merging) 등이 수행될 수 있다. 순회(traversing)는 각 데이터 항목에 정확히 한 번씩 접근하는

것을 말한다. 탐색(searching)은 주어진 데이터 항목 집합에서 데이터 항목의 위치를 찾는 것을 말한다. 삽입(inserting)은 주어진 데이터 항목 집합에 새로운 데이터 항목을 추가하는 것을 말한다. 삭제(deleting)는 주어진 데이터 항목 집합에서 기존 데이터 항목을 삭제하는 것을 말한다. 정렬(sorting)은 데이터 항목을 일정한 순서로 정렬하는 것을 말한다. 숫자 데이터의 경우 오름차순이나 내림차순으로, 알파벳-숫자 데이터의 경우 사전식 순서로 정렬(sorting)할 수 있다. 병합(merging)은 두 개의 정렬된 파일의 데이터 항목을 정렬된 형태로 결합하여 하나의 파일로 만드는 것을 말한다.

3 알고리즘의 성능 분석과 복잡도(Complexity)

알고리즘의 성능 분석은 알고리즘의 품질을 평가하기 위한 기준들을 포함한다. 주요한 성능 분석 기준은 다음과 같다.

- 정확성(Correctness): 알고리즘이 올바른 입력에 대해 유한 시간 내에 올바른 결과를 출력해야 한다.
- 단순성, 명확성(Simplicity, Clarity): 알고리즘은 작성이 쉽고 간결하여 이해하기 쉬워야 한다.
- 수행량(Amount of work done): 알고리즘의 실행 과정에서 수행되는 연산의 횟수이다. 알고리즘의 효율성을 판단하는 중요한 원소 중 하나이다.
- 메모리 사용량(Amount of space used): 알고리즘 실행에 필요한 메모리 공간의 양을 나타낸다. 알고리즘의 공간 복잡도를 분석하는 데 사용된다.
- 최적성(Optimality): 가장 중요한 기준 중 하나로, 최적의 알고리즘이 다른 알고리즘보다 성능이 우수하다는 것을 의미한다.

이러한 알고리즘의 성능은 시간과 공간의 척도인 시간복잡도(Time Complexity)와 공간 복잡도(Space Complexity)로 측정할 수 있다. 필요한 시간의 상대적인 양 또는 공간의 상대적인 양에 따라 알고리즘을 분류하고 입력 크기의 함수로 요구되는 시간과 메모리 공간의 크기를 지정하는 것이 필요하다. 이를 시간복잡도와 공간 복잡도라고 한다. 시간복잡도는 더 빠르게 실행되는 프로그램이 더 나은 프로그램이란 척도이며, 공간 복잡도는 유사한 프로그램보다 메모리 공간을 절약하는 프로그램이 더 나은 프로그램이란 척도를 뜻한다.

(1) 시간복잡도

시간복잡도는 프로그램이 얼마나 빠르게 실행되느냐의 문제로 알고리즘을 구성하는 명령어들이 몇 번이나 실행이 되는지를 카운트하는 결과(빈도 계산 frequency count)에 각 명령어의 실행 시간(execution time)을 곱한 합계이다. 각 명령어의 실행시간은 특정 하드웨어 혹은 프로그래밍 언어에 따라서 그 값이 달라질 수 있기 때문에 알고리즘의 일반적인 시간복잡도는 명령어의 실제 실행시간을 제외한 명령어의 실행 횟수만을 고려한다. 따라서, 알고리즘 또는 프로그램의 시간복잡도는 알고리즘 또는 프로그램의 실행 시간의 함수로 실행을 완료하는 데 필요한 컴퓨터 시간이다.

알고리즘의 시간복잡도는 경험적 또는 이론적 접근 방식으로 계산할 수 있다. 경험적 또는 사후 테스트 접근 방식은 완전한 알고리즘을 구현하고 문제의 다양한 인스턴스에 대해 컴퓨터에서 실행해야 한다. 문제의 다양한 인스턴스에 대한 프로그램 실행에 소요된 시간을 기록하고 비교한다. 알고리즘의 구현은 후보 알고리즘 솔루션 중에서 가장 짧은 시간이 가장 좋은 것으로 간주된다. 이러한 시간복잡도를 표현하기 위해 입력의 개수 n의 함수로 나타낸 것을 시간복잡도 함수라고 한다.

<예 II-1>에서 주어진 코드 블록에 있는 main 함수는 "Hello World"를 세 번 출력하며 블록의 시간복잡도는 O(1)이 된다. 시간복잡도는 알고리즘 또는 코드가 실행되는 동안 소요되는 시간을 말한다. <예 II-1>은 단순히 println 함수를 세 번 호출하여 동일한 문자열을 화면에 출력하고 있으며, 이러한 출력 작업은 입력 크기나 반복 횟수에 따라 달라지지 않는다. 즉, 입력 크기에 상관없이 항상 정확히 세 번의 출력 작업을 수행하기 때문에 이 코드 블록의 시간복잡도는 상수 시간인 O(1)이 된다.

프로그램	시간복잡도 분석
`//A`	-
`public class ProgramA`	-
`{`	-
`    public static void main(String[] args)`	-
`    {`	-
`        System.out.println("Hello World");`	1
`        System.out.println("Hello World");`	1
`        System.out.println("Hello World");`	1
`    }`	-
`}`	-
println()의 호출수행시간을 1이라고 할 때 A : 의 총 실행 횟수 : 3	

〈예 II-1〉 O(1) 시간복잡도

<예 II-2>에서 for 루프가 n번 반복한다고 가정하면, 각 반복에서 "Hello World"를 출력하기 때문에 각 반복에서 상수 시간이 소요된다. 따라서 전체 코드의 실행 시간은 n번 반복하는 것과 관련이 있으므로 O(n) 시간복잡도를 갖게 된다. <예 II-2>의 시간복잡도가 O(n)인 이유는 루프의 반복 횟수가 입력 크기 n에 비례하며, 각 반복에서 수행되는 작업이 상수 시간이기 때문이다.

```
//B
public class ProgramB
{
    public static void main(String[] args)
    {
        int i;
        for(i = 0; i < 3; i++)
            System.out.println("Hello
World");
    }
}
```

```
-
-
-
-
-
-
1+3+3
3
-
-
```

```
B : 의 총 실행 횟수 : 10 -> 3n+1
대입연산 i=0 : 1
비교연산 i<3 : 3
증가연산 i++ : 3
println : 3
```

〈예 II-2〉 O(n) 시간복잡도

<예 II-3>은 Sum()를 사용하여 배열 a의 원소를 모두 더한 후 그 합을 반환하는 프로그램으로 for 루프는 i가 0부터 n-1까지 반복하는데 이것은 배열 a의 모든 원소를 한 번씩 방문하는 것을 의미한다. 루프 내에서 수행되는 작업은 s += a[i]로, 현재의 합 s에 배열의 원소 a[i]를 더한다. 루프가 n번 반복하므로 루프 횟수는 입력 크기 n에 비례하고 각 반복에서 수행되는 작업은 상수 시간이 소요됨을 알 수 있다. 배열의 특정 원소 a[i]를 가져오고, 현재의 합 s에 더하는 작업은 입력 크기와 무관하게 일정한 시간이 걸린다. 따라서 <예 II-3>의 시간복잡도는 O(n)이 된다. 입력 배열의 크기 n에 비례하여 실행 시간이 증가하므로 선형 시간복잡도를 갖는다고 할 수 있다. <예 II-4>도 동일한 이유로 시간복잡도는 O(n)이 된다.

//C	-
public static int Sum(int[] a, int n)	-
{	-
int s = 0;	1
for(int i = 0; i < n; i++)	1+n+n
s += a[i];	n
return s;	1
}	-
C의 총 실행 횟수 : 3n+3	

<예 II-3> O(n) 시간복잡도

//D	-
public static int Factorial(int n)	-
{	-
int factorial = 1;	1
for(int i = 1; i <= n; i++)	1+n+n
factorial *= i;	n
return factorial;	1
}	-
D의 총 실행 횟수 : 3n+3	

<예 II-4> O(n) 시간복잡도

(2) 공간복잡도

공간 복잡도는 알고리즘이나 프로그램이 실행될 때 얼마나 많은 메모리 공간을 사용하는지를 나타내는 것이다. 공간 복잡도는 고정적으로 요구되는 공간과 가변적으로 요구되는 공간으로 나눌 수 있다. 고정적으로 요구되는 공간은 알고리즘이나 프로그램 실행에 고정된 양의 메모리 공간이 필요한 경우다. 예를 들어, 명령어 공간(프로그램 코드가 저장되는 공간)이나 단순 변수를 위해 필요한 공간이 여기에 해당한다. 가변적으로 요구되는 공간은 문제의 특정 입력에 따라 가변적으로 요구되는 메모리 공간의 양이다. 문제의 인스턴스에 의존하는 변수들이 필요로 하는 공간이 여기에 해당한다. 예를 들어, 함수가 재귀적으로 사용될 때 추가적인 메모리 공간 요구량은 S(P)=c+SP(I) 로 표현할 수 있다.

4 점근적 알고리즘 분석과 점근표기법 (O Ω Θ asymptotic notation)

점근적 알고리즘 분석(Asymptotic Algorithm Analysis) 또는 점근적 분석은 컴퓨터 자원을 얼마나 소비하는지를 예측하는 것으로 이를 통해 두 개 이상의 알고리즘의 성능을 상대적으로 비교한다. 또한 점근적 분석을 통해 실제 프로그램을 구현하기 전에 알고리즘이 자원 제약을 충족시키는지 확인할 수 있다.

점근적 분석은 입력 크기가 커질수록 알고리즘 또는 프로그램으로 구현하는 효율성을 측정한다. 이것은 실제로 예측 기술이며 하나가 항상 다른 것보다 "약간 더 빠른" 두 프로그램의 상대적 장점에 대해 아무것도 알려주지 않는다. 그러나 점근적 분석은 특정 알고리즘이 구현을 위해 고려할 가치가 있는지 결정해야 할 때 유용하다. 프로그램의 중요한 자원은 실행 시간이다. 또한 프로그램을 실행하는 데 필요한 저장 공간(주기억장치와 디스크 공간 모두)도 중요한 자원이다. 일반적으로 알고리즘의 성능을 분석할 때 필요한 시간과 데이터 구조에 필요한 공간을 분석한다. 이는 알고리즘의 성능을 시간과 공간의 개념으로 측정할 수 있다는 것을 의미한다. 즉, 프로그램의 성능은 프로그램을 실행하는 데 필요한 컴퓨터 메모리의 양과 수행이 된다. 프로그램의 성능을 측정하는 방법은 분석 측정과 실험 측정이 있다. 즉, 프로그램의 성능을 분석하기 위해서는 분석 측정 방법을 사용하고 프로그램의 성능을 측정하기 위해서는 실험을 한다는 뜻이다.

점근표기법은 알고리즘의 점근적 성능 분석을 위해 사용되는 표기법으로, 입력값의 크기에 따라 알고리즘의 실행 시간이 어떻게 증가하는지를 표현하는 것이다. 점근표기법은 다음과 같은 이유는 먼저 같은 기능을 수행하는 두 알고리즘의 시간복잡도 비교하기 위해서이다. 점근표기법을 사용하면 알고리즘들의 실행 시간을 비교할 수 있다. 예를 들어, 두 알고리즘이 각각 O(n)과 O(n^2)의 시간복잡도를 가질 때, 입력 크기가 충분히 크다면 O(n) 알고리즘이 O(n^2) 알고리즘보다 효율적이다. 또한 점근표기법은 입력 자료의 특성 변화에 따른 실행 시간의 증가를 예측하기 위해서 사용된다. 즉, 입력 자료의 특성이 변할 때 알고리즘의 실행 시간이 어떻게 증가하는지 예측할 수 있다. 예를 들어, O(n) 알고리즘이 O(n^2) 알고리즘보다 입력이 커질수록 실행 시간이 더 느리게 증가할 것으로 알 수 있다.

(1) O(Big Oh)

O(Big Oh)는 함수의 상한을 나타내는 점근표기법이다. 이는 함수 f(n)이 다른 함수 g(n)보다 크지 않거나 같은 경우, 즉 모든 $n \geq n_0$에 대해 $f(n) \leq c \cdot g(n)$를 만족하는 양의 상수 c와 n_0가 존재한다면 f(n) = O(g(n))이 성립하는 것을 의미한다. 예를 들어, $n \geq 2$인 모든 n에 대해 $3n+2 \leq 4n$이라면 3n+2=O(n)이 된다. 이는 입력 크기 n에 따라 함수 3n+2의 실행 시간이 n에 비례한다는 뜻이다.

또한, $n \geq 2$인 모든 n에 대해 $3n+3 \leq 3n^2$이라면 $3n+3=O(n^2)$이 된다. 이는 입력 크기 n에 따라 함수 3n+3의 실행 시간이 n^2에 비례한다는 뜻이다.

O(Big Oh)는 주로 알고리즘의 시간복잡도를 분석할 때 사용된다. 알고리즘이 입력 크기에 따라 실행 시간이 어떻게 증가하는지 파악하여 알고리즘의 효율성을 비교하고 예측할 때 유용하게 사용된다. 예를 들어, O(n) 알고리즘이 $O(n^2)$ 알고리즘보다 입력이 커질수록 더 효율적이라는 것을 알 수 있다. 따라서O(Big Oh)를 사용하면 알고리즘의 성능을 비교하고, 특정 입력 크기에 따른 실행 시간의 증가를 예측할 수 있으며, 이를 통해 알고리즘 선택이나 개선의 방향을 결정할 수 있다.

(2) Ω(Omega)

Ω(Omega)는 함수의 하한을 나타내는 점근표기법이다. 이는 함수 f(n)이 다른 함수 g(n)보다 크거나 같은 경우, 즉 모든 $n \geq n_0$에 대해 $f(n) \geq c \cdot g(n)$을 만족하는 양의 상수 c와 n_0가 존재한다면 $f(n) = \Omega(g(n))$이 성립한다는 것을 의미한다. 예를 들어, $n \geq 1$인 모든 n에 대해 $3n+2 \geq 3n$이라면 $3n+2=\Omega(n)$이다. 이는 입력 크기 n에 따라 함수 3n+2의 실행 시간이 n에 비례한다는 뜻이다. 또한, $6 \cdot 2^n + n^2 \geq n^2$이라면 $6 \cdot 2^n + n^2 = \Omega(n^2)$이 되는데 이는 입력 크기 n에 따라 함수 $6 \cdot 2^n + n^2$의 실행 시간이 n^2에 비례한다는 뜻이다. Ω(Omega)는 알고리즘의 하한을 분석하는 데에 사용된다. 입력 크기에 따라 실행 시간의 하한을 파악하여 알고리즘의 최악의 경우 시간복잡도를 추정할 수 있는데. 예를 들어, $\Omega(n)$ 알고리즘이 $\Omega(n^2)$ 알고리즘보다 입력이 커질수록 더 효율적으로 동작한다는 것을 알 수 있다.

(3) Θ(Theta)

Θ(Theta)는 함수의 상한과 하한을 동시에 나타내는 점근표기법이다. 이는 함수 f(n)이 다른 함수 g(n)보다 크거나 같고, 동시에 다른 함수 h(n)보다 작거나 같은 경우, 즉 모든 $n \geq n_0$에 대해 $c1 \cdot g(n) \leq f(n) \leq c_2 \cdot h(n)$을 만족하는 양의 상수 c_1, c_2, n_0가 존재한다면 $f(n) = \Theta(g(n))$이 성립함을 의미한다. 예를 들어, $n \geq 2$인 모든 n에 대해 $3n+2 \geq 3n$이고 $3n+2 \leq 4n$이라면 $3n+2=\Theta(n)$이 된다. 이는 입력 크기 n에 따라 함수 3n+2의 실행 시간이 n에 비례한다는 의미이면서 동시에 n에 비례하면서도 n보다 작은 실행 시간을 가진다는 것을 뜻한다.

(4) O Ω Θ의 관계

O(Big Oh), Ω(Omega), Θ(Theta)는 점근표기법 중에서도 상호 관련성을 가지고 있다. 만약 함수 f(n)의 실행 시간이 상한과 하한 모두에서 다른 함수들과 같은 점근적인 변화를 보인다면, f(n)은

해당 함수들과 같은 시간복잡도를 가진다고 할 수 있다. 예를 들어, 만약 함수 f(n)이 다른 함수 g(n)에 대해 f(n) = O(g(n))이고 동시에 f(n)이 다른 함수 g(n)에 대해 f(n) = Ω(g(n))이라면 f(n) = Θ(g(n))이 된다.

O Ω Θ의 관계를 통해 알고리즘의 성능을 더 정확하게 분석하고 비교할 수 있으며, 이를 통해 알고리즘의 실행 시간을 예측하고 최적의 알고리즘을 선택할 수 있게 된다.

(5) $\mathcal{O}$(Big Oh) 기반의 시간복잡도 클래스

시간복잡도 클래스는 알고리즘의 성능을 분석하고 비교하기 위해 사용되는 개념이다. 알고리즘의 시간복잡도는 입력 자료의 특성에 따라 시간 요구가 어떻게 변화하는지를 나타내는 함수로 표현된다. 예를 들어, 알고리즘 A의 복잡도가 O(n)이고 알고리즘 B의 복잡도가 $O(n^2)$이라면, 충분히 큰 입력 크기 n에 대해서는 알고리즘 A가 알고리즘 B보다 빠르다고 말할 수 있다. 이는 입력 크기 n의 변화에 따라 알고리즘의 복잡도를 나타내는 여러 함수의 값들을 비교하여, 입력 크기가 증가할 때 함수 값의 증가 속도를 통해 알고리즘의 성능을 알 수 있다.

또한, 알고리즘의 복잡도를 표현하는 함수들은 주로 입력 크기 n에 대한 함수로 표현되며, 상수 n에 대해서도 해당 함수의 값이 수행되는 시간을 의미한다. 이를 통해 알고리즘의 실행 시간을 예측하고, 입력 크기의 증가에 따른 알고리즘의 성능을 분석할 수 있다.

시간복잡도 클래스는 알고리즘의 성능을 대략적으로 분류하는 데 사용되며, 일반적인 시간복잡도 클래스에는 다음과 같은 것들이 있다.

- 상수 시간 (O(1)): 입력 크기와 관계없이 일정한 실행 시간을 가지는 알고리즘.
- 로그 시간 (O(log n)): 입력 크기의 로그에 비례하는 실행 시간을 가지는 알고리즘.
- 선형 시간 (O(n)): 입력 크기에 비례하는 실행 시간을 가지는 알고리즘.
- 선형 로그 시간 (O(n log n)): 입력 크기와 로그의 곱에 비례하는 실행 시간을 가지는 알고리즘.
- 이차 시간 ($O(n^2)$): 입력 크기의 제곱에 비례하는 실행 시간을 가지는 알고리즘.
- 지수 시간 ($O(2^n)$): 입력 크기에 지수적으로 증가하는 실행 시간을 가지는 알고리즘. 일반적으로 비효율적임.

상수 n에 대하여 n 값이 변할 때의 값이 수행되는 시간은 <표 II-1>과 같으며 이들의 시간복잡도의 비교는 <그림 II-1>에 나타나 있다.

표 II-1 상수 n에 대한 실행 시간 비교

log_2	n	$nlog_n$	n^2	n^3	2^n
0	1	0	1	1	2
1	2	2	4	8	4
2	4	8	16	64	16
3	8	24	64	512	256
4	16	64	256	4096	65,536
5	32	160	1064	32,768	4,294,967,296

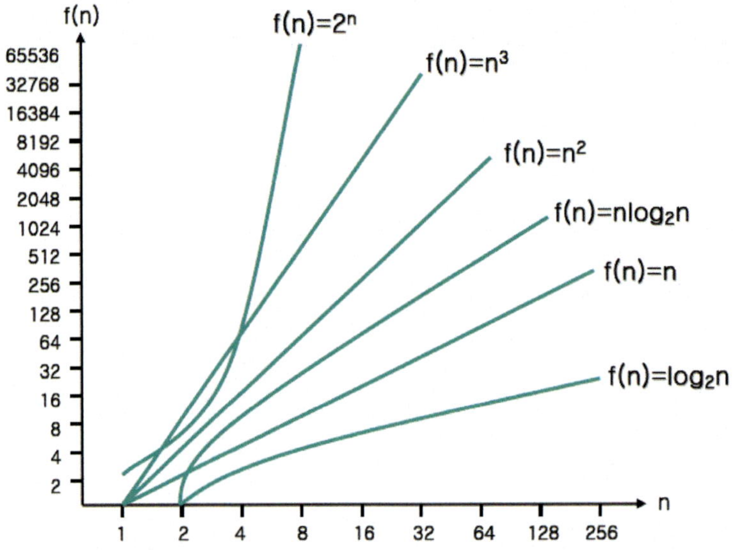

O(1) 〈 O(logn) 〈 O(n) 〈O(nlogn) 〈 $O(n^2)$ 〈 $O(n^3)$ 〈... $O(2^n)$ 〈 $O(n^n)$

그림 II-1 시간복잡도 비교

5 최적의 알고리즘

최적의 알고리즘이란 성능 분석을 통해 개발 가능한 범위 내에서 최악의 경우의 복잡도를 가지면서, 해당 문제의 복잡도의 하한과 같은 알고리즘을 말한다. 즉, 최적의 알고리즘은 구해진 문제의 복잡도와 알고리즘의 최악의 경우의 복잡도가 일치하여, 더 빠른 알고리즘이 존재하지 않음을 의미하는 것이다. 그러나 실제로는 최적의 알고리즘이 다양한 제약 조건으로 인해 구현되지 않을 수 있다. 따라서 일반적으로 우수한 알고리즘은 구현 가능한 범위 내에서 최적의 알고리즘과 유사한 성능을 보여주는 알고리즘을 말한다.

최적(optimality)을 결정하기 위해 일반적으로 하한(lower bound)과 상한(upper bound)이라는 두 가지 개념을 사용한다. 하한은 가능한 모든 알고리즘을 고려하여 그 중 최악의 경우가 가장 최소인 알고리즘의 복잡도를 의미하며, 문제 자체에 내재된 복잡도를 수학적으로 분석하여 구할 수 있다. 상한은 기존에 알려진 알고리즘 중에서 해당 문제를 해결하는데 최악의 경우의 복잡도가 가장 작은 알고리즘의 복잡도를 나타낸다.

<예 II-5>는 n개의 원소를 가진 리스트에서 가장 큰 원소를 찾는 문제에 대한 최적의 알고리즘을 보여준다. 여기에서 5번째 줄에서 (n-1)번의 비교가 수행되므로, 상한은 (n-1)이 된다. <예 II-5>에서는 리스트 내의 모든 원소가 서로 다르고, n개의 서로 다른 원소 중 (n-1)개의 원소는 최댓값이 아니며, 임의의 원소가 리스트 내의 적어도 하나의 다른 원소보다 작다면 해당 원소는 최댓값이 아니다. 따라서 (n-1)개의 원소는 다른 원소보다 작기 때문에 한 번의 비교로 하나의 원소가 다른 원소보다 작음을 알 수 있으므로 (n-1)번의 비교가 필요하다. 이는 알고리즘 자체에 내재된 복잡도가 (n-1)이 되며, 이것이 하한이 된다. 따라서 상한과 하한이 동일하므로 <예 II-5>는 최적의 알고리즘이 된다.

```
public static int findMax(int[] list, int n)
{
    int i;
    int max = list[0];
    for (i = 1; i < n; ++i)
        if (max < list[i])
            max = list[i];
    return max;
}
```

〈예 II-5〉 n개의 원소를 갖는 리스트 내에서 가장 큰 원소를 찾는 문제의 최적 알고리즘

6 대표적인 문제들의 복잡도

<표 II-2>는 일부 대표적인 문제들과 해당 문제의 복잡도를 보여준다.

표 II-2 대표적인 문제들의 시간복잡도

복잡도	문제
상수 시간 O(1)	첫 번째 원소 반환
로그 시간 O(log n)	이진 탐색(Binary Search)
선형 시간 O(n)	선형 탐색(Linear Search), 배열 삽입(Array Insertion)
선형 로그 시간 O(n log n)	병합 정렬(Merge Sort), 컨벡스 홀(Convex Hull)
이차 시간 $O(n^2)$	삽입 정렬(Insertion Sort), 퀵 정렬(Quick Sort)
삼차 시간 $O(n^3)$	행렬 곱셈(Matrix Multiplication)
지수 시간 $O(2^n)$	TSP 등의 NP 문제

해당 문제들의 복잡도는 알고리즘의 성능을 비교하고 선택하는 데 도움이 된다. 복잡도가 낮을수록 알고리즘의 실행 시간과 공간 사용량이 적어지며, 효율적인 알고리즘으로 간주된다. 그러나 이는 일반적인 경우이며, 문제의 특성과 데이터의 크기에 따라 실제 성능은 달라질 수 있다.

예를 들어, 리스트에서 최솟값을 찾는 문제의 경우 최악의 경우는 O(n)이며, 평균적인 경우는 O(n)이다. 퀵 정렬은 최악의 경우는 $O(n^2)$ 이며 평균적인 경우는 O(n log n)이다.

병합 정렬과 힙 정렬의 경우 최악의 경우는 O(n log n) 이며, 평균적인 경우는 O(n log n)이다.

버블 정렬 최악의 경우는 $O(n^2)$이며, 평균적인 경우는 $O(n^2)$이다. 마지막으로 이진 탐색 트리에서 원소를 탐색하는 경우 최악의 경우는 O(n)이며 평균적인 경우는 O(log n)이다.

<예 II-6>에서 <예 II-9>까지는 모두 대표적인 알고리즘의 복잡도를 보여준다.

```
public static float sum(float[] list, int n)
{
    float tempSum = 0F;
    int i;
    for(i = 0 ; i < n ; i++)
        tempSum += list[i];
    return tempSum;
}
```

〈예 II-6〉 리스트의 수를 합산 – $O(n)$

```
    public static void add(int[][] a, int[][] b, int[][] c, int rows, int cols)
    {
        int i, j;
        for(i = 0 ; i < rows ; i++)
            for(j = 0 ; j < cols ; j++)
                c[i][j] = a[i][j] + b[i][j];
    }
```

〈예 II-7〉 행렬의 덧셈 - $O((cols \cdot rows)$

```
public class BinarySearch
{
    public static int compare(int x, int y)
    {
        if (x < y)
            return -1;
        else if (x == y)
            return 0;
        else
            return 1;
    }

    public static int binSearch(int[] list, int searchNum, int left, int right)
    {
        int middle;
        while (left <= right)
        {
            middle = (left + right) / 2;
            switch (compare(list[middle], searchNum))
            {
            case -1:
                return binSearch(list, searchNum, middle + 1, right);
            case 0:
                return middle;
            case 1:
                return binSearch(list, searchNum, left, middle - 1);
            }
        }
        return -1;
    }

    public static void main(String[] args)
    {
        int[] list = {1, 5, 8, 11, 15, 20, 27, 33, 50, 100};
```

```
        int pos = binSearch(list, 33, 0, 9);
        System.out.println(pos);
    }
}
```

실행결과

```
7
```

〈예 II-8〉 이원 탐색 - $O(\log n)$

```
public class Permutation
{

    public static void swap(char[] list, int i, int j)
    {
        char temp;
        temp = list[i];
        list[i] = list[j];
        list[j] = temp;
    }

    public static void perm(char[] list, int i, int n)
    {
        int j;
        if (i == n)
        {
            for (j = 0; j <= n; j++)
                System.out.print(list[j]);
            System.out.print("   ");
        }
        else
        {
            for (j = i; j <= n; j++)
            {
                swap(list, i, j);
                perm(list, i + 1, n);
                swap(list, i, j);
            }
        }
    }

    public static void main(String[] args)
    {
```

```
        char[] txt = {'a', 'b', 'c'};
        perm(txt, 0, 2);
    }
}
```

실행결과

```
abc   acb   bac   bca   cba   cab
```

〈예 II-9〉 순환 순열 - $O(n(n!))$

7 병합 정렬

병합 정렬(Mergesort)은 분할 정복 알고리즘으로 재귀적으로 자기 자신을 호출한다. 이 알고리즘은 분할(Divide), 정복(Conquer), 그리고 결합(Combine) 단계로 구성된다. 이 알고리즘은 먼저 리스트를 반으로 나눈다. 이를 분할(Divide) 단계라고 한다. 각 부분 리스트에 대해 병합 정렬을 재귀적으로 호출한다. 이는 정복(Conquer) 단계이다. 분할된 부분 리스트들을 병합(Merge)하여 정렬된 리스트를 생성하는데 이를 결합(Combine) 단계라고 한다.

병합 정렬의 시간복잡도를 결정하기 위해서는 알고리즘의 각 단계에서 소요되는 시간을 고려해야 한다. 각 단계에서 리스트의 크기는 절반으로 나누어지므로 분할 단계의 시간복잡도는 O(log n)이다. 정복 단계에서는 각 부분 리스트를 정렬하기 위해 병합 정렬이 재귀적으로 호출되므로, 부분 리스트의 크기에 따라 시간복잡도가 결정된다. 각 부분 리스트를 병합하는 단계에서는 리스트의 모든 원소를 비교해야 하므로 O(n)의 시간이 소요된다. 이 과정은 분할된 리스트의 크기에 따라 여러 번 반복되므로 시간복잡도는 O(n log n)이다. 따라서 병합 정렬의 전체 시간복잡도는 분할 단계와 정복 단계의 시간복잡도를 합산한 값인 O(n log n)이 된다.

```
list mergeSort (list L, int n)
{
 if (n == 1)
   return (L);
 else {
   Split L into two halves L1 and L2 ;
   return (merge (mergesort (L1, n/2 ), (mergesort (L2, n/2)))
 }
}
```

〈예 II-10〉 병합 정렬 - $O(n\log n)$

병합 정렬의 입력 리스트 크기가 n인 경우의 실행 시간을 T(n)이라고 가정하면

$$T(n) <= C_1 \text{ (if } n = 1) \text{ } (C_1\text{은 상수})$$
$$<= 2T(n/2) + C_2 n \text{ (if } n > 1)$$

여기서 2T(n/2) 은 2번의 재귀 호출을 그리고 C_2n은 병합하는 비용이다.

만약에 n= 2^k이면 T(n) <= $2^k T(1) + C_2 K 2^k$ 가 되고 T(n)은 O(nlogn)이 된다.

8 자료구조 : 데이터의 조직

프로그램에서 작업하는 데이터 모음은 어떤 형태의 구조나 조직을 가지고 있다. 데이터 구조가 얼마나 복잡하더라도 기본적으로 연속적인 구조와 비연속적 구조로 분류할 수 있다. 연속적(Contiguous) 구조에서 데이터 항목들은 메모리나 파일에서 함께 유지된다. 배열의 각 원소들이 연속적으로 조직되어 있기 때문에 배열은 연속적인 구조의 예이다.

비연속적(Non-contiguous) 구조에서 항목들은 메모리 내에서 흩어져 있지만 어떤 방식으로든 서로 연결되어 있다. 연결 리스트의 노드들은 각 노드에 저장된 포인터를 사용하여 서로 연결되기 때문에 연결 리스트는 비연속적인 데이터 구조의 예이다. <그림 II-2>는 연속적 구조와 비연속적 구조의 차이를 보여준다.

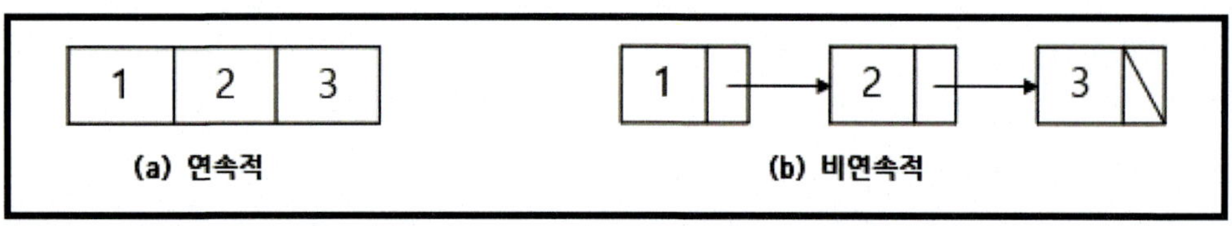

그림 II-2 연속적 구조와 비연속적 구조

연속적인 구조(Contiguous structures)는 두 가지로 더 세분화될 수 있다. 하나는 모든 크기가 동일한 데이터 항목을 포함하고, 다른 하나는 크기가 다를 수 있는 경우이다. 배열은 첫 번째 유형의 연속적인 구조이다. <그림 II-3>의 (1)은 숫자 배열의 예제를 보여준다. 배열에서 각 원소는 동일한 유형이며 따라서 동일한 크기를 갖는다.

클래스(Class)는 두 번째 유형의 연속적인 구조이다. <그림 II-3>의 (2)는 이름과 나이로 구성된 간단한 클래스의 예를 보여준다. 클래스에서 원소는 다른 데이터 유형일 수 있으며, 따라서 크기가 다를 수 있다. 예를 들어, 사람의 나이는 4바이트의 메모리를 차지하는 정수로 나타낼 수 있다. 그러나 이름은 문자열(String)로 표현되며 많은 바이트를 필요로 하며 길이도 다를 수 있다.

이러한 원자형 타입(정수, 부동소수점, 포인터와 같은 단일 데이터 항목 내장 유형)과 배열 및 클래스는 비연속적인 형태를 포함하여 더 다양한 형태의 데이터 구조를 생성하는 데 필요한 모든 재료를 제공한다고 할 수 있다.

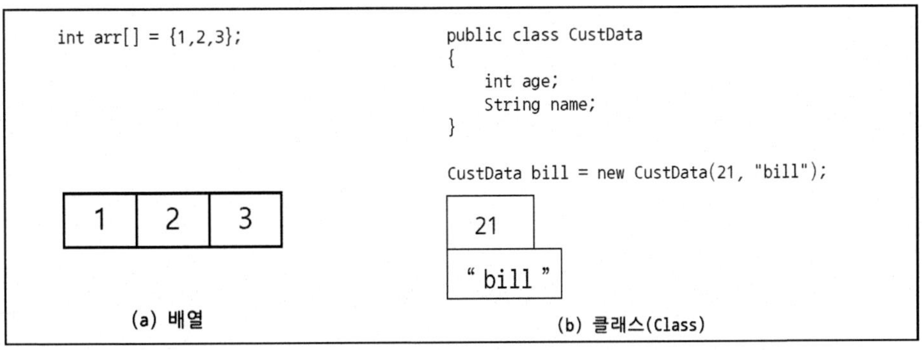

그림 II-3 연속적 구조의 예

비연속적인 구조(Non-contiguous structures)는 데이터 항목의 모음인 노드(node)로 구현되며, 각 노드는 모음 내의 하나 이상의 다른 노드를 가리킬 수 있다. 가장 간단한 종류의 비연속적인 구조는 <그림 II-4>의 (1)에 나와 있는 연결 리스트(linked list)이다.

연결 리스트는 후진(backwards)과 전진(forwards)만 있는 1차원 비연속적인 구조를 나타낸다. <그림 II-4>의 (2)에 나와 있는 트리는 2차원 비연속적인 구조의 예이다. 여기서 위(up)와 아래(down), 그리고 왼쪽(left)과 오른쪽(right)의 개념이 존재한다.

트리에서 각 노드는 노드로 들어가는 링크(link)가 하나뿐이며, 링크는 트리 아래로만 이동할 수 있다. 가장 일반적인 비연속적인 구조인 그래프(graph)는 이러한 제한이 없다. <그림 II-4>의 (3)은 그래프의 예제이다.

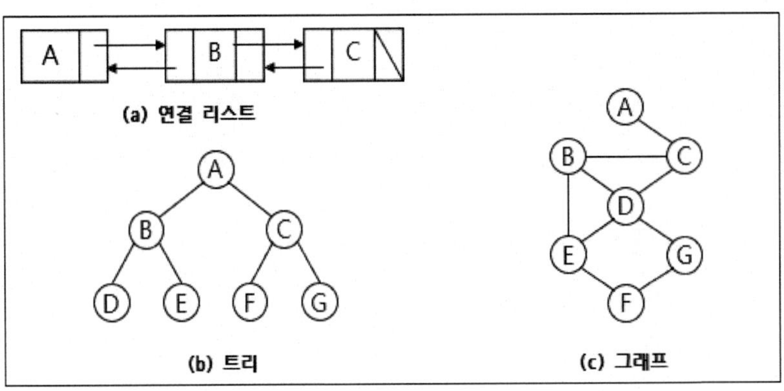

그림 II-4 비연속적인 구조의 예

Exercise

01. 다음 함수들의 시간복잡도를 O( ) 표기법으로 쓰시오.

(1)

```
public static float rSum(float[] a, int n)
{
     if(n <= 0)
          return 0F;
     else
          return (rSum(a, n-1) + a[n-1]);
}
```

(2)

```
public static void  func(int[] a, int n)
{
     int i=0, j=0;
     for (i = 0; i < n-1 ; i++)
        for(j=i+1; j<n ; j++)
           if (a[i] == a[j]) a[j] = 0;
}
```

(3)

```
public static int exp(int i, int e)
{
    int result = 1;
    while(e > 0) {
        if (e % 2 == 1) {
            result = result * i;
        }
        i = i * i;
        e = e / 2;
    }
    return result;
}
```

(4)

```
public static void funcB(int[] arr, int n) // n is size of arr
{
    for (int a = 0; a < n; ++a)
        for (int b = 0; b < a; ++b)
            for (int c = 0; c < b; ++c)
                arr[c] += arr[b];
}
```

(5)

```
public class Permutation
{

    public static void swap(char[] list, int i, int j)
    {
        char temp;
        temp = list[i];
        list[i] = list[j];
        list[j] = temp;
    }

    public static void perm(char[] list, int i, int n)
    {
        int j;
        if (i == n)
        {
            for (j = 0; j <= n; j++)
                System.out.print(list[j]);
            System.out.print("   ");
        }
        else
        {
            for (j = i; j <= n; j++)
            {
                swap(list, i, j);
                perm(list, i + 1, n);
                swap(list, i, j);
            }
        }
    }

    public static void main(String[] args)
    {
        char[] txt = {'a', 'b', 'c'};
        perm(txt, 0, 2);
    }
}
```

02. 아래에 제시된 각 함수 f(N)에 대해 가능한 가장 빠른 상한을 쓰시오.

(1) $f(N) = N\ (N^2 \log N + N^2)$

(2) $f(N) = log\_16\ (2^N)$

(3) $f(N) = (N/4) \log (N/4) + N/4$

(4) $f(N) = (2N + 2N)^3$

(5) $f(N) = N^{½} + \log N$

(6) $f(N) = N\log(100^3)$

(7) $f(N) = (N \cdot N \cdot N \cdot N)^3$

(8) $f(N) = (N^3 + 2N) / N$

03. T1(n) = O(f(n))이고 T2(n) = O(g(n))이라고 할 때 . 다음 중 어느 것이 맞는지 모두 고르시오.

(1) $T1(n) + T2(n) = O(\max(f(n), g(n)))$

(2) $T1(n) \times T2(n) = O(f(n) \times g(n))$

(3) $T1(n) / T2(n) = O(f(1))$

(4) $T1(n) = O(T2(n))$

04. 다음 각 문장이 참인지 거짓인지 구분하고, 거짓인 경우 반론 예시를 제시하시오.

(1) $f(n) = \Theta(n) \wedge g(n) = \Omega(n) \Rightarrow f(n)g(n) = \Omega(n^2)$

(2) $f(n) = \Theta(1) \Rightarrow nf(n) = O(n)$

(3) $f(n) = \Omega(n) \wedge g(n) = O(n^2) \Rightarrow g(n)/f(n) = O(n)$

(4) $f(n) = O(n^2) \wedge g(n) = O(n) \Rightarrow f(g(n)) = O(n^3)$

(5) $f(n) = O(\log(n)) \Rightarrow 2f(n) = O(n)$

(6) $f(n) = \Omega(\log(n)) \Rightarrow 2f(n) = \Omega(n)$

05. 다음 각각의 f(n) 정의에 대해 적절한 asymptotic 한계를 작성하시오.

(1) $g(n) = \Omega(n) \wedge f(n) = g(n)^2 + n^3 \Rightarrow f(n) =$

(2) $g(n) = O(n^2) \wedge f(n) = n * \log(g(n)) \Rightarrow f(n) =$

(3) $g(n) = \Omega(\sqrt{n}) \wedge f(n) = g(n+216) \Rightarrow f(n) =$

(4) $g(n) = \Theta(n) \wedge f(n) = 1 + 1/g(n) \Rightarrow f(n) =$

(5) $g(n) = O(n) \wedge f(n) = 1 + 1/g(n) \Rightarrow f(n) =$

Chapter III

재귀(Recursion)

본 장에서는 자신의 함수 복사본을 호출하여 더 작은 문제를 풀게 하는 재귀에 대해 다룬다. 재귀는 수학에서 빌려온 프로그래밍에서 아주 유용한 기법 중 하나이다.

1 재귀의 기본 개념

재귀는 알고리즘이나 함수가 수행 중에 자기 자신을 다시 호출하여 문제를 해결하는 기법으로 이에 해당하는 함수를 재귀 함수라고 한다. 재귀 알고리즘을 사용하면 특정 문제를 상당히 쉽게 해결할 수 있다. 재귀를 사용하면 코드의 길이를 줄이고 읽고 쓰기 쉽게 프로그램을 작성할 수 있다. 재귀는 설명할 반복(iteration) 기법보다 몇 가지 이점이 있다. 동일하거나 유사한 하위 작업으로 정의할 수 있는 작업에 대해서는 재귀가 최상의 해결책 중 하나이다. 재귀 함수는 자기 자신의 함수를 호출하여 원래 문제의 더 작은 하위 문제를 풀어서 특정 문제를 풀 수 있다. 필요에 따라 더 많은 재귀 호출을 생성할 수 있다.

대부분의 현대 프로그래밍 언어는 함수가 자기 자신을 호출할 수 있도록 재귀를 지원한다. 재귀 함수는 일반적으로 재귀적인 입력(기본 입력 함수가 자기 자신을 호출하는 입력 값)과 하나 이상과 하나 이상의 기본 입력(함수가 재귀 없이 쉽게 결과를 반환하는 입력 값)으로 구성된다. 이 재귀 과정을 종료하기 위해 특정한 경우를 제공해야 한다. 따라서 매번 함수는 원래 문제의 더 간단한 버전으로 자기 자신을 호출하는 것이다.

재귀로 해결할 수 있는 문제의 예로는 하노이의 탑(Towers of Hanoi), 수식의 전위 및 후위 표기법, 이진 트리의 중위, 전위, 후위 탐색, 그래프의 깊이 우선 탐색(DFS) 등이 있다.

재귀 함수를 설계할 때 중요한 고려 사항은 허용된 입력 데이터의 값에 대해 항상 기본 경우에 도달하는지 확인하는 것이다. 이를 잘못 처리하면 종료되지 않는 무한 재귀가 발생하여 디버그하기가 꽤 어려울 수 있다. <예 III-1>은 팩토리얼 함수를 재귀 함수로 구현한 예를 보여준다.

```
public static int recursiveFunction(int n)
{
   if(n==0) // 기본 입력
     return 1;
   else
     return n*recursiveFunction(n-1) ; // 재귀입력
}
```

〈예 III-1〉 팩토리얼 함수

재귀 함수의 개념에 처음 접하는 경우, recursiveFunction(n) = n!임을 이해하는 것이 필요하다. 예를 들어, recursiveFunction(5) = 5 * recursiveFunction(4)가 되고, recursiveFunction(4) = 4 * recursive_function(3)이 된다.

즉,

recursiveFunction(5) 는

5 * recursiveFunction(4)

= 5 * (4 * recursiveFunction(3))

= 5 * (4 * 3 * recursiveFunction(2))

= 5 * (4 * 3 * 2 * recursiveFunction(1))

= 5 * (4 * 3 * 2 * 1))

= 120

가 됨을 이해해야 한다.

재귀는 Divide & Conquer 알고리즘의 자연스러운 프레임워크이다. 만약 F(n)이 크기 n의 문제를 해결하는 데 필요한 FLOP(Floating Point Operations)의 수를 나타낸다면, Divide & Conquer 알고리즘의 경우 F(n)은 재귀식을 만족하게 된다.

많은 프로그래밍 언어에서는 스택 구조로 재귀를 구현하고 있다. 일반적으로 함수(호출자)가 다른 함수(호출 대상) 또는 자기 자신을 호출할 때 호출자 함수는 실행 제어를 호출 대상에게 전달한다. 이 과정에서 호출자에서 호출 대상으로 데이터가 전달되기도 한다. 이는 호출자 함수가 실행을 일시적으로 중단하고, 실행 제어가 호출 대상 함수에서 반환되면 나중에 다시 재개해야 함을 의미한다. 여기서 호출자 함수는 자신을 일시 중단한 실행 지점부터 정확히 시작해야 하고, 이전의 정확한 데이터 값을 필요로 하는데 이를 위해 호출자 함수에 대한 활성화 레코드(또는 스택 프레임)가 생성된다.

각 재귀 호출은 해당 함수에서 메모리 내에 새로운 복사본을 만든다. 함수가 반환될 때 해당 복사본은 메모리에서 제거된다. 함수 내에서 선언된 모든 변수가 모두 스택에 저장되기 때문에 각 재귀 호출마다 별도의 스택이 유지되고, 해당 함수에서 값을 반환한 후에는 스택을 공간이 회수된다.

2 재귀와 반복의 차이

재귀와 반복(Iteration)은 프로그래밍에서 문제를 해결하는 두 가지 접근 방식으로 언뜻 보기에는 비슷하게 보이나 다른 개념이다. 재귀가 재귀 호출을 사용하여 문제를 해결하는 방식임에 반해 반복은 반복문(for 또는 while)을 사용하여 문제를 해결한다.

반복문의 경우 반복 횟수로 시간복잡도를 계산되는 것처럼 재귀의 경우, 모든 것이 상수로 가정하고, 재귀 호출이 몇 번 수행되는지에 따라 시간복잡도는 달라진다. 즉, 함수 호출은 O(1)이고 재귀 호출이 n번 수행되는 경우 재귀 함수는 O(n)이 된다.

모듈이 실행되기 위해 필요한 추가 공간의 양을 나타내는 공간 복잡도는 반복문의 경우, 컴파일러가 거의 추가 공간을 요구하지 않고, 반복문에서 사용된 변수의 값만 업데이트 할 뿐이다. 이와 반대로 재귀의 경우, 시스템은 재귀 호출이 발생할 때마다 활성화 레코드를 저장해야 한다. 따라서 재귀 함수의 공간 복잡도는 반복문을 사용하는 함수보다 높아질 수 있다고 알려져 있다.

반복문으로 동일한 작업을 수행할 수 있고 속도나 공간 복잡도도 재귀가 좋지 않는데 많은 프로그래머들이 재귀를 사용하는 이유는 재귀를 사용하면 프로그램이 더 읽기 쉬워지기 때문이다. 또한 재귀가 함수 호출의 오버헤드가 발생할 수 있기 때문에 일반적으로 반복의 수행 속도가 재귀에 비해 빠르다고 알려져 있지만, 최근의 컴퓨터 시스템의 성능 때문에 재귀가 반복보다 더 효율적이라고 알려져 있기 때문이기도 하다.

일반적으로 재귀는 순환적인 문제에 자연스러운 해결 방법이나, 반복은 순환적인 문제에 대해서는 프로그램 작성이 어려울 수 있다고 알려져 있다. 재귀로 구현하는 응용으로는 팩토리얼, 거듭제곱, 피보나치 수열, 하노이 탑 등이 있다. <예 III-2>와 <예 III-3>은 각각 재귀함수로 구현한 피보나치 수열과 팩토리얼 프로그램의 예를 보여준다.

```
public class Fibonacci
{
    public static int fibo(int n)
    {
        if (n == 0)
            return 1;
        if (n == 1)
            return 2;
        return (fibo(n - 1) + fibo(n - 2));
    }

    public static void main(String[] args)
    {
        int i;
        for (i = 0; i < 10; i++)
            System.out.printf("%d ", fibo(i));
        System.out.println("");
    }
}
```

▶ 실행결과

```
1 2 3 5 8 13 21 34 55 89
```

〈예 III-2〉 재귀함수로 구현한 피보나치 수열

```
public class Factorial
{
    // Function to calculate factorial recursively
    public static int factorial(int n) {
        // Base case: factorial of 0 or 1 is 1
        if (n == 0 || n == 1) {
            return 1;
        }
        // Recursive case: n! = n * (n-1)!
        else {
            return n * factorial(n - 1);
        }
    }

    public static void main(String[] args)
    {
        int num = 5;
        System.out.printf("Factorial of %d = %d\n", num, factorial(num));
    }
}
```

▶ 실행결과

```
Factorial of 5 = 120
```

〈예 III-3〉 재귀함수로 구현한 팩토리얼

3 재귀의 일반적인 오류

<예 III-4>는 재귀 함수로 구현한 간단한 프로그램 예를 보여준다. 첫 번째 함수 printRangeIterative은 간단하고 직접적이다. 그러나, 함수 printRangeRecursive는 분할 정복(Divide and Conquer) 접근 방식을 사용한 예를 보여준다. printRangeRecursive(0, 10)에서 시작하여 각 printRangeRecursive호출은 자체의 매개변수와 진행 중인 다른 호출들과 분리된 고유한 변수를 얻는다.. 따라서 각 호출은 start를 출력한 다음 start + 1등을 출력하기 위해 다른 복사본을 호출한다. 마지막 호출

에서는 마침내 start < stop테스트가 실패하므로 함수가 종료되고, 그 다음은 부모 호출이 종료되고, 이와 같은 식으로 호출 스택의 모든 호출을 해제하여 처음 호출까지 돌아간다.

그러나 밑으로 내려갈 때는 start를 출력하는 대신, 재귀 호출을 수행한 후 위로 올라갈 때 start를 출력한다. 이는 printRangeRecursiveReversed(0, 10)에서 0이 출력되는 것은 printRangeRecursiveReversed(1, 10)의 결과 이후에 일어난다는 것을 의미한다.

지금까지 이러한 프로시저들은 일반적인 루프와 매우 유사하게 동작하며, 스택에 있는 증가하는 값이 루프 변수를 대신한다.

```
public class RangeRecursive
{
    public static void printRangeIterative(int start, int stop)
    {
        int i;
        for (i = start; i < stop; i++)
        {
            System.out.printf("%d\n", i);
        }
    }

    public static void printRangeRecursive(int start, int stop)
    {
        if (start < stop)
        {
            System.out.printf("%d\n", start);
            printRangeRecursive(start + 1, stop);
        }
    }

    public static void printRangeRecursiveReversed(int start, int stop)
    {
        if (start < stop)
        {
            printRangeRecursiveReversed(start + 1, stop);
            System.out.printf("%d\n", start);
        }
    }

    public static void printRangeRecursiveSplit(int start, int stop)
    {
        int mid;
        if (start < stop)
```

```
        {
            mid = (start + stop) / 2;
            printRangeRecursiveSplit(start, mid);
            System.out.printf("%d\n", mid);
            printRangeRecursiveSplit(mid + 1, stop);
        }
    }

    public static void main(String[] args)
    {
        System.out.println("printRangeIterative(0, 10)");
        printRangeIterative(0, 10);
        System.out.println("printRangeRecursive(0, 10)");
        printRangeRecursive(0, 10);
        System.out.println("printRangeRecursiveReversed(0, 10)");
        printRangeRecursiveReversed(0, 10);
        System.out.println("printRangeRecursiveSplit(0, 10)");
        printRangeRecursiveSplit(0, 10);
    }
}
```

실행결과

```
printRangeIterative(0, 10)
0
1
2
3
4
5
6
7
8
9
printRangeRecursive(0, 10)
0
1
2
3
4
5
6
7
8
9
```

```
printRangeRecursiveReversed(0, 10)
9
8
7
6
5
4
3
2
1
0
printRangeRecursiveSplit(0, 10)
0
1
2
3
4
5
6
7
8
9
```

〈예 III-4〉 재귀 함수로 구현한 간단한 프로그램 예

반복과 마찬가지로 재귀도 예상보다 더 많은 작업을 수행할 수 있는 강력한 도구이다. 재귀 함수에서의 오류가 루프에서의 오류보다 찾기 어려울 것으로 보일 수 있지만 대부분의 경우 다음과 같은 기본적인 몇 가지 오류에서 기인한다.

(1) 베이스 케이스 생략 오류

<예 III-5>에서 보여주듯이 <예 III-4>의 printRangeRecursive에서 if 문을 빠뜨린다고 해도 어느 정도로는 작동한다. printRangeRecursiveBad(0, 10)으로 호출하면 0을 출력하고 printRangeRecursiveBad(1, 10)을 호출하여 1, 2, 3 등을 출력한다. 그러나 10에서 멈출 수 있는 것이 없다. 따라서 결과는 긴 숫자 시퀀스가 되며 스택이 초과되면 스택 오버플로우 오류가 발생하게 된다. 즉, java.lang.StackOverflowError가 발생한다.

```
public static void printRangeRecursiveBad(int start, int stop)
{
    System.out.printf("%d\n", start);
    printRangeRecursiveBad(start + 1, stop);
}
```

〈예 III-5〉 베이스 케이스 생략 오류

<예 III-6>은 무한 루프의 재귀 버전을 보여주는데, 루프 테스트를 빠뜨리면 영원히 실행되게 되고, 반복이 재귀보다 효율적일 수 있음을 보여주는 예이다.

```
public static void printRangeIterativeBad(int start, int stop)
{
    int i;
    for (i = start; ; i++)
    {
        System.out.printf("%d\n", i);
    }
}
```

〈예 III-6〉 무한 루프의 재귀 버전

(2) 스택 오버플로우

스택 오버플로우란 재귀가 너무 깊어지면 발생하는 현상이다. 일반적으로 운영 체제는 스택이 얼마나 커질 수 있는지에 대한 엄격한 제한을 둔다. 이는 스택이 너무 많이 확장되는 프로그램은 잘못되었고 더 큰 피해를 입히기 전에 중지되어야 한다는 가정에서 나온다. 위에서 베이스 케이스를 빠뜨려도 스택 오버플로우가 생길 수 있지만, 재귀 함수를 사용하여 너무 많은 작업을 수행하려고 할 때도 발생할 수 있다. 예를 들어 printRangeRecursive(0, 1000000)을 호출하면 대략 처음 100,000개의 숫자 후에 스택 오버플로우 오류(java.lang.StackOverflowError)가 발생할 것이다. 이러한 이유로 printRangeRecursive와 같이 재귀의 깊이가 수행하는 작업의 수에 비례하는 선형 재귀를 피하는 것이 좋다. 더 안전한 것은 printRangeRecursiveSplit과 같이 균등한 분할이다. 이 경우 스택의 깊이는 수행하는 작업의 수에 대해 로그함수가 된다.

(3) 진행 실패

문제의 더 작은 인스턴스에 대해 재귀를 수행하고 있다고 생각했지만 실제로는 아니었기 때문에 종종 스택이 초과하는 문제가 발생할 수 있다. <예 III-7>은 단순한 호출인 printRangeRecursiveSplitBad(0, 1)조차 무한 재귀에 빠진다. mid가 0으로 설정되고 재귀 호출 printRangeRecursiveSplitBad(0, 0)은 정상적으로 작동하지만, 재귀 호출 printRangeRecursiveSplitBad(0, 1)은 다시 시작점으로 되돌리기 때문이다. 이러한 오류를 감지하는 것은 일반적으로 어렵지 않다. 실행 결과에서 0이 반복 출력되다가 스택 오버플로우가 발생하여 java.lang.StackOverflowError 예외가 출력되고, 스택 프레임이 출력된다. 출력된 스택 프레임을 살펴보면, printRangeRecursiveSplitBad 함수에서 오류가 발생했고, 정확한 위치는 23번째 줄임을 알 수 있다.

```
void printRangeRecursiveSplitBad(int start, int stop)
{
   int mid;

   if(start == stop) {
      printf("%d\n", start);
   }
   else {
      mid = (start + stop) / 2;
      printRangeRecursiveSplitBad(start, mid);
      printf("%d\n", mid);
      printRangeRecursiveSplitBad(mid, stop);
   }
}
```

▶ 실행결과

```
0
0
     ...중간 생략...
0
Exception in thread "main" java.lang.StackOverflowError
        at java.base/java.io.BufferedWriter.flushBuffer(BufferedWriter.java:165)
                ...중간 생략...
        at RangeRecursiveBad.printRangeRecursiveSplitBad(RangeRecursiveBad.java:23)
                ...이하 생략...
```

〈예 III-7〉 printRangeRecursiveSplit의 오류 버전

4 재귀의 복잡도

재귀 함수의 점근적 복잡도를 추정하는 것은 어렵다. 루프에서는 각 반복의 비용을 반복 횟수에 곱하여 쉽게 비용을 추정할 수 있지만, 재귀 함수의 비용은 재귀 호출의 비용에 따라 달라진다. 이는 함수의 비용을 계산하기 전에 함수의 비용을 계산할 수 있어야 한다는 것으로 보인다.

다행히 대부분의 재귀 함수에 대해 재귀할 때마다 입력 크기가 줄어든다는 특징이 있다. 따라서 비용은 재귀적으로 작은 입력에 대한 비용을 고려한 재귀식(recurrence)으로 나타낼 수 있다.

몇가지 예를 보면,

T(n) = O(1) + T(n/2) 이것은 이진 검색의 비용이다. n개의 요소를 갖는 배열에서 중간 요소를 찾아(O(1) 시간) 최악의 경우에는 n/2 요소의 배열에 대해 재귀 호출한다.

T(n) = 2T(n/2) + O(n) 이것은 병합 정렬의 비용이다. 두 개로 나눈 배열을 재귀적으로 정렬하고, 그 후 O(n) 시간 안에 합친다.

T(n) = O(1) + T(n − 1) 이것은 대부분의 간단한 루프의 비용이다. 재귀적 프로세스로 생각할 때 첫 번째 요소에서 O(1)의 작업을 수행한 다음 나머지에 대해 T(n−1)작업을 수행한다.

5 응용 : 힐버트 곡선(Hilbert Curve) 문제

힐버트 곡선은 독일 수학자 David Hilbert가 1892년에 의해 고안된 공간 채우기 곡선으로, 2×2, 4×4, 8×8, 16×16 또는 2의 제곱수로 이루어진 사각형 그리드의 모든 점을 방문하는 공간 채우기 곡선이다. 힐버트 곡선의 응용 분야 중 하나는 이미지 처리로 이미지 압축과 이미지 처리 등에 사용된다.

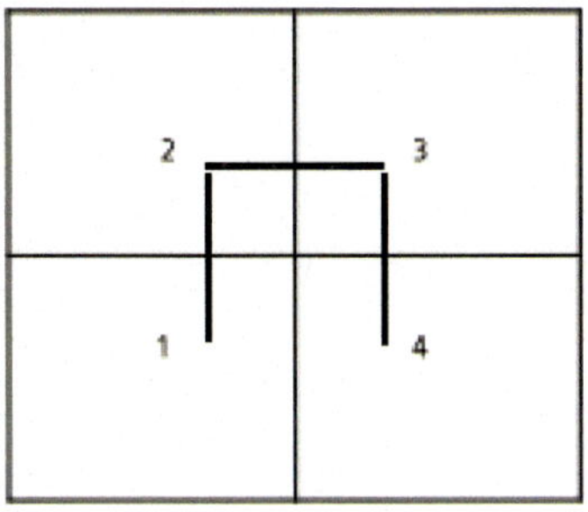

그림 III-1 힐버트 곡선의 예

<그림 III-2>와 <그림 III-3>에서 보여주듯이, 힐버트 곡선은 정사각형을 재귀적으로 네 개의 작은 정사각형으로 나누고, 작은 정사각형의 꼭짓점을 특정한 패턴으로 연결된다. 이 패턴은 꼭짓점을 연결하는 순서를 결정하는 규칙으로 정의된다. 생성된 곡선은 프랙탈과 유사한 구조를 보이며 근접한 점은 공간에서 근접한 점에 해당한다.

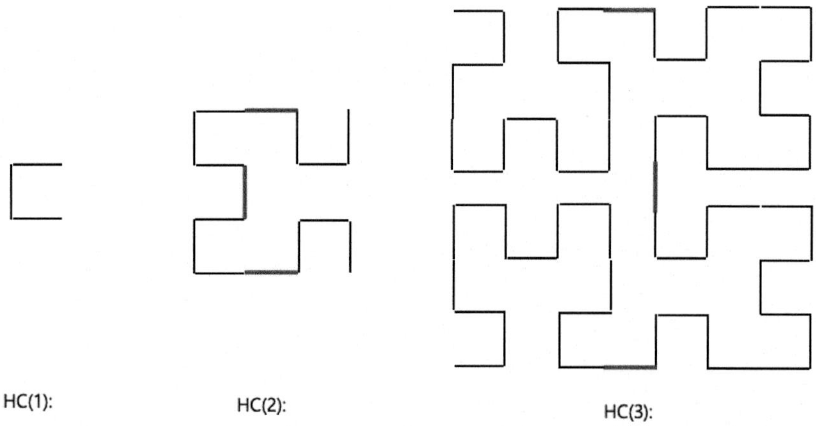

그림 III-2 1~3차(order) 힐버트 곡선

그림 III-3 4~5차(order) 힐버트 곡선

첫 번째 차수(1차, HC(1)) 힐버트 곡선은 컵(Cup)이라고 부르는 한쪽이 열려있는 사각형과 조인(join)이라고 부르는 두 개의 컵을 연결하는 벡터로 구성된다. "열려있는" 컵의 측면은 위, 아래, 왼쪽 또는 오른쪽일 수 있다. 또한, 각 컵에는 두 개의 끝점인 입구 지점 또는 출구 지점이 될 수 있다. 힐버트 곡선은 기본적으로 위, 아래, 왼쪽, 또는 오른쪽으로 열려 있는 네 가지 유형의 컵만 사용한다. 마찬가지로 조인도 위, 아래, 왼쪽, 그리고 오른쪽 방향을 가지고 있다.

HC(1) 힐버트 곡선은 하나의 컵으로 이루어진 것으로 <그림 III-1>과 같이 2×2 공간을 채운다. 즉, 구간 [0,1]을 4등분하고, 정사각형 [0,1]×[0,1]을 4개의 부분 정사각형으로 분할하고, 분할된 4개의 구간과 4개의 정사각형을 대응시킨 형태가 된다.

HC(2) 힐버트 곡선은 그 컵을 더 작은 네 개로 만들고, 세 개의 조인으로 연결된다. 그다음 차수는 차수마다 각 컵을 네 개의 더 작은 컵과 세 개의 조인으로 연결되는 형태로 반복된다. 이를 힐버트 곡선의 컵 분할 규칙이라고 하는데 정리하면 다음과 같다.

- 컵의 열린 측면을 기준으로 컵을 네 개의 더 작은 컵으로 분할한다.
- 분할된 각 컵은 원래 컵과 동일한 모양을 가지며, 크기는 절반으로 줄어든다.
- 분할된 컵들은 서로 조인으로 연결된다.
- 분할된 컵들의 조인은 원래 컵의 조인과 동일한 방향을 갖는다.

이러한 컵 분할 규칙을 통해 힐버트 곡선은 차수가 증가할수록 세부적으로 나아가며, 공간을 채우는 과정이 반복된다.

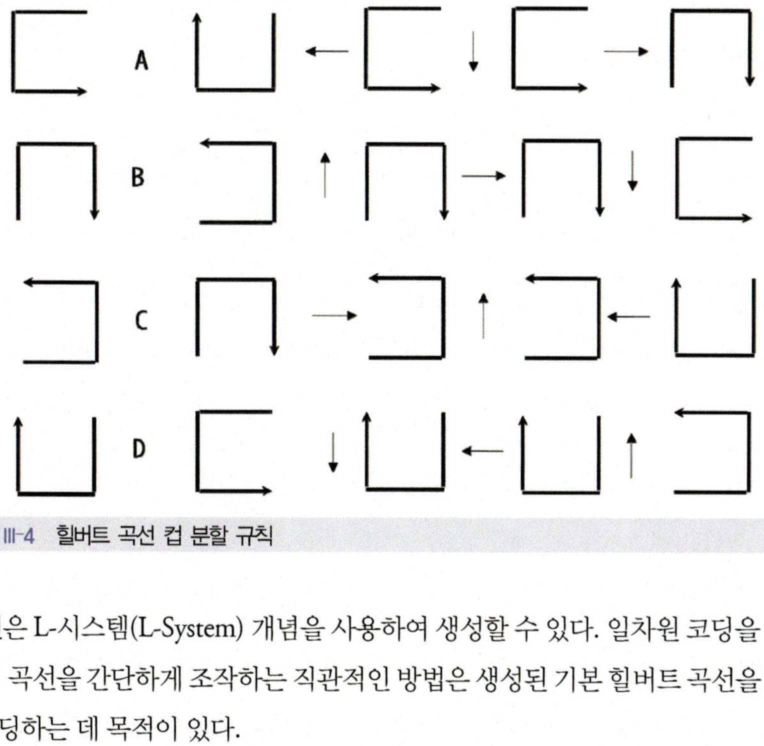

그림 III-4 힐버트 곡선 컵 분할 규칙

힐버트 곡선은 L-시스템(L-System) 개념을 사용하여 생성할 수 있다. 일차원 코딩을 위해 힐버트 공간 채우기 곡선을 간단하게 조작하는 직관적인 방법은 생성된 기본 힐버트 곡선을 간단하게 프로그래밍코딩하는 데 목적이 있다.

C 프로그래밍에서 힐버트 곡선을 구현하기 위해 재귀를 이용하는데 이를 위해 먼저 두 점 사이에 선분을 그리는 함수를 정의하고, hilbertCurve()라는 재귀 함수를 구현한다. 이 함수는 이차원 배열에서 현재 위치를 나타내는 x, y 좌표, 곡선 세그먼트의 길이인 length, 현재 반복 레벨인 level을 매개변수로 받는다. 반복 레벨이 0인 경우, 현재 위치에서 (x + length, y)까지 직선을 그린다. 그렇지 않은 경우, 현재 정사각형을 네 개의 작은 정사각형으로 나눈다. 이를 위해 현재 위치 (x, y)를

기준으로 네 개의 작은 정사각형의 시작 좌표를 계산한다. 작은 정사각형에 대한 좌표와 길이를 업데이트하며 hilbertCurve()를 재귀적으로 호출한다.

<예 III-8>은 힐버트 곡선의 시작 좌표와 반복 level을 초기화하고, level이 0이 될 때까지 hilbertCurve() 재귀적으로 호출하여 힐버트 곡선을 그리는 것을 보여준다. 프로그램을 실행하면 곡선 세그먼트의 시작과 끝 좌표가 출력된다. 필요에 따라 출력을 그림으로 변환하여 캔버스에 힐버트 곡선을 그릴 수 있다.

```
public class HilbertCurve
{
    public static void hilbertCurve(int x, int y, int length, int level)
    {
        if (level == 0) {
            System.out.printf("Draw line from (%d, %d) to (%d, %d)\n", x, y, x + length, y);
            return;
        }

        int newLength = length / 2;

        hilbertCurve(x, y + newLength, newLength, level - 1);
        hilbertCurve(x + newLength, y, newLength, level - 1);
        hilbertCurve(x + newLength, y + newLength, newLength, level - 1);
        hilbertCurve(x + 2 * newLength, y + newLength, newLength, level - 1);
        hilbertCurve(x + 2 * newLength, y, newLength, level - 1);
        hilbertCurve(x + 3 * newLength, y, newLength, level - 1);
        hilbertCurve(x + 3 * newLength, y + newLength, newLength, level - 1);
        hilbertCurve(x + 4 * newLength, y + newLength, newLength, level - 1);
    }

    public static void main(String[] args)
    {
        int canvasSize = 4; // Adjust the canvas size as needed
        int initialX = 0;
        int initialY = 0;
        int initialLength = canvasSize;
        int initialLevel = 4; // Adjust the recursion level as needed

        hilbertCurve(initialX, initialY, initialLength, initialLevel);
    }
}
```

실행결과

```
Draw line from (0, 3) to (0, 3)
...
Draw line from (12, 3) to (12, 3)
```

〈예 III-8〉 힐버트 곡선 예제 프로그램

Exercise

01. 다음 예에서 보듯이 주어진 숫자 n에 대해 첫 n 비트의 합과 마지막 n 비트의 합이 동일한 모든 길이가 2n인 이진 시퀀스를 찾는 프로그램을 재귀 함수를 이용하여 작성하시오.

```
Input:  N = 2
Output:
0101 1111 1001 0110 0000 1010

Input:  N = 3
Output:
011011 001001 011101 010001 101011 111111
110011 101101 100001 110101 001010 011110
010010 001100 000000 010100 101110 100010
110110 100100
```

힌트 아이디어는 첫 번째와 마지막 비트를 고정하고 나머지 2 * (n-1) 비트에 대해 재귀적으로 처리하는 것이며, 첫 번째와 마지막 비트를 고정할 때 네 가지 가능성이 있다.

첫 번째와 마지막 비트가 1이며, 나머지 n - 1 비트 양쪽에도 합이 같아야 한다.

첫 번째와 마지막 비트가 0이며, 나머지 n - 1 비트 양쪽에도 합이 같아야 한다.

첫 번째 비트가 1이고 마지막 비트가 0이면, 왼쪽에 남은 n - 1 비트의 합은 오른쪽에 남은 n - 1 비트의 합보다 1 작아야 한다.

첫 번째 비트가 0이고 마지막 비트가 1이면, 왼쪽에 남은 n - 1 비트의 합은 오른쪽에 남은 n - 1 비트의 합보다 1 커야 한다.

02. 다음 예에서 보듯이, 주어진 문자열은 0에서 9까지의 숫자만 포함하고 있으며 정수 값인 target이 주어진다. 문자열의 숫자와 이진 연산자 +, – 및 *를 사용하여 대상 값으로 평가할 수 있는 표현식의 수를 찾는 프로그램을 재귀 함수를 이용하여 작성하시오.

```
Input : "123",  Target : 6
Output : {“1+2+3”, “1*2*3”}

Input : “125”, Target : 7
Output : {“1*2+5”, “12-5”}
```

03. 다음 예에서 보듯이, 두 개의 길이가 N인 문자열 str1과 str2가 주어졌을 때, 인덱스 i의 생성된 문자열의 문자가 str1[i] 또는 str2[i] 중 하나가 될 수 있는 모든 가능한 문자열을 생성하는 프로그램을 재귀 함수를 이용하여 작성하시오.

```
Input:str1 = “abc”, str2 = “def”
Output:
abc
abf
aec
aef
dbc
dbf
dec
def
Input:str1 = “a”, str2 = “b”
Output:
a
b
```

04. 다음 예에서 보듯이, 두 개의 문자열이 주어졌을 때, 재귀를 사용하여 한 문자열을 다른 문자열로 복사하는 프로그램을 재귀 함수를 이용하여 작성하시오.

```
Input : s1 = "hello"
        s2 = "geeksforgeeks"
Output : s2 = "hello"

Input :  s1 = "geeksforgeeks"
         s2 = ""
Output : s2 = "geeksforgeeks"
```

Chapter IV

연결 리스트(Linked List)

본 장에서는 어떤 데이터를 저장할 때 그다음 순서의 자료가 있는 위치를 데이터에 포함하는 방식으로 자료를 저장하는 연결 리스트에 대에 다룬다. 연결 리스트는 각 노드가 데이터와 포인터를 가지고 있으며, 노드들이 연결된 형태로 자료를 저장한다.

리스트는 기본적으로 순차적인 방식으로 원소가 나열된 것이다. 컴퓨터 시스템 메모리는 두 가지 방법으로 리스트를 저장할 수 있다. 하나는 원소를 순차적인 메모리 위치에 저장하는 것이다. 즉, 배열에 리스트를 저장하는 방법이다. 다른 방법은 참조나 링크를 사용하여 원소를 순차적으로 연결하는 것이다. 이를 연결 리스트라고 한다.

연결 리스트는 배열과 매우 다른 유형의 자료구조로 연결 리스트는 참조를 사용하여 노드를 서로 연결하여 리스트(sequence)를 만든다. 연결 리스트를 사용하면 운영 체제가 허용하는 총 메모리 양만큼의 자료들을 저장할 수 있다. 이는 연결 리스트가 매우 유연하고 동적인 구조이기 때문이다. 배열 기반 리스트와 비교할 때 연결 리스트의 단점은 get(i)나 set(i;x)를 사용하여 어떤 원소에도 상수 시간 내에 접근할 수 없다는 것이다. 연결 리스트는 한 번에 한 원소씩 리스트를 통해 찾아야 한다. 배열 기반 리스트와 비교할 때 연결 리스트의 장점은 배열 보다 동적이라는 것이다. 리스트 노드 u를 엑세스했으면, 상수 시간 내에 u를 삭제하거나 u의 인접한 곳에 노드를 삽입할 수 있다. 연결 리스트는 단일(또는 단순) 연결 리스트, 이중 연결 리스트, 그리고 환형 연결 리스트 등이 있다.

1 단일 연결 리스트

단일 연결 리스트는 두 가지 표현 방법, 즉 순차적 표현 방법과 비순차적 표현 방법이 있다. 순차적 표현은 리스트의 원소들을 메모리에 연속적으로 저장하는 방식이다. 각 노드는 데이터와 다음 노드를 가리키는 참조로 구성된다. 이 방식에서는 원소들의 저장 순서가 리스트에 표현된 순서와 동일하다. 따라서 임의의 원소에 접근하거나 스택이나 큐에서 원소를 삽입하거나 삭제하는 작업에 적합하다. 그러나, 순차적인 표현 방식은 원소의 삽입 또는 삭제 시, 해당 원소의 위치를 찾아 이동시켜야 하므로 연산 비용이 클 수 있다는 것이다. 즉, 한 자리씩 이동해야 하는 경우가 발생할 수 있다.

이와 반대로 비순차적 표현은 비순차적 표현은 각 노드가 데이터와 다음 노드를 가리키는 참조로 이루어진 형태이다. 원소들의 저장 순서와 표현된 순서가 다를 수 있다. <그림 IV-1>은 2개의 배열을 이용하여 리스트를 비순차적으로 표현한 예를 보여 준다. 각 노드는 메모리에서 임의의 위치에 저장될 수 있으며, 다음 노드를 가리키는 참조를 통해 순서를 유지한다. 비순차적인 표현의 장점은 원소의 삽입 또는 삭제가 상대적으로 간단하다는 것이다. 해당 위치의 노드를 수정하거나 연결만 해주면 된다. 또한 원소들의 순서가 변경되더라도 기존 참조만 수정하면 되므로 연산 비용이 적다. 그러나, 비순차적 표현은 임의의 위치에 있는 원소에 접근하기 위해서는 처음부터 순회해야 하는 단점이 있다. 따라서 원소에 직접적인 접근이 어려울 수 있다. 또한, 순차적 표현에 비해 구현이 조금 더 복잡할 수 있다. 순차적 표현과 비순차적 표현은 각각 장단점을 가지고 있으며, 사용 목적에 따라 적절하게 사용해야 한다.

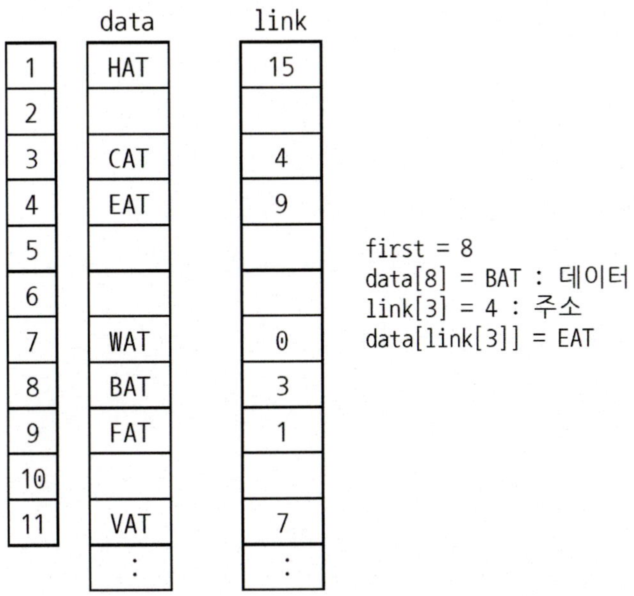

그림 IV-1 비순차적 리스트 표현

(1) 노드와 노드 구조체

연결 리스트의 노드는 데이터를 저장하는 부분과 다음 노드를 가리키는 링크로 구성된다. <그림 IV-2>에서 노드의 구성 원소인 데이터(data)와 링크(link)를 보여 준다. 노드는 데이터를 저장하기 위한 특정 형식의 변수나 클래스 참조를 갖는다. 여기서 데이터는 사용자가 원하는 자료형으로 만들 수도 있다. 일반적으로 노드의 데이터 필드라고도 불린다. 또한, 노드는 다음 노드를 가리키는 링크를 갖고 있다. 자바 언어에서는 링크는 참조(reference)를 사용하여 다음 노드 객체를 가리키며, 다음 노드와의 연결을 가능하게 한다. 참고로 C/C++ 언어에서는 링크를 포인터를 이용하여 다음 노드를 가리킬 수 있다. 이러한 구조를 통해 연결 리스트는 유연하게 데이터를 저장하고, <그림 IV-3>과 같이 노드 간의 연결을 통해 리스트를 만들 수 있다.

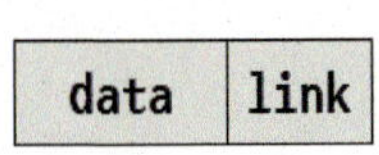

그림 IV-2 노드의 구성 원소

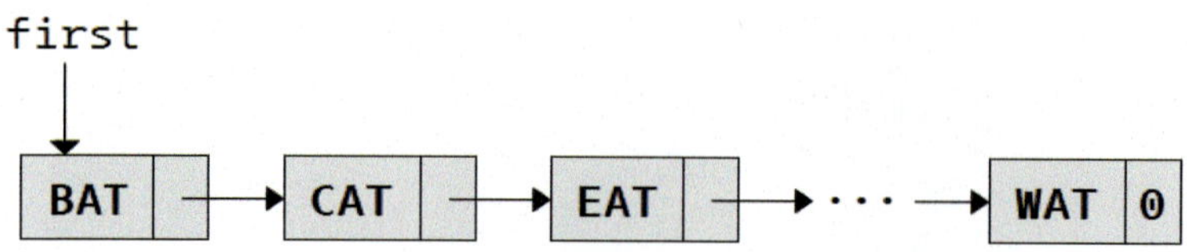

그림 IV-3 연결 리스트를 그림으로 표현하는 일반적인 방법

연결 리스트를 구성하는 노드는 보통 자기 참조 클래스를 사용하여 정의한다. 자기 참조 클래스는 자신과 동일한 타입의 참조를 필드로 가지는 클래스로 이를 활용하여 각 노드는 데이터를 저장하는 데이터 필드와 다음 노드를 가리키는 링크 필드를 갖게 된다. <예 IV-1>은 자기 참조 클래스를 사용한 노드 클래스의 예를 보여 준다.

```
class ListNode
{
    int data;
    ListNode link = null;
}
```

〈예 IV-1〉 노드 클래스의 예

(2) 연결 리스트의 정의와 시작

연결 리스트는 첫 번째 원소를 가리키는 참조로 시작된다. 이를 통해 리스트의 첫 번째 노드에 접근할 수 있다. 새로운 연결 리스트는 초기에는 비어있는 상태이므로 시작 참조는 초기에 null로 초기화해야 한다. <예 IV-2>에서는 시작 참조의 이름을 first로 하고, null로 초기화하고 있다. 시작 참조의 이름을 헤드(head)라고 하기도 한다.

```
ListNode first = null;   // 연결 리스트 클래스의 필드로 정의
```

〈예 IV-2〉 노드 클래스의 초기화

노드 클래스를 정의하고 시작 참조를 통해 연결 리스트를 생성하고 조작할 수 있다. 시작 참조를 이용하여 리스트의 첫 번째 노드에 접근하고, 링크 필드를 통해 다음 노드로 이동하여 리스트를 순회하거나 수정할 수 있다.

(3) 연결 리스트의 삽입

새로운 노드의 삽입은 first가 가리키고 있는 것이 null일 경우와 그렇지 않을 경우로 나눌 수 있다.

first가 null인 경우 (빈 리스트인 경우)는 새로운 노드를 생성하여 데이터를 저장하고 링크를 null로 설정하고, first를 새로운 노드를 가리키도록 설정하면 된다.

first가 null이 아닌 경우 (리스트에 노드가 있는 경우)는 새로운 노드를 생성하여 데이터를 저장하고 링크를 first가 가리키는 노드를 가리키도록 설정한다. 그리고 first를 새로운 노드를 가리키도록 설정한다. 이렇게 함으로써 새로운 노드가 리스트의 첫 번째 노드로 삽입되는 것을 구현할 수 있다. 이후에 다른 노드를 추가로 삽입하거나 리스트를 조작할 수 있다.

<그림 IV-4>는 연결 리스트에서 새로운 노드 삽입하는 과정을 보여 주고, <예 IV-3>은 자바 언어로 작성한 노드 삽입 방법을 보여 준다. <예 IV-3>에서 연결 리스트의 first 체인 끝 노드 x 뒤에 데이터가 new_data인 새로운 노드를 삽입하기 위해 temp라는 임시 노드 객체를 생성한다. 이 노드는 데이터를 new_data로 설정하고 링크는 초기에 null로 설정된다. 연결 리스트의 first가 비어있지 않은 경우 (노드가 존재하는 경우)는 temp의 링크를 x의 링크가 가리키는 노드를 가리키도록 설정하는데 이는 temp를 x의 뒤에 삽입하기 위함이다. x의 링크를 temp를 가리키도록 설정하여 temp가 x의 다음 노드로 삽입한다. 연결 리스트의 first가 비어있는 경우 (리스트가 비어있는 경우)를 위해 temp의 링크를 null로 설정하고 first를 temp를 가리키도록 하여 temp가 첫 번째 노드로 삽입되게 한다.

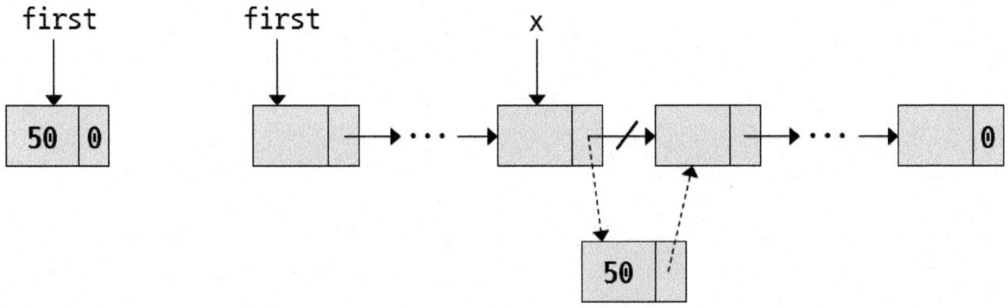

그림 IV-4 연결 리스트에서 노드 삽입

```
void insert(ListNode x, int newData)
{ // new_data 값을 갖는 새로운 노드를 노드 x 뒤에 삽입
    ListNode temp = new ListNode();
    temp.data = newData;
    if (first != null) {  // first는 클래스 필드
        temp.link = x.link;
        x.link = temp;
    }else{
        temp.link = null;
        first = temp;
```

```
        }
    }
```

〈예 IV-3〉 연결 리스트의 노드 삽입

(4) 연결 리스트의 삭제

연결 리스트에서 노드를 삭제할 때는 삭제할 노드가 첫 번째 노드인지 아닌지에 따라 처리 방식이 다르다. <그림 IV-5>와 같이 연결 리스트의 첫 번째 노드를 삭제하는 경우 first가 참조하는 노드가 삭제할 노드가 된다. first를 삭제할 노드의 다음 노드를 참조하도록 해야 한다. 삭제한 노드는 더 이상 참조가 되지 않기 때문에 자바의 쓰레기 수집(Garbage Collection)에 의해 자동으로 메모리에서 삭제된다. 참고로, C/C++ 언어의 경우 명시적으로 free() 함수나 delete를 이용하여 메모리에서 삭제해야 한다.

<그림 IV-6>은 첫 번째 노드가 아닌 노드를 삭제할 경우를 보여 준다. 삭제할 노드를 y라고 가정하면, y는 삭제할 노드의 이전 노드를 가리키는 참조가 된다. y의 링크를 삭제할 노드의 다음 노드를 참조하도록 해야 한다. 마찬가지로 삭제한 노드는 더 이상 참조가 되지 않기 때문에 자바에서는 나중에 자동으로 메모리에서 삭제된다. <예 IV-4>는 자바 언어로 작성한 노드 삭제 방법을 보여 준다. <예 IV-4>에서 trail이 삭제될 removeNode의 선행 노드라고 할 때 trail이 null이 아닌 경우 trail이 가리키는 노드의 링크를 삭제할 노드의 링크로 업데이트한다. 이렇게 함으로써 removeNode를 리스트에서 분리한다. 또한 trail이 null인 경우 즉, first가 가리키는 노드가 삭제할 노드인 경우는 first를 삭제할 노드의 다음 노드를 참조하도록 업데이트하여 첫 번째 노드를 변경한다.

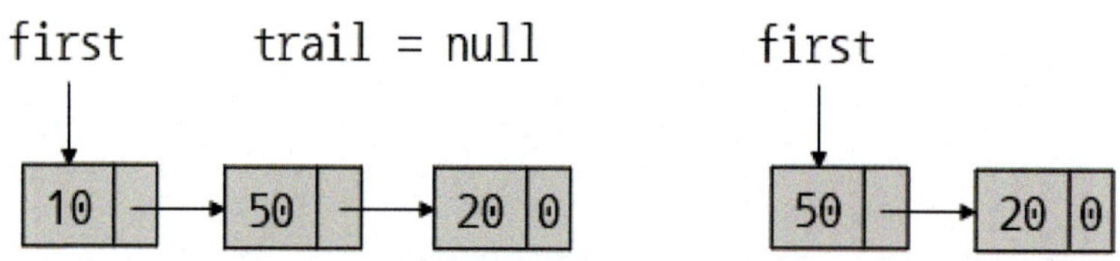

그림 IV-5 delete(NULL, first); 의 전과 후의 리스트

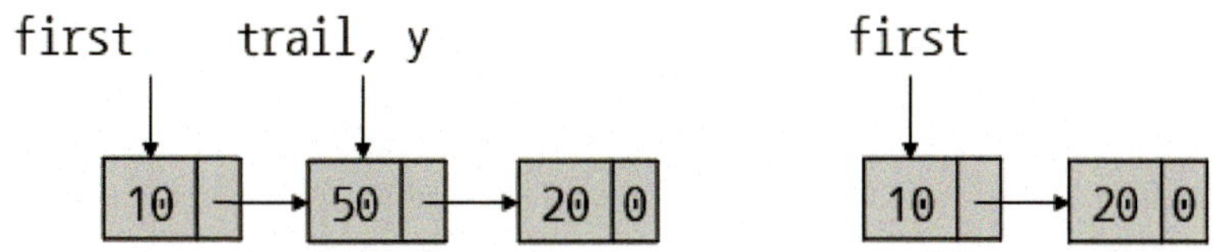

그림 IV-6 delete(y, y.link); 의 전과 후의 리스트

```
void delete(ListNode trail, ListNode removeNode)
{ // 리스트로부터 노드를 삭제, trail은 삭제될 removeNode의 선행 노드
    if (trail != null)
        trail.link = removeNode.link;
    else
        first = first.link;
}
```

〈예 IV-4〉 연결 리스트의 노드 삭제

(5) 응용 1. 간단한 다항식 프로그램

<예 IV-5>는 연결 리스트를 생성하고, 노드를 삽입하고 삭제하는 기능과 노드를 탐색 및 출력하는 기능을 포함한 간단한 프로그램 예를 보여 준다. 메소드 insertHead()는 새로운 노드를 리스트의 시작 참조(first)에 삽입하는 메소드로 새로운 노드의 링크를 현재의 시작 참조 노드를 가리키도록 설정하고, 시작 참조를 새로운 노드로 업데이트한다.

메소드 insert()는 새로운 노드를 주어진 노드 x의 뒤에 삽입하는 메소드로 연결 리스트가 비어있지 않은 경우, 새로운 노드의 링크를 x의 링크로 설정하고, x의 링크를 새로운 노드로 업데이트하고, 연결 리스트가 비어있는 경우, 새로운 노드의 링크를 null로 설정하고, 시작 참조를 새로운 노드로 업데이트한다. 메소드 delete()는 연결 리스트로부터 노드를 삭제하는 함수이다. 삭제할 노드의 선행 노드 trail과 삭제할 removeNode가 주어진다. 만약 trail이 null이 아닌 경우, trail의 링크를 삭제할 노드의 링크로 설정하여 노드를 분리하고, 그렇지 않은 경우, first를 삭제할 노드의 다음 노드를 가리키도록 업데이트하여 첫 번째 노드를 변경한다. 메소드 search()는 first부터 다음 참조 노드를 하나씩 순회하면서 주어진 값 x와 동일한 데이터를 갖는 노드의 참조를 리턴한다.

```
class ListNode
{
    int data;
    ListNode link = null;
```

```
}

public class LinkedList
{
    ListNode first = null;

    // 새로운 노드를 first에 삽입
    void insertHead(int newData)
    {
        ListNode newNode = new ListNode();
        newNode.data = newData;

        newNode.link = first;
        first = newNode;
    }

    // 새로운 노드를 x의 뒤에 삽입
    void insert(ListNode x, int newData)
    { // new_data 값을 갖는 새로운 노드를 노드 x 뒤에 삽입
        ListNode temp = new ListNode();
        temp.data = newData;
        if (first != null) {  // first는 클래스 필드
            temp.link = x.link;
            x.link = temp;
        }else{
            temp.link = null;
            first = temp;
        }
    }

    // 리스트로부터 노드를 삭제, trail은 삭제될 removeNode의 선행 노드
    void delete(ListNode trail, ListNode removeNode)
    { // 리스트로부터 노드를 삭제, trail은 삭제될 removeNode의 선행 노드
        if (trail != null)
            trail.link = removeNode.link;
        else
            first = first.link;
    }

    // 탐색
    ListNode search(int x)
    {
        ListNode next = first;
        for (; next != null; next = next.link)
            if (next.data == x)
```

```
            return next;

        return null;
    }

    // 리스트의 출력
    void printList()
    {
        System.out.print("The list contains: ");
        ListNode next = first;
        while (next != null) {
            System.out.printf("%4d ", next.data);
            next = next.link;
        }
        System.out.println("");
    }

    public static void main(String[] args)
    {
        LinkedList list = new LinkedList();
        list.insertHead(10);
        list.insertHead(20);
        list.insertHead(30);
        list.insertHead(40);
        list.insertHead(50);

        ListNode temp = list.search(30);

        list.insert(temp, 25);
        list.printList();
        list.delete(temp, temp.link);
        list.printList();
        list.delete(null, list.first); // first 노드 삭제
        list.printList();
    }
}
```

실행결과

```
The list contains:  50  40  30  25  20  10
The list contains:  50  40  30  20  10
The list contains:  40  30  20  10
```

〈예 IV-5〉 간단한 연결 리스트 예제 프로그램

(6) 응용 2. 연결 리스트를 활용한 다항식 프로그램

일반적인 다항식은 0이 아닌 계수와 음수가 아닌 정수 지수로 구성된다. 이러한 다항식을 컴퓨터로 처리하기 위해 연결 리스트를 사용하는 자료구조를 활용할 수 있다. 하나의 다항식은 하나의 연결 리스트로 표현되고, 각 노드는 다항식의 항을 나타내며, 계수와 지수를 저장하는 정보를 포함한다. 일반적인 다항식은 $A(x) = a_{m-1}x^{e_{m-1}} + \ldots + a_0x^{e_0}$ 로 표현할 수 있다. 여기서 a_i는 0이 아닌 계수, e_i는 음수가 아닌 정수 지수가 된다.

예를 들어, 다항식 $A(x) = 3x^{12} + 2x^8 + 1$ 과 $B(x) = 8x^{14} - 3x^{10} + 10x^6$ 를 연결 리스트로 표현하면 연결 리스트의 각 노드는 계수와 지수를 저장하는 클래스로 구성되며, 각각 <그림 IV-7>의 (a)와 (b)와 같이 표현할 수 있다.

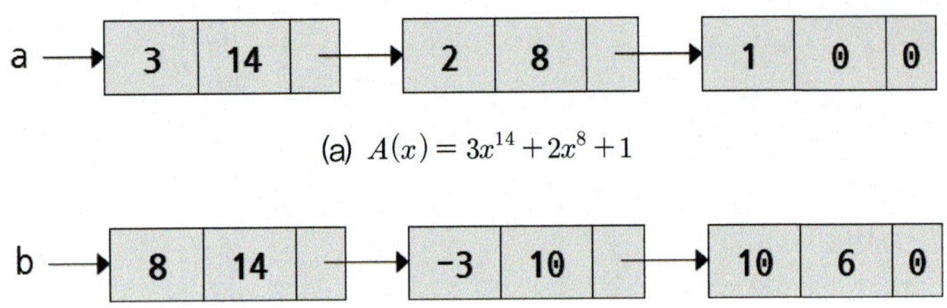

(a) $A(x) = 3x^{14} + 2x^8 + 1$

(b) $B(x) = 8x^{14} - 3x^{10} + 10x^6$

그림 IV-7 연결 리스트로 표현한 다항식

다항식을 위한 연결 리스트의 클래스 PolyNode는 <예 IV-6>과 같이 정의할 수 있다. 여기에서 coef 필드는 계수(coefficient)를, expon 필드는 지수(exponent)를 위해 사용된다. 또한, link 필드는 다음 항을 가리키는 참조로 사용된다.

```
class PolyNode
{
    int coef;  // coefficient
    int expon; // exponent
    PolyNode link = null;
}
```

〈예 IV-6〉 다항식 표현을 위한 클래스 정의

가. 다항식의 덧셈

두 다항식 A, B의 덧셈은 다음과 같이 한다. 다항식 A와 B 각각의 항에 대한 참조를 PolyNode p, q라 한다. 참조 p, q는 두 다항식 A, B의 시작 참조로 초기화한다. 먼저 계수를 비교한 뒤 지수를 비교하여 같으면 계수를 더하여 결과 다항식 C에 새로운 항을 만든다. 만약 지수가 다르면 더 큰 지수를 갖는 참조의 지수와 같은 항을 만들어 결과 다항식 C에 추가하면 된다. 즉, 2개의 다항식을 더하는 덧셈은 다항식 p와 q의 항들을 따라 순회하면서 각 항들을 <표 IV-1>의 규칙으로 두 개의 다항식을 더하면 되는 것이다.

표 IV-1 다항식의 덧셈

① p.expon == q.expon :
두 계수를 더해서 0이 아니면 새로운 항을 만들어 결과 다항식 C에 추가하고 p와 q는 모두 다음 항으로 이동

② p.expon < q.expon :
q가 지시하는 항을 새로운 항으로 복사하여 결과 다항식 C에 추가하고 q만 다음 항으로 이동

③ p.expon > q.expon :
p가 지시하는 항을 새로운 항으로 복사하여 결과 다항식 C에 추가하고 p만 다음 항으로 이동

예를 들어, 다항식 $A(x) = 4x^3 + 3x^2 + 5x$ 와 다항식 $B(x) = 3x^4 + 3x^2 + 2x + 1$ 을 더하는 과정을 보면, 먼저 <그림 IV-8>과 같이 각 다항식의 첫 번째 항인 $4x^3$항과 $3x^4$을 비교하여 p.expo < q.expo이므로 <그림 IV-9>와 같이 지수가 큰 q 노드를 리스트 C에 복사한다. 그리고 참조 q는 다음 노드로 이동시킨다.

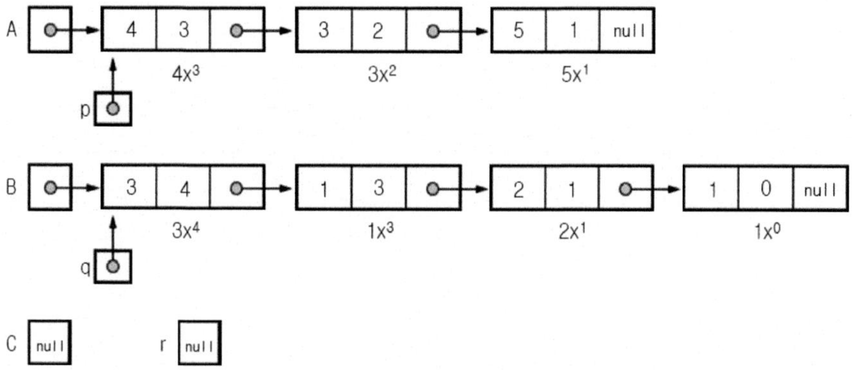

그림 IV-8 두 다항식 $A(x) = 4x^3 + 3x^2 + 5x$와 $B(x) = 3x^4 + 3x^2 + 2x + 1$의 덧셈 과정

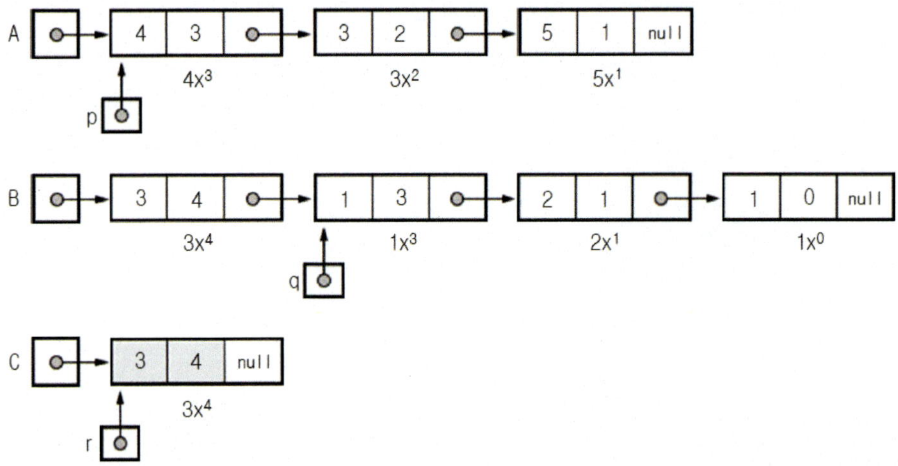

그림 IV-9 두 다항식의 덧셈, p.expo = q.expo의 경우

다음으로 <그림 IV-9>에서 보여주듯이 $4x^3$항과 $1x^3$항은 p.expo = q.expo 이므로 <그림 IV-10>과 같이 두 노드의 coef 필드의 값을 더하고, expo 필드의 값을 복사한 노드를 리스트 C에 추가한다. 그리고 참조 p와 q는 다음 노드로 이동시킨다.

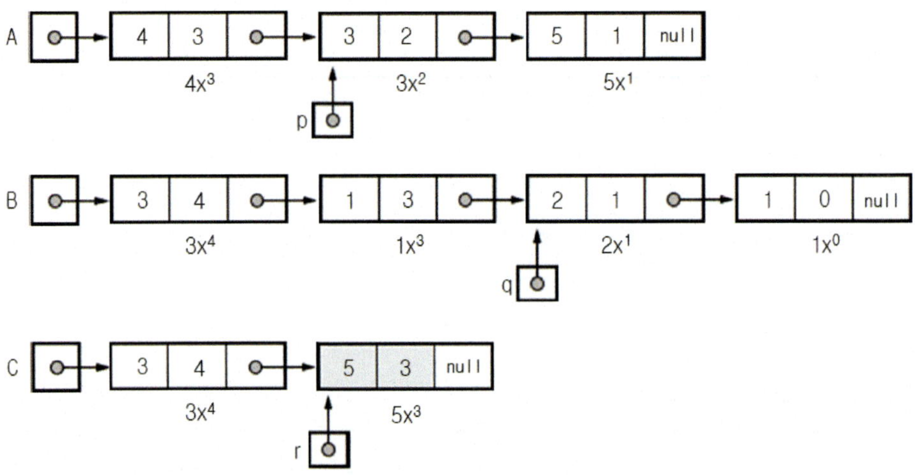

그림 IV-10 두 다항식의 덧셈, p.expo 〉 q.expo의 경우

다음으로 <그림 IV-10>에서 보여주듯이, $3x^2$항과 $2x^1$항은 p.expo > q.expo 이므로 <그림 IV-11>과 같이 지수가 큰 p 노드를 리스트 C에 복사하고, 참조 p는 다음 노드로 이동시킨다.

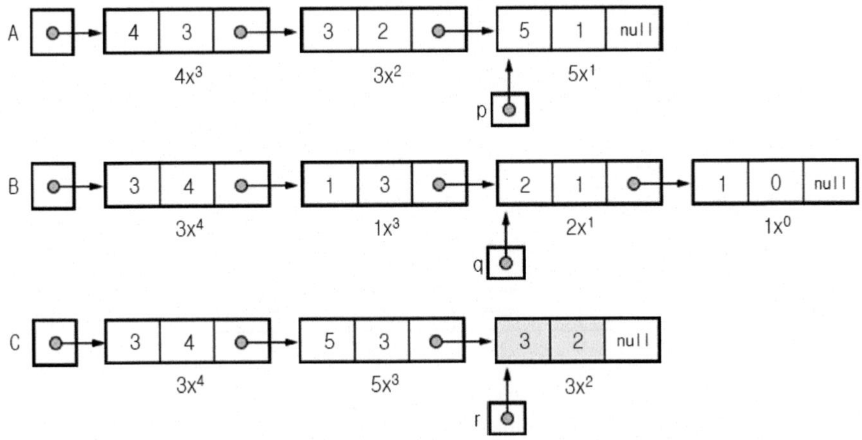

그림 IV-11 두 다항식의 덧셈, p.expo = q.expo의 경우

다음으로 <그림 IV-11>에서 보여주듯이, $5x^1$항과 $2x^1$항은 p.expo = q.expo 이므로 <그림 IV-12>와 같이 두 노드의 coef 필드의 값을 더하고, expo 필드의 값을 복사한 노드를 리스트 C에 추가한다. 그리고 참조 p와 q는 다음 노드로 이동시킨다.

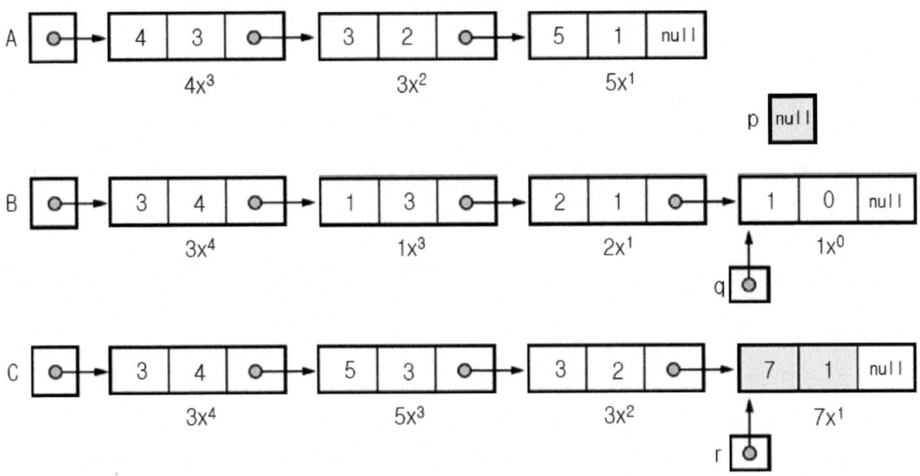

그림 IV-12 두 다항식의 덧셈, p.expo = q.expo의 경우

마지막으로 <그림 IV-12>에서 보여주듯이 참조 p가 null이므로 다항식 A(x)의 항에 대한 처리는 끝나고, <그림 IV-13>과 같이 처리할 항이 남아있는 다항식 B(x)의 참조 q는 null이 될 때까지 모든 노드를 복사하여 리스트 C에 추가한다.

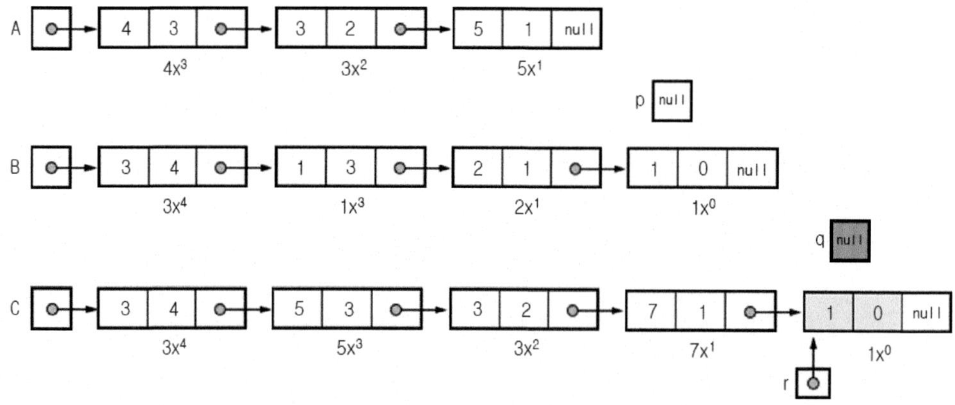

그림 IV-13 두 다항식의 덧셈, 마지막 항의 처리

<예 IV-7>은 다항식을 표현하고, 다항식 덧셈 연산을 수행하는 프로그램의 일부분을 보여 준다. 먼저 compare() 함수는 두 개의 인자 x와 y를 받아서, x가 y보다 작으면 -1을, x와 y가 같으면 0을, 그렇지 않으면 1을 반환한다. 이러한 비교 결과를 사용하여 나중에 다항식 노드들을 지수(exponent)를 비교할 때 사용한다. attach()는 주어진 계수(coefficient)와 지수(exponent)를 갖는 새로운 다항식 노드를 생성하고, 이 노드를 세 번째 인자 rear가 참조하는 노드 뒤(link)에 연결하는 함수이다. 그리고 rear.link, 즉 새로 생성된 노드를 리턴하여 attach()를 호출한 곳에서 rear를 갱신할 수 있도록 한다.

PolyNode padd()는 두 다항식 PolyNode a와 PolyNode b를 더한 결과를 반환하는 함수이다. 이때 위에서도 설명했지만, a와 b의 각 항에 대해 지수(exponent) 크기를 비교하고, 지수(exponent) 크기 비교 결과에 따라 더하거나, a 또는 b의 항을 그대로 추가하여 결과 다항식을 생성한다. 지역변수 PolyNode c는 결과 다항식을 나타내는 새로운 노드의 시작점이며, rear 변수는 결과 다항식을 만들 때 마지막 항목을 가리키는 참조이다.

switch 문과 compare() 함수를 사용하여 지수에 따라 덧셈을 수행하는데, a의 지수가 b의 지수보다 작을 경우(-1), b의 항목을 결과 다항식에 추가하고, a와 b의 지수가 같을 경우(0) 계수를 합산하고, 합이 0이 아닌 경우에만 결과 다항식에 추가한다. a의 지수가 b의 지수보다 클 경우(1)는 a의 항목을 결과 다항식에 추가한다. 그리고 이를 for 루프를 사용하여 a와 b의 나머지 항목을 결과 다항식에 추가한다. 마지막으로, 사용되지 않는 c의 첫 번째 노드는 제외한 c.link를 리턴한다.

```
public static int compare(int x, int y)
{
    if (x < y)
```

```
        return -1;
    else if (x == y)
        return 0;
    else
        return 1;
}

public static PolyNode attach(int coefficient, int exponent, PolyNode rear)
{
    // coef = coefficient이고 expon = exponent인 새로운 노드를 생성하고, 그것을
    // rear의 link가 새 노드를 참조하도록 한다.

    PolyNode temp;
    temp = new PolyNode(coefficient, exponent);
    rear.link = temp;
    return temp;
}

public static PolyNode padd(PolyNode a, PolyNode b)
{ // a와 b가 합산된 다항식을 반환
    PolyNode c, rear, temp;
    int sum;
    rear = new PolyNode(0, 0);
    c = rear;
    while (a != null && b != null)
        switch( compare(a.expon, b.expon) ) {
            case -1: // a.expon < b.expon
                rear = attach(b.coef, b.expon, rear);
                b = b.link;
                break;
            case 0: // a.expon = b.expon
                sum = a.coef + b.coef;
                if(sum != 0)
                    rear = attach(sum, a.expon, rear);
                a = a.link;
                b = b.link;
                break;
            case 1: // a.expon > b.expon
                rear = attach(a.coef, a.expon, rear);
                a = a.link;
                break;
        }

    // 리스트a와 리스트b의 나머지를 복사
    for(; a != null ; a = a.link)  attach(a.coef, a.expon, rear);
```

```
        for(; b != null; b = b.link)  attach(b.coef, b.expon, rear);

        // 필요 없는 초기 노드를 제외하고 리턴
        return c.link;
    }
```

〈예 IV-7〉 다항식의 덧셈

<예 IV-8>은 지금까지 설명한 다항식의 덧셈을 자바 언어로 구현한 것을 보여 준다. PolyNode 클래스는 계수(coef), 지수(expon) 및 다음 항목을 가리키는 링크(link)를 필드로 갖고, Polynomial 클래스는 연결 리스트를 나타내는 것으로 리스트의 길이(length), 헤드(head), 테일(tail)을 참조하는 필드를 갖고 있다. 생성자에서 연결 리스트 필드인 리스트의 길이를 0으로 설정하고 헤드와 테일을 null로 초기화한다. insertNodeLast() 메소드는 리스트 끝에 새 항목을 추가하는 함수이다. 계수 coef와 지수 expon를 받아서 새 항목을 생성하고 리스트의 끝에 추가한다.

polyAdd() 메소드는 두 다항식을 더하는 함수로 자신과 plist2의 항목들을 합하여 만든 plist3를 리턴한다. 지수가 같은 항목끼리 더하고, 계수가 0이 아닌 경우에만 결과 리스트에 추가한다. polyPrint() 메소드는 다항식을 출력하는 함수로 리스트의 항목들을 계수와 지수 형식으로 출력하고, 각 항목 사이에 '+'를 넣어 출력한다.

```
// 연결리스트 노드의 구조
class PolyNode
{
    int coef;  // coefficient
    int expon; // exponent
    PolyNode link = null;

    PolyNode(int coef, int expon)
    {
        this.coef = coef;
        this.expon = expon;
    }
}

public class Polynomial
{
    int length = 0;
    PolyNode head = null;
    PolyNode tail = null;
```

```
// 가장 뒤(tail)에 노드를 추가, coef=계수 expon=지수
void insertNodeLast(int coef, int expon)
{
    PolyNode temp = new PolyNode(coef, expon);

    if (tail == null)
        head = tail = temp;
    else
    {
        tail.link = temp;
        tail = temp;
    }
    length++;
}

// list3 = list1 + list2
Polynomial polyAdd(Polynomial plist2)
{
    Polynomial plist3 = new Polynomial();
    PolyNode a = this.head;
    PolyNode b = plist2.head;
    int sum;
    while (a != null && b != null)
    {
        if (a.expon == b.expon)
        {
            sum = a.coef + b.coef;
            if (sum != 0)
                plist3.insertNodeLast(sum, a.expon);
            a = a.link;
            b = b.link;
        }
        else if (a.expon > b.expon)
        {
            plist3.insertNodeLast(a.coef, a.expon);
            a = a.link;
        }
        else
        {
            plist3.insertNodeLast(b.coef, b.expon);
            b = b.link;
        }
    }

    // a식과 b식중 하나가 먼저 끝나게 되면 남아있는 항들을 모두 결과 식으로
```

```
        for (; a != null; a = a.link)
            plist3.insertNodeLast(a.coef, a.expon);

        for (; b != null; b = b.link)
            plist3.insertNodeLast(b.coef, b.expon);

        return plist3;
    }

    void polyPrint()
    {
        PolyNode p = head;

        for (; p != null; p = p.link)
        {
            System.out.printf("%dX^%d", p.coef, p.expon);
            if (p.link != null)
                System.out.printf(" + ");
        }
        System.out.println("");
    }

    public static void main(String[] args)
    {
        Polynomial list1, list2, list3; // 리스트 변수 선언

        list1 = new Polynomial();
        list2 = new Polynomial();

        // 다항식 1을 생성
        list1.insertNodeLast(3, 5);
        list1.insertNodeLast(2, 3);
        list1.insertNodeLast(2, 2);

        // 다항식 2를 생성
        list2.insertNodeLast(8, 6);
        list2.insertNodeLast(3, 4);
        list2.insertNodeLast(10, 2);

        // 다항식3 = 다항식1 + 다항식2
        list3 = list1.polyAdd(list2);

        System.out.print("A의 다항식 : ");
        list1.polyPrint();
```

```
        System.out.print("B의 다항식 : ");
        list2.polyPrint();
        System.out.println("---------------------------------");

        System.out.print("결과 다항식: ");
        list3.polyPrint();


        PolyNode c = padd(list1.head, list2.head);
        polyNodePrint(list1.head);
        polyNodePrint(list2.head);
        polyNodePrint(c);

    }
}
```

실행결과

```
A의 다항식 : 3X^5 + 2X^3 + 2X^2
B의 다항식 : 8X^6 + 3X^4 + 10X^2
---------------------------------
결과 다항식: 8X^6 + 3X^5 + 3X^4 + 2X^3 + 12X^2
```

〈예 IV-8〉 다항식 덧셈의 구현

나. 다항식의 곱셈

<예 IV-9>에서 다항식의 곱셈을 자바 언어로 구현한 것을 보여 준다.

다항식의 덧셈의 과정과 크게 다르지 않으니, 위에서 설명한 연결 리스트의 구조로 다항식의 곱셈을 이해하면 구현 방법을 이해할 수 있을 것이다.

```
// 연결리스트 노드의 구조
class PolyNode
{
    int coef;  // coefficient
    int expon; // exponent
    PolyNode link = null;

    PolyNode(int coef, int expon)
    {
        this.coef = coef;
        this.expon = expon;
```

```
    }
}

public class Polynomial
{
    int length = 0;
    PolyNode head = null;
    PolyNode tail = null;

    // 가장 뒤(tail)에 노드를 추가, coef=계수 expon=지수
    void insertNodeLast(int coef, int expon)
    {
        PolyNode temp = new PolyNode(coef, expon);

        if (tail == null)
            head = tail = temp;
        else
        {
            tail.link = temp;
            tail = temp;
        }
        length++;
    }

    // list3 = list1 x list2
    Polynomial polyMul(Polynomial plist2)
    {
        Polynomial plist3 = new Polynomial();
        PolyNode a = this.head;
        PolyNode b = plist2.head;
        int[] multiply;
        int i, highest;

        // 각 다항식은 내림 차순으로 정리되므로 각 첫 항을 곱해주면 최고차항을 할 수 있음
        highest = a.expon + b.expon;

        // 최고차 항의 지수의 크기만큼 동적 배열 할당 후 0으로 초기화
        multiply = new int[highest + 1];
        // 다항식 a의 n 번째 항과 b의 각항을 곱한뒤 a를 n+1 b를 다시 head로 돌린다.
        while (a != null)
        {
            if (b != null)
            {
                if (multiply[(a.expon + b.expon)] == 0)
                    multiply[(a.expon + b.expon)] = a.coef * b.coef;
```

```
            else
                multiply[(a.expon + b.expon)] += a.coef * b.coef;
            b = b.link;
        }
        else
        {
            a = a.link;
            b = plist2.head;
        }
    }

    // 각 지수의 대응되는 배열 index에 0아닌 숫자가 있으면 결과식에 삽입
    for (i = highest; i >= 0; i--)
    {
        if (multiply[i] != 0)
            plist3.insertNodeLast(multiply[i], i);
    }

    return plist3;
}

void polyPrint()
{
    PolyNode p = head;

    for (; p != null; p = p.link)
    {
        System.out.printf("%dX^%d", p.coef, p.expon);
        if (p.link != null)
            System.out.printf(" + ");
    }
    System.out.println("");
}

public static void main(String[] args)
{
    Polynomial list1, list2, list3; // 리스트 변수 선언

    list1 = new Polynomial();
    list2 = new Polynomial();
    list1.insertNodeLast(3, 3);
    list1.insertNodeLast(2, 2);
    list1.insertNodeLast(2, 1);

    // 다항식 2를 생성
```

```
        list2.insertNodeLast(8, 3);
        list2.insertNodeLast(3, 2);
        list2.insertNodeLast(10, 0);

        // 다항식의 곱셈
        list3 = list1.polyMul(list2);

        System.out.print("A의 다항식 : ");
        list1.polyPrint();

        System.out.print("B의 다항식 : ");
        list2.polyPrint();
        System.out.println("---------------------------------");

        System.out.print("다항식 곱셈: ");
        list3.polyPrint();

    }
}
```

▶ 실행결과

```
A의 다항식 : 3X^3 + 2X^2 + 2X^1
B의 다항식 : 8X^3 + 3X^2 + 10X^0
---------------------------------
다항식 곱셈: 24X^6 + 25X^5 + 22X^4 + 36X^3 + 20X^2 + 20X^1
```

〈예 IV-9〉 다항식 곱셈의 구현

2 이중 연결 리스트(Doubly Linked List)

단순 연결 리스트(Simply Linked List)의 구조에서는 다음 노드로 이동할 수 있지만, 이전 노드로 이동할 수 없다는 문제가 있다. 즉, 노드는 한 방향으로만 따라갈 수 있고, 이전 노드를 찾으려면 처음부터 링크를 따라가야 한다는 것이다. 또한 단순 연결 리스트는 임의의 노드를 삭제하기 어렵다는 문제도 있다. 노드를 삭제하려면 앞과 뒤 노드 참조를 알아야 하고, 노드의 위치만큼 링크를 따라가야 하는 오버헤드(O(n))가 든다. 이러한 단순 연결 리스트의 단점을 해결하기 위해 이중 연결 리스트(Doubly Linked List)와 환형 연결 리스트 (Circular Linked list) 등이 제안되었다.

먼저 이중 연결 리스트의 경우 각 노드에는 2개의 링크가 있는데, 하나는 뒷 노드를 가리키고, 다른 하나는 앞 노드를 가리키는 구조로 2개의 링크들은 각각 노드의 앞쪽과 뒤쪽을 나타내는 데 사용된다. 노드의 앞쪽을 나타내는 링크는 왼쪽 링크(Left Link)라고 하며, 노드의 뒤쪽을 나타내는 링크는 오른쪽 링크(Right Link)라고 한다.

node = node.llink.rlink = node.rlink.llink 는 이중 연결 리스트의 노드에서 참조를 변경할 때 사용되는 일반적인 표현식이다. 이것은 현재 노드(node)의 왼쪽 링크(llink)를 통해 이전 노드로 이동한 다음, 오른쪽 링크(rlink)를 통해 현재 노드로 돌아오는 과정을 나타낸다.

더미 노드 (Dummy Node)는 데이터를 저장하지 않고, 리스트의 시작 또는 끝을 나타내는 가상의 노드이다. 더미 노드는 리스트의 처음 시작 때 사용될 수 있으며, 비어있는 리스트의 경우 머리 노드만 존재할 수 있다. 이 더미 노드는 프로그램의 구현을 단순화하고, 특히 경계 조건을 처리하는 데 도움을 준다. 더미 노드와 반대로 헤드 노드(Head Node)는 실제 데이터를 저장하지 않으며, 리스트의 첫 번째 노드를 가리키는 역할을 한다. 이 노드는 리스트의 시작을 나타내는 데 사용되며, 특히 리스트에 데이터가 없을 때 유용하게 사용된다.

이중 연결 리스트는 특히 노드의 삽입 및 삭제 연산에서 이전 노드에 대한 참조를 변경해야 하는 경우에 유용하게 사용되며, 더미 노드와 헤드 노드를 사용하면 코드를 더 간결하게 작성할 수 있다는 특징이 있다. 이중 연결 리스트를 양방향 리스트(Two Way Linked List)라고 부르기도 한다. <그림 IV-14>는 이중 연결 리스트의 구조를 보여 준다.

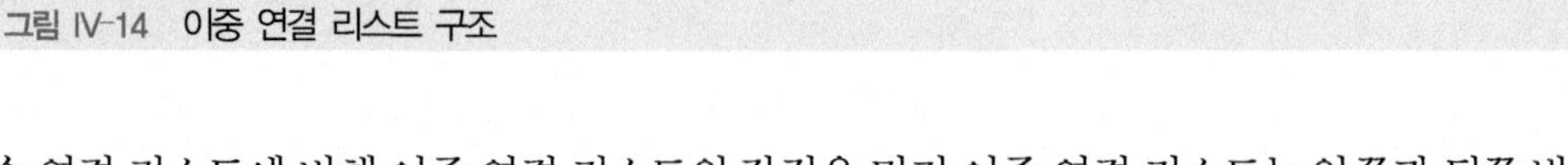

그림 IV-14 이중 연결 리스트 구조

단순 연결 리스트에 비해 이중 연결 리스트의 장점은 먼저 이중 연결 리스트는 앞쪽과 뒤쪽 방향으로 모두 탐색할 수 있다는 것이다. 이중 연결 리스트에서 삭제 연산은 삭제할 노드의 참조가 주어진 경우 더 효율적으로 수행될 수 있다. 또한 단순 연결 리스트는 특정 노드의 앞에 새로운 노드를 빠르게 삽입할 수 있다는 것이다. 단순 연결 리스트에서는 노드를 삭제하기 위해 이전 노드의 참조가 필요하다. 이전 노드를 얻기 위해 때로는 리스트를 전체적으로 탐색해야 할 수도 있다. 그러나 이중 연결 리스트에서는 이전 노드를 이전 참조를 사용하여 쉽게 얻을 수 있다.

이와 달리, 단순 연결 리스트에 비해 이중 연결 리스트의 단점도 있다. 먼저 이중 연결 리스트의 각 노드마다 이전 참조를 위한 추가 공간이 필요하게 된다. 또한 모든 연산에서 추가 참조인 이전 참조를 유지해야 한다. 예를 들어 삽입 연산에서는 다음 참조와 함께 이전 참조도 수정해야 하고, 다양한 위치에 특정 데이터를 삽입하는 경우 이전 참조를 설정하기 위해 1개 또는 2개의 참조 추가 단계가 필요하게 된다.

두 번째로, 환형 연결 리스트는 모든 노드가 연속적인 원형으로 연결된 특수한 종류의 연결 리스트이다. 환형 연결 리스트에서는 리스트의 마지막 노드의 참조는 리스트의 첫 번째 노드의 주소를 가지고 있으며, 첫 번째 노드의 left 필드가 리스트의 마지막 노드의 주소를 가지고 있는 구조이기 때문에 이중 연결 리스트와 마찬가지로 앞뒤로 노드에 쉽게 접근할 수 있게 된다. 따라서, 환형 연결 리스트에는 null이 없다는 것을 유의해야 한다.

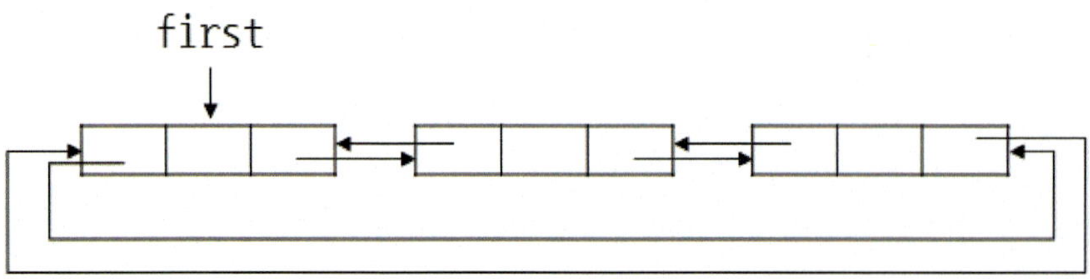

그림 IV-15 환형 연결 리스트 구조

환형 연결 리스트에서는 원소를 리스트의 뒷부분에 추가하고, 앞부분에서는 상수 시간에 원소를 제거할 수 있다는 장점이 있다. 그리고 특정 노드에서 시작하여 전체 리스트를 순회할 수 있는 장점도 있다. 이는 첫 번째 노드와 마지막 노드를 저장해야 하는 필요성을 피할 수 있음을 의미하지만, 비어 있는 리스트에 대한 특별한 표현이 필요하다. 비어 있는 리스트의 경우, 리스트에서 어떤 노드를 가리키는 마지막 노드 변수가 필요하거나 null일 수 있다. 이것은 비어 있지 않은 리스트에서 노드를 추가하고 제거하는 것을 상당히 간단하게 만들어 준다. 그러나, 비어 있는 리스트는 특수한 경우로 처리해야 한다는 것을 의미하기도 한다. 그러나, 환형 연결 리스트는 처리 과정에서 특정 조건이 없으면 무한 루프에 빠질 수 있다는 것이 단점이다.

(1) 이중 연결 리스트(Double Linked List)를 위한 노드 클래스

<예 IV-10>은 이중 연결 리스트의 각 노드를 나타내기 위한 클래스 DNode의 정의를 보여 준다. DNode 클래스는 세 개의 필드, 이전 노드 즉, 왼쪽 연결(Link)을 가리키는 참조인 llink, 실제 데이터를 저장하는 Object 클래스의 객체인 item, 그리고 다음 노드를 가리키는 참조 즉, 이 노드의 오른쪽 연결(Link)을 나타내는 rlink로 구성된다.

```
// 이중 연결리스트를 위한 노드의 선언
class DNode
{
    DNode llink;
    Object item;
    DNode rlink;
};
```

〈예 IV-10〉 이중 연결리스트를 위한 노드의 선언

<그림 IV-16>은 비어 있는 이중 연결 리스트에서 한 개의 노드를 추가한 후 이중 연결 리스트 구조를 보여 주며, <그림 IV-17>은 헤드 노드가 있는 이중 연결 리스트 구조를 보여 준다.

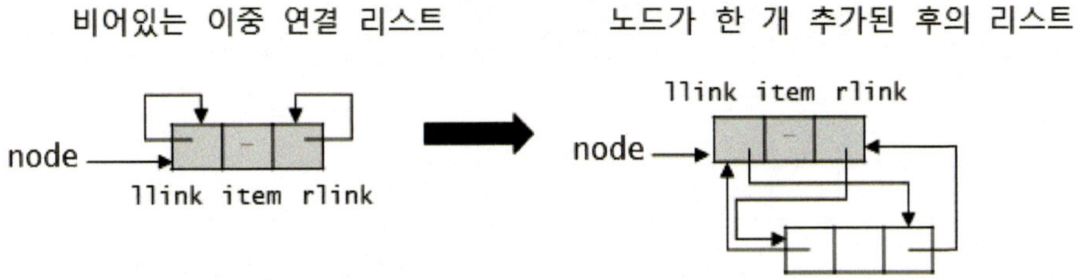

그림 IV-16 한 개의 노드를 추가한 후 이중 연결 리스트 구조

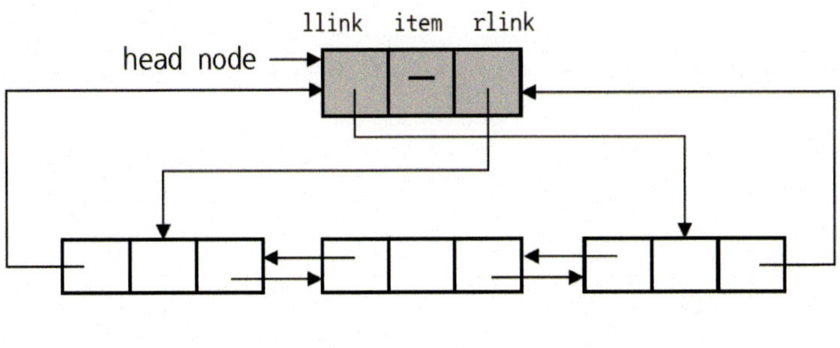

그림 IV-17 헤드 노드가 있는 이중 연결 리스트 구조

(2) 이중 연결 리스트에 노드 삽입

이중 연결 리스트에 노드를 삽입하는 것은 노드를 리스트 내에 원하는 위치에 추가하는 과정을 의미한다. 이중 연결 리스트의 노드를 삽입하기 위해서는 먼저 삽입할 새로운 노드를 생성해야 한다. 이 노드는 데이터와 두 개의 참조 (llink와 rlink)로 구성된다. <그림 IV-18>과 <예 IV-11>에서 보여 주듯이 (1) 이전 노드와 다음 노드의 연결 수정을 위해 노드를 삽입할 위치의 이전 노드와

다음 노드를 연결해야 하는데 이를 위해 먼저 새로운 노드의 llink를 이전 노드로 설정한다. (2) 그리고 새로운 노드의 rlink를 다음 노드로 설정한다. (3) 다음으로 이전 노드의 rlink를 새로운 노드로 설정한다. (4) 마지막으로 다음 노드의 llink를 새로운 노드로 설정한다.

이중 연결 리스트의 시작 노드를 나타내는 헤드 노드의 rlink 또는 llink를 새로운 노드로 설정하여 리스트의 맨 앞 또는 맨 뒤에 노드를 삽입하는 경우에도 리스트의 시작 위치를 올바르게 업데이트해야 한다. <예 IV-12>는 insertNode()를 사용하여 노드를 삽입하고 리스트의 시작 위치를 헤드로 업데이트하는 프로그램으로 초기에 머리 노드 1을 생성하고, 그다음에 2를 삽입하여 연결 리스트를 만든다. 그리고 구성된 연결 리스트를 순회하여 출력한다.

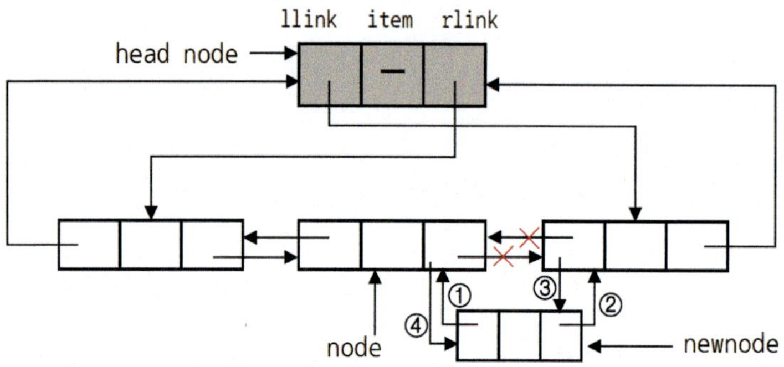

그림 IV-18 이중 연결 리스트에서 노드의 삽입 과정

```
// 이중 환형 연결리스트에 노드를 삽입하는 프로그램 : 삽입할 노드의 바로 앞 노드만 알면 된다.
    public static void dinsert(DNode node, DNode newNode){
        // node의 오른쪽에 newNode를 삽입
        newNode.llink = node; // ①
        newNode.rlink = node.rlink; // ②
        node.rlink.llink = newNode; // ③
        node.rlink = newNode; // ④
    }
```

〈예 IV-11〉 이중 연결 리스트에서 노드의 삽입

```
// 이중 연결 리스트를 위한 노드의 선언
class DNode
{
    DNode llink;
    Object item;
    DNode rlink;
};
```

```
public class DoubleLinkedList
{
    DNode head = null;

    // 이중 연결 리스트에 노드를 삽입하는 함수
    void insertNode(DNode prevNode, int data) {
        // 1. 새로운 노드 생성
        DNode newNode = new DNode();
        newNode.item = data;

        // 2. 새로운 노드의 연결 설정
        newNode.llink = prevNode;
        newNode.rlink = prevNode.rlink;

        // 3. 이전 노드와 다음 노드의 연결 설정
        prevNode.rlink = newNode;
        if (newNode.rlink != null) {
            newNode.rlink.llink = newNode;
        }

        // 4. 만약 새로운 노드가 리스트의 첫 번째 노드라면 헤더 업데이트
        if (head == null || prevNode == head) {
            head = newNode;
        }
    }

    public static void main(String[] args)
    {
        DoubleLinkedList dlist = new DoubleLinkedList();

        // 리스트 초기화
        DNode firstNode = new DNode();
        firstNode.item = 1;
        firstNode.llink = null;
        firstNode.rlink = null;

        dlist.head = firstNode;

        // 새로운 노드 삽입
        dlist.insertNode(firstNode, 2);

        // 리스트 출력
        DNode currentNode = dlist.head;
        while (currentNode != null) {
```

```
            System.out.printf("%d ", currentNode.item);
            currentNode = currentNode.rlink;
        }
    }
}
```

▶ 실행결과

```
2
```

〈예 IV-12〉 이중 연결 리스트에서 노드의 삽입

(3) 이중 연결 리스트에서 노드 삭제

이중 연결 리스트에서 노드를 삭제하기 위해서는 먼저 삭제될 대상인 노드를 찾아야 한다. 그리고 삭제할 노드의 이전 노드와 다음 노드를 적절하게 연결을 수정해야 하는데 이 부분이 이중 연결 리스트의 핵심 특징이다. 위에서도 여러 번 언급했지만, 이중 연결 리스트에서 각 노드는 두 개의 링크(왼쪽 링크 llink와 오른쪽 링크 rlink)를 가지고 있어서 노드를 삭제하면 이 링크를 이용해 연결을 변경해야 한다. <그림 IV-19>와 <예 IV-13>에서 보여주듯이 먼저 ① 삭제 대상 노드가 헤드 노드가 아닌 경우 삭제 대상 노드의 이전 노드의 rlink를 삭제 대상 노드의 다음 노드로 설정하고, 즉, 삭제 대상 노드의 이전 노드(deleted.llink)의 rlink를 삭제 대상 노드의 다음 노드(deleted.rlink)로 설정하여 연결을 끊는다. 그리고 ② 삭제 대상 노드의 다음 노드의 llink를 삭제 대상 노드의 이전 노드로 설정하면 삭제 대상 노드가 연결 리스트에서 삭제할 수 있게 된다. 즉, 삭제 대상 노드의 다음 노드(deleted.rlink)의 llink를 삭제 대상 노드의 이전 노드(deleted.llink)로 설정하여 연결을 끊는다. 만약 삭제 대상 노드가 헤드 노드인 경우, 연결 리스트의 정보를 업데이트하여 새로운 헤드 노드를 가리키도록 한다. 그러나, 보통의 경우 헤드 노드를 삭제하려는 경우, 이중 환형 연결 리스트의 특성상 리스트가 원형으로 연결되어 있어 리스트의 무결성이 깨질 수 있어 헤드 노드를 삭제하는 것은 보통 if(node == deleted)로 예외 처리를 한다.

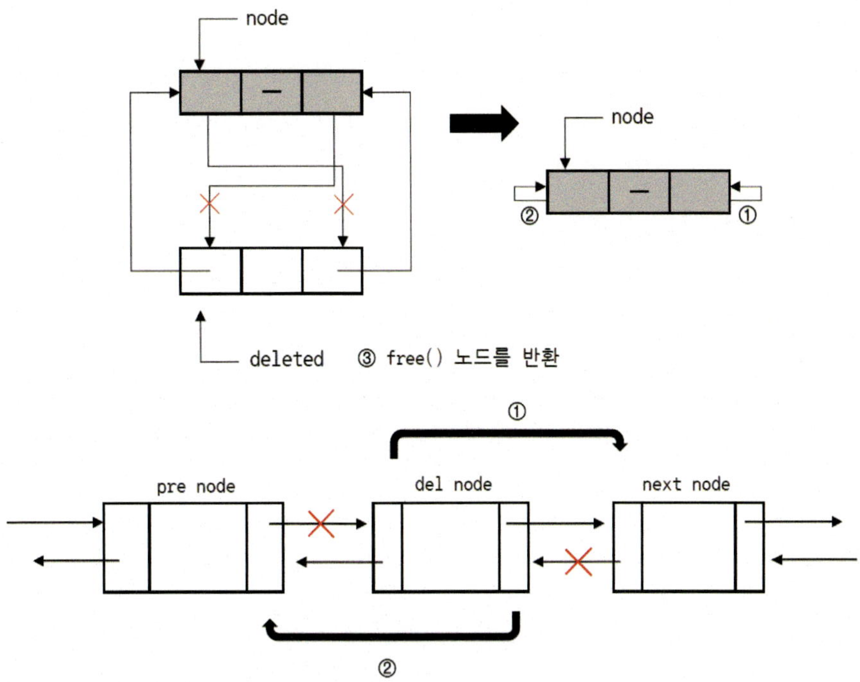

그림 IV-19 이중 연결 리스트에서 노드의 삭제 과정

```
// 이중 환형 연결리스트에 노드를 삭제
public static void ddelete(DNode node, DNode deleted) {
// 이중 연결리스트에서의 deleted 노드 삭제
  if(node == deleted)
     System.out.println("헤드 노드 삭제 금지 ...");
  else{
     deleted.llink.rlink = deleted.rlink; // ①
     deleted.rlink.llink = deleted.llink; // ②
  }
}
```

〈예 IV-13〉 이중 연결리스트에서 노드의 삭제

(4) 응용 1. 이중 연결 리스트를 활용한 프로그램

<예 IV-14>는 이중 연결 리스트의 기본 작업을 수행하는 간단한 콘솔 응용 프로그램으로 사용자가 데이터를 삽입하고 삭제하고 리스트를 관리하는 방법을 연습할 수 있도록 설계되었다.

이중 연결 리스트의 각 노드는 prev와 next 참조로 이전 노드와 다음 노드를 가리키며, data로 데이터를 저장한다.

createNode()는 주어진 데이터를 가지고 새로운 노드를 생성하고 해당 노드의 참조를 반환하며, insert()는 이중 연결 리스트에 새로운 데이터를 삽입하는 함수로 첫 번째 인자인 pos는 삽입할 위치를 두 번째 인자인 data는 삽입할 데이터 그리고 마지막으로 start는 연결 리스트의 시작 노드를 나타낸다. deleteByPosition()는 주어진 위치 pos에 있는 노드를 삭제한다. deleteByValue()는 주어진 값 Value과 일치하는 데이터를 가진 노드를 삭제한다. traverse()와 traverseInReverse()는 연결 리스트를 앞에서부터 순회하거나 거꾸로 순회하여 데이터를 출력하는 함수이다.

```
import java.io.*;

class Node
{
    Node prev;
    int data;
    Node next;

    Node(int d) {
        this.data = d;
        this.prev = this.next = null;
    }
}

public class DoubleLinkedListTest
{
    Node start = null; // head node

    //  createNode: Make a newNode inserting data into it .
    //  Return the newNode's reference
    Node createNode(int data)
    {
        return new Node(data);
    }


    //  insert: insert new data in the list at position specified by pos,
    //  beginning from 1 pos is invalid if < 1. If pos>length of list, insert at end
    void insert(int pos, int data)
    {
        if (pos < 1)
        {
            System.err.println("Invalid position");
            return;
        }
```

```
    if (start == null) // empty list
    {
        start = createNode(data);
        start.prev = null;
        start.next = null;
    }
    else
    {
        Node curr = start;
        for (; curr.next != null && pos > 1; pos--)
            curr = curr.next;

        if (pos > 1) //insert at end
        {
            Node newNode = createNode(data);
            newNode.prev = curr;
            newNode.next = curr.next;
            curr.next = newNode;
        }
        else if (curr == start) //insert at beginning
        {
            Node newNode = createNode(data);
            newNode.prev = curr.prev;
            newNode.next = curr;
            curr.prev = newNode;
            start = newNode;
        }
        else
        {
            Node newNode = createNode(data);
            newNode.prev = curr.prev;
            newNode.next = curr;
            curr.prev.next = newNode;
            curr.prev = newNode;
        }
    }
}

void deleteByPosition(int pos)
{
    if (pos < 1 || start == null)
        System.err.println("Invalid position");
    else if (pos == 1) //delete first node
    {
        start = start.next;
```

```
        }
        else //find the position
        {
            Node temp = start;
            for (; temp != null && pos > 1; pos--)
                temp = temp.next;
            if (temp == null)
                System.err.println("Invalid position");
            else
            {
                temp.prev.next = temp.next;
                if (temp.next != null)
                    temp.next.prev = temp.prev;
            }
        }
    }

    void deleteByValue(int value)
    {
        if (start.data == value) //delete first node
        {
            start = start.next;
        }
        else //find the node
        {
            Node temp = start.next;
            for (; temp != null && temp.data != value; temp = temp.next)
                ;
            if (temp == null)
                System.err.println("Element not found");
            else
            {
                temp.prev.next = temp.next;
                if (temp.next != null)
                    temp.next.prev = temp.prev;
            }
        }
    }

    void traverse()
    {
        Node x = start;
        int cnt = 1;
        while (x != null)
        {
```

```
            System.out.printf("%d: %dn\t", cnt++, x.data);
            x = x.next;
        }
        System.out.println("");
    }

    void traverseInReverse()
    {
        Node x = start;
        int cnt = 1;
        if (x != null)
        {
            while (x.next != null) //Go to the end
            {
                x = x.next;
                cnt++;
            }
            while (x != null)
            {
                System.out.printf("%d: %dn\t", cnt--, x.data);
                x = x.prev;
            }
        }
        System.out.println("");
    }

    public static int menu(BufferedReader reader)
    {
        int choice;

        System.out.println("1-insert data at end");
        System.out.println("2-insert at beginning");
        System.out.println("3-insert at position");
        System.out.println("4-delete by position");
        System.out.println("5-delete by element");
        System.out.println("6-Display");
        System.out.println("7-Display in reverse");
        System.out.println("8-Exit");
        System.out.println("Enter choice: ");
        try {
            String input = reader.readLine();
            if (input.length() > 0)
                choice = Integer.parseInt(input);
            else
                choice = 8;
```

```
        } catch (Exception e) {
            choice = 8;
        }

        return choice;
    }

    public static void main(String[] args)
    {
        DoubleLinkedListTest dltest = new DoubleLinkedListTest();
        String input;
        int pos;

        BufferedReader reader = new BufferedReader(new InputStreamReader(System.in));

        try {

        while (true)
        {
            switch (menu(reader))
            {
            case 1:
                System.out.println("Enter numbers, blank line to stop");
                while (true) {
                    input = reader.readLine();
                    if (input.length() <= 0)
                        break;
                    dltest.insert(Integer.MAX_VALUE, Integer.parseInt(input));
                }
                break;
            case 2:
                System.out.println("Enter number: ");
                input = reader.readLine();
                dltest.insert(1, Integer.parseInt(input));
                break;
            case 3:
                System.out.println("Enter position: ");
                input = reader.readLine();
                pos = Integer.parseInt(input);
                System.out.println("Enter number: ");
                input = reader.readLine();
                dltest.insert(pos, Integer.parseInt(input));
                break;
            case 4:
                System.out.println("Enter position: ");
```

```
                input = reader.readLine();
                dltest.deleteByPosition(Integer.parseInt(input));
                break;
            case 5:
                System.out.println("Enter value: ");
                input = reader.readLine();
                dltest.deleteByValue(Integer.parseInt(input));
                break;
            case 6:
                dltest.traverse();
                break;
            case 7:
                dltest.traverseInReverse();
                break;
            case 8:
                return;
            }
        }
        } catch (Exception e) {
            return;
        }
    }
}
```

실행결과

```
1-insert data at end
2-insert at beginning
3-insert at position
4-delete by position
5-delete by element
6-Display
7-Display in reverse
8-Exit
Enter choice: 1
Enter numbers, blank line to stop
10
20
30
40
50

1-insert data at end
2-insert at beginning
3-insert at position
```

```
4-delete by position
5-delete by element
6-Display
7-Display in reverse
8-Exit
Enter choice: 6
1: 10n  2: 20n  3: 30n  4: 40n  5: 50n
1-insert data at end
2-insert at beginning
3-insert at position
4-delete by position
5-delete by element
6-Display
7-Display in reverse
8-Exit
Enter choice: 7
5: 50n  4: 40n  3: 30n  2: 20n  1: 10n
1-insert data at end
2-insert at beginning
3-insert at position
4-delete by position
5-delete by element
6-Display
7-Display in reverse
8-Exit
Enter choice: 8
```

〈예 IV-14〉 이중 연결 리스트를 활용한 프로그램 예 1

(5) 응용 2. 이중 연결 리스트를 활용한 프로그램

<예 IV-15>는 이중 연결 리스트를 활용하여 학생 정보를 저장하고 관리하는 프로그램 예로 사용자로부터 입력을 받고, 초기화(init), 삽입(insert), 삭제(delete), 탐색(search) 등과 같은 다양한 작업을 수행할 수 있다. 사용자가 작업을 완료하면 다른 작업을 계속할 것인지를 묻고, 'Y' 또는 'y'를 입력하면 다음 작업을 수행하거나, 그렇지 않으면 프로그램이 종료된다.

이중 연결 리스트의 노드, Node에는 roll_no(학번), name(이름), marks(성적) 등을 저장한다. init()는 노드를 초기화하는 함수로, 학번, 이름 및 성적을 입력받으며, insertAfter()는 특정 노드, current 뒤에 새로운 노드를 삽입하는 함수이며, insertBefore()는 특정 노드, current 앞에 새로운 노드를 삽입하는 함수이다. delete()는 특정 노드, current를 삭제하는 함수로 사용자로부터 삭제할 학번을 입력받는다. search()는 특정 노드를 탐색하는 함수로, 학번, 이름 또는 성적을 기준으

로 탐색할 수 있다. rollSrch(), nameSrch(), markSrch()는 각각 학번, 이름, 성적을 기준으로 노드를 탐색하는 함수이다.

```
import java.io.*;

class Node
{
    Node prev;    // reference to the previous node
    int roll_no;        // stores roll number
    String name;       // stores Name
    float marks;        // stores Marks
    Node next; // reference to the next node
}

public class DoubleLinkedListTest2
{
    final int N = 100;
    BufferedReader reader;

    DoubleLinkedListTest2() {
        reader = new BufferedReader(new InputStreamReader(System.in));
    }

    void init(Node current)
    {
        try {
            System.out.printf("\nEnter Roll number\n");
            current.roll_no = Integer.parseInt(reader.readLine());


            System.out.printf("\nEnter the name\n");
            current.name = reader.readLine();

            System.out.printf("\nEnter the marks\n");
            current.marks = Float.parseFloat(reader.readLine());
        } catch (Exception e) {
            current.roll_no = 0;
            current.name = "";
            current.marks = 0F;
        }

        current.prev = null;
        current.next = null;
    }
```

```
    // inserting after
    void insertAfter(Node current)
    {
        int rno; // Roll number for inserting a node
        int flag = 0;
        Node newnode;
        newnode = new Node();
        System.out.printf("\nEnter the roll number after which you want to insert a
node\n");
        try {
            rno = Integer.parseInt(reader.readLine());
        } catch (Exception e) {
            rno = 0;
        }

        init(newnode);

        while (current.next != null)
        {
            //  Insertion checking for all nodes except last
            if (current.roll_no == rno)
            {
                newnode.next = current.next;
                current.next.prev = newnode;
                current.next = newnode;
                newnode.prev = current;
                flag = 1;
            }
            current = current.next;
        }

        if (flag == 0 && current.next == null && current.roll_no == rno)
        {
            //  Insertion checking for last nodes
            newnode.next = current.next;
            current.next = newnode;
            flag = 1;
        }
        else if (flag == 0 && current.next == null)
            System.out.printf("\nNo match found\n");
    }

    // inserting before
    Node insertBefore(Node current)
    {
```

```
        int rno; // Roll number for inserting a node
        Node newnode, temp;
        newnode = new Node();
        System.out.printf("\nEnter the roll number before which you want to insert a
node\n");
        try {
            rno = Integer.parseInt(reader.readLine());
        } catch (Exception e) {
            rno = 0;
        }

        init(newnode);
        if (current.roll_no == rno)
        {
            // Insertion checking for first node
            newnode.next = current;
            current.prev = newnode;
            current = newnode;
            return (current);
        }
        temp = current;

        while (temp.next != null)
        {
            // Insertion checking for all node except first
            if (temp.next.roll_no == rno)
            {
                newnode.next = temp.next;
                temp.next.prev = newnode;
                newnode.prev = temp;
                return (current);
            }
            temp = temp.next;
        }

        // If the function does not return from any return statement.
        // There is no match to insert before the input  roll number.

        System.out.printf("\nMatch not found\n");
        return (current);
    }

    // deleting a node
    Node delete(Node current)
    {
```

```
    int rno; // Roll number for deleting a node
    Node newnode, temp;
    System.out.printf("\nEnter the roll number whose node you want to delete\n");
    try {
        rno = Integer.parseInt(reader.readLine());
    } catch (Exception e) {
        rno = 0;
    }

    newnode = current;
    if (current.roll_no == rno)
    {
        //  Checking condition for deletion of first node
        newnode = current; //  Unnecessary step
        current = current.next;
        current.prev = null;
        return (current);
    }
    else
    {
        while (newnode.next.next != null)
        {
            //  Checking condition for deletion of
            // all nodes except first and last node
            if (current.next.roll_no == rno)
            {
                newnode = current;
                temp = current.next;
                newnode.next = newnode.next.next;
                newnode.next.prev = current;
                return (current);
            }
            newnode = newnode.next;
        }
        if (newnode.next.next == null && newnode.next.roll_no == rno)
        {
            //  Checking condition for deletion of last node
            temp = newnode.next;
            newnode.next = null;
            return (current);
        }
    }
    System.out.printf("\nMatch not found\n");
    return (current);
}
```

```
// searching node
void search(Node current)
{
    int ch; // Choice inputing variable
    System.out.printf("\nEnter the criteria for search\n");
    System.out.printf("\n1. Roll number\n");
    System.out.printf("\n2. Name\n");
    System.out.printf("\n3. Marks\n");
    try {
        ch = Integer.parseInt(reader.readLine());
    } catch (Exception e) {
        ch = 1;
    }

    switch (ch)
    {
    case 1:
        rollSrch(current);
        break;
    case 2:
        nameSrch(current);
        break;
    case 3:
        markSrch(current);
        break;
    default:
        rollSrch(current);
    }
}

// searching node by roll number
void rollSrch(Node current)
{
    int rno;
    System.out.printf("\nEnter the roll number to search\n");
    try {
        rno = Integer.parseInt(reader.readLine());
    } catch (Exception e) {
        rno = 0;
    }

    while (current.next != null)
    {
        if (current.roll_no == rno)
```

```
                System.out.printf("\n%d\t%s\t%f\n",
                                current.roll_no, current.name, current.marks);
            current = current.next;
        }
        if (current.next == null && current.roll_no == rno)
            System.out.printf("\n%d\t%s\t%f\n",      current.roll_no,      current.name,
current.marks);
    }

    // searching node by name
    void nameSrch(Node current)
    {
        String arr;
        System.out.printf("\nEnter the name to search\n");
        try {
            arr = reader.readLine();
        } catch (Exception e) {
            arr = "";
        }

        while (current.next != null)
        {
            if (current.name.equals(arr))
                System.out.printf("\n%d\t%s\t%f\n",
                                current.roll_no, current.name, current.marks);
            current = current.next;
        }
        if (current.next == null && current.name.equals(arr))
            System.out.printf("\n%d\t%s\t%f\n",      current.roll_no,      current.name,
current.marks);
    }

    // searching node by marks
    void markSrch(Node current)
    {
        float marks;
        System.out.printf("\nEnter the marks to search\n");
        try {
            marks = Float.parseFloat(reader.readLine());
        } catch (Exception e) {
            marks = 0F;
        }

        while (current.next != null)
        {
```

```
            if (current.marks == marks)
                System.out.printf("\n%d\t%s\t%f\n",
                                  current.roll_no, current.name, current.marks);
            current = current.next;
        }
        if (current.next == null && current.marks == marks)
            System.out.printf("\n%d\t%s\t%f\n",       current.roll_no,       current.name,
current.marks);
    }

    // displaying node
    void display(Node current)
    {
        System.out.printf("\nroll no\t\tname\t\tmark");
        while (current != null)
        {
            System.out.printf("\n%4d\t\t%s\t\t%f",     current.roll_no,      current.name,
current.marks);
            current = current.next;
        }
    }

    public static void main(String[] args)
    {
        DoubleLinkedListTest2 dltest = new DoubleLinkedListTest2();
        String ch = "";             // Choice inputing varible
        int opt;             // Option inputing variable
        int flag = 0; // Unchanged after iniialization
        BufferedReader reader = new BufferedReader(new InputStreamReader(System.in));

        Node head = new Node();
        head.next = null;
        head.prev = null;
        do
        {
            System.out.printf("\nEnter your option\n");
            System.out.printf("\n1. Initialize the node\n");
            System.out.printf("\n2. Insert before a specified node\n");
            System.out.printf("\n3. Insert after a specified node\n");
            System.out.printf("\n4. Delete a particular node\n");
            System.out.printf("\n5. Search the nodes\n");
            System.out.printf("\n6. Display all the nodes\n");

            try {
                String input = reader.readLine();
```

```
        opt = Integer.parseInt(input);
    } catch (Exception e) {
        opt = 6;
    }

    if (flag == 0 && opt != 1)
    {
        System.out.printf("\nNo. You must first initialize at least one node\n");
        continue;
    }
    if (flag == 1 && opt == 1)
    {
        System.out.printf("\nInitialisation can occur only once.\n");
        System.out.printf("\nNow you can insert a node\n");
        continue;
    }
    if (opt == 4 && head.next == null)
    {
        System.out.printf("\nYou cannot delete the one and only the single node\n");
        continue;
    }
    if (flag == 0 && opt == 1)
        flag = 1;

    switch (opt)
    {
    case 1:
        dltest.init(head);
        break;
    case 2:
        head = dltest.insertBefore(head);
        break;
    case 3:
        dltest.insertAfter(head);
        break;
    case 4:
        head = dltest.delete (head);
        break;
    case 5:
        dltest.search(head);
        break;
    case 6:
        dltest.display(head);
        break;
    }
```

```
            System.out.printf("\nDo you wish to continue[y/n]\n");
            try {
                ch = reader.readLine();
            } catch (Exception e) {
                ch = "Y";
            }
        } while (ch.equals("Y") || ch.equals("y"));
    }
}
```

▶ 실행결과

```
Enter your option

1. Initialize the node

2. Insert before a specified node

3. Insert after a specified node

4. Delete a particular node

5. Search the nodes

6. Display all the nodes
1

Enter Roll number
1

Enter the name
oslab

Enter the marks
100

Do you wish to continue[y/n]
```

〈예 IV-15〉 이중 연결 리스트를 활용한 프로그램 예 2

3 환형 연결 리스트(Circularly Linked List)

환형 연결 리스트 또는 간단히 환형 리스트는 마지막 노드가 항상 첫 번째 노드를 가리키는 연결 리스트이다. 이러한 종류의 리스트는 리스트 끝에 있는 null 참조를 첫 번째 노드를 가리키는 참조로 대체하여 생성할 수 있다. 환형 리스트에는 첫 번째 노드나 마지막 노드가 없다.

환형 연결 리스트의 장점은 어떤 노드든 다른 노드에서 출발하여 순회할 수 있으며, 리스트의 끝을 나타내는 null 참조가 필요하지 않으므로 모든 참조가 유효한 주소를 가진다는 것이다. 또한 환형 리스트에서 삭제 작업은 단일 연결 리스트와 달리 이 삭제 대상 원소의 이전 노드를 찾는 작업이 해당 원소에서부터 시작할 수 있어 간단해진다.

<예 IV-16>은 Node 클래스를 사용하여 간단한 환형 연결 리스트 예제 프로그램을 보여 준다. insertNode()를 통해 노드를 추가하고, printCircularList()를 사용하여 리스트를 출력한다.

```
// 환형 연결 리스트 노드 클래스 정의
class Node {
    int data;
    Node next;

    Node(int d) {
        this.data = d;
        this.next = null;
    }
}

public class CircularList
{
    Node head = null;

    // 새로운 노드를 생성하고 값을 초기화하는 함수
    Node createNode(int data) {
        return new Node(data);
    }

    // 환형 연결 리스트에 노드를 추가하는 함수
    void insertNode(int data) {
        Node newNode = createNode(data);
        if (head == null) {
            // 빈 리스트인 경우
            head = newNode;
            newNode.next = newNode; // 자기 자신을 가리킴
        } else {
            // 빈 리스트가 아닌 경우
            newNode.next = head.next;
            head.next = newNode;
```

```
            head = newNode;
        }
    }

    // 환형 연결 리스트를 출력하는 함수
    void printCircularList() {
        if (head == null) {
            System.out.println("리스트가 비어 있다.");
            return;
        }

        Node current = head.next;
        do {
            System.out.printf("%d -> ", current.data);
            current = current.next;
        } while (current != head.next);

        System.out.println("...");
    }

    public static void main(String[] args)
    {
        CircularList clist = new CircularList(); // 빈 환형 연결 리스트 생성

        // 노드 추가
        clist.insertNode(1);
        clist.insertNode(2);
        clist.insertNode(3);

        // 환형 연결 리스트 출력
        System.out.print("환형 연결 리스트: ");
        clist.printCircularList();
    }
}
```

실행결과

```
환형 연결 리스트: 1 -> 2 -> 3 -> ...
```

〈예 IV-16〉 Node 클래스를 사용하여 간단한 환형 연결 리스트

4 자바의 ArrayList와 LinkedList

자바에는 Collection이라고 하는 데이터 묶음을 다루는 일관된 인터페이스를 제공하고 있으며 이 Collection을 구현한 여러 데이터 묶음 관리 클래스를 제공하고 있다. 이 Collection을 상속한 인터페이스로 List가 있고, 이 List를 구현한 대표적인 클래스로 ArrayList와 LinkedList가 있다.

ArrayList는 동적으로 크기가 조정되는 배열 기반의 리스트로 java.util 패키지에 포함된 클래스이다. 배열과 마찬가지로 인덱스를 통해 빠른 접근이 가능하지만, 원소를 삽입하거나 삭제할 때는 뒤에 있는 요소를 이동시켜야 하므로 보통 O(n) 시간이 걸릴 수 있다. 여기에서 n은 ArrayList에 포함된 요소의 개수를 의미한다. 처음에 할당한 배열의 크기가 모자라면 배열을 다시 더 크게 동적 할당하는 것이 일반 Array와의 차이점이다.

LinkedList는 요소들이 노드로 구성되며, 각 노드는 다음 노드를 가리키는 참조(링크)를 가진 연결 리스트로 java.util 패키지에 포함된 클래스이다. 앞에서 배운 이중 연결 리스트로 구현되어 있으며 배열에 비해 요소의 빠른 삭제와 삽입이 가능하지만, 특정 위치 원소 접근에는 O(n) 시간이 걸릴 수 있다.

데이터 변경이 데이터 접근보다 자주 일어나는 경우라면 LinkedList가 ArrayList나 Array보다 유리할 수 있고, 반대로 데이터 접근이 데이터 변경보다 자주 일어난다면 ArrayList나 Array가 LinkedList보다 유리할 수 있다. 다만, 배열의 크기가 변경될 수 있다면 Array는 사용할 수 없다.

```
import java.util.ArrayList;

public class ArrayListExample {
    public static void main(String[] args) {
        // 1. ArrayList 생성
        ArrayList<String> fruits = new ArrayList<>();

        // 2. 요소 추가
        fruits.add("Apple");
        fruits.add("Banana");
        fruits.add("Cherry");

        // 3. 요소 출력
        System.out.println("Fruits List: " + fruits);

        // 4. 특정 위치에 요소 추가
        fruits.add(1, "Orange");
        System.out.println("After adding Orange at index 1: " + fruits);

        // 5. 특정 요소 접근
```

```
        String fruitAtIndex2 = fruits.get(2);
        System.out.println("Element at index 2: " + fruitAtIndex2);

        // 6. 요소 수정
        fruits.set(2, "Grapes");
        System.out.println("After modifying element at index 2: " + fruits);

        // 7. 요소 삭제
        fruits.remove(1); // 인덱스로 삭제
        System.out.println("After removing element at index 1: " + fruits);

        fruits.remove("Apple"); // 객체로 삭제
        System.out.println("After removing Apple: " + fruits);

        // 8. ArrayList 크기 확인
        int size = fruits.size();
        System.out.println("Size of ArrayList: " + size);

        // 9. ArrayList 비우기
        fruits.clear();
        System.out.println("After clearing, size of ArrayList: " + fruits.size());
    }
}
```

실행결과

```
Fruits List: [Apple, Banana, Cherry]
After adding Orange at index 1: [Apple, Orange, Banana, Cherry]
Element at index 2: Banana
After modifying element at index 2: [Apple, Orange, Grapes, Cherry]
After removing element at index 1: [Apple, Grapes, Cherry]
After removing Apple: [Grapes, Cherry]
Size of ArrayList: 2
After clearing, size of ArrayList: 0
```

〈예 IV-17〉 ArrayList 예제

<예 IV-17>은 ArrayList를 사용하는 예시이다. ArrayList를 생성하고, 요소를 추가하거나 접근, 수정, 삭제하는 예를 보여 주고 있다. ArrayList 클래스 대신 LinkedList로 바꾸더라도 예제의 나머지 부분은 변경할 필요 없이 컴파일되고 실행결과도 동일하다. 두 클래스 모두 동일한 List 인터페이스를 구현한 것으로 내부 구현은 다르지만 외부에서 접근하는 메소드는 동일한 인터페이스에 의해 구현되기 때문이다.

Exercise

01. 단일 연결 리스트가 주어졌을 때, 연결 리스트의 중간 지점을 찾는 프로그램을 작성하시오. 예를 들어, 주어진 연결 리스트가 1→2→3→4→5인 경우 출력은 3이어야 한다. 노드 수가 짝수이면 두 개의 중간 노드가 있을 것이므로 두 번째 중간 요소를 출력해야 한다. 예를 들어, 주어진 연결 리스트가 1→2→3→4→5→6이면 출력은 4가 된다.

02. 아래 주어진 예와 같이 n 개의 노드를 포함하고 있는 단일 연결 리스트의 첫 번째 절반의 노드 값이 수정하는 프로그램을 작성하시오. 단, 첫 번째 노드의 새로운 값은 마지막 노드의 값에서 첫 번째 노드의 현재 값을 뺀 것과 같아야 하며, 두 번째 노드의 새로운 값은 두 번째에서 마지막 노드의 값을 뺀 것과 같아야 한다. 이러한 방식으로 첫 번째 절반의 노드 값이 수정되어야 한다. 만약 n이 홀수이면 중간 노드의 값은 변경되지 않아야 하며, 추가적인 메모리는 사용하지 않아야 한다.

```
Input : 10 -> 4 -> 5 -> 3 -> 6
Output : 4 -> 1 -> 5 -> 3 -> 6

Input : 2 -> 9 -> 8 -> 12 -> 7 -> 10
Output : -8 -> 2 -> -4 -> 12 -> 7 -> 10
```

03. 주어진 연결 리스트에 loop(사이클)이 존재하는지 검사하는 프로그램을 작성하시오.

04. 연결 리스트에 퀵 정렬 알고리즘을 적용하여 연결 리스트를 정렬하는 프로그램을 작성하시오. 단, 데이터를 교환하는 대신에 참조를 변경하는 방식으로 구현해야 한다.

05. 아래 주어진 예와 같이 행렬이 주어졌을 때, 각 노드가 오른쪽과 아래의 노드에 연결된 연결 리스트 행렬로 변환하는 프로그램을 작성하시오. 단, 각 노드는 오른쪽 방향의 노드와 아래쪽 방향의 노드에 연결되어 있어야 한다.

```
Input :2D matrix
1 2 3
4 5 6
7 8 9
Output :
1 -> 2 -> 3 -> None
¦      ¦       ¦
v      v       v
4 -> 5 -> 6 -> None
¦      ¦       ¦
v      v       v
7 -> 8 -> 9 -> None
¦      ¦       ¦
v      v       v
null null  null
```

06. 한 번만 순회하면서 연결 리스트를 뒤집는 프로시저를 작성하시오. 마지막에 각 노드는 이전에 자신의 선행 노드를 가리켜야 하고, 헤드는 이전에 끝에 있던 노드를 가리켜야 하며, 처음이었던 노드는 null 링크를 가져야 한다.

07. 크기가 n인 배열의 모든 항목을 k만큼 순환적으로 반시계 방향으로 이동시키는 O(n) 알고리즘을 설계하시오.

Chapter V

스택(Stack)

본 장에서는 데이터를 차곡차곡 쌓아 올린 형태의 자료구조인 스택에 대해 다룬다. 스택은 가장 마지막에 삽입된 데이터가 가장 먼저 삭제되는 구조로 되어 있다.

스택은 카드 덱이나 접시의 더미와 같이 동작하기 때문에 스택이라는 이름이 붙었다. 스택은 데이터를 저장하는 순서 리스트로, 삽입과 삭제 연산이 스택의 한쪽 끝에서 이루어진다. 스택의 한쪽 끝을 top이라고 하고 반대쪽 스택의 바닥을 bottom(또는 base)이라고 한다.

삽입과 삭제가 모두 top에서 이루어지기 때문에 가장 최근에 삽입된 원소가 가장 먼저 삭제되고 이를 후입선출(LIFO, Last-In-First-Out) 리스트라고도 한다. 스택은 주로 임시 데이터의 저장, 함수 호출의 관리, 수식의 계산 등 다양한 응용 분야에서 사용되는데, 하노이 타워, N-퀸 문제(N-Queens Problem), 중위 표기법에서 전위 표기법으로의 변환 (Infix to Prefix Conversion) 등의 응용이 스택을 이용한 문제들이다.

스택은 스택에 원소를 삽입하는 Push 연산과 스택에서 원소를 삭제하는 Pop 연산이 있다. 스택을 생성할 때 스택의 base는 고정되어 있고, 스택의 top은 원소가 추가되거나 제거될 때마다 변경된다. <그림 V-1>은 스택 구조를 보여준다. Push 연산을 통해 원소 A를 넣으면 top은 A를 가리킨다. 여기에 원소 B를 넣으면 top은 B를 가리키게 된다. 이렇게 계속 원소를 스택에 쌓다가 E를 Push하고 E를 Pop을 하게 되면 top은 D를 가리키게 된다. 한 가지 주의할 점은 스택이 가득 차 있을 경우, 추가적인 원소 삽입이 불가능하며, Push를 수행할 수 없다는 것이다. 또한 반대로 스택이 비어있을 경우, 즉 스택에 삭제할 원소가 없는 경우에는 Pop을 수행할 수 없다.

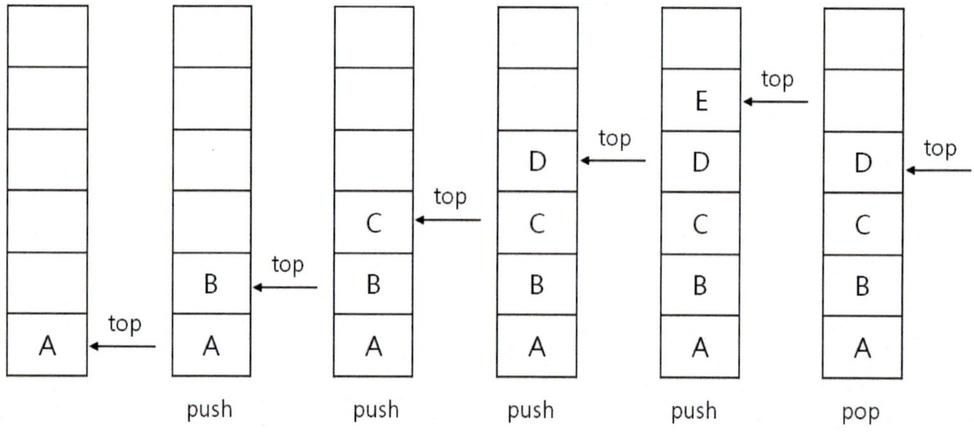

그림 V-1 스택에서의 원소 삽입과 삭제

1 스택 기본 연산

```
ADT  Stack
  objects: 0개 이상의 원소를 가진 유한 순서 리스트
  functions:
    모든 stack ∈ Stack, item ∈ element, maxStackSize ∈ positive integer
    Stack CreateS(maxStackSize)          ::=  최대 크기가 maxStackSize인 공백 스택을 생성
    Boolean IsFull(stack, maxStackSize)  ::=  if(stack의 원소 수 == maxStackSize)
                                                   return TRUE
                                              else return FALSE
    Stack Push(stack, item)              ::=  if(IsFull(stack)) stackFull
                                              else stack의 top에 item을 삽입하고 return
    Boolean IsEmpty(stack)               ::=  if(stack == CreateS(maxStackSize))
                                                   return TRUE
                                              else return FALSE
    Element Pop(stack)                   ::=  if(IsEmpty(stack)) stackEmpty
                                              else stack top의 item을 제거해서 반환
```

(1) 스택의 원소 정의와 초기화

스택의 원소는 스택에 저장될 데이터를 나타낸다. 스택을 초기화하기 위해서는 먼저 스택의 크기를 결정해야 한다. 크기는 스택에 저장할 수 있는 최대 원소의 개수를 의미한다. 이후 스택을 사용하기 전에, 원소를 저장할 메모리 공간을 할당하고 스택을 초기화해야 한다.

스택을 초기화할 때는 일반적으로 스택의 크기에 맞게 원소를 저장할 배열을 생성하고, 스택의 top을 초기값으로 설정한다. 초기화된 스택은 비어있는 상태가 되며, 원소를 추가하거나 제거할 수 있는 준비가 완료된 것이다.

<예 V-1>은 스택의 원소를 정의하고 배열로 스택을 초기화하는 방법을 보여준다. 스택의 원소는 Element라는 클래스로 정의하고 있고 key라는 필드를 포함하며, 다른 필드들도 추가할 수 있다. 또한 스택의 최대 크기인 MAX_STACK_SIZE는 Stack의 필드로 정의하고, 이 값은 스택에 저장할 수 있는 최대 원소의 개수를 나타낸다. 그리고 스택의 top은 정수형 변수인 top으로 선언되고, -1로 초기화한다. top은 현재 스택의 가장 상단 원소의 인덱스를 나타내고, -1은 스택이 비어있음을 나타낸다. 이후에는 Push와 Pop 연산을 통해 원소를 추가하거나 삭제할 수 있게 된다.

```
class Element
{
    int key;
    // 다른 필드들
}

public class Stack
{
    final static int MAX_STACK_SIZE = 100;
    Element[] stack = new Element[MAX_STACK_SIZE];
    int top = -1;
}
```

〈예 V-1〉 스택의 초기화

(2) 스택이 비어있는지 가득 차 있는지 검사

<예 V-2>는 스택이 비어있는지 또는 가득 차 있는지를 검사하는 isEmpty() 함수를 그리고 <예 V-3>은 스택이 가득 차 있는지를 검사하는 isFull() 함수를 보여준다. 스택의 top 값이 -1인 경우, 즉 스택이 비어있는 경우에는 true를 반환하고. 그렇지 않은 경우에는 false를 반환한다. 반대로 스택의 top 값이 MAX_STACK_SIZE - 1보다 크거나 같은 경우, 즉 스택이 가득 차 있는 경우에는 true를 반환한다. 그렇지 않은 경우에는 false를 반환한다.

```
    boolean isEmpty()
    {
        if(top == -1)
            return true;
        else
            return false;
    }
```

〈예 V-2〉 스택이 비어 있는지 확인

```
    boolean isFull()
    {
        if(top >= MAX_STACK_SIZE - 1)
            return true;
        else
            return false;
    }
```

〈예 V-3〉 스택이 가득 차 있는지 확인

(3) push()

<예 V-4>는 스택에 원소를 삽입하는 push() 함수를 보여준다. 먼저, isFull() 함수를 사용하여 스택이 가득 차 있는지를 검사하고, 만약 스택이 가득 차 있는 경우에는 stackFull() 함수를 호출하여 스택 오버플로우 상황을 처리한다. 그렇지 않은 경우에는 top 값을 증가시킨 후, stack 배열의 해당 인덱스에 item을 저장한다.

주의할 점은 스택이 가득 차 있는 경우에는 오버플로우 처리를 하므로, 삽입하기 전에 항상 스택의 상태를 확인해야 한다는 것이다.

```
void push(Element item) throws Exception
{ // 전역 stack에 item을 삽입
    if(isFull())
        stackFull();
    else
        stack[++top] = item;
}
```

〈예 V-4〉 스택에 원소 삽입

(4) pop()

<예 V-5>는 스택에 원소를 삭제하는 pop() 함수를 보여준다. pop() 함수는 스택의 최상위 원소를 삭제하고 반환하는데 먼저 스택이 비어있는지 확인한다. 스택이 비어있으면 stackEmpty() 함수를 호출하고 그렇지 않으면, 스택의 최상위 원소인 stack[top]을 반환한다. 그리고 top 변수를 1만큼 감소시켜 스택의 최상위를 가리키는 인덱스를 갱신한다.

```
Element pop() throws Exception
{ // stack의 최상위 원소를 삭제하고 반환
     if(isEmpty())
         stackEmpty();
     return stack[top--];
}
```

〈예 V-5〉 스택에서 원소 삭제

(5) 스택의 오류 처리

<예 V-6>은 스택이 가득 찼을 때와 비어 있을 때 오류를 처리하는 stackFull() 함수와 stackEmpty() 함수 구현을 보여준다. 자바의 예외 처리 방법인 throw를 이용하여 오류 메시지를 포함한

Exception 객체를 생성하고 예외를 발생시킨다. 예외는 push()나 pop()을 호출하는 곳에서 try/catch를 이용하여 처리하거나, 처리하지 않으면 프로그램은 비정상 종료하게 된다. 비정상 종료하는 경우 java.lang.Exception 예외가 표시된다.

```
void stackFull() throws Exception
{
    throw new Exception("Stack is full, cannot add element");
}

void stackEmpty() throws Exception
{
    throw new Exception("Stack is empty, cannot delete element");
}
```

〈예 V-6〉 스택의 오류 처리

(6) 동적 배열을 사용하는 스택 구현

위에서 설명한 스택을 실제로 다양한 프로그램에서 사용하기 위해서는 동적 배열을 이용하는 것이 좋다.

<예 V-7>에서 보여주듯이 먼저 상수 MAX_STACK_SIZE를 capacity 변수로 변경한다. capacity는 스택의 용량(capacity)을 나타내는 변수로 사용되는데 스택이 저장할 수 있는 최대 원소 개수를 나타낸다. 이 경우에는 초기에 1로 설정되어 스택이 하나의 원소만 저장할 수 있게 된다.

또한 Element stack은 스택을 가리키는 참조 변수로 스택의 원소들을 저장하기 위한 동적 메모리 할당을 할 때 사용된다. 당연히 초기에는 아무것도 가리키지 않고 비어 있는 상태이다. 앞에서도 설명하였지만, top은 스택의 최상위(top) 원소의 인덱스를 나타내는 변수로 -1로 초기화되어 스택이 비어 있는 상태를 나타낸다.

```
class Element
{
    int key;
    // 다른 필드들
}

public class Stack
{
    Element[] stack;
    int capacity = 1;
```

```
    int top = -1;
}
```

〈예 V-7〉 동적 배열

이제 stackFull()을 수정하여 stack의 크기를 2배로 확장할 수 있게 한다. 즉, 스택이 가득 차 있는지를 확인하고, 스택이 가득 차 있을 경우 스택의 용량을 확장하게 한다. 현재 스택의 용량을 2배로 늘리고, 이에 따라 stack 필드가 새로운 할당한 공간을 가리키도록 갱신한다. 그리고 이전 공간, old에 있던 Element 객체에 대한 참조를 새 공간으로 복사한다. 또한, capacity 변수도 2배로 갱신하여 새로운 용량을 반영하게 한다.

isFull() 함수는 스택의 최상위 원소 인덱스(top)가 용량(capacity)보다 작거나 같으면 가득 차 있다고 판단하고 true를 반환하고, 그렇지 않으면 false를 반환한다.

```
    boolean isFull()
    {
        if(top >= capacity - 1)
            return true;
        else
            return false;
    }

    void stackFull()
    {
        Element[] old = stack;
        stack = new Element[capacity * 2];
        capacity *= 2;
        for (int i = 0; i <= top; i++) {
            stack[i] = old[i];
        }
    }
```

〈예 V-8〉 스택 크기의 확장

<예 V-9>는 동적배열을 이용한 스택을 구현한 예를 보여준다.

```
class Element
{
    int key;
    // 다른 필드들
```

```
    Element(int k) {
        this.key = k;
    }
}

public class Stack
{
    int capacity = 1;
    Element[] stack = new Element[capacity];
    int top = -1;

    boolean isEmpty()
    {
        if(top == -1)
            return true;
        else
            return false;
    }

    boolean isFull()
    {
        if(top >= capacity - 1)
            return true;
        else
            return false;
    }

    void push(Element item)
    { // 전역 stack에 item을 삽입
        if(isFull())
            stackFull();
        stack[++top] = item;
    }

    Element pop() throws Exception
    { // stack의 최상위 원소를 삭제하고 반환
         if(top == -1)
             stackEmpty();
         return stack[top--];
    }

    void stackFull()
    {
        Element[] old = stack;
```

```
        stack = new Element[capacity * 2];
        capacity *= 2;
        for (int i = 0; i <= top; i++) {
            stack[i] = old[i];
        }
    }

    void stackEmpty() throws Exception
    {
        throw new Exception("Stack is empty, cannot delete element");
    }

    void printStack()
    {
        System.out.print("Stack: ");
        for (int i = 0; i <= top; i++)
            System.out.printf("%d ", stack[i].key);
        System.out.println("");
    }

    public static void main(String[] args)
    {
        Stack stack = new Stack();

        stack.printStack();

        stack.push(new Element(10));
        stack.printStack();

        stack.push(new Element(22));
        stack.printStack();

        stack.push(new Element(55));
        stack.printStack();

        try {
            stack.pop();
        } catch (Exception e) { // do nothing
        }
        stack.printStack();

        try {
            stack.pop();
        } catch (Exception e) { // do nothing
        }
```

```
        stack.printStack();

        try {
            stack.pop();
        } catch (Exception e) { // do nothing
        }
        stack.printStack();
    }
}
```

실행결과

```
Stack:
Stack: 10
Stack: 10 22
Stack: 10 22 55
Stack: 10 22
Stack: 10
Stack:
```

〈예 V-9〉 동적 배열을 이용한 스택

2 응용

(1) 응용 1. 하노이 타워(Tower of Hanoi)

타워라는 하는 세 개의 기둥과 이 기둥 위에 놓인 원판들로 이루어진 퍼즐인 하노이 타워는 스택을 이용하여 해결할 수 있는 대표적인 문제이다. <그림 V-2>는 하노이 타워의 구조를 보여준다. 하노이 타워 퍼즐은 다음과 같은 규칙을 가지고 있다.

- 세 개의 기둥 중 하나는 출발 기둥, 하나는 중간 기둥, 나머지 하나는 목적지 기둥이다.
- 출발 기둥에는 크기가 다른 여러 개의 원판이 쌓여 있다. 원판은 크기순으로 쌓여 있으며, 가장 작은 원판이 맨 위에 위치한다.
- 한 번에 하나의 원판만 이동할 수 있으며, 이동할 때는 항상 맨 위에 있는 원판을 선택해야 한다.
- 더 작은 원판 위에는 더 큰 원판이 올라갈 수 없다.
- 중간 기둥을 거쳐 목적지 기둥으로 원판들을 모두 옮겨야 한다.

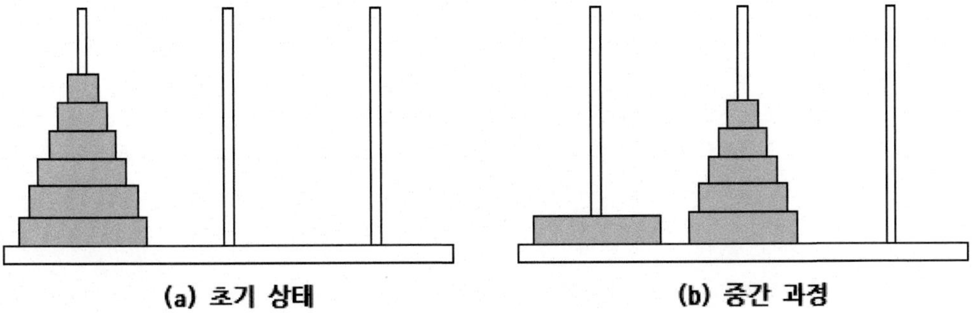

그림 V-2 원판 6개인 하노이 타워

하노이 타워 퍼즐을 스택을 이용하여 해결하는 알고리즘은 다음과 같다.

1. 출발 기둥의 모든 원판을 스택에 순서대로 쌓는다. 가장 작은 원판이 스택의 가장 위에 위치하도록 한다.
2. 스택에서 가장 위에 있는 원판을 꺼내 출발 기둥에서 중간 기둥이나 목적지 기둥으로 옮긴다.
3. 만약 해당 원판 위에 더 큰 원판이 쌓여 있으면 옮길 수 없으므로, 그 원판을 다시 스택에 넣는다.
4. 그렇지 않은 경우, 해당 원판을 중간 기둥이나 목적지 기둥으로 옮기고, 이동한 원판 위에 쌓인 작은 원판들도 스택에 순서대로 쌓는다.
5. 중간 기둥에서 출발 기둥이나 목적지 기둥으로 원판들을 옮길 때에도 동일한 과정을 반복한다.

원판들이 목적지 기둥으로 옮겨질 때까지 2에서 5의 과정을 반복한다.

<예 IV-10>은 사용자로부터 원판의 개수를 입력받고, towerOfHanoi() 함수를 호출하는 하노이 타워를 구현한 프로그램을 보여준다. moveDisk() 함수는 재귀적으로 원판을 이동시키는 역할을 하고, 각 원판의 이동은 printf() 함수를 사용하여 출력된다.

```
import java.io.*;

public class TowerHanoi {

    public static void moveDisk(int n, char source, char destination, char auxiliary)
    {
        if (n == 1) {
            System.out.printf("Move disk 1 from %c to %c\n", source, destination);
```

```
            return;
        }

        moveDisk(n - 1, source, auxiliary, destination);
        System.out.printf("Move disk %d from %c to %c\n", n, source, destination);
        moveDisk(n - 1, auxiliary, destination, source);
    }

    public static void towerOfHanoi(int numDisks, char source, char destination, char
auxiliary)
    {
        System.out.printf("Tower of Hanoi solution:\n");
        moveDisk(numDisks, source, destination, auxiliary);
    }

    public static void main(String[] args)
    {
        int numDisks;
        char source = 'A';
        char destination = 'C';
        char auxiliary = 'B';

        BufferedReader reader = new BufferedReader(new InputStreamReader(System.in));

        System.out.printf("Enter the number of disks: ");
        try {
            numDisks = Integer.parseInt(reader.readLine());
        } catch (Exception e) {
            numDisks = 1;
        }

        towerOfHanoi(numDisks, source, destination, auxiliary);
    }
}
```

▶ 실행결과

```
Enter the number of disks: 3
Tower of Hanoi solution:
Move disk 1 from A to C
Move disk 2 from A to B
Move disk 1 from C to B
Move disk 3 from A to C
Move disk 1 from B to A
Move disk 2 from B to C
```

```
Move disk 1 from A to C
```

〈예 V-10〉 하노이 타워

(2) 응용 2. N-퀸 문제(N-Queens Problem)

N-퀸 문제 (N-Queens Problem):N-퀸 문제는 N x N 체스판 위에 N개의 퀸을 배치하는 문제이다. 퀸은 같은 행, 열 또는 대각선에 다른 퀸이 없도록 배치되어야 한다. 스택은 N-퀸 문제의 해결에 활용될 수 있다

(3) 응용 3. 수식 표기법의 변환

수식을 표현하는 방법으로 중위(Infix), 전위(Prefix) 및 후위(Postfix) 표기법이 있다. 연산자는 피연산자 사이에 놓이며, 각 연산자는 인접하는 피연산자 또는 중간 결과에 대하여 행해지는 연산, 예를 들어 A * B + C와 같은 중위표기법은 일반적으로 우리가 흔히 사용하는 수식의 표기법이다. 전위표기법에서 연산자는 피연산자의 앞에 놓이고 여기에 잇대어지는 피연산자 또는 중간 결과에 대하여 행해지며, * A B + C 와 같이 수식이 표현된다. 마지막으로 후위표기법에서 연산자는 피연산자의 뒤에 놓이고, 그 앞에 있는 피연산자 또는 중간 결과에 대하여 행해지며, A B * C + 와 같이 수식이 표현된다. <표 IV-1>에 전위, 중위, 후위표기법의 예를 보여준다.

표 V-1 전위, 중위, 후위 표기법

중위 표기법(infix)	전위 표기법(prefix)	후위 표기법(postfix)
2 + 3 * 4	+ 2 * 3 4	2 3 4 * +
a * b + 5	+ * a b 5	a b * 5 +
(1 + 2) * 7	* + 1 2 7	1 2 + 7 *

중위표기법을 사용하는 경우 a+b*c와 같이 작성할 경우, 연산자의 우선순위 규칙을 적용해야 한다. 실제로 변수 또는 값 사이에 연산자를 두는 것은 별다른 이유는 없다. 연산자 피연산자 앞(전위표기법)이나 뒤(후위 표기법)에 위치할 수도 있으며 전위 및 후위표기법을 사용의 장점은 우선순위 규칙과 괄호를 제거할 수도 있다는 것이다. 스택은 중위표기법으로 표현된 수식을 전위 표기법이나 후위표기법으로 변환할 때 유용하게 사용될 수 있다.

가. 후위 표기법의 식을 중위 표기법의 식으로 변환

<표 V-2>에서 보여주듯이 후위표기법의 식인 "62/3-42*+"를 중위표기법의 식으로 변환하기 위해서는 수식을 토큰 단위로 분리해야 한다. 그리고 연산자 우선순위를 고려하여 중위표기법의 식을 생성해야 한다. 변환 중 연산자를 저장하기 위해서는 스택을 사용한다. "6"과 "2"를 피연산자로 스택에 넣고, "/" 연산자를 만나면 "6"을 pop하고 "2"를 pop한 뒤, "6/2"를 계산한 결과 "3"을 다시 스택에 push한다. "3"과 "-" 연산자를 만나면 "3"을 pop하고 "-"를 만나기 전 스택의 마지막 상태인 "3"과 연산하여 결과 "0"을 스택에 push한다. "4"와 "2"를 피연산자로 스택에 넣고, "" 연산자를 만나면 "4"를 pop하고 "2"를 pop한 뒤, "42"를 계산한 결과 "8"을 다시 스택에 push한다. "+" 연산자를 만나면 "0"을 pop하고 "8"을 pop한 뒤, "0+8"을 계산한 결과 "8"을 다시 스택에 push한다.

표 V-2 후위 표기식의 토큰 분리와 스택의 사용

토큰	스택			Top
	[0]	[1]	[2]	
6	6			0
2	6	2		1
/	6/2			0
3	6/2	3		1
-	6/2-3			0
4	6/2-3	4		1
2	6/2-3	4	2	2
*	6/2-3	4*2		1
+	6/2-3+4*2			0

<예 V-11>은 스택을 이용하여 후위표기법의 식을 계산하는 방법을 보여준다. 스택 관련 메소드로 evalPush와 evalPop이 정의되어 있고, 스택의 top을 나타내는 evalTop이 필드로 정의되어 스택 상태를 관리한다. 인자로 받는 postExpr은 계산할 후위표기법의 식이 저장된 문자열이다. 문자열 postExpr 길이만큼 for 루프를 반복하여 한 심볼(symbol)씩 token으로 변환하고, 토큰 종류에 따라 push, pop 등을 처리한다. 변수 token은 현재 처리 중인 토큰(피연산자 또는 연산자)의 타입을 나타내는 변수이다.

<예 V-12>의 symbolToToken()은 입력 문자열의 글자(심볼)를 토큰으로 변환하여 반환하는 함수이다. 주어진 후위표기법의 식을 계산하는 방법은 먼저 evalTop 변수를 -1로 초기화하여 스택

을 비우고, for 루프를 반복하여 postExpr.charAt()을 이용해 심볼 하나씩 가져온 후 symbolToToken()을 사용하여 토큰으로 변환한다. 토큰은 피연산자일 경우 숫자 값을 스택에 push하고 피연산자는 한 문자로 된 숫자임을 가정하며, 이를 정수로 변환하여 스택에 push한다. 토큰이 연산자인 경우는 스택에서 두 개의 피연산자를 pop하여 해당 연산자로 계산하고, 결과를 다시 스택에 push한다.

```
int eval(String postExpr) throws Exception
{
    // 인자 postExpr로 받은 후위 표기식을 계산.
    // 스택 관련 연산은 클래스 메소드와 필드인 evalPush, evalPop, evalTop으로 처리
    // 피연산자는 한 문자로 된 숫자임을 가정
    Precedence token;
    char symbol;
    evalTop = -1;
    int op1, op2;

    for (int i = 0; i < postExpr.length(); i++) {
        symbol = postExpr.charAt(i);
        token = symbolToToken(symbol);  // 심볼을 token으로 변환하여 반환

        if (token == Precedence.operand)
            evalPush(symbol - 0x30);  // 피연자의 경우 스택에 push
        else
        {  // 두 피연산자를 pop하여 연산을 수행한 후, 그 결과를 스택에 push
            op2 = evalPop();
            op1 = evalPop();
            switch (token)
            {
            case Precedence.plus:
                evalPush(op1 + op2);
                break;
            case Precedence.minus:
                evalPush(op1 - op2);
                break;
            case Precedence.times:
                evalPush(op1 * op2);
                break;
            case Precedence.divide:
                evalPush(op1 / op2);
                break;
            case Precedence.mod:
                evalPush(op1 % op2);
            }
```

```
        }
    }
    return evalPop();  // 스택에서 pop하여 결과 반환
}
```

〈예 V-11〉 후위표기법 수식 계산

<예 V-12>에서 계산할 식이 저장된 문자열의 각 글자(심볼)를 토큰으로 변환하는 symbolToToken()을 보여준다. 심볼에 따라 Precedence 형식으로 해당 토큰을 반환한다.

```
Precedence symbolToToken(char symbol)
{
    switch (symbol)
    {
    case '(':
        return Precedence.lparen;
    case ')':
        return Precedence.rparen;
    case '+':
        return Precedence.plus;
    case '-':
        return Precedence.minus;
    case '/':
        return Precedence.divide;
    case '*':
        return Precedence.times;
    case '%':
        return Precedence.mod;
    case '\0':
        return Precedence.eos;
    default:
        return Precedence.operand;
    }
}
```

〈예 V-12〉 글자(심볼)를 토큰으로 변환하는 함수

나. 중위 표기법의 식을 후위 표기법의 식으로 변환

중위표기법의 식인 을 후위표기법의 식으로 변환하기 위해서는 수식 문자열을 왼쪽에서 오른쪽으로 읽으면서 토큰 단위로 처리하고, 토큰이 피연산자인 경우 그대로 결과 문자열에 추가하고 토큰이 연산자인 경우 스택에 있는 연산자와 비교하여 우선순위를 판단해야 한다. 현재 토큰의 우선순위가 스택의 맨 위 연산자보다 높거나 같을 때까지 스택의 연산자를 pop하여 결과 문자열

에 추가한다. 그리고 현재 토큰을 스택에 push한다.

<표 V-3>에서 보여주듯이 중위표기법의 식인 "a+b*c"를 중위표기법의 식으로 변환하기 위해서는 수식을 토큰 단위로 분리해야 한다. 토큰이 피연산자인 "a", "b", "c" 인 경우 그대로 문자열에 추가하고, 토큰이 연산자인 "+", "*"를 읽으면 스택에 있는 연산자와 비교하여 우선순위를 판단해야 한다. 현재 토큰의 우선순위가 스택의 맨 위 연산자보다 높거나 같을 때까지 스택의 연산자를 pop하여 결과 문자열에 추가한다. 그리고 현재 토큰을 스택에 push한다. "a+b*c"에서는 "+"를 읽을 때 스택이 비워 있기 때문에 바로 스택에 push하고, "*"를 읽으면 스택에 있는 "+"보다 우선순위가 높기 때문에 "+"를 pop하여 결과 문자열에 추가하고 "*"를 스택에 push한다. 그리고 마지막으로 모든 토큰을 처리한 후, 스택에 남아 있는 모든 연산자를 pop하여 결과 문자열에 추가한다.

표 V-3 중기 표기식의 토큰 분리와 스택의 사용

토큰	스택 [0]	[1]	[2]	Top	결과 문자열
a				-1	a
+	+			0	a
b	+			0	ab
*	+	*		1	ab
c	+	*		1	abc
eos				-1	abc*+

다. 괄호가 있는 중위 표기법의 식을 후위 표기법의 식으로 변환

중위표기법의 식에서 괄호"( )"가 있는 경우 후위표기법의 식으로 변환하려면 먼저 중위 표기식을 왼쪽에서 오른쪽으로 한 글자씩 읽으면서, 피연산자(숫자 또는 변수)인 경우, 그대로 출력하고, 왼쪽 괄호 "("인 경우, 스택에 push한다. 오른쪽 괄호 ")"를 만날 경우, 스택에서 왼쪽 괄호 "("가 나올 때까지 스택에서 모든 연산자를 pop하고 출력한다. 왼쪽 괄호는 스택에서 pop하지 않는다. 연산자인 경우, 스택에서 현재 연산자보다 우선순위가 높거나 같은 연산자를 스택에서 모두 pop하고 출력한 후, 현재 연산자를 스택에 push하는데. 이때, 연산자의 우선순위에 따라 pop할지 여부를 결정해야 한다. 그리고 수식을 모두 읽은 후, 스택에 남아 있는 모든 연산자를 pop하고 출력한다.

<표 V-4>에서 보여주듯이 "a+(b+c)*d"를 후위표기법의 식으로 변환하기 위해서는 수식을 토큰

단위로 분리해야 한다. 먼저 토큰 "a"를 읽고 출력한다. 연산자인 "+"를 스택에 push한다. 그리고 "("를 스택에 push한다. "b"를 읽고 출력한다. 연산자인 "+"를 스택에 push하고 "c"를 읽고 출력한다 오른쪽 괄호 ")"를 만나면, 스택에서 왼쪽 괄호 "("가 나올 때까지 모든 연산자를 pop하고 출력한다. 결과는 "bc+"가 된다. 연산자 "*"를 스택에 push하고 "d"를 읽고 출력한다. 수식을 모두 읽었으므로, 스택에 남아 있는 모든 연산자를 pop하고 출력한다.

표 V-4 중기 표기식의 후위 표기식으로 변환을 위한 토큰 분리와 스택의 사용

토큰	스택 [0]	[1]	[2]	Top	결과 문자열
a				-1	a
+	+			0	a
(	*	(		1	a
b	*	(		1	ab
+	*	(	+	2	ab
c	*	(	+	2	abc
)	*			0	abc+
*	*			0	abc+*
d	*			0	abc+*d
eos	*			0	abc+*d+

라. 두 종류의 우선순위

isp (In-Stack Precedence)와 icp (Incoming Precedence)는 중위 표기법의 식을 후위 표기법으로 변환할 때 사용되는 연산자 우선순위를 나타내는 두 종류의 우선순위이다. 일반적으로, isp와 icp는 연산자들의 우선순위를 비교하여 어떤 연산자를 스택에 저장하고 어떤 연산자를 처리해야 하는지를 결정하는 데 사용된다. 즉, 연산자를 처리할 때 icp와 isp를 비교하여 스택에서 pop하거나 스택에 push하며 후위 표기식을 생성한다.

isp (In-Stack Precedence)는 스택 안에서의 우선순위로 isp는 스택 안에서 현재 저장된 연산자들의 우선순위를 나타낸다. 스택 안에 있는 연산자들 중에서 우선순위가 가장 높은 연산자의 우선순위를 isp로 사용한다. 스택에 저장된 연산자들은 후위 표기식을 구성하는 과정에서 먼저 처리되어야 하는 연산자들이다.

icp (Incoming Precedence)는 들어오는 연산자의 우선순위로 icp는 중위 표기법 식을 후위 표기법

으로 변환하면서 들어오는 연산자의 우선순위를 나타낸다. 변환 과정에서 다음으로 처리할 연산자의 우선순위를 icp로 사용하며, icp는 신규로 들어오는 연산자들에 대한 우선순위 정보를 갖는다.

<예 V-13>은 +, -, *, / 등의 연산자들이 있을 때 연산자의 우선순위의 예를 보여준다. isp와 icp값이 동일한 경우 연산자 우선순위가 같다는 것을 나타내며, 중위표기식을 변환할 때 이러한 우선순위 정보를 사용하여 연산자를 스택에 push하거나 pop하여 후위표기식을 구성한다.

```
isp(+): 12
isp(-): 12
isp(*): 13
isp(/): 13
icp(+): 12
icp(-): 12
icp(*): 13
icp(/): 13
```

〈예 V-13〉 연산자의 icp 및 isp 우선순위

<예 V-14>는 중위표기식을 후위표기식으로 변환하기 위해 연산자들의 우선순위를 저장한 isp와 icp배열(리스트)을 보여준다. 주어진 값들은 여덟 가지 연산자와 EOS (End of Stack)에 대한 우선순위를 표현한다.

```
isp(+): 12
isp(-): 12
isp(*): 13
isp(/): 13
icp(+): 12
icp(-): 12
icp(*): 13
icp(/): 13
```

〈예 V-13〉 연산자의 icp 및 isp 우선순위

```
int isp(Precedence p) {
        // int[] isp = {0, 19, 12, 12, 13, 13, 13, 0};
        switch (p) {
        case Precedence.lparen:
            return 0;
        case Precedence.rparen:
            return 19;
```

```
        case Precedence.plus:
        case Precedence.minus:
            return 12;
        case Precedence.times:
        case Precedence.divide:
        case Precedence.mod:
            return 13;
        default:
            return 0;
        }
    }

    int icp(Precedence p) {
        // int[] icp = {20, 19, 12, 12, 13, 13, 13, 0};
        switch (p) {
        case Precedence.lparen:
            return 20;
        case Precedence.rparen:
            return 19;
        case Precedence.plus:
        case Precedence.minus:
            return 12;
        case Precedence.times:
        case Precedence.divide:
        case Precedence.mod:
            return 13;
        default:
            return 0;
        }
    }
```

〈예 V-13〉 연산자들의 우선순위를 반환하는 icp 및 isp 함수

마. 스택 구조의 사용과 스택 원소의 데이터 타입

스택을 토큰 니모닉(Mnemonic) 저장에 사용하는데 여기서 토큰은 주로 중위표기법에서 연산자, 피연산자 또는 다른 기호를 나타낸다. 예를 들어, 중위표기식 "a + b"를 후위표기식으로 변환할 때, "a"와 "b"는 피연산자 토큰이며, "+"는 연산자 토큰이 된다.

스택의 원소는 연산자의 우선순위를 나타내는 데이터 타입으로 사용된다. 이것은 후위표기식으로 변환하는 과정에서 현재 처리 중인 연산자와 스택 안의 연산자를 비교하여 올바른 우선순위에 따라 스택을 조작하기 위한 정보를 제공한다. 우선순위 데이터 타입은 보통 각 연산자에 대한 우선순위 값을 저장하기 위한 정수나 열거 타입으로 구현된다. 이러한 값은 isp(In-Stack Precedence)와

icp(Incoming Precedence) 배열과 같이 사용되어 연산자 우선순위를 비교하는 데 도움을 준다.

예를 들어, 중위 표기법의 수식 "a + b * c"를 후위 표기법으로 변환하는 경우, 스택에는 다음과 같이 토큰과 그에 해당하는 니모닉 및 우선순위 값이 저장될 수 있다.

- 피연산자 "a"를 스택에 저장할 때, 니모닉은 "피연산자"이고, 우선순위 값은 해당하지 않을 수 있다.
- 연산자 "+"를 스택에 저장할 때, 니모닉은 "덧셈"이고, 우선순위 값은 해당 연산자의 우선순위이다.
- 연산자 "*"를 스택에 저장할 때, 니모닉은 "곱셈"이고, 우선순위 값은 해당 연산자의 우선순위이다.

<예 V-15>는 중위표기식을 후위표기식으로 변환하는 함수를 보여준다. if (token == Precedence.operand) 는 현재 토큰이 피연산자인 경우, 바로 출력하고, else if (token == Precedence.rparen)는 현재 토큰이 오른쪽 괄호인 경우, 왼쪽 괄호가 나올 때까지 스택에서 연산자를 pop하여 출력한다. 그 후, 왼쪽 괄호를 스택에서 제거한다. else 이하 문장은 현재 토큰이 연산자인 경우, 스택에서 연산자를 pop하고 출력한다. 이때, 스택의 연산자가 현재 토큰의 우선순위(isp와 icp함수 반환 값으로 비교)보다 크거나 같을 때까지 반복하여 출력한다. 그 후, 현재 토큰을 스택에 push한다.

```
String postfix(String expr) throws Exception
{
    char symbol;
    Precedence token;
    StringBuilder postfixExpr = new StringBuilder();
    top = 0;
    stack[0] = Precedence.eos;

    for (int i = 0; i < expr.length(); i++)
    {
        symbol = expr.charAt(i);
        token = symbolToToken(symbol);

        if (token == Precedence.operand)
            postfixExpr.append(symbol);
        else if (token == Precedence.rparen)
        {
            while (stack[top] != Precedence.lparen)

                postfixExpr.append(tokenToSymbol(pop()));
```

```
                pop();
            }
            else
            {
                while (isp(stack[top]) >= icp(token))
                    postfixExpr.append(tokenToSymbol(pop()));
                push(token);
            }
        }
        while ((token = pop()) != Precedence.eos)
            postfixExpr.append(tokenToSymbol(token));

        return postfixExpr.toString();
    }
```

〈예 V-15〉 중위표기식을 후위표기식으로 변환하는 함수

<예 V-16>은 중위식 표기를 후위식 표기로 변환하여 계산하는 예제 프로그램을 보여준다. evalPush()는 스택에 값을 push하는 함수로 이 함수를 사용하여 피연산자를 스택에 추가한다. evalPop()는 스택에서 값을 pop하는 함수로 스택에서 피연산자를 제거하고 값을 반환한다.

```
enum Precedence
{
    lparen, rparen, plus, minus, times, divide, mod, eos, operand
}

public class Expression
{
    final static int MAX_STACK_SIZE = 100;
    Precedence[] stack = new Precedence[MAX_STACK_SIZE];
    int[] evalStack = new int[MAX_STACK_SIZE];
    int top = -1;
    int evalTop = -1;

    int isp(Precedence p) {
        // int[] isp = {0, 19, 12, 12, 13, 13, 13, 0};
        switch (p) {
        case Precedence.lparen:
            return 0;
        case Precedence.rparen:
            return 19;
        case Precedence.plus:
        case Precedence.minus:
```

```
            return 12;
        case Precedence.times:
        case Precedence.divide:
        case Precedence.mod:
            return 13;
        default:
            return 0;
        }
    }

    int icp(Precedence p) {
        // int[] icp = {20, 19, 12, 12, 13, 13, 13, 0};
        switch (p) {
        case Precedence.lparen:
            return 20;
        case Precedence.rparen:
            return 19;
        case Precedence.plus:
        case Precedence.minus:
            return 12;
        case Precedence.times:
        case Precedence.divide:
        case Precedence.mod:
            return 13;
        default:
            return 0;
        }
    }

    void stackFull(String type) throws Exception
    {
        throw new Exception(type + " Stack is full cannot add elements");
    }

    void stackEmpty(String type) throws Exception
    {
        throw new Exception(type + " Stack is empty cannot delete elements");
    }

    void push(Precedence item) throws Exception
    { // add an element to stack
        if (top >= MAX_STACK_SIZE - 1)
            stackFull("token");
        stack[++top] = item;
    }
```

```
void evalPush(int item) throws Exception
{ // add an element to stack
    if (evalTop >= MAX_STACK_SIZE - 1)
        stackFull("eval");
    evalStack[++evalTop] = item;
}

Precedence pop() throws Exception
{ //Delete top element from the stack
    if (top == -1)
        stackEmpty("token");
    return stack[top--];
}

int evalPop() throws Exception
{ //Delete top element from the stack
    if (evalTop == -1)
        stackEmpty("eval");
    return evalStack[evalTop--];
}

char tokenToSymbol(Precedence token)
{
    // symbol corresponding to token
    switch (token)
    {
    case Precedence.lparen:
        return '(';
    case Precedence.rparen:
        return ')';
    case Precedence.plus:
        return '+';
    case Precedence.minus:
        return '-';
    case Precedence.times:
        return '*';
    case Precedence.divide:
        return '/';
    case Precedence.mod:
        return '%';
    }
    return '\0';
}
```

```
Precedence symbolToToken(char symbol)
{
    switch (symbol)
    {
    case '(':
        return Precedence.lparen;
    case ')':
        return Precedence.rparen;
    case '+':
        return Precedence.plus;
    case '-':
        return Precedence.minus;
    case '/':
        return Precedence.divide;
    case '*':
        return Precedence.times;
    case '%':
        return Precedence.mod;
    case '\0':
        return Precedence.eos;
    default:
        return Precedence.operand;
    }
}

String postfix(String expr) throws Exception
{
    char symbol;
    Precedence token;
    StringBuilder postfixExpr = new StringBuilder();
    top = 0;
    stack[0] = Precedence.eos;

    for (int i = 0; i < expr.length(); i++)
    {
        symbol = expr.charAt(i);
        token = symbolToToken(symbol);

        if (token == Precedence.operand)
            postfixExpr.append(symbol);
        else if (token == Precedence.rparen)
        {
            while (stack[top] != Precedence.lparen)

                postfixExpr.append(tokenToSymbol(pop()));
```

```
                pop();
            }
            else
            {
                while (isp(stack[top]) >= icp(token))
                    postfixExpr.append(tokenToSymbol(pop()));
                push(token);
            }
        }
        while ((token = pop()) != Precedence.eos)
            postfixExpr.append(tokenToSymbol(token));

        return postfixExpr.toString();
    }

    int eval(String postExpr) throws Exception
    {
        Precedence token;
        char symbol;
        evalTop = -1;
        int op1, op2;

        for (int i = 0; i < postExpr.length(); i++) {
            symbol = postExpr.charAt(i);
            token = symbolToToken(symbol);

            if (token == Precedence.operand)
                evalPush(symbol - 0x30);
            else
            {
                op2 = evalPop();
                op1 = evalPop();
                switch (token)
                {
                case Precedence.plus:
                    evalPush(op1 + op2);
                    break;
                case Precedence.minus:
                    evalPush(op1 - op2);
                    break;
                case Precedence.times:
                    evalPush(op1 * op2);
                    break;
                case Precedence.divide:
                    evalPush(op1 / op2);
```

```
                    break;
                case Precedence.mod:
                    evalPush(op1 % op2);
                }
            }
        }
        return evalPop();
    }

    public static void main(String[] args)
    {
        String expr = "3+(4*2)+((4/2)-1)";
        System.out.println("input infix: " + expr);
        Expression expression = new Expression();
        try {
            String postExpr = expression.postfix(expr);
            System.out.printf("postfix: %s\n", postExpr);
            int result = expression.eval(postExpr);
            System.out.printf("result: %d\n", result);
        } catch (Exception e) {
        }
    }
}
```

▶ 실행결과

```
input infix: 3+(4*2)+((4/2)-1)
postfix: 342*+42/1-+
result: 12
```

〈예 V-16〉 중위식 표기를 후위식 표기로 변환하여 계산하는 예제 프로그램

3 연결 스택

연결 스택(Linked Stack)은 스택을 구현하는 데 사용되는 자료구조 중 하나이다. 배열 기반 스택과 달리 연결 리스트를 기반으로 구현되며, 스택의 동작 및 특성을 유지하면서 동적으로 크기를 조절할 수 있기 때문에 필요에 따라 노드를 추가하거나 제거함으로써 크기를 조절할 수 있다. 배열 기반 스택은 미리 정의된 크기로 제한되지만, 연결 스택은 메모리가 허용하는 한 데이터를 저장할 수 있다. 또한 연결 스택은 노드를 삽입하거나 삭제하기가 비교적 간단하다. 따라서 중간에 있는 항목을 삽입하거나 삭제하는 데도 효율적이다.

그러나 연결 스택은 각 노드에 대한 메모리를 추가로 필요로 한다. 따라서 저장 공간의 오버헤드가 발생할 수 있다. 배열 기반 스택은 인덱스를 사용하여 직접적으로 항목에 액세스할 수 있지만, 연결 스택은 순차적으로 접근해야 한다. 따라서 특정 항목에 빠르게 액세스하는 데 시간이 더 걸릴 수 있다.

따라서 연결 스택은 크기가 동적으로 조절될 수 있어야 하는 경우나 저장 공간이 제한 없이 필요한 경우에 유용하다.

(1) 연결 스택의 구조

연결 스택은 노드(Node)라고 불리는 개별 원소로 구성된다. 각 노드에는 데이터 필드와 다음 노드를 가리키는 링크(또는 포인터) 필드가 있다. 연결 리스트로 스택을 구현하기 때문에 크기에 제한이 없다. <그림 V-3>에서 연결스택의 구조를 보여준다.

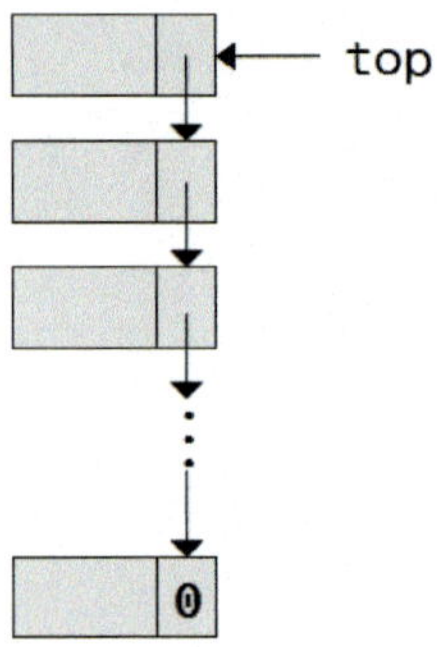

그림 V-3 연결 스택

<예 V-17>은 연결 스택 구조를 보여준다.

```
class Element
{
    int key;
    // 기타 필드
}

class Stack
{
    Element data;
    Stack link;
}

public class LinkedStack
```

```
{
    final static int MAX_STACKS = 10;
    Stack[] tops = new Stack[MAX_STACKS];
}
```

〈예 V-17〉 연결 스택 클래스

<예 V-18>은 여러 개의 스택 중에서 i번째 스택에 새로운 원소(item)를 삽입하는 함수인 push()를 보여준다. temp = new Stack();은 new를 사용하여 새로운 스택 노드를 위한 객체를 생성하고, temp가 이 객체를 참조하게 한다. temp.data = item;는 temp가 가리키는 노드의 data필드에 새로운 원소(item)를 대입하여 temp가 가리키는 노드에 데이터가 저장된다. temp.link = tops[i];는 temp가 가리키는 노드의 link필드에 tops[i]를 대입하는데 이는 새로운 노드를 현재 스택의 가장 상단 노드로 연결하는 역할을 하며, 기존의 상단 노드는 새로운 노드를 가리키게 된다. tops[i] = temp; 는 tops[i]를 새로운 노드 temp로 업데이트하여 temp가 새로운 상단 노드가 되고, 스택에 원소가 추가된다.

```
    // i 번째 스택에 원소를 삽입
    void push(int i, Element item)
    {
      Stack temp;
      temp = new Stack();
      temp.data = item;
      temp.link = tops[i];
      tops[i] = temp;
    }
```

〈예 V-18〉 연결 스택에서 삽입

<예 V-19>는 여러 개의 스택 중에서 i번째 스택에 새로운 원소(item)를 삭제하는 함수인 pop()를 보여준다.

Stack temp = tops[i];는 temp라는 이름의 참조 변수 temp를 선언하고, 이 변수를 사용하여 삭제할 노드를 가리키게 한다. 여기서 tops[i]는 현재 스택에서 가장 상단의 노드를 가리키고 있다. if (temp == null) return stackEmpty();는 스택이 비어있는 경우, 즉 temp가 null인 경우, 스택이 비어있음을 나타내는 stackEmpty()함수를 호출하고 결과를 반환한다. item = temp.data;: 삭제할 노드의 데이터를 item변수에 저장하여 삭제된 원소의 데이터가 복사되게 한다. tops[i] = temp.link; 는 tops[i]를 삭제한 노드의 다음 노드인 temp.link로 업데이트하여 스택의 상단이 변경되고, 삭제

한 노드는 연결이 끊어진다.

```
// i 번째 스택으로부터 톱 원소를 삭제
Element pop(int i)
{
  Stack temp = tops[i];
  Element item;

  if(temp == null)
    return stackEmpty();

  item = temp.data;
  tops[i] = temp.link;

  return item;
}
```

〈예 V-19〉 연결 스택에서 삭제

<예 V-20>은 연결 스택을 구현한 예제 프로그램을 보여준다. peek()는 스택의 맨 위의 원소를 확인하는 함수로 top포인터를 통해 맨 위의 원소를 item에 복사하여 반환한다.

```
class Element
{
    int key;
    // 기타 필드

    Element(int k) {
        this.key = k;
    }
}

class Stack
{
    Element data;
    Stack link;
}

public class LinkedStack
{
    Stack top = null;

    // 삽입
```

```
void push(Element item)
{
    Stack temp;
    temp = new Stack();

    temp.data = item;
    temp.link = top;
    top = temp;
}

// 삭제
Element pop()
{
    Stack temp = top;

    if (temp != null) {
        top = temp.link;
        return temp.data;
    } else {
        return null;
    }
}

// top을 확인
Element peek()
{
    if (top == null)
        return null;
    else
        return top.data;
}

// 스택의 출력
void printStack()
{
    Stack next = top;
    System.out.printf("The stack contains: ");
    for (; next != null; next = next.link)
        System.out.printf("%4d ", next.data.key);
    System.out.println("");
}

public static void main(String[] args)
{
    LinkedStack stack = new LinkedStack();
```

```
        Element data1, data2, data3, data4;
        Element temp;

        data1 = new Element(10);
        data2 = new Element(20);
        data3 = new Element(30);
        data4 = new Element(40);

        stack.push(data1);
        System.out.printf("push : %4d\n", data1.key);
        stack.push(data2);
        System.out.printf("push : %4d\n", data2.key);
        temp = stack.peek();
        System.out.printf("peek : %4d\n", temp.key);
        stack.push(data3);
        System.out.printf("push : %4d\n", data3.key);
        stack.push(data4);
        System.out.printf("push : %4d\n", data4.key);

        stack.printStack();

        temp = stack.peek();
        System.out.printf("peek : %4d\n", temp.key);

        temp = stack.pop();
        System.out.printf("pop  : %4d\n", temp.key);
        temp = stack.pop();
        System.out.printf("pop  : %4d\n", temp.key);
        temp = stack.pop();
        System.out.printf("pop  : %4d\n", temp.key);
        temp = stack.pop();
        System.out.printf("pop  : %4d\n", temp.key);
        temp = stack.pop();

        stack.printStack();
    }
}
```

실행결과

```
push :   10
push :   20
peek :   20
push :   30
push :   40
```

```
The stack contains:   40   30   20   10
peek :   40
pop  :   40
pop  :   30
pop  :   20
pop  :   10
The stack contains:
```

<예 V-20> 연결 스택에 예제 프로그램

4 자바의 Stack, Deque 클래스

자바의 Collection 중 스택을 구현한 Stack과 Deque 클래스가 있다. Stack 클래스는 동기화를 포함하고 있어 멀티스레드에서 사용하기에 적절하지만, 만일 동기화가 필요없다면 Deque를 사용하는 것이 효율적이다.

<예 V-21>은 자바의 Stack 클래스를 이용하는 예시로 push(), pop(), peek() 등의 메소드를 사용하는 예를 보여주고 있다. Stack 클래스 대신 Deque를 사용하려면 Deque를 구현한 ArrayDeque 클래스를 사용하면 된다. <예 V-21>에서 Stack 클래스 대신 ArrayDeque를 import하고 stack 객체 생성 부분을 ArrayDeque<Integer> stack = new ArrayDeque<>(); 로 바꾸면 된다. 다만, Deque에는 empty() 메소드는 정의되어 있지 않다.

```
import java.util.Stack;

public class StackExample {
    public static void main(String[] args) {
        // Stack 객체 생성
        Stack<Integer> stack = new Stack<>();

        // 데이터 추가 (push)
        stack.push(1);
        stack.push(2);
        stack.push(3);

        // 스택의 최상단 요소 확인 (peek)
        System.out.println("Top element: " + stack.peek());  // 출력: 3

        // 데이터 제거 (pop)
        System.out.println("Popped element: " + stack.pop());  // 출력: 3
```

```
        // 다시 최상단 요소 확인
        System.out.println("Top element after pop: " + stack.peek());  // 출력: 2

        // 스택이 비었는지 확인 (empty)
        System.out.println("Is stack empty? " + stack.empty());  // 출력: false

        // 스택 크기 확인 (size)
        System.out.println("Stack size: " + stack.size());  // 출력: 2
    }
}
```

▶ 실행결과

```
Top element: 3
Popped element: 3
Top element after pop: 2
Is stack empty? false
Stack size: 2
```

〈예 V-21〉 자바의 Stack 클래스 사용 예

Exercise

01. 정적 배열과 동적 배열을 각각 사용하여 스택의 연산을 구현하는 방법에 대해 서술하시오.

02. 스택을 구현할 때 배열 대신 연결 리스트를 사용하는 이유를 쓰시오.

03. 연결리스트와 배열로 구현된 스택 각각에 대해 push, pop 및 empty 작업을 위한 C 프로그래밍 언어 코드로 작성하시오.

04. 다음 조건을 만족하는 두 개의 스택을 나타내는 데이터 구조인 twoStacks를 설계하시오. twoStacks의 구현은 하나의 배열만을 사용해야 한다. 즉, 두 스택 모두 원소를 저장하기 위해 동일한 배열을 사용해야 한다.

```
twoStacks에서 다음 함수들이 지원되어야 함
push1(int x): x를 첫 번째 스택에 push 함.
push2(int x): x를 두 번째 스택에 push 함.
pop1(): 첫 번째 스택에서 요소를 pop하고 pop된 요소를 반환
pop2(): 두 번째 스택에서 요소를 pop하고 pop된 요소를 반환
twoStacks의 구현은 공간 효율적이어야 함
```

05. 다음 예와 같이 특별한 스택을 지원하는 데이터 구조인 SpecialStack을 설계하시오. 이는 push(), pop(), isEmpty(), isFull()과 추가로 getMin() 작업을 지원해야 하며, SpecialStack의 모든 이러한 작업은 O(1)이어야 한다. SpecialStack을 구현하기 위해서는 표준 스택 데이터 구조만을 사용하고 배열, 리스트 등 다른 데이터 구조를 사용해서는 안된다.

```
다음과 같은 SpecialStack이 있을 때:
16 --> TOP
15
29
19
18

여기서 getMin()이 호출되면 현재 스택에서의 최솟값인 15를 반환함
```

```
스택에서 두 번 pop을 수행하면 스택은 다음과 같이 됨
29  --> TOP
19
18

여기서 getMin()이 호출되면 현재 스택에서의 최솟값인 18을 반환함.
```

Chapter VI

큐(Queue)

본 장에서는 앞장에서 다룬 스택과 달리 선입선출(First In First Out) 구조를 갖는 큐에 대해 다룬다. 큐도 스택과 같이 배열과 연결 리스트를 이용하여 구현할 수 있다.

큐(queue)는 데이터 구조 중 하나로, 데이터를 저장하고 관리하는 방법 중의 하나이다. 큐는 선입선출(FIFO, First-In-First-Out) 원칙에 따라 동작하며, 이는 가장 먼저 들어온 데이터가 가장 먼저 나가는 원리를 의미한다. 큐에서 Front는 원소가 제거되는 끝을 가리키며, Rear는 새로운 원소가 추가되는 끝을 가리킨다. <그림 VI-1>에서 보여주듯이 큐의 한쪽 끝(rear)에서 새로운 원소가 삽입(Enqueue) 또는 추가(Addition)는 되며 새로 추가된 원소는 큐의 맨 뒤에 위치하게 된다. 큐의 반대쪽 끝(front)에서 원소가 삭제(Dequeue) 또는 제거(Removal)된다. 이때 가장 먼저 추가된 원소가 삭제된다.

큐의 동작 원리를 예를 들어 설명하면, 마치 실제 생활에서 줄을 서서 기다리는 것과 같다. 가장 먼저 온 사람이 가장 먼저 처리를 받는 것처럼, 큐에 들어온 데이터 중 가장 먼저 들어온 데이터가 가장 먼저 처리된다.

큐는 작업 대기열을 구현할 때, 탐색 알고리즘에서 사용될 때, 멀티스레딩 환경에서 데이터 동기화에 사용될 때 등 다양한 응용에서 구현된다.

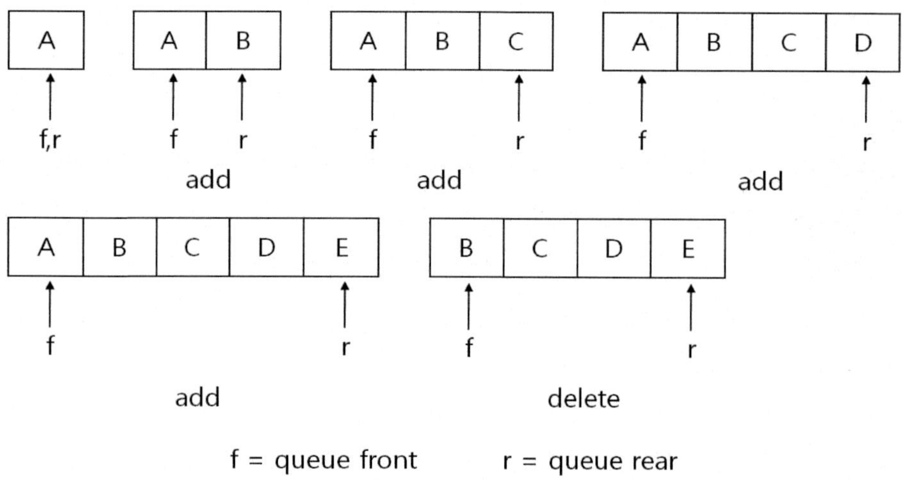

그림 VI-1 큐에서의 원소 삽입과 삭제

```
ADT Queue
  Objects : 0개 이상의 원소를 가진 유한 순서 리스트
  functions :
    모든 queue ∈ Queue, item ∈ element, maxQueueSize ∈ positive integer
    Queue CreateQ(maxQueueSize)              ::=  최대 크기가 maxQueueSize인 공백 큐를 생성
    Boolean IsFullQ(queue, maxQueueSize) ::=  if(queue의 원소 수 == maxQueueSize)
                                                    return TRUE
                                                else return FALSE
      Queue AddQ(queue, item)                ::=  if(IsFull(queue)) queueFull
                                                else queue의 뒤에 item을 삽입하고 이 queue를 반환
      Boolean IsEmptyQ(queue)                ::=  if(queue == CreateQ(maxQueueSize))
                                                    return TRUE
                                                else return FALSE
      Element DeleteQ(queue)                 ::=  if(IsEmptyQ(queue)) queueEmpty
                                                else queue 앞에 있는 item을 제거해서 반환
```

1 배열을 사용한 큐의 구현

배열을 사용하여 큐를 구현하는 것은 연결 리스트를 사용하여 큐를 구현하는 것보다 상대적으로 간단하다. 배열을 선언하고, front와 rear 인덱스를 사용하여 원소를 추가하고 제거하면 된다. 그러나 배열의 크기는 미리 정의되어 있으므로 큐의 최대 크기에 제한이 있으며, 큐가 가득 차면 더 이상 원소를 추가할 수 없게 된다. 일반 배열을 사용한 큐에서 원소 추가 및 제거 연산은 평균적으로 O(1)이다. 그러나 큐가 가득 차거나 비어있을 때 원소를 추가하거나 제거하려면 원소들의 이동 작업으로 인해 O(n)의 시간이 소요될 수 있다.

큐는 데이터를 FIFO(First-In-First-Out) 순서로 저장하고 처리하는 자료구조로, 일반 배열을 이용하여 간단하게 구현할 수 있다. <예 VI-1>에서 상수 정의 MAX_QUEUE_SIZE = 100; 로 큐의 최대 크기를 정의한다. 클래스 Element를 class Element { int key; //다른 필드 };를 정의하는데 int 타입의 key 필드만 정의되어 있지만, 필요에 따라 다른 필드를 추가할 수 있다.

큐의 실제 데이터를 저장할 배열 queue를 new Element queue[MAX_QUEUE_SIZE];로 생성하여, 이 배열은 큐의 원소들을 저장하는 공간으로 사용되며 배열의 크기는 MAX_QUEUE_SIZE로 정의된 최대 크기만큼 할당된다.

int rear = -1; 및 int front = -1; 로 큐의 인덱스 변수 rear와 front를 초기화하는데 -1은 큐가 비어있음을 나타내며, 초기화 상태에서 큐에 아무 원소도 없음을 의미한다. 원소를 추가할 때는 rear를 증가시키고, 원소를 제거할 때는 front를 증가시킨다. 큐가 비어있는지 여부를 확인하기 위해 rear와 front가 모두 -1인지 확인하거나 또는 front == rear 인지 확인하면 된다.

역으로 큐가 가득차 있는지 확인하려면 rear == MAX_QUEUE_SIZE-1; 인지 확인하면 되는데 배열의 앞부분이 비어있음에도 불구하고 큐가 가득 차있는 것처럼 확인되는 문제점이 생긴다. 이런 경우 환형 큐를 구현하면 문제점을 해결할 수 있다.

```
class Element
{
    int key;
    //다른 필드
}

public class Queue
{
    final static int MAX_QUEUE_SIZE = 100; // 큐의 최대 크기
    Element[] queue = new Element[MAX_QUEUE_SIZE];
    int rear = -1;
    int front = -1;
}
```

〈예 VI-1〉 배열을 사용하여 큐를 정의

<예 VI-2>는 배열을 사용하여 구현한 큐에서 원소를 삽입하고 삭제하는 방법을 보여준다. addQueue()는 큐에 원소를 추가하는 역할을 하는데 Element item은 큐에 추가할 원소를 나타내는 매개변수이다. if(rear == MAX_QUEUE_SIZE-1); 문은 바로 위에서도 언급했지만 큐가 가득 찼는지 확인하기 위해 rear가 큐의 최대 크기인 MAX_QUEUE_SIZE-1과 같은지 확인하는 것이다. 만약 큐가 가득 찼다면 queueFull()을 호출한다. 큐가 가득 차지 않았다면, rear 값을 증가시킨 후 그 위치에 item을 추가한다.

```
    void addQueue(Element item)
    { // queue에 item을 삽입
        if(rear == MAX_QUEUE_SIZE-1)
            queueFull();
        queue[++rear] = item;
    }
```

```
    Element deleteQueue()
    { // queue의 앞에 있는 원소를 삭제
        if(front == rear)
            return queueEmpty();
        return queue[++front];
    }
```

〈예 VI-2〉 배열을 사용하여 큐를 삽입하고 삭제하는 함수

<예 VI-3>은 배열을 사용하여 큐를 구현한 예제 프로그램이며, 큐에 하나의 원소를 추가하고 제거한 것을 보여주고 있다. isQueueFull()과 isQueueEmpty()는 각각 큐가 가득 차 있는지와 비어있는지를 검사한다. enQueue()는 원소를 큐에 추가하고, deQueue() 함수는 큐에서 원소를 제거한다. 이 함수들은 큐가 가득 찼거나 비어있을 때 적절한 메시지를 출력한다.

```
class Element
{
    int key;
    //다른 필드

    Element(int k)
    {
        this.key = k;
    }
}

public class Queue
{
    final static int MAX_QUEUE_SIZE = 100; // 큐의 최대 크기
    Element[] queue = new Element[MAX_QUEUE_SIZE];
    int rear = -1;
    int front = -1;

    boolean isQueueFull() {
        return (rear == MAX_QUEUE_SIZE - 1);
    }

    boolean isQueueEmpty() {
        return (front == rear);
    }

    void enQueue(Element item) {
        if (isQueueFull()) {
            System.err.println("Queue is full. Cannot enqueue.");
```

```
            return;
        }
        queue[++rear] = item;
    }

    Element deQueue() {
        if (isQueueEmpty()) {
            System.err.println("Queue is empty. Cannot dequeue.");
            return null;
        }
        return queue[++front];
    }

    public static void main(String[] args)
    {
        Queue q = new Queue();
        // Example usage
        Element item = new Element(42);

        if (!q.isQueueFull()) {
            q.enQueue(item);
            System.out.printf("Enqueued: %d\n", item.key);
        }

        if (!q.isQueueEmpty()) {
            Element removedItem = q.deQueue();
            System.out.printf("Dequeued: %d\n", removedItem.key);
        }
    }
}
```

실행결과

```
Enqueued: 42
Dequeued: 42
```

〈예 VI-3〉 배열을 사용한 큐 예제 프로그램

<예 VI-4>는 큐를 활용하여 간단한 작업 관리 시스템 프로그램을 보여준다. <예 VI-3>과 같이 사용자는 메뉴를 통해 작업을 추가하거나 처리할 수 있으며 큐는 작업을 저장하고 처리하는 데 사용되며, 큐가 가득 찼거나 비어있는지를 검사하여 적절한 메시지를 출력한다. <예 VI-4>에서 큐의 크기는MAX_QUEUE_SIZE로 정의하고, 큐의 내용은 Task 클래스를 사용하여 저장한다. rear와 front 변수는 큐의 뒤쪽(rear)과 앞쪽(front)을 가리키는 인덱스를 나타내며 초기에 -1로 초

기화된다.

```
import java.io.*;

class Task
{
    int id;          // 작업 ID
    String description; // 작업 설명
}

public class TaskQueue
{
    final static int MAX_QUEUE_SIZE = 100;
    Task[] queue = new Task[MAX_QUEUE_SIZE];
    int rear = -1;
    int front = -1;

    boolean isQueueFull() {
        return (rear == MAX_QUEUE_SIZE - 1);
    }

    boolean isQueueEmpty() {
        return (front == rear);
    }

    void enQueue(Task task) {
        if (isQueueFull()) {
            System.err.printf("Queue is full. Cannot enqueue.\n");
            return;
        }
        queue[++rear] = task;
    }

    Task deQueue() {
        if (isQueueEmpty()) {
            System.err.printf("Queue is empty. Cannot dequeue.\n");
            return null;
        }
        return queue[++front];
    }

    void printTask(Task task) {
        System.out.printf("Task ID: %d\n", task.id);
        System.out.printf("Description: %s\n", task.description);
    }
```

```
public static void main(String[] args) {
    TaskQueue tqueue = new TaskQueue();
    BufferedReader reader = new BufferedReader(new InputStreamReader(System.in));
    int choice;
    int unique_id = 1;

    while (true) {
        System.out.printf("1. Add Task\n2. Process Task\n3. Exit\nEnter your choice: ");
        try {
            choice = Integer.parseInt(reader.readLine());
        } catch (Exception e) {
            choice = -1;
        }
        switch (choice) {
        case 1:
            if (!tqueue.isQueueFull()) {
                Task newTask = new Task();
                newTask.id = unique_id++; // Generate a unique ID
                System.out.printf("Enter task description: ");
                try {
                    newTask.description = reader.readLine();
                } catch (Exception e) {
                    newTask.description = "";
                }
                tqueue.enQueue(newTask);
                System.out.printf("Task added successfully.\n");
            } else {
                System.out.printf("Queue is full. Cannot add a new task.\n");
            }
            break;

        case 2:
            if (!tqueue.isQueueEmpty()) {
                Task task = tqueue.deQueue();
                System.out.printf("Processing Task...\n");
                tqueue.printTask(task);
                System.out.printf("Task processed successfully.\n");
            } else {
                System.out.printf("Queue is empty. No task to process.\n");
            }
            break;

        case 3:
            System.out.printf("Exiting the program.\n");
```

```
                return;

            default:
                System.out.printf("Invalid choice. Please try again.\n");
                break;
            }
        }
    }
}
```

실행결과

```
1. Add Task
2. Process Task
3. Exit
Enter your choice: 1
Enter task description: Task 1
Task added successfully.

1. Add Task
2. Process Task
3. Exit
Enter your choice: 1
Enter task description: Task 2
Task added successfully.

1. Add Task
2. Process Task
3. Exit
Enter your choice: 2
Processing Task...
Task ID: 1
Description: Task 1
Task processed successfully.

1. Add Task
2. Process Task
3. Exit
Enter your choice: 2
Processing Task...
Task ID: 2
Description: Task 2
Task processed successfully.

1. Add Task
```

```
2. Process Task
3. Exit
Enter your choice: 2
Queue is empty. No task to process.

1. Add Task
2. Process Task
3. Exit
Enter your choice: 3
Exiting the program.
```

〈예 VI-4〉 큐를 활용하여 간단한 작업 관리 시스템 프로그램 예

2 정적 배열을 이용한 환형 큐(Circular Queue)

환형 큐는 배열의 끝과 처음을 연결하여 일종의 원형으로 사용하는 큐 구현 방식이다. 환형 큐는 선형 배열을 원형처럼 사용하며, 원형 형태로 큐를 구현하므로 배열의 처음과 끝이 연결된다. 환형 큐는 직선 형태의 배열로 표현되지만, rear가 MAX_QUEUE_SIZE-1에 도달할 경우에 큐가 가득 찬 것으로 처리되기 때문에 배열의 앞부분이 비어있더라도 큐가 가득 찬 것으로 간주된다. <그림 VI-2>에서 보여주듯이 front는 첫 번째 원소로부터 반시계 방향으로 하나 앞을 가리키고, rear는 마지막 원소를 가리킨다. 원소를 삽입할 때는 rear를 무조건 먼저 하나 증가시킨 다음, 그 위치에 원소를 삽입한다. 원소를 삭제할 때는 먼저 front를 증가시킨 다음, 그 위치에서 데이터를 꺼낸다.

front와 rear가 같으면 큐가 비어있는 상태로 판단한다. 반대로 (rear + 1) % MAX_QUEUE_SIZE가 front와 같으면 큐가 가득 찬 상태로 판단한다. 이때 % (모듈라, modular) 연산자를 사용하여 환형 큐의 끝과 처음이 연결되도록 한다. 큐의 마지막 원소를 비워두어 front와 rear가 동일한 위치를 가리키더라도 비어있는 상태와 가득 찬 상태를 구분할 수 있게 한다.

환형 큐는 원형으로 데이터를 관리하기 때문에, 데이터 삽입과 삭제가 순환적으로 이루어지며, 배열을 최대한 효율적으로 활용할 수 있는 장점이 있다.

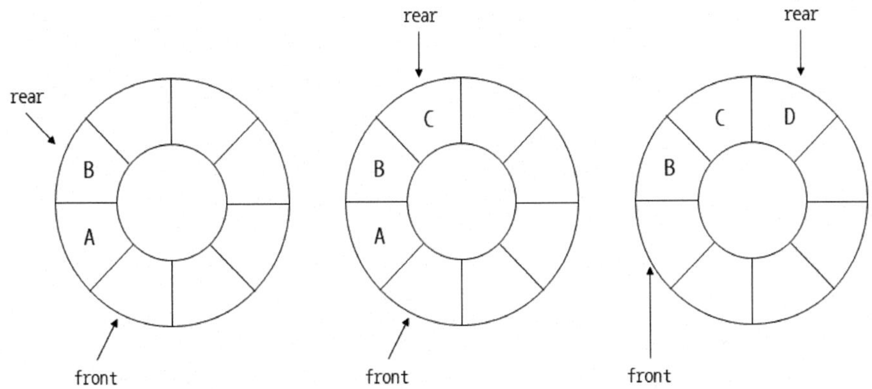

(1) 초기 (2) 삽입 (3) 삭제

그림 VI-2 환형 큐의 초기 상태, 삽입 그리고 삭제

<예 VI-5>는 환형 큐에서의 삽입하는 방법을 보여준다. 환형 배열에서는 front와 rear 포인터가 배열의 끝과 처음을 연결해야 하는데 이때 중요한 것은 큐가 가득 찬 상태를 정확하게 판단하고, rear 포인터를 업데이트하는 것이다.

rear를 (rear + 1) % MAX_QUEUE_SIZE;를 하는 것은 환형 배열의 특성을 활용하여 rear가 배열의 끝에 도달하면 다시 배열의 처음으로 돌아가게 하는 것이다. 위에서도 설명하였지만, front와 rear가 같다면 큐가 가득 찬 상태이고, 이것은 배열의 끝과 처음을 연결하면서, 포화 상태를 올바르게 판단하기 위한 조건이다. 만약 큐가 가득 찼다면, queueFull() 함수를 호출하여 오류를 출력하고 프로그램을 종료하거나 적절한 처리를 수행하게 한다. 그렇지 않은 경우, rear가 가리키는 위치에 원소를 삽입한다. 환형 큐를 사용하면 배열의 끝과 처음이 연결되므로 데이터 삽입이 순환적으로 이루어진다.

```
void addQueue(Element item)
{ // queue에 item을 삽입
    rear = (rear+1) % MAX_QUEUE_SIZE;
    if(front == rear)
        queueFull(); // print error and exit
    queue[++rear] = item;
}
```

〈예 VI-5〉 환형 큐에서 삽입

<예 VI-6>은 환형 큐에서의 원소 삭제하는 방법을 보여준다. 먼저 front와 rear가 같은지 확인하여 큐가 비어있는지 여부를 판단한다. 만약 둘이 같다면 큐가 비어있다는 뜻이다. 이 경우를 처리하기 위해 queueEmpty()를 호출한다. 오류 처리 방식은 사용자가 원하는 방식으로 변경하면 된다.

front 포인터를 (front + 1) % MAX_QUEUE_SIZE;로 만드는 것은 다음 위치로 이동하기 위함이다. 이것은 큐에서 원소를 삭제하는 동작을 나타내고 환형 배열의 특성을 활용하여 순환적으로 이동하게 한다.

삭제한 원소를 임시로 보관하기 위해 item 변수에 queue[front]의 값을 저장한다. 그리고return item;으로 마지막으로 삭제된 원소를 반환한다. 삭제도 삽입과 비슷한 방식으로 front를 이동시켜 가장 앞의 원소를 제거하며, 환형 배열의 특성을 활용하여 데이터의 삭제가 순환적으로 이루어진다.

```
Element deleteQueue()
{ // queue의 앞에 있는 원소를 삭제
    if(front == rear)
        return queueEmpty(); // return an error key
    front = (front +1) % MAX_QUEUE_SIZE;
    return queue[front];
}
```

〈예 VI-6〉 환형 큐에서 삭제

<예 VI-7>은 큐를 활용한 간단한 프로그램을 보여준다. 환형 큐는 배열을 기반으로 하며, front와 rear 포인터를 사용하여 원소를 삽입하고 삭제한다. 먼저 Element 클래스를 정의하여 큐에 저장될 원소를 표현한다. 여기서는 간단하게 정수 key 하나만을 포함하는 클래스를 사용하고 있다.

크기가 MAX_QUEUE_SIZE로 정의된 배열 queue를 선언하여 큐의 원소를 저장한다. 이 배열은 환형 큐의 특성을 따르며, 큐의 크기를 나타낸다. front와 rear는 각각 큐의 시작과 끝을 가리키는 포인터이며, 초기에 -1로 설정되어 큐가 비어있음을 나타낸다.

queueFull()은 큐가 가득 찼을 때 호출되며, 예외를 생성하고, 예외 처리가 되지 않으면 프로그램이 종료된다. queueEmpty()는 큐가 비어있을 때 호출되며, 오류 메시지를 출력하고 null을 반환한다.

addQueue(Element item)는 큐에 원소를 삽입한다. rear를 순환적으로 갱신하고, 큐가 가득 찼을 경우 queueFull()을 호출한다.

deleteQueue()는 큐에서 원소를 삭제하고 반환한다. front를 순환적으로 갱신하고, 큐가 비어있을 경우 queueEmpty()를 호출한다. printQueue()는 front와 rear 포인터를 사용하여 큐를 순환하며 원소를 출력한다.

```
class Element
{
    int key;
    // 다른 필드들
    Element(int k) {
        this.key = k;
    }
}

public class CircularQueueTest
{
    final static int MAX_QUEUE_SIZE = 5;
    Element[] queue = new Element[MAX_QUEUE_SIZE];
    int rear = -1;
    int front = -1;

    void queueFull() throws Exception
    {
        throw new Exception("Queue is full, cannot add Element");
    }

    Element queueEmpty()
    {
        System.err.println("Queue is empty, cannot delete Element");
        return null;
    }

    void addQueue(Element item) throws Exception
    {
        rear = (rear + 1) % MAX_QUEUE_SIZE;
        if (front == rear)
            queueFull();
        queue[rear] = item;
    }

    Element deleteQueue()
    {
        if (front == rear)
            return queueEmpty();
        front = (front + 1) % MAX_QUEUE_SIZE;
```

```
        return queue[front];
    }

    void printQueue()
    {
        int i;

        System.out.printf("front:%d rear:%d\n", front, rear);
        System.out.printf("Queue: ");
        if (front == rear)
        {
            System.out.println("");
            return;
        }

        i = front;
        while (true)
        {
            i = (i + 1) % MAX_QUEUE_SIZE;
            System.out.printf("[%d]%d ", i, queue[i].key);
            if (i == rear)
                break;
        }
        System.out.println("");
    }

    public static void main(String[] args) throws Exception
    {
        CircularQueueTest queue = new CircularQueueTest();
        Element item1, item2, item3;

        item1 = new Element(10);
        item2 = new Element(20);
        item3 = new Element(30);

        queue.addQueue(item1);
        queue.printQueue();

        queue.addQueue(item2);
        queue.printQueue();

        queue.addQueue(item3);
        queue.printQueue();

        queue.deleteQueue();
```

```
        queue.printQueue();

        queue.deleteQueue();
        queue.printQueue();

        queue.deleteQueue();
        queue.printQueue();

        queue.deleteQueue();
        queue.printQueue();

        queue.addQueue(item1);
        queue.printQueue();

        queue.addQueue(item2);
        queue.printQueue();

        queue.addQueue(item3);
        queue.printQueue();

        queue.addQueue(item1);
        queue.printQueue();

        queue.addQueue(item2);
        queue.printQueue();
    }
}
```

실행결과

```
front:-1 rear:0
Queue: [0]10
front:-1 rear:1
Queue: [0]10 [1]20
front:-1 rear:2
Queue: [0]10 [1]20 [2]30
front:0 rear:2
Queue: [1]20 [2]30
front:1 rear:2
Queue: [2]30
front:2 rear:2
Queue:
Queue is empty, cannot delete Element
front:2 rear:2
Queue:
```

```
front:2 rear:3
Queue: [3]10
front:2 rear:4
Queue: [3]10 [4]20
front:2 rear:0
Queue: [3]10 [4]20 [0]30
front:2 rear:1
Queue: [3]10 [4]20 [0]30 [1]10
Exception in thread "main" java.lang.Exception: Queue is full, cannot add Element
        at CircularQueueTest.queueFull(CircularQueueTest.java:19)
        at CircularQueueTest.addQueue(CircularQueueTest.java:32)
        at CircularQueueTest.main(CircularQueueTest.java:109)
```

〈예 VI-7〉 환형 큐를 활용한 간단한 프로그램

<예 VI-8>은 환형 큐로 구현한 간단한 작업 관리 시스템을 시뮬레이션하는 프로그램 예를 보여준다. Task 클래스를 사용하여 작업의 ID와 설명을 저장하며, 큐를 사용하여 작업을 관리하며, 사용자가 메뉴를 통해 작업을 추가하거나 처리할 수 있다. 프로그램 실행 중에는 큐의 현재 상태와 작업 처리 내역이 출력되며, 큐가 가득 찼거나 비어있을 때 해당 상태에 대한 오류 메시지가 출력된다.

```
import java.io.*;

class Task
{
    int id;            // 작업 ID
    String description; // 작업 설명
}

public class TaskCircularQueue
{
    final static int MAX_QUEUE_SIZE = 5;
    Task[] queue = new Task[MAX_QUEUE_SIZE];
    int rear = -1;
    int front = -1;

    boolean isQueueFull() {
        return ((rear + 1) % MAX_QUEUE_SIZE == front);
    }

    boolean isQueueEmpty() {
        return (front == rear);
```

```
    }

    void queueFull() throws Exception
    {
        throw new Exception("Queue is full, cannot add task");
    }

    Task queueEmpty()
    {
        System.err.println("Queue is empty, no task to process");
        return null;
    }

    void addQueue(Task task) throws Exception
    {
        rear = (rear + 1) % MAX_QUEUE_SIZE;
        if (front == rear) {
            queueFull();
        }
        queue[rear] = task;
    }

    Task deleteQueue()
    {
        if (front == rear) {
            return queueEmpty();
        }
        front = (front + 1) % MAX_QUEUE_SIZE;
        return queue[front];
    }

    void printQueue()
    {
        int i;

        System.out.printf("Front: %d Rear: %d\n", front, rear);
        System.out.printf("Queue:\n");

        if (front == rear) {
            System.out.println("Empty");
            return;
        }

        i = (front + 1) % MAX_QUEUE_SIZE;
        while (true) {
```

```
            System.out.printf("Task ID: %d\n", queue[i].id);
            System.out.printf("Description: %s\n", queue[i].description);

            if (i == rear) {
                break;
            }

            i = (i + 1) % MAX_QUEUE_SIZE;
        }
    }

    public static void main(String[] args) throws Exception
    {
        TaskCircularQueue tqueue = new TaskCircularQueue();
        BufferedReader reader = new BufferedReader(new InputStreamReader(System.in));
        int choice;
        int unique_id = 1;

        while (true) {
            System.out.printf("\n1. Add Task\n2. Process Task\n3. Exit\nEnter your choice:
");
            try {
                choice = Integer.parseInt(reader.readLine());
            } catch (Exception e) {
                choice = -1;
            }

            switch (choice) {
            case 1:
                if (tqueue.isQueueFull()) {
                    System.out.printf("Queue is full. Cannot add a new task.\n");
                } else {
                    Task newTask = new Task();
                    newTask.id = unique_id++; // Generate a unique ID
                    System.out.printf("Enter task description: ");
                    try {
                        newTask.description = reader.readLine();
                    } catch (Exception e) {
                        newTask.description = "";
                    }
                    tqueue.addQueue(newTask);
                    System.out.printf("Task added successfully.\n");
                }
                break;
```

```
            case 2:
                if (tqueue.isQueueEmpty()) {
                    System.out.printf("Queue is empty. No task to process.\n");
                } else {
                    Task task = tqueue.deleteQueue();
                    System.out.printf("Processing Task...\n");
                    System.out.printf("Task ID: %d\n", task.id);
                    System.out.printf("Description: %s\n", task.description);
                    System.out.printf("Task processed successfully.\n");
                }
                break;

            case 3:
                System.out.printf("Exiting the program.\n");
                return;

            default:
                System.out.printf("Invalid choice. Please try again.\n");
                break;
            }

            tqueue.printQueue();
        }
    }
}
```

실행결과

```
1. Add Task
2. Process Task
3. Exit
Enter your choice: 1
Enter task description: Task 1
Task added successfully.
Front: -1 Rear: 0
Queue:
Task ID: 1
Description: Task 1

1. Add Task
2. Process Task
3. Exit
Enter your choice: 1
Enter task description: Task 2
Task added successfully.
```

```
Front: -1 Rear: 1
Queue:
Task ID: 1
Description: Task 1
Task ID: 2
Description: Task 2

1. Add Task
2. Process Task
3. Exit
Enter your choice: 2
Processing Task...
Task ID: 1
Description: Task 1
Task processed successfully.
Front: 0 Rear: 1
Queue:
Task ID: 2
Description: Task 2

1. Add Task
2. Process Task
3. Exit
Enter your choice: 1
Enter task description: Task 3
Task added successfully.
Front: 0 Rear: 2
Queue:
Task ID: 2
Description: Task 2
Task ID: 3
Description: Task 3

1. Add Task
2. Process Task
3. Exit
Enter your choice: 3
Exiting the program.
```

〈예 VI-8〉 환형 큐 예제 프로그램

3 동적 배열을 이용한 환형 큐

동적 배열을 사용하여 환형 큐를 구현하는 것은 정적 배열을 사용한 경우와 매우 유사하지만, 큐 크기를 동적으로 조정할 수 있다는 점에서 차이가 있다.

먼저 정적 배열을 사용한 환형 큐는 크기가 고정되어 있으며, 큐의 최대 용량을 초기에 설정해야 하고 큐가 가득 차면 더 이상 원소를 추가할 수 없게 된다. 이와 다르게 동적 배열을 사용하는 환형 큐는 크기를 동적으로 조절할 수 있기 때문에 큐가 가득 차면 동적으로 크기를 늘릴 수 있으며, 큐가 비어있을 때도 크기를 축소할 수 있다. 따라서 동적 배열을 사용하는 환형 큐는 필요에 따라 메모리를 할당하므로 메모리 사용을 최적화할 수 있으며, 크기가 조절 가능하기 때문에 정확한 메모리 양을 사용한다고 할 수 있다.

또한 정적 배열은 크기가 고정되어 있으므로 구현이 상대적으로 간단한 반면에 동적 배열을 사용하는 환형 큐는 크기 변화를 처리해야 하므로 구현이 복잡할 수 있다.

정적 배열을 사용한 환형 큐의 경우 큐의 크기가 고정되어 있으므로 큐에 원소를 추가하거나 제거할 때 별다른 크기 조절 작업이 필요하지 않으므로 시간복잡도는 일반적으로 상수 시간인 반면에 동적 배열을 사용한 환형 큐의 경우 큐의 크기를 조절하기 위해 추가 작업이 필요하므로 큐에 원소를 추가하거나 제거하는 데 더 많은 시간이 걸릴 수 있다. 그러나 큐의 크기가 자주 변경되지 않는 한 이 추가 오버헤드는 큰 문제가 되지 않는다.

동적 배열을 사용하는 환형 큐는 큐의 크기를 동적으로 조절할 수 있다. <그림 VI-3>에서 보여 주듯이 환형 큐의 연결 리스트에서 front=5가 가리키는 곳에 원소를 넣으면 rear가 하나 증가하게 되고 결국 front=rear 가 되기 때문에 큐가 가득차게 되고 더 이상 원소를 넣을 수 없게 된다. 이 경우 <그림 VI-3>의 (c)에서 처럼 배열을 2배로 늘여준 뒤, 뒷 부분에 원소 즉 <그림 VI-3>의 (b)에서 [6]과 [7]에 있는 원소를 가장 뒤로 밀어주어 <그림 VI-3>의 (d)형태로 만들면 된다. 그러나 이 경우 배열을 2배로 늘리는 것이 실패하면 큐의 크기 변경을 할 수 없는 문제점이 발생한다.

새로 메모리를 할당해서 큐의 크기를 확장하기 위해, 현재 배열의 크기인 capacity의 현재 값에 2를 곱한 크기로 새로운 큐를 위해 메모리를 할당한다. 그리고 <그림 VI-3>의 (e)처럼 front 이후의 원소들 (인덱스 front+1부터 capacity-1까지)은 새로운 큐의 0번째 인덱스부터 복사하여 넣으면 데이터는 환형 큐의 끝에서 새로운 큐의 시작으로 복사된다. 여기서 복사할 원소 개수는 capacity - front - 1개가 된다. front 이전의 원소들 (인덱스 0부터 rear까지)은 새로운 큐의 capacity - front - 1부터 복사하여 넣으면 환형 큐의 시작에서 새로운 큐의 끝으로 데이터가 복사된다. 마지막으로 front 포인터는 capacity - 1로, rear 포인터는 capacity - front - 2로 갱신한다.

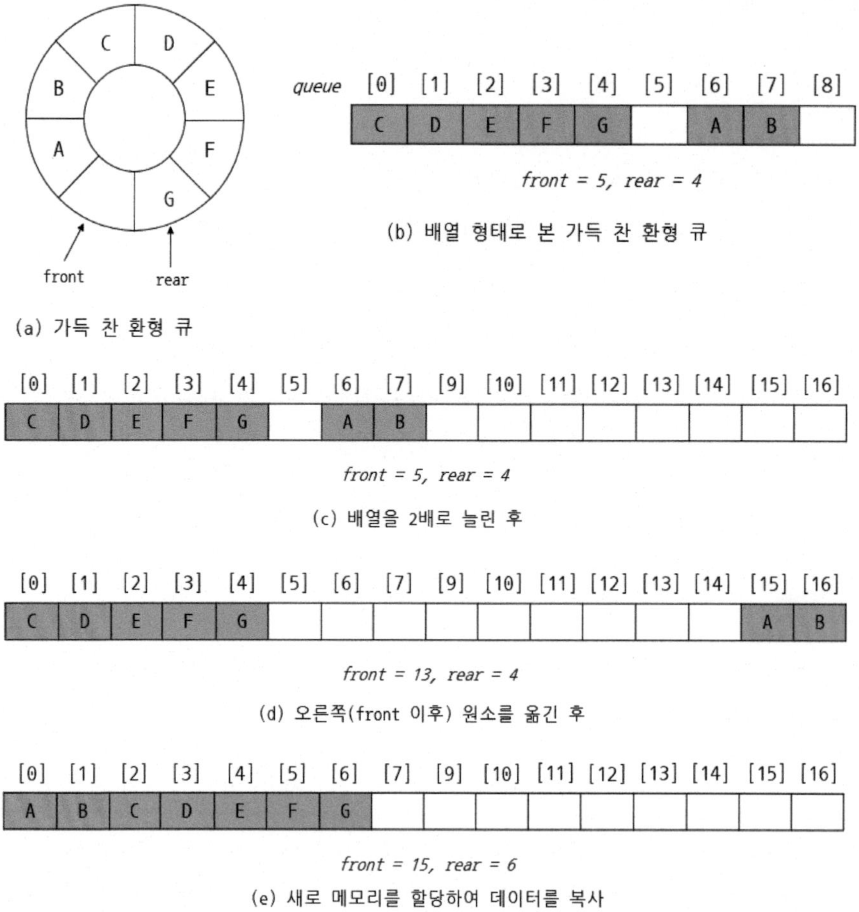

그림 VI-3 환형 큐가 가득 찬 상태에서 배열의 크기를 2배로 확장 시 처리 과정

<예 VI-9>는 배열 기반의 환형 큐에 원소를 삽입하는 예를 보여준다. 먼저 capacity는 큐의 최대 용량을 나타내며, 큐가 가득 찬 상태를 검사하는 데 사용된다. rear 변수는 큐의 뒤쪽을 가리키는 포인터이며 (rear + 1) % capacity를 사용하여 rear를 갱신하여 환형 큐에서 rear 포인터가 배열의 끝에 도달하면 다시 배열의 처음으로 돌아가게 된다. 이는 큐가 환형으로 연결되어 있어, 배열의 끝에 도달한 후에도 앞부분을 이용하여 원소를 삽입할 수 있게 된다.

if (front == rear)를 사용하여 큐가 가득 찼는지 확인한다. 즉, front와 rear가 같은 위치에 있으면 큐가 가득 찬 것으로 간주한다. 만약 큐가 가득 찬 경우, queueFull() 함수를 호출하여 큐가 가득 찼음을 알리고 에러 처리를 수행한다.

큐가 가득 차지 않았을 경우, queue[rear] 위치에 item을 저장하여 새로운 원소가 큐의 뒤쪽에 삽입되게 된다.

이 코드는 환형 큐의 기본 동작을 구현한 것으로, rear 포인터를 활용하여 원소를 삽입하고, 가득 찬 경우에는 오류를 처리한다. 코드에서 capacity는 큐의 최대 용량을 나타내며, 큐가 가득 찬 상태를 검사하는 데 사용된다.

```
void addQueue(Element item)
{ // queue에 item을 삽입
    rear = (rear+1) % capacity;
    if(front == rear)
        queueFull(); // print error and exit
    queue[rear] = item;
}
```

〈예 VI-9〉 환형 큐에서 원소 삽입

<예 VI-10>은 환형 큐가 가득 찼을 때 큐를 확장하는 queueFull 함수를 구현한 것으로, 큐의 용량을 두 배로 늘리고 데이터를 새로운 큐로 복사하여 처리하는 과정을 수행한다. 먼저 newQueue는 확장된 큐를 가리키는 포인터로, 동적 메모리 할당을 통해 새로운 큐를 만든다. newQueue = new Element[2 * capacity];를 사용하여 새로운 큐에 대한 메모리를 할당한다. 이때, 2 * capacity만큼의 공간을 할당하여 큐의 용량을 두 배로 확장한다. 그리고 현재 큐의 데이터를 새로운 큐로 복사한다.

start 변수는 현재 큐에서 앞쪽(front 다음 위치)에서 시작하도록 계산되는데 (front + 1) % capacity를 사용하면 된다.

만약 start가 2 미만인 경우, 큐가 환형 큐의 뒷 부분에서는 데이터가 연속적으로 저장되어 있기 때문에, queue[start]부터 queue[start+capacity-1]까지 newQueue의 시작 부분에 데이터를 복사한다. 그렇지 않은 경우, 큐가 환형 큐를 한 바퀴 이상 돌아간 경우이므로 데이터를 두 부분으로 나누어 복사한다. 먼저 queue[start]부터 queue[capacity]까지 있는 환형 큐의 첫 부분을 newQueue의 시작 부분에 복사하고, 그 다음에 queue[0]부터 queue[rear+1]까지 있는 나머지 부분을 newQueue[capacity-start] 에 복사한다. front는 2 * capacity - 1로, rear는 capacity - 2로 갱신하여 새로운 큐의 시작과 끝을 가리키게 된다.

```
void queueFull()
{ // queue의 앞에 있는 원소를 삭제
    Element[] newQueue = new Element[2 * capacity];

    // copy from queue to newQueue
    int start = (front+1) % capacity;
    if(start < 2)
        // no warp around
        //copy(queue+start, queue+start+capacity-1, newQueue);
        for (int i = 0; i <= capacity - 1; i++)
            newQueue[i] = queue[i + start];
    else{ // queue wraps around
        //copy(queue+start, queue+capacity, newQueue);
        for (int i = 0; i <= capacity - start; i++)
            newQueue[i] = queue[i + start];
        //copy(queue, queue+rear+1, newQueue+capacity-start);
        for (int i = 0; i <= rear + 1; i++)
            newQueue[i + capacity - start] = queue[i];
    }

    // switch to newQueue
    front = 2 * capacity - 1;
    rear = capacity - 2;
    capacity *= 2;
    queue = newQueue;
}
```

〈예 VI-10〉 환형 큐의 확장

<예 VI-11>은 환형큐에 원소를 삽입, 삭제 그리고 큐가 가득 차면 큐의 용량이 2배로 확장하는 간단한 예제 프로그램을 보여준다. 프로그램 마지막 부분에서 enqueue(queue, 6);로 큐에 6을 추가하면 큐가 가득 차서 큐의 용량이 두 배로 확장되고, 그 후에 7과 8을 추가하여 큐가 성공적으로 확장되었음을 확인할 수 있다.

```
public class DynamicCircularQueueTest
{
    int capacity; // 큐의 최대 용량
    int[] data; // 데이터 배열
    int front; // 큐의 앞 포인터
    int rear;  // 큐의 뒷 포인터
```

```
    int size;  // 큐의 현재 크기

    // 환형 큐 초기화 함수
    DynamicCircularQueueTest(int capacity) {
        this.data = new int[capacity];
        this.front = 0;
        this.rear = -1;
        this.size = 0;
        this.capacity = capacity;
    }

    // 큐가 비어있는지 확인하는 함수
    boolean isEmpty() {
        return this.size == 0;
    }

    // 큐가 가득 찼는지 확인하는 함수
    boolean isFull() {
        return this.size == this.capacity;
    }

    // 큐에 원소 삽입하는 함수
    void enQueue(int item) {
        if (isFull()) {
            // 큐가 가득 찬 경우, 큐 확장 필요
            int newCapacity = this.capacity * 2;
            int[] newData = new int[newCapacity];

            int i, j;
            // 기존 큐의 데이터를 새로운 큐로 복사
            for (i = 0, j = this.front; i < this.size; i++) {
                newData[i] = this.data[j];
                j = (j + 1) % this.capacity;
            }

            this.data = newData;
            this.front = 0;
            this.rear = this.size - 1;
            this.capacity = newCapacity;
        }

        this.rear = (this.rear + 1) % this.capacity;
        this.data[this.rear] = item;
        this.size++;
    }
```

```
// 큐에서 원소 삭제하고 반환하는 함수
int deQueue() {
    if (isEmpty()) {
        System.err.printf("큐가 비어있다.\n");
        return -1; // 에러 처리 또는 다른 방법으로 처리
    }

    int item = this.data[this.front];
    this.front = (this.front + 1) % this.capacity;
    this.size--;
    return item;
}

// 큐 출력 함수
void displayQueue() {
    int i, j;
    System.out.printf("Queue: ");
    for (i = 0, j = this.front; i < this.size; i++) {
        System.out.printf("%d ", this.data[j]);
        j = (j + 1) % this.capacity;
    }
    System.out.printf("\n");
}

public static void main(String[] args) {
    DynamicCircularQueueTest queue = new DynamicCircularQueueTest(5);

    queue.enQueue(1);
    queue.enQueue(2);
    queue.enQueue(3);

    queue.displayQueue(); // 출력: Queue: 1 2 3

    queue.deQueue(); // 1 제거

    queue.displayQueue(); // 출력: Queue: 2 3

    queue.enQueue(4);
    queue.enQueue(5);

    queue.displayQueue(); // 출력: Queue: 2 3 4 5

    queue.enQueue(6); // 큐가 가득 차서 큐 확장
```

```
        queue.enQueue(7);
        queue.enQueue(8);

        queue.displayQueue(); // 출력: Queue: 2 3 4 5 6 7 8

    }
}
```

▶ 실행결과

```
Queue: 1 2 3
Queue: 2 3
Queue: 2 3 4 5
Queue: 2 3 4 5 6 7 8
```

〈예 VI-11〉 동적 환형 큐를 이용한 간단한 예제 프로그램

4 연결 리스트를 이용한 큐

연결 리스트를 이용한 큐는 동적 메모리 할당을 통해 필요한 만큼의 노드를 생성하므로 크기에 제한이 없어 데이터를 동적으로 저장하고 큐가 가득 차 있을 경우 큐를 확장할 필요가 없다. 다만, 연결 리스트를 사용한 큐는 배열로 만든 큐보다 코드가 더 복잡하다. 이는 노드를 동적으로 생성하고 해제하는 과정, 링크 필드를 조작하는 작업 등이 추가되기 때문이다.

<그림 VI-4>에서 보여주듯이, 연결 리스트를 사용한 큐에서는 각 노드가 데이터를 저장하는 부분과 다음 노드를 가리키는 링크 필드로 나누어진다. 이로 인해 배열로 구현된 큐보다 메모리 공간을 더 많이 사용한다. 또한 연결 리스트 기반의 큐에서는 각 원소를 나타내는 노드를 동적으로 생성하고, 사용이 끝나면 메모리에서 해제해야 하기 때문에 메모리 관리에 대한 추가적인 작업이 필요하다.

연결 리스트를 사용한 큐는 원소의 삽입과 삭제가 중간에서 일어날 때도 배열보다 유연하다. 배열 기반의 큐는 중간에서의 삽입과 삭제가 복잡할 수 있으나, 연결 리스트를 사용하면 간단하게 노드를 연결하거나 끊어 원소를 삽입하고 삭제를 할 수 있다.

배열 기반의 큐는 인덱스를 통한 빠른 접근이 가능하므로 상수 시간(예: O(1))에 원소에 접근할 수 있는 반면에 연결 리스트를 사용한 큐는 포인터를 통한 접근으로 인해 일반적으로 상수 시간에는 접근할 수 없으며, 선형 시간(예: O(n))이 필요하다. 결론적으로 배열 기반의 큐는 메모리 효

율적이고 빠른 접근이 가능하므로 작은 큐 또는 고정 크기의 큐에 적합하며, 연결 리스트를 사용한 큐는 크기가 동적으로 변하는 큐에 적합하다고 할 수 있다.

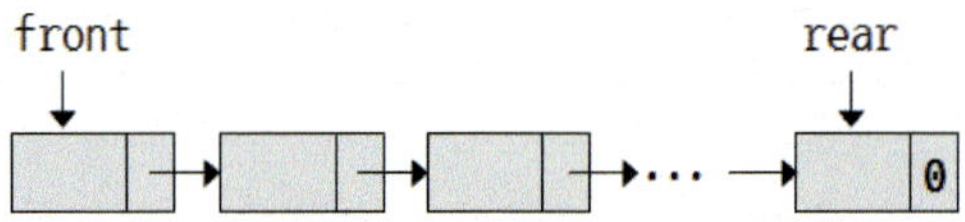

그림 VI-4 연결 리스트를 이용한 큐의 구조

<예 VI-12>는 다중 큐를 구현하고 여러 개의 큐를 배열로 관리하는 기본적인 구조를 정의한 것이다. 각 큐를 초기화하고 원소를 삽입하거나 삭제하는 등의 큐 작업을 수행할 때, front와 rear 배열을 사용하여 각 큐의 상태를 조절한다.

final static int MAX_QUEUES = 10;는 상수 MAX_QUEUES를 정의한 것으로 이 값은 배열에 저장될 큐의 최대 수를 나타낸다. class Queue { }는 Queue라는 클래스를 정의하는데 이 클래스는 큐의 각 원소를 나타내며, Element data와 Queue link 두 개의 필드를 가지고 있다.

Queue link는 다음 노드(원소)를 참조하는 변수로 큐의 각 원소가 다음 원소를 가리키는 링크를 가지고 있어 연결 리스트 형태로 큐를 표현할 수 있게 한다. Queue[] front와 Queue[] rear는 front와 rear라는 두 개의 배열을 선언하고, 이 배열들은 다중 큐를 관리하는 데 사용되며, front 배열은 각 큐의 앞쪽(front)을 가리키는 포인터를 저장하고, rear 배열은 각 큐의 뒷쪽(rear)을 가리키는 포인터를 저장한다.

```
class Queue
{
    Element data;
    Queue link;
}

public class LinkedListQueue
{
    final static int MAX_QUEUES = 10;  // 큐의 최대 수
    Queue[] front = new Queue[MAX_QUEUES];
    Queue[] rear = new Queue[MAX_QUEUES];
}
```

〈예 VI-12〉 연결 리스트를 이용한 큐의 클래스

<예 VI-13>은 연결 리스트 큐의 뒤에 새로운 원소를 삽입하는 addQueue 함수를 구현한 것이다. Queue temp;로 temp라는 노드를 가리키는 참조 변수를 선언하여 새로운 원소를 큐에 추가할 수 있게 한다. temp = new Queue();로 temp 변수가 참조하는 객체를 생성한다. 이 노드에는 큐에 삽입할 데이터 item과 다음 노드를 가리키는 link 필드가 있으며, temp.data = item; 으로 새로운 노드에 데이터 item을 저장한다.

temp.link = null;은 새로운 노드의 link 필드를 null로 초기화하여 현재 노드가 큐의 마지막 원소라는 것을 나타낸다. if(front[i] != null)은 큐 i의 front[i]가 참조하고 있는 노드가 있으면, 큐에 이미 원소가 하나 이상 있음을 의미한다.

rear[i].link = temp;는 이미 큐에 원소가 있는 경우, 현재 큐의 rear[i]가 참조하는 노드의 link 필드를 temp로 설정하여 새로운 노드를 큐의 뒤에 연결한다.

```
void addQueue(int i, Element item)
{ // 큐 i의 뒤에 원소를 삽입
    Queue temp;
    temp = new Queue();
    temp.data = item;
    temp.link = null;

    if(front[i] != null)
        rear[i].link = temp;
    else
        front[i] = temp;

    rear[i] = temp;
}
```

〈예 VI-13〉 연결 큐에 삽입

<예 VI-14>는 연결 큐에서 큐 i에서 원소를 삭제하는 함수인 deleteQueue()를 정의한 것을 보여준다. 이 함수는 i번째 큐에서 원소를 삭제하고 해당 원소를 반환한다. 먼저 삭제할 노드를 참조하기 위한 임시 참조 변수인 Queue temp변수를 선언하고 front[i]로 초기화한다. front[i]는 i번째 큐의 맨 앞 노드를 참조한다. 그리고 삭제된 원소를 저장하기 위한 Element타입인 item변수를 선언한다. 다음으로, temp가 null인지 확인하여 큐가 비어있는지 검사하고 만약 큐가 비어있다면 queueEmpty()함수를 호출하여 큐가 비어있다는 오류를 반환한다. 큐가 비어있지 않다면, item에 temp.data를 대입하여 삭제할 노드의 데이터를 저장한다. 그 다음, front[i]를 temp.link로 업데이트하여 큐에서 첫 번째 원소를 삭제한다.

마지막으로, 삭제된 원소의 데이터인 item을 반환한다.

```
Element deleteQueue(int i)
{ // 큐 i로부터 원소를 삭제
    Queue temp = front[i];
    Element item;

    if(temp == null)
        return queueEmpty();

    item = temp.data;
    front[i] = temp.link;

    return item;
}
```

〈예 VI-14〉 연결 큐에서 삭제

<예 VI-15>는 동적 메모리 할당을 이용하여, 연결 큐를 구현한 예제 프로그램을 보여준다. LinkedListQueueTest 클래스는 큐를 나타내기 위한 클래스로 front는 큐의 맨 앞(첫 번째) 원소를 가리키고, rear는 큐의 맨 뒤(마지막) 원소를 가리킨다. queueEmpty()는 큐가 비어있는지를 확인하는 함수이다. 큐가 비어있으면 1을 반환하고, 비어있지 않으면 0을 반환한다. addQueue()는 큐에 원소를 추가하는 함수로 새로운 노드를 위한 객체를 생성하고 해당 노드를 큐의 뒤(rear)에 추가한다. 빈 큐인 경우에는 front와 rear를 새로운 노드로 설정한다. deleteQueue()는 큐에서 원소를 삭제하고 삭제한 원소를 반환하는 함수로 front가 가리키는 원소를 삭제하고, front를 다음 원소로 이동시킨다. 만약 큐가 비어있다면 오류 메시지를 출력한다. peek()는 큐의 맨 앞 원소를 확인하는 함수이다.

```
class QueueNode
{
    int item;
    QueueNode link;

    QueueNode(int item) {
        this.item = item;
        link = null;
    }
}

public class LinkedListQueueTest
```

```
{
    QueueNode front = null;
    QueueNode rear = null;

    boolean isQueueEmpty()
    {
        return (front == null);
    }

    void addQueue(int item)
    {
        QueueNode temp = new QueueNode(item);
        temp.link = null;
        if (isQueueEmpty())
        {
            front = temp;
            rear = temp;
        }
        else
        {
            rear.link = temp;
            rear = temp;
        }
    }

    int deleteQueue() throws Exception
    {
        QueueNode temp = front;
        int item;
        if (isQueueEmpty())
            throw new Exception("큐가 비어있다.");

        item = temp.item;
        front = front.link;
        if (front == null)
            rear = null;
        return item;
    }

    int peek() throws Exception
    {
        if (isQueueEmpty())
            throw new Exception("큐가 비어있다.");
        return front.item;
    }
```

```
    public static void main(String[] args) throws Exception
    {
        LinkedListQueueTest q = new LinkedListQueueTest();
        q.addQueue(1);
        q.addQueue(2);
        q.addQueue(3);
        System.out.printf("deleteQueue() = %d\n", q.deleteQueue());
        System.out.printf("deleteQueue() = %d\n", q.deleteQueue());
        System.out.printf("deleteQueue() = %d\n", q.deleteQueue());
    }

}
```

▶ 실행결과

```
deleteQueue() = 1
deleteQueue() = 2
deleteQueue() = 3
```

〈예 VI-15〉 연결 큐 예제 프로그램

5 자바의 Queue 구현 클래스

자바의 Collection 중 Queue 인터페이스를 구현한 클래스 LinkedList나 ArrayDeque를 이용하면 큐를 쉽게 사용할 수 있다. Queue 인터페이스는 요소를 큐에 넣는 offer()와 요소를 큐에서 제거하는 poll() 메소드를 제공한다. <예 VI-16>은 자바의 LinkedList를 이용한 큐 사용 예시이다. LinkedList 대신 ArrayDeque 클래스로만 바꿔도 나머지 코드 변경 없이 동일하게 동작한다.

```
import java.util.LinkedList;
import java.util.Queue;

public class QueueExample {
    public static void main(String[] args) {
        // Queue 객체 생성 (LinkedList 사용)
        Queue<Integer> queue = new LinkedList<>();

        // 데이터 추가 (offer)
        queue.offer(1);
        queue.offer(2);
        queue.offer(3);
```

```
        // 큐의 맨 앞 요소 확인 (peek)
        System.out.println("Front element: " + queue.peek());  // 출력: 1

        // 데이터 제거 (poll)
        System.out.println("Removed element: " + queue.poll());  // 출력: 1

        // 다시 맨 앞 요소 확인
        System.out.println("Front element after poll: " + queue.peek());  // 출력: 2

        // 큐가 비었는지 확인 (isEmpty)
        System.out.println("Is queue empty? " + queue.isEmpty());  // 출력: false

        // 큐 크기 확인 (size)
        System.out.println("Queue size: " + queue.size());  // 출력: 2
    }
}
```

▶ 실행결과

```
Front element: 1
Removed element: 1
Front element after poll: 2
Is queue empty? false
Queue size: 2
```

〈예 VI-16〉 자바의 LinkedList 클래스를 이용한 큐 사용 예시

Exercise

01. 보통의 큐의 단점은 무엇이며, 이를 환형 큐에서 어떻게 해결하는지 설명하시오.

02. 동적으로 할당된 배열을 사용하여 환형 큐를 어떻게 구현하는지 적절한 예제로 설명하시오.

03. 환형 큐란 무엇인지 선형 큐와 어떻게 다른지 설명하시오.

04. 자바 언어로 환형 큐의 기본 작업을 작성하시오.

05. 환형 큐에서 발생하는 문제는 무엇인지 쓰시오. 그리고 이러한 문제를 동적 환형 큐가 어떻게 해결할 수 있는지 예제와 함께 설명하시오.

06. 큐를 구현하는데 필요한 최소한의 스택의 수는 얼마인지 쓰시오.

07. 큐를 구현할 때 배열 대신 연결 리스트를 사용하는 이유를 쓰시오.

08. 임의 길이의 문자열을 큐에 넣는 것을 구현하시오. 그리고 문자열을 큐에 넣는 데 걸리는 시간을 측정하시오.

09. 큐 Q에는 항목 a1, a2, ..., an이 순서대로 포함되어 있으며 a1은 맨 앞에 있고 an은 뒤에 있다. 초기에는 비어있는 스택 S로 이러한 항목을 전송하여 a1이 스택의 맨 위에 있고 다른 모든 항목의 순서가 보존되도록 해야 한다. 큐에 대한 enqueue 및 dequeue 연산과 스택에 대한 push 및 pop 연산을 사용하여 상기 작업을 수행하는 효율적인 O(n) 알고리즘을 설계하시오. 단, 추가 저장 공간은 상수만 사용해야 한다.

10. 다음 프로그램의 결과를 쓰시오.

```
Queue q = new Queue();
Stack s = new Stack();
s.push(new Integer(5));
s.push(new Integer(6));
s.push(s.peek());
s.push(new Integer(7));
q.enqueue(s.pop());
q.enqueue(new Integer(5));
q.enqueue(new Integer(6));
print(q.peek());
s.push(q.dequeue());
print(s.pop());
s.pop();
print(s.pop());
```

Chapter VII

트리(Tree)

본 장에서는 노드들의 나뭇가지처럼 연결된 계층적 구조를 갖는 자료구조인 트리에 대해 다룬다. 계층적 구조로 되어 있으므로 트리는 계층적 관계를 표현하고, 정렬하는 데 유용하게 사용된다.

트리는 비선형 자료구조 중 하나로, 노드(node)들의 집합으로 구성되며, 노드 간에 부모(parent)와 자식(child) 관계를 가지는 계층형 자료구조이다. 트리는 1개 이상의 노드로 이루어진 유한 집합으로써, 노드 중에는 루트(root)라는 노드가 하나 있고, 나머지 노드들은 n(≥ 0) 개의 분리 집합 T_1, ..., T_n 으로 분할될 수 있다. 여기서 T_1, ..., T_n 은 각각 하나의 트리이며 루트의 서브트리(subtree)라고 한다.

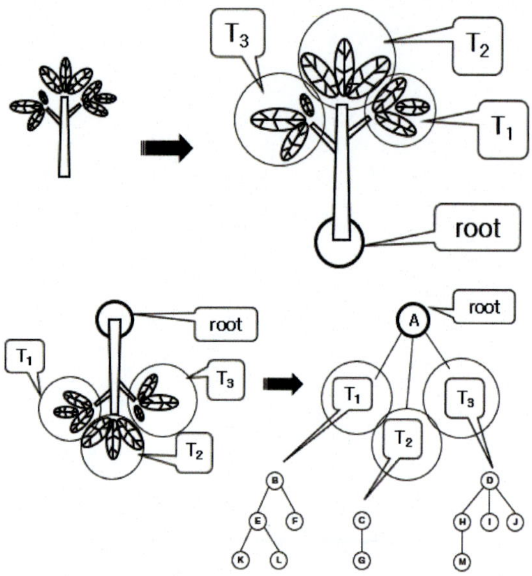

그림 VII-1 트리의 개념도

트리에서 사용되는 주요 용어들은 다음과 같다.

- 노드(node) : 다른 노드로 연결되는 가지를 가진 정보 아이템
- 노드의 차수(degree) : 한 노드의 서브트리(sub tree)의 수
- 트리의 차수(degree of tree) : 트리의 최대 차수
- 리프(leaf, 단말, terminal) 노드 : 차수가 0인 노드로 즉 맨 끝에 달린 노드
- 내부(internal, non-terminal) 노드 : 차수가 1 이상인 노드
- 부모(parent) : 부속 트리(subtree)를 가진 노드
- 자식(child) : 부모에 속하는 부속노드
- 형제(sibling) : 부모가 같은 자식 노드들
- 조상(ancestor) : 노드의 부모 노드들의 총 집합

- 자손(descendant) : 노드의 부속 트리에 있는 모든 노드들
- 레벨(level) : 루트 노드로부터의 깊이(루트 노드의 레벨 = 1)
- 트리의 깊이(depth of tree) : 트리에 속한 노드의 최대 레벨

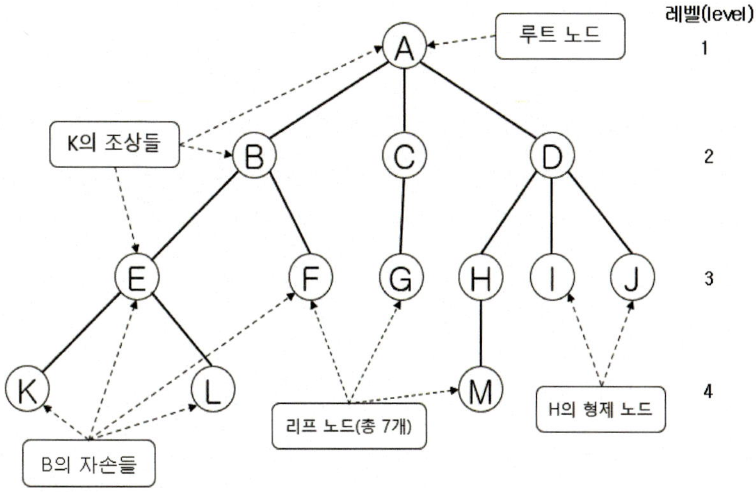

그림 VII-2 트리의 구성 원소들

1 트리의 표현

트리의 표현에는 여러 가지 방법이 있으며, 그 중에서도 두 가지 주요한 방법은 다음과 같다.

(1) 리스트 표현(List Representation)

<그림 VII-3>에 보여주듯이 리스트 표현 방법은 연결 리스트를 이용하여 트리를 표현하는 방식으로 각 노드는 데이터와 여러 개의 자식 노드를 가리키는 링크로 구성된다. 트리의 최대 차수(노드가 가질 수 있는 최대 자식 노드 수)만큼의 링크를 가질 수 있다. 각 링크는 해당 노드의 자식 노드를 가리킨다. 리스트 표현 방법은 트리의 구조를 효과적으로 나타내지만, 메모리 공간을 많이 사용할 수 있다.

data	link 1	link 2	…	link n

그림 VII-3 리스트로 표현된 트리

(2) 왼쪽 자식-오른쪽 형제 표현(Left Child-Right Sibling Representation)

<그림 VII-4>에 보여주듯이 왼쪽 자식-오른쪽 형제 표현 방법은 각 노드가 최대 두 개의 링크를 가지는 방식으로 첫 번째 링크는 해당 노드의 자식 노드를 가리키며, 두 번째 링크는 해당 노드의 오른쪽 형제 노드를 가리킨다. 이 방식은 트리의 구조를 간결하게 표현할 수 있으며, 메모리 공간을 더 효율적으로 사용할 수 있다.

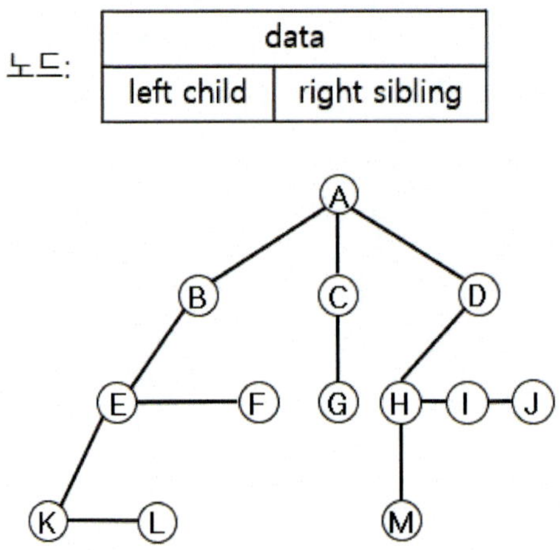

그림 VII-4 왼쪽 자식-오른쪽 형제 표현된 트리

두 가지 방법 중 어떤 방법을 선택할지는 트리의 특성과 사용 목적에 따라 다를 수 있다. 예를 들어, 트리의 차수가 크고 높이가 낮은 경우에는 리스트 표현이 더 적합할 수 있다. 그러나 트리의 차수가 작고 높이가 높은 경우에는 왼쪽 자식-오른쪽 형제 표현이 더 효율적이다.

2 이진 트리(Binary Tree)

이진 탐색 트리, 힙, 트라이 등 다양한 자료구조와 알고리즘에 응용되는 이진 트리(Binary Tree)는 노드들의 유한 집합으로 구성된 트리 구조로, 각 노드는 최대 두 개의 자식 노드를 가질 수 있다. 각 노드는 왼쪽 서브트리(left subtree)와 오른쪽 서브트리(right subtree)로 구분된다. 각 노드는 데이터를 저장하며, 두 개의 서브트리는 해당 노드의 자식 노드들을 나타낸다. 노드가 없을 때는 공백 노드로 표현된다.

<그림 VII-5>에서 보여주듯이 이진 트리는 루트(root) 노드와 그 루트 노드의 왼쪽 서브트리와 오른쪽 서브트리로 구성된다. 루트 노드는 트리의 맨 위에 위치하며, 서브트리는 루트 노드의 자식 노드들과 그 자식 노드들의 서브트리로 구성된다.

이진 트리는 노드가 없는 경우, 즉 공백 노드를 가질 수 있다. 이것은 해당 위치에 서브트리가 존재하지 않음을 나타낸다. 각 노드가 최대 두 개의 자식 노드를 가질 수 있는 이진 트리로 변환될 수 있기 때문에 모든 일반 트리는 이진 트리로 표현할 수 있다.

이진 트리의 레벨 i에서의 최대 노드 수는 2^{i-1}로 레벨 1에서는 1개의 노드, 레벨 2에서는 2개의 노드, 레벨 3에서는 4개의 노드, 그리고 레벨 k에서는 2^{k-1}개의 노드를 가질 수 있음을 의미한다.

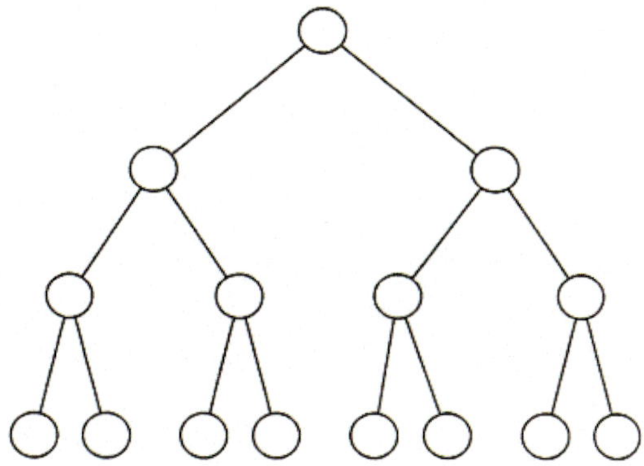

그림 VII-5 이진 트리의 예

(1) 이진 트리의 분류

이진 트리는 포화 이진 트리, 완전 이진 트리, 그리고 편향 이진 트리 등 몇가지 유형으로 분류할 수 있다.

가. 포화 이진 트리(Perfect Binary Tree)

포화 이진 트리는 모든 레벨의 노드가 꽉 찬 상태인 이진 트리를 의미하는데, 트리의 높이가 h일 때, 노드의 개수는 (2^{h+1})개이며, 모든 레벨에 노드가 꽉 차 있게 된다. <그림 VII-6>에서 보여주듯이 높이가 3인 포화 이진 트리는 총 15개의 노드를 갖는다.

포화 이진 트리의 각 노드는 왼쪽 서브트리와 오른쪽 서브트리를 갖는다. 이것은 모든 노드가 자식 노드를 가지는 완전한 이진 구조를 나타낸다.

포화 이진 트리는 왼쪽과 오른쪽 서브트리의 높이 차가 항상 0 또는 1로 유지된다. 이것은 트리의 균형을 나타내며, 탐색 연산 등의 작업에 있어서 일관된 성능을 제공한다.

포화 이진 트리는 주로 힙(Heap) 자료구조와 관련이 있으며, 이진 탐색 트리의 일반화된 형태로도 볼 수 있다. 힙은 데이터에서 최솟값 또는 최댓값을 빠르게 찾기 위해 사용되며, 이러한 작업에서 포화 이진 트리의 특성이 중요하다. 또한 포화 이진 트리는 데이터의 삽입과 삭제가 특정 규칙에 따라 이루어지는 경우에 사용될 수 있다. 그러나 현실적으로는 데이터 구조의 대부분은 완전한 포화 이진 트리 형태가 아니며, 더 일반적인 이진 트리 형태를 갖는다.

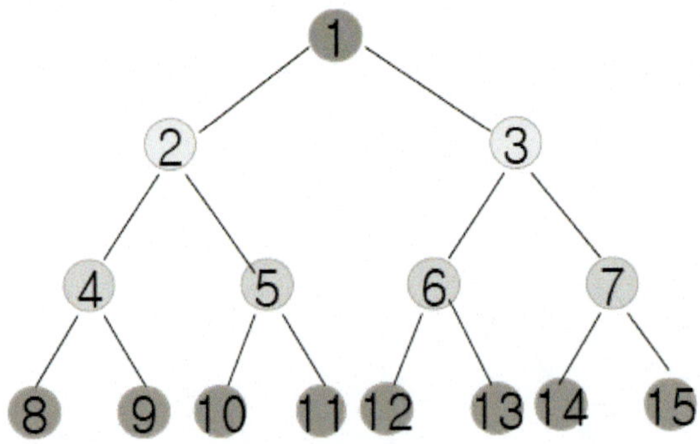

그림 VII-6 포화 이진 트리의 예

나. 완전 이진 트리(Complete Binary Tree)

완전 이진 트리는 이진 트리의 특별한 형태 중 하나로, 트리의 높이가 h이고, 노드 수가 n개일 때 (단, $n < 2^h-1$), 노드의 위치가 포화 이진 트리의 노드 1번부터 n번까지의 위치와 완전히 일치하는 이진 트리를 나타낸다. 완전 이진 트리는 노드가 왼쪽부터 오른쪽으로 채워지는 형태를 갖는다. 따라서 <그림 VII-7>에서 보여주듯이 높이가 h인 완전 이진 트리는 노드의 개수가 (2^h)개에서 $(2^{h+1}-1)$개 사이에 위치한다. 즉, 높이에 따라 노드 수가 1, 3, 7, 15, ...와 같이 늘어난다.

완전 이진 트리의 각 노드는 왼쪽 서브트리와 오른쪽 서브트리를 갖는다. 이것은 이진 트리의 일반적인 특성이다. 완전 이진 트리에서 노드들은 레벨별로 왼쪽에서 오른쪽으로 순서대로 배치된다. 레벨 k(1부터 시작)에서 노드의 위치는 왼쪽부터 오른쪽으로 채워지며, 다음 레벨로 넘어가기 전에 왼쪽부터 노드가 채워진다.

완전 이진 트리는 배열(Array)로 효과적으로 구현할 수 있어, 데이터 구조와 알고리즘에서 널리 사용된다. 배열로 구현할 때, 각 노드의 인덱스를 통해 부모, 자식 노드를 쉽게 찾을 수 있다. 또한, 이진 탐색 트리(Binary Search Tree)의 일부 구현에서도 활용된다. 완전 이진 트리는 데이터의 삽입과 삭제가 특정 규칙에 따라 이루어지는 경우에 유용하며, 힙(Heap) 자료구조나 우선순위 큐(priority queue) 등의 구현에 주로 사용된다.

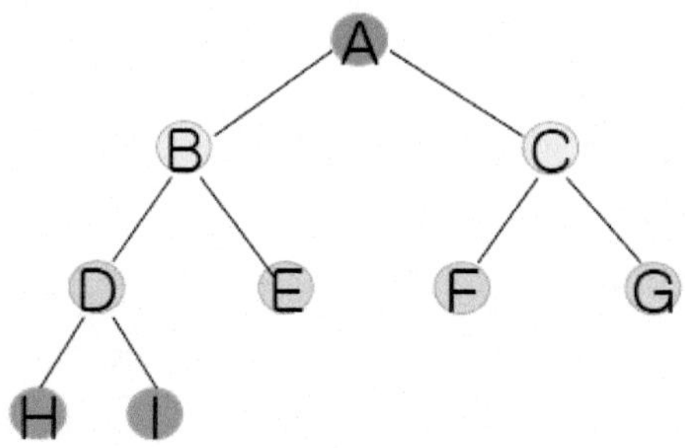

그림 VII-7 완전 이진 트리의 예

다. 편향 이진 트리(Skewed Binary Tree)

이진 트리 중에서 가장 간단한 형태인 편향 이진 트리(Skewed Binary Tree)는 이진 트리(binary tree) 중에서도 특별한 형태를 가지며, 최소 개수의 노드를 가지면서 왼쪽이나 오른쪽 서브 트리만을 가지는 트리이다. 이 트리는 주로 한 쪽 방향으로만 자식 노드를 가지는 특징을 갖고 있다.

<그림 VII-8>에서 보여주듯이 편향 이진 트리는 모든 노드가 왼쪽 자식 노드만을 가지거나 오른쪽 자식 노드만을 가지며, 반대 방향의 자식을 가지지 않는다. 따라서 편향 이진 트리는 균형(balanced)이 무너진 상태로 즉, 한 쪽 방향으로만 노드가 증가하면서 트리가 한 쪽으로 치우쳐져 있으며, 특정 연산에 대해 최악의 성능을 보일 수 있다. 편향 이진 트리의 높이는 h이며, 노드 수 n은 최대 2^h-1개이다.

편향 이진 트리는 트리의 균형이 무너진 상태이기 때문에, 일반적인 이진 트리의 장점을 활용하기 어렵다. 특히 트리의 탐색 시간이 길어지며, 최악의 경우에는 연결 리스트와 유사한 성능을 보일 수 있다. 그러므로 트리가 균형을 유지하지 못하는 경우, 트리의 균형을 조정하는 작업이 필요할 수 있다. 균형을 조정하는 방법으로 AVL 트리, 레드-블랙 트리 등의 자료구조를 사용하여 편향 이진 트리를 균형 잡힌 이진 트리로 변환할 수 있다.

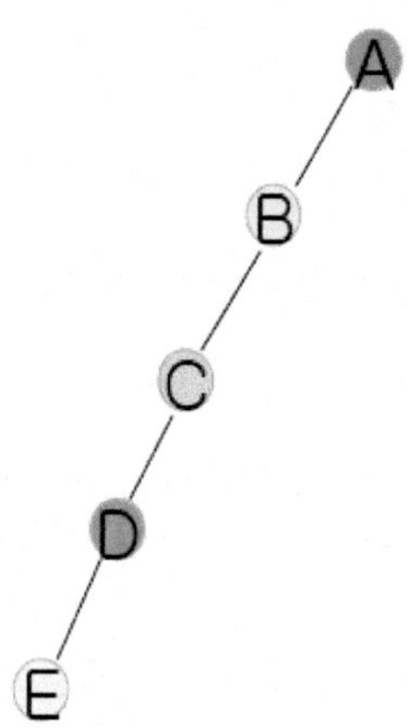

그림 VII-8 편향 이진 트리

(2) 이진 트리의 구현

가. 배열을 이용한 이진 트리 구현

이진 트리를 배열을 이용하여 표현하는 방법은 트리의 노드를 레벨 순서대로 배열에 저장하는 방식이다. 이 방법을 통해 트리의 구조를 간결하게 표현할 수 있으며, 특히 완전 이진 트리(Complete Binary Tree)와 같이 레벨 순서에 따라 노드가 채워진 경우에 효과적이다. 이러한 배열 표현을 통해 노드 간의 관계를 쉽게 파악할 수 있다.

배열을 사용하여 이진 트리를 표현하기 위해서는 먼저 트리의 높이를 고려하여 배열을 설정해야 한다. 트리의 최대 높이를 h라고 가정하면 배열의 크기는 $2^h - 1$이 된다. 이는 완전 이진 트리의 경우에 모든 레벨이 노드로 꽉 차 있기 때문에 성립한다. 배열의 첫 번째 원소, 즉 T[1]에 루트 노드를 저장한다. 이것은 트리의 가장 상위 레벨에 해당하는 노드가 된다. 루트 노드 이후부터 배열을 왼쪽에서 오른쪽으로 순차적으로 채워나간다. 레벨 순서대로 노드를 저장하는데, 각 노드는 배열의 인덱스를 기준으로 부모 노드의 위치를 찾을 수 있다. 예를 들어, <그림 VII-9>에서 보여주듯이 완전 이진 트리를 배열로 표현하는 경우 T[1]에는 루트 노드 A가 저장되고, T[2]에는 노드 B가, T[3]에는 노드 C가, T[4]에는 노드 D가 저장된다.

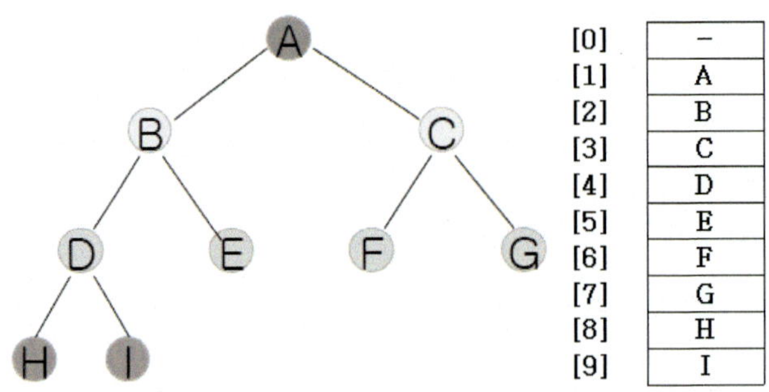

그림 VII-9 완전 이진 트리의 배열 표현

또한 <그림 VII-10>의 왼쪽 편향 이진 트리(Left-skewed Binary Tree)를 배열로 표현하면, T[]에서 루트 노드는 T[0], 왼쪽 자식 노드는 T[1], 그다음 왼쪽 자식 노드는 T[3], 그다음 왼쪽 자식 노드는 T[5], 이런 식으로 배열을 채워나간다. 반대로 오른쪽 편향 이진 트리의 경우 T[]에서 루트 노드는 T[0], 오른쪽 자식 노드는 T[2], 그다음 오른쪽 자식 노드는 T[4], 그다음 오른쪽 자식 노드는 T[5], 이런 식으로 배열을 채워나가면 된다.

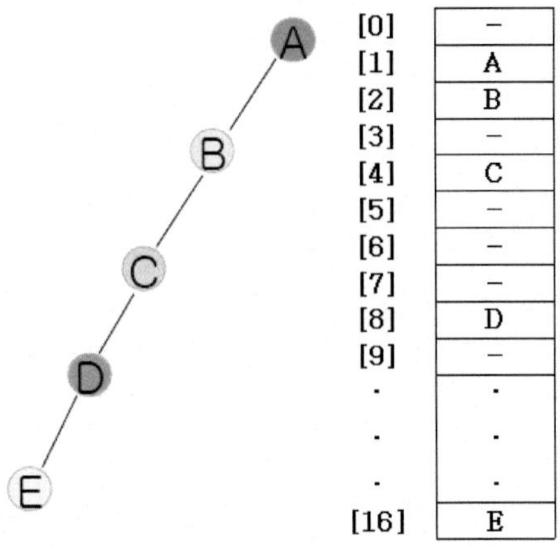

그림 VII-10 편향 이진 트리의 배열 표현

<표 VII-1>에서 보여주듯이 부모 노드의 인덱스를 i라고 하면, 왼쪽 자식 노드의 인덱스는 2i가 되고, 오른쪽 자식 노드의 인덱스는 2i + 1이 된다. 이런식으로 배열을 채워나가면 트리의 구조를 배열에 저장할 수 있다.

트리의 레벨 순서에 따라 노드를 배열에 저장하는 경우, 공백 노드도 함께 저장될 수 있다. 공백 노드는 자식 노드가 없는 경우에 해당하며, 특별한 값을 사용하거나 무시하면 된다.

표 VII-1 이진 트리의 노드의 인덱스

노 드	인 덱 스	성립 조건
노드 i의 부모 노드	$\lfloor i/2 \rfloor$	$i \neq 0$
노드 i의 왼쪽 자식 노드	$(2 * i)$	$2 * i \leq n$
노드 i의 오른쪽 자식 노드	$(2 * i) + 1$	$(2 * i) + 1 \leq n$
루트 노드	1	$0 < n$

배열을 이용한 이진 트리 구현하면 우선 각 노드를 배열의 특정 인덱스에 저장하기 때문에 노드의 부모와 자식 노드를 쉽게 찾을 수 있다. 또한 배열을 사용하면 특정 레벨의 노드들을 순차적으로 접근하기가 매우 간단하기 때문에 노드를 쉽게 찾을 수 있다. 이진 트리의 레벨 m에서 k번째 노드의 위치의 인덱스는 $(2^m-1) + (k-1)$이다.

완전 이진 트리와 같이 트리가 레벨 순서대로 꽉 차 있는 경우 배열을 통한 표현은 공간적으로 효율적이다. 즉, 트리의 모든 레벨이 꽉 차 있지 않더라도 배열은 모든 레벨에 대한 공간을 확보하므로 메모리 공간을 효율적으로 활용하게 된다.

그러나, 배열로 트리를 저장할 때 배열의 크기는 트리의 최대 깊이에 의해 결정된다. 따라서 실제 트리가 특정 깊이보다 더 얕은 경우, 배열 내에 불필요한 공간이 낭비될 수 있다. 또한 트리가 배열에 저장된 공간을 초과하면 프로그램은 메모리 부족으로 종료될 수 있다. 따라서 트리의 크기를 예상하여 배열 크기를 설정해야 한다.

나. 연결 리스트 자료구조를 이용한 이진 트리의 표현

연결 리스트 자료구조를 이용한 이진 트리의 표현은 <예 VII-1>과 같이 트리의 각 노드를 노드 클래스로 표현하며, 각 노드는 데이터 필드와 두 개의 자식 노드 참조 필드(왼쪽 자식 참조 필드와 오른쪽 자식 참조 필드)로 구성된다. <그림 VII-11>과 같이 데이터 필드는 노드에 저장될 실제 데이터 값을 갖는데 이 값은 해당 노드가 특정 데이터를 나타내는 데 사용되며 데이터 필드는 트리의 핵심 정보를 담고 있으며, 트리가 어떤 종류의 데이터를 다루는지를 정의한다.

왼쪽 자식 참조 필드(left_child)는 현재 노드의 왼쪽 자식 노드를 가리키는 참조이다. 이진 탐색 트리의 경우 왼쪽 자식 노드는 현재 노드보다 작은 값을 갖는 데이터를 갖는다. 즉, 왼쪽 자식 참조 필드는 현재 노드의 왼쪽 서브트리를 가리키는 역할을 한다.

오른쪽 자식 참조 필드(right_child)는 현재 노드의 오른쪽 자식 노드를 가리키는 참조이다. 이진 탐색 트리의 경우 오른쪽 자식 노드는 현재 노드보다 큰 값을 갖는 데이터를 갖는 노드이다. 즉, 오른쪽 자식 참조 필드는 현재 노드의 오른쪽 서브트리를 가리키는 역할을 한다. <그림 VII-12>와 <그림 VII-13>은 각각 완전 이진 트리와 편향 이진 트리의 연결 리스트 표현을 보여준다.

연결 리스트를 이용한 이진 트리의 표현은 메모리 공간을 효율적으로 활용할 수 있으며, 동적으로 크기를 조절할 수 있어 삽입과 삭제 연산이 용이하다. 이러한 특성은 이진 탐색 트리와 같은 자료구조를 구현할 때 유용하게 사용된다.

```
class TreeNode
{
    int data;
    TreeNode left_child;
    TreeNode right_child;
}
```

〈예 VII-1〉 이진 트리의 연결 리스트 구조체

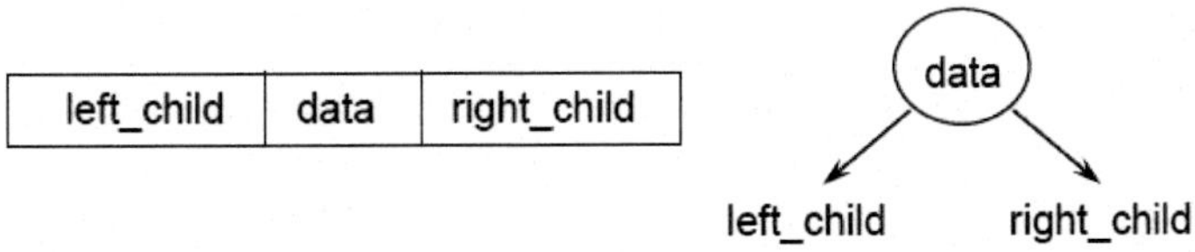

그림 VII-11 이진 트리의 연결 리스트 표현

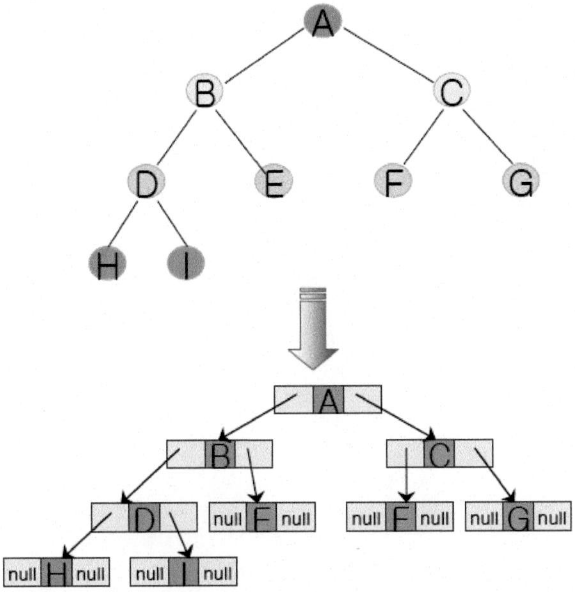

그림 VII-12 완전 이진 트리의 연결 리스트 표현

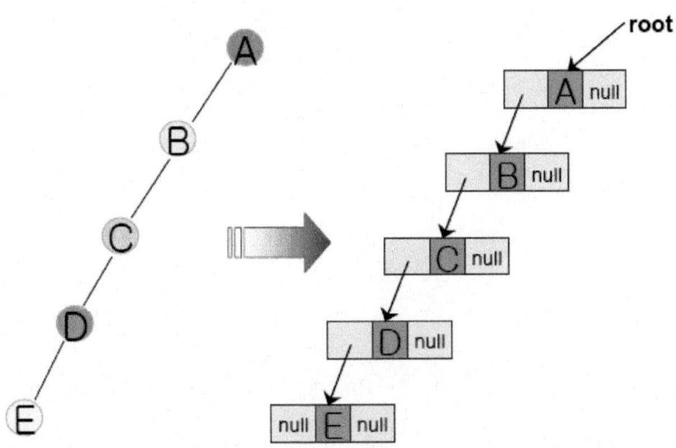

그림 VII-13 편향 이진 트리의 연결 리스트 표현

<예 VII-2>는 이진 트리를 구현한 간단 예제 프로그램을 보여준다. 트리 노드를 나타내는 TreeNode 클래스를 정의하고, 이를 사용하여 세 개의 노드를 생성하여 이진 트리를 만든다. TreeNode 클래스로 표현되는 각 노드는 정수형 데이터 (int data)를 가지며, 왼쪽 자식 노드와 오른쪽 자식 노드를 가리키는 참조를 포함하고 있다. 세 개의 노드 n1, n2, n3에 대해 new를 사용하여 생성한 객체를 참조하도록 한다. 그리고 첫 번째 노드의 데이터는 10, 두 번째 노드에는 20, 세 번째 노드에는 30을 저장하고, 첫 번째 노드인 n1의 left 참조 변수를 n2로, right 참조 변수를 n3로 설정하여 노드 간의 연결을 구성하여 노드 n1은 왼쪽 자식으로 n2, 오른쪽 자식으로 n3을 가리키게 한다. 두 번째 노드인 n2와 n3은 왼쪽 자식과 오른쪽 자식을 가지지 않기 때문에 해당 참조를 null로 설정하여 초기화한다.

```
class TreeNode
{
    int data;
    TreeNode left;
    TreeNode right;
}

public class BinaryTree
{
    //      n1
    //     / \
    //    n2   n3
    public static void main(String[] args)
    {
        TreeNode n1, n2, n3;
        n1 = new TreeNode();
        n2 = new TreeNode();
        n3 = new TreeNode();
        n1.data = 10; // 첫 번째 노드 설정
        n1.left = n2;
        n1.right = n3;
        n2.data = 20; //  두 번째 노드 설정
        n2.left = null;
        n3.right = null;
        n3.data = 10; // 세 번째 노드 설정
        n3.left = null;
        n3.right = null;
    }
}
```

〈예 VII-2〉 이진 트리의 연결 리스트를 이용한 예제 프로그램

(3) 이진 트리의 순회(Binary Tree Traversal)

이진 트리 순회는 이진 트리를 특정 순서로 방문하고 노드를 처리하는 방법을 의미하다. 이진 트리는 각 노드가 최대 두 개의 자식 노드를 가질 수 있는 트리 구조이기 때문에, 이진 트리를 탐색하고 데이터를 처리하는 데에는 다양한 방법이 사용된다. 가장 일반적인 이진 트리 순회 방법으로는 중위 순회(Inorder Traversal), 전위 순회(Preorder Traversal), 후위 순회(Postorder Traversal)가 있다.

각각의 순회 방법은 트리의 구조를 다르게 탐색하고, 특정 작업을 수행하기 위해 선택된다. 예를 들어, 중위 순회는 이진 탐색 트리에서 노드를 정렬된 순서로 출력할 때 유용하며, 전위 순회는 트리의 구조를 복원할 때 사용할 수 있다. 후위 순회는 노드 삭제와 같은 작업에 적합하다. 트리 순회는 재귀(recursion)를 사용하여 구현할 수 있으며, 스택(Stack)을 이용하여 반복(iterative)적으로 구현할 수도 있다.

가. 중위 순회

중위 순회는 루트 노드에서 출발하여 더 이상 왼쪽으로 갈 수 없을 때까지 왼쪽 자식 노드로 이동하면서 각 노드를 스택에 push한다. 왼쪽 자식 노드로 더 이상 이동할 수 없게 되면 현재 노드를 방문하고 처리한다. 그리고 오른쪽 자식 노드로 이동한다. 만약 오른쪽 자식이 없다면 스택에서 pop하여 이전 노드로 돌아간다.

다시 왼쪽 자식 노드로 이동하고 위 작업을 반복한다. <그림 VII-14>는 이진 트리 중위 순회의 예를 보여준다.

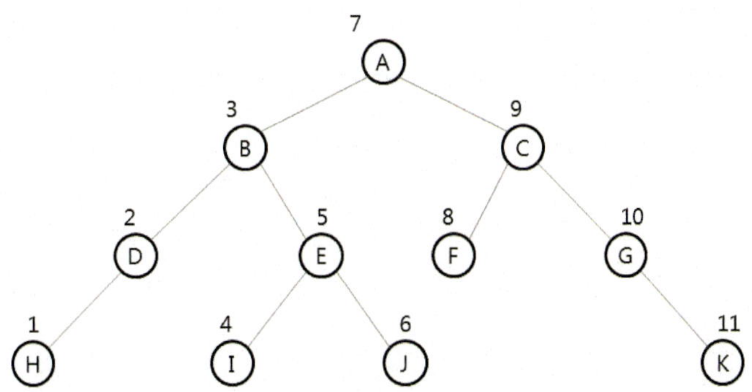

그림 VII-14 이진 트리 중위 순회의 예

<예 VII-3>은 중위 순회를 이용하여 이진 트리를 순회하는 과정을 보여준다. inorder()의 인자 TreeNode tree는 순회를 시작할 노드를 참조하는 변수이다. 일반적으로 이 함수를 처음 호출할

때에는 루트 노드를 전달한다. 여기서 주요한 부분은 함수 내부의 재귀 호출이다. inorder() 함수가 호출되면, 현재 노드를 검사하고 만약 현재 노드가 존재한다면, 먼저 왼쪽 서브트리를 중위 순회한다. 이는 inorder(tree.left)와 같이 재귀 호출로 구현되며 왼쪽 서브트리를 먼저 순회하면서, 현재 노드의 데이터를 출력한다. 마지막으로 오른쪽 서브트리를 중위 순회한다. 이것도 역시 재귀 호출을 이용하여 inorder(tree.right)와 같이 수행된다.

```
public static void inorder(TreeNode tree){
    if(tree != null){
        inorder(tree.left);
        System.out.printf("%d ", tree.data);
        inorder(tree.right);
    }
}
```

〈예 VII-3〉 이진 트리의 중위 순회

나. 전위 순회

전위 순회(Preorder Traversal)는 루트 노드를 먼저 방문하고, 왼쪽 자식 노드로 이동하여 왼쪽 서브트리를 전위 순회한다. 왼쪽 서브트리의 순회가 완료되면, 오른쪽 자식 노드로 이동하여 오른쪽 서브트리를 전위 순회한다. 오른쪽 서브트리의 순회가 완료되면, 부모 노드로 돌아간다. 부모 노드의 왼쪽 서브트리와 오른쪽 서브트리에 대해 동일한 작업을 반복하며 전체 트리를 순회하고 더 이상 순회할 노드가 없으면 순회를 종료한다. <그림 VII-15>는 이진 트리 전위 순회의 예를 보여준다.

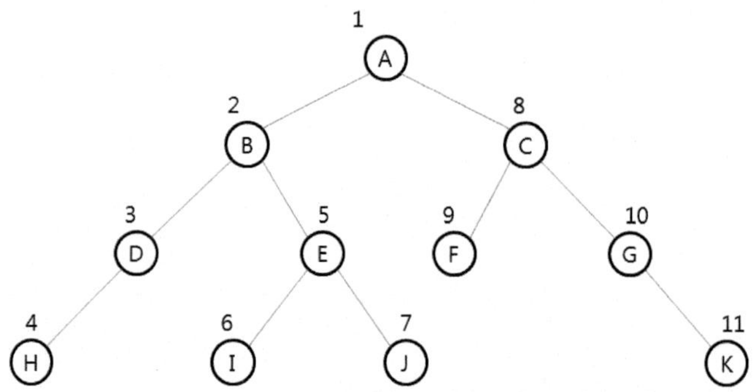

그림 VII-15 이진 트리 전위 순회의 예

<예 VII-4>는 전위 순회를 이용하여 이진 트리를 재귀로 순회하는 과정을 보여준다. preorder()의 인자 TreeNode tree는 순회를 시작할 노드를 참조하는 변수이다. 현재 노드가 존재하는지 검사하

4 우선순위 큐(Priority Queue)

우선순위 큐는 각 요소에 우선순위를 부여하고, 우선순위가 가장 높은 요소가 항상 가장 먼저 나오는 자료구조이다. 우선순위 큐는 작업 스케줄링에서 우선순위가 높은 작업을 먼저 처리하거나, 그래프 알고리즘에서 최단 경로를 찾는 등 다양한 응용 분야에서 활용된다.

우선순위 큐는 일반 큐와는 다르게 요소들이 들어온 순서대로 처리되지 않고, 우선순위에 따라 처리된다. 가장 일반적인 방법으로는 최소 우선순위 큐(Min Priority Queue)와 최대 우선순위 큐(Max Priority Queue)가 있다. 최소 우선순위 큐는 가장 낮은 우선순위를 가진 요소가 먼저 나오는 큐로 주로 최단 경로 알고리즘인 다익스트라 알고리즘에서 활용된다. 최대 우선순위 큐는 가장 높은 우선순위를 가진 요소가 먼저 나오는 큐로 힙(Heap) 자료구조를 사용하여 구현되며, 주로 작업 스케줄링이나 최대값을 찾아야 하는 상황에서 사용된다.

우선순위 큐는 힙, 이진 탐색 트리, 정렬된 배열 등 다양한 자료구조를 활용하여 구현할 수 있다. 구체적인 우선순위 큐의 동작은 구현 방법에 따라 다를 수 있으나, 일반적으로 새로운 요소를 큐에 추가하면서 우선순위를 유지하는 삽입 연산, 가장 높은(또는 낮은) 우선순위를 가진 요소를 큐에서 제거하는 삭제 연산 그리고,가장 높은(또는 낮은) 우선순위를 가진 요소를 큐에서 제거하지 않고 확인하는 최우선순위 원소 확인(Peek) 연산이 있다.

(1) 정적 배열을 이용한 우선순위 큐 구현

<예 VII-11>은 정적배열을 이용한 우선순위 큐에서 원소를 큐에 넣고 빼면서 내림차순으로 출력하는 예제 프로그램을 보여준다. enqueue()를 사용하여 원소를 큐에 삽입하고, 원소의 우선순위에 따라 최대 힙(Max Heap)의 형태를 유지하고, dequeue()를 사용하여 큐에서 원소를 제거하고, 큐에서 가장 우선순위가 높은 원소를 제거하고 반환하는데 최대 힙의 형태를 유지하면서 동작한다.

```
public class PriorityQueue
{
    final static int MAX_SIZE = 100;
    int heap[] = new int[MAX_SIZE];
    int size = 0;

    void enqueue(int item) throws Exception
    {
        if (size >= MAX_SIZE) {
            throw new Exception("Queue is full. Cannot enqueue.");
```

```
        }
        int i = ++size;
        while (i > 1 && item > heap[i / 2]) {
            heap[i] = heap[i / 2];
            i /= 2;
        }
        heap[i] = item;
    }
    int dequeue() throws Exception
    {
        if (size == 0) {
            throw new Exception("Queue is empty. Cannot dequeue.");
        }

        int parent = 1, child = 2;
        int item = heap[1];
        int temp = heap[size--];
        while (child <= size) {
            if (child < size && heap[child] < heap[child + 1]) {
                child++;
            }
            if (temp >= heap[child]) {
                break;
            }
            heap[parent] = heap[child];
            parent = child;
            child *= 2;
        }
        heap[parent] = temp;
        return item;
    }
    public static void main(String[] args) throws Exception
    {
        PriorityQueue pq = new PriorityQueue();

        pq.enqueue(10);
        pq.enqueue(45);
        pq.enqueue(19);
        pq.enqueue(11);
        pq.enqueue(96);
        System.out.printf("Dequeue elements in descending order:\n");
        while (pq.size > 0) {
            int item = pq.dequeue();
            System.out.printf("%d ", item);
        }
```

```
    }
}
```

▶ 실행결과

```
Dequeue elements in descending order:
96 45 19 11 10
```

〈예 VII-11〉 정적 배열을 이용한 우선순위 큐 예제 프로그램

(2) 힙을 이용한 우선순위 큐 구현

<예 VII-12>는 힙을 이용한 우선순위 큐에서 원소를 큐에 넣고 빼면서 오름차순으로 출력하는 예제 프로그램을 보여준다. insert()를 사용하여 원소를 큐에 삽입하고, 원소의 우선순위에 따라 최소 힙(Min Heap)의 형태를 유지한다. deleteMin()를 사용하여 큐에서 가장 우선순위가 낮은 원소를 제거하고 반환한다. 이 역시 최소 힙의 형태를 유지하면서 동작한다.

```
public class MinHeap
{
    final static int MAX_SIZE = 100;
    int[] elements = new int[MAX_SIZE];
    int size = 0;

    void swap(int a, int b)
    {
        int temp = elements[a];
        elements[a] = elements[b];
        elements[b] = temp;
    }

    void minHeapify(int index)
    {
        int smallest = index;
        int left = 2 * index + 1;
        int right = 2 * index + 2;
        if (left < size && elements[left] < elements[smallest]) {
            smallest = left;
        }
        if (right < size && elements[right] < elements[smallest]) {
            smallest = right;
        }
```

```
        if (smallest != index) {
            swap(index, smallest);
            minHeapify(smallest);
        }
    }

    boolean isEmpty()
    {
        return size == 0;
    }

    void insert(int item) throws Exception
    {
        if (size >= MAX_SIZE) {
            throw new Exception("Priority queue is full. Cannot insert.");
        }
        elements[size++] = item;
        int current = size - 1;
        while (current > 0 && elements[current] < elements[(current - 1) / 2]) {
            swap(current, (current - 1) / 2);
            current = (current - 1) / 2;
        }
    }
    int deleteMin() throws Exception
    {
        if (isEmpty()) {
            throw new Exception("Priority queue is empty. Cannot delete.");
        }
        int minItem = elements[0];
        elements[0] = elements[size - 1];
        size--;
        minHeapify(0);
        return minItem;
    }
    public static void main(String[] args) throws Exception
    {
        MinHeap minHeap = new MinHeap();

        minHeap.insert(10);
        minHeap.insert(45);
        minHeap.insert(19);
        minHeap.insert(11);
        minHeap.insert(96);

        System.out.printf("Deleted elements in ascending order:\n");
```

```
        while (!minHeap.isEmpty()) {
            int item = minHeap.deleteMin();
            System.out.printf("%d ", item);
        }
    }
}
```

실행결과

```
Deleted elements in ascending order:
10 11 19 45 96
```

〈예 VII-12〉 힙을 이용한 우선순위 큐 예제 프로그램

(3) 이진 탐색 트리를 이용한 우선순위 큐 구현

<예 VII-13>은 이진 탐색 트리를 이용한 우선순위 큐에서 원소를 큐에 넣고 빼면서 내림차순으로 출력하는 예제 프로그램을 보여준다. insert()를 사용하여 노드를 트리에 추가하면서 이진 탐색 트리의 조건을 유지한다. enqueue()를 사용하여 우선순위 큐에 노드를 삽입하는데, 노드의 값은 원소의 값이며, 이진 탐색 트리에 삽입하는 것과 유사하게 동작한다. 이진 탐색 트리는 아래에서 다룬다.

dequeue()를 사용하여 이진 탐색 트리에서 가장 큰 값을 가진 노드를 찾아 삭제하고 반환한다. 이 과정을 반복하여 큐의 원소를 삭제하면서 큰 순서대로 출력된다. inorder()를 사용하여 중위 순회를 수행하여 오름차순으로 정렬된 순서로 출력한다.

```
// 이진 탐색 트리 노드 클래스
class TreeNode {
    int data;
    TreeNode left;
    TreeNode right;
}

public class BinaryTreePriorityQueue
{
    TreeNode root = null;

    private TreeNode createNode(int data)
    {
        TreeNode newNode = new TreeNode();
        newNode.data = data;
```

```
        newNode.left = newNode.right = null;
        return newNode;
    }

    // 노드 삽입 함수 (재귀적)
    private TreeNode insert(TreeNode root, int data)
    {
        if (root == null) {
            return createNode(data);
        }
        if (data > root.data) {
            root.right = insert(root.right, data);
        } else {
            root.left = insert(root.left, data);
        }
        return root;
    }

    // 우선순위 큐에 원소 추가 함수
    void enqueue(int data)
    {
        root = insert(root, data);
    }

    // 최대 우선순위 원소 삭제 함수 (가장 큰 원소 삭제)
    int dequeue() throws Exception
    {
        TreeNode current = root;
        TreeNode parent = null;
        if (current == null) {
            throw new Exception("Queue is empty. Cannot dequeue.");
        }
        while (current.right != null) {
            parent = current;
            current = current.right;
        }
        int maxItem = current.data;
        if (parent != null) {
            parent.right = current.left;
        } else {
            root = current.left;
        }
        return maxItem;
    }
```

```
    // 중위 순회 함수 (오름차순 출력)
    private void _inorder(TreeNode root) {
        if (root != null) {
            _inorder(root.left);
            System.out.printf("%d ", root.data);
            _inorder(root.right);
        }
    }

    void inorder() {
        _inorder(root);
    }

    public static void main(String[] args)
    {
        BinaryTreePriorityQueue pq = new BinaryTreePriorityQueue();

        pq.enqueue(10);
        pq.enqueue(45);
        pq.enqueue(19);
        pq.enqueue(11);
        pq.enqueue(96);
        System.out.printf("Inorder traversal (ascending order):\n");
        pq.inorder();
        System.out.printf("\nDequeue elements in descending order:\n");
        while (true) {
            try {
                int item = pq.dequeue();
                System.out.printf("%d ", item);
            } catch (Exception e) {
                break; // no more data in the queue.
            }
        }
    }

}
```

실행결과

```
Inorder traversal (ascending order):
10 11 19 45 96
Dequeue elements in descending order:
96 45 19 11 10
```

〈예 VII-13〉 이진 탐색 트리를 이용한 우선순위 큐 예제 프로그램

5 힙 정렬(Heap Sort)

힙 정렬은 힙 자료구조를 이용하여 정렬하는 알고리즘 중 하나이다. 힙은 완전 이진 트리(Complete Binary Tree)의 일종으로, 부모 노드와 자식 노드 간에 일정한 순서가 정해져 있는 자료구조이기 때문에 힙을 이용하면 정렬을 쉽게 할 수 있다.

힙을 이용하여 정렬하기 위해서는 먼저 정렬해야 할 n개의 원소들을 최대 힙(Max Heap) 또는 최소 힙(Min Heap)으로 구성한다. 이때, 최대 힙을 사용하면 내림차순 정렬이 이루어지고, 최소 힙을 사용하면 오름차순 정렬이 이루어진다. 각 원소를 힙에 삽입하는 데는 O(log n)의 시간이 소요된다. 그리고 한 번에 하나의 원소를 힙에서 추출하고 이를 정렬된 결과로 저장한다. 이때, 힙에서 원소를 추출하는 데는 O(log n)의 시간이 소요된다. 힙의 구성과 교환을 반복하면서 원소들의 정렬된다.

힙 정렬은 비교 기반의 정렬 알고리즘 중 하나로, 동일한 값에 대해 상대적인 순서가 바뀌지 않는 안정성을 보장한다. 추가적인 메모리 공간을 사용하지 않고 입력 배열 내에서 정렬이 이루어지기 때문에 힙 정렬을 제자리 정렬 (In-place Sorting)이라고 한다. 이는 메모리 사용량이 제한된 환경에서 유용하다.

힙 정렬은 평균 및 최악의 경우 모두 O(n * log n)의 시간복잡도를 갖는다. 이는 효율적인 정렬 알고리즘 중 하나로, 대용량 데이터를 정렬할 때 유용하다. 힙 정렬은 선택 정렬(Selection Sort)과 유사한 선택 기반의 정렬 알고리즘이다. 그러나 선택 정렬의 시간복잡도는 항상 O(n^2)이며, 힙 정렬은 O(n * log n)으로 훨씬 효율적이다. 특히 힙 정렬은 가장 크거나 가장 작은 값이 필요할 때 유용하게 사용된다. 예를 들어, 대용량 데이터에서 상위 k개의 값을 찾거나, 우선순위 큐에서 최대 또는 최소 값을 찾을 때 효과적으로 사용된다.

<예 VII-14>는 최소 힙을 이용한 오름차순 정렬 예제 프로그램을 보여준다. 이 프로그램에서는 입력 배열을 최소 힙에 삽입하고, 최소 힙에서 원소를 추출하여 배열을 정렬하는 부분배열을 이용하여 최소 힙을 구현하고, 이를 활용하여 오름차순으로 정렬된 결과를 출력한다.

```
public class MinHeapSort
{
    int[] array;     // 힙을 구현할 배열
    int capacity;   // 힙의 최대 크기
    int size;       // 힙의 현재 크기

    MinHeapSort(int capacity)
```

```
{
    this.array = new int[capacity];
    this.capacity = capacity;
    this.size = 0;
}

// 최소 힙에서 부모 노드의 인덱스를 반환하는 함수
private int getParentIndex(int index)
{
    return (index - 1) / 2;
}

// 최소 힙에 원소를 삽입하는 함수
void insert(int value) throws Exception
{
    // 힙이 가득 차 있는 경우
    if (size >= capacity) {
        throw new Exception("Heap is full. Cannot insert.");
    }
    int i = size;
    size++;
    array[i] = value;
    // 힙을 재정렬하여 최소 힙 속성 유지
    while (i != 0 && array[i] < array[getParentIndex(i)]) {
        // 부모 노드와 현재 노드를 교환
        int temp = array[i];
        array[i] = array[getParentIndex(i)];
        array[getParentIndex(i)] = temp;
        i = getParentIndex(i);
    }
}

// 최소 힙에서 최솟값을 추출하는 함수
int extractMin() throws Exception
{
    // 힙이 비어 있는 경우
    if (size <= 0) {
        throw new Exception("Heap is empty. Cannot extract minimum.");
    }
    // 최솟값 추출
    int min = array[0];
    // 마지막 노드를 루트로 옮기고 크기 감소
    array[0] = array[size - 1];
    size--;
    // 최소 힙 속성을 만족하도록 재정렬
```

```
        int i = 0;
        while (true) {
            int leftChildIndex = 2 * i + 1;
            int rightChildIndex = 2 * i + 2;
            int smallestIndex = i;
            // 왼쪽 자식과 비교
            if (leftChildIndex < size && array[leftChildIndex] < array[i]) {
                smallestIndex = leftChildIndex;
            }
            // 오른쪽 자식과 비교
            if (rightChildIndex < size && array[rightChildIndex] < array[smallestIndex]) {
                smallestIndex = rightChildIndex;
            }
            // i가 최솟값의 인덱스와 같으면 힙 속성을 만족하므로 종료
            if (i == smallestIndex) {
                break;
            }
            // 현재 노드와 최솟값 노드 교환
            int temp = array[i];
            array[i] = array[smallestIndex];
            array[smallestIndex] = temp;
            i = smallestIndex;
        }
        return min;
    }

    // 최소 힙 정렬 함수
    public static void heapSort(int arr[], int size)
    {
        // 최소 힙 생성
        MinHeapSort heap = new MinHeapSort(size);
        // 배열의 모든 원소를 최소 힙에 삽입
        for (int i = 0; i < size; i++) {
            try {
                heap.insert(arr[i]);
            } catch (Exception e) {
                break;
            }
        }
        // 최소 힙에서 원소 추출
        for (int i = 0; i < size; i++) {
            try {
                arr[i] = heap.extractMin();
            } catch (Exception e) {
                break;
```

```
            }
        }
    }

    public static void main(String[] args)
    {
        int     i;
        int     arr[] = {12, 11, 13, 5, 6, 7};
        int     size = arr.length;

        System.out.printf("Original array: ");
        for (i = 0; i < size; i++){
            System.out.printf("%d ", arr[i]);
        }
        heapSort(arr, size);
        System.out.printf("\nSorted array (in ascending order): ");
        for (i = 0; i < size; i++){
            System.out.printf("%d ", arr[i]);
        }
        System.out.printf("\n");
    }
}
```

실행결과

```
Original array: 12 11 13 5 6 7
Sorted array (in ascending order): 5 6 7 11 12 13
```

〈예 VII-14〉 최소 힙을 이용한 오름차순 정렬 예제 프로그램

<예 VII-15>는 최대 힙을 이용한 내림차순 정렬 예제 프로그램으로 주어진 배열을 내림순으로 정렬한 결과를 출력한다.

```
public class MaxHeapSort
{
    int[] array;     // 힙을 구현할 배열
    int capacity;   // 힙의 최대 크기
    int size;       // 힙의 현재 크기

    MaxHeapSort(int capacity)
    {
        this.array = new int[capacity];
        this.capacity = capacity;
```

```
        this.size = 0;
    }

    // 최대 힙에서 부모 노드의 인덱스를 반환하는 함수
    private int getParentIndex(int index)
    {
        return (index - 1) / 2;
    }

    // 최대 힙에 원소를 삽입하는 함수
    void insert(int value) throws Exception
    {
        // 힙이 가득 차 있는 경우
        if (size >= capacity) {
            throw new Exception("Heap is full. Cannot insert.");
        }
        int i = size;
        size++;
        array[i] = value;
        // 힙을 재정렬하여 최대 힙 속성 유지
        while (i != 0 && array[i] > array[getParentIndex(i)]) {
            // 부모 노드와 현재 노드를 교환
            int temp = array[i];
            array[i] = array[getParentIndex(i)];
            array[getParentIndex(i)] = temp;
            i = getParentIndex(i);
        }
    }

    // 최대 힙에서 최댓값을 추출하는 함수
    int extractMax() throws Exception
    {
        // 힙이 비어 있는 경우
        if (size <= 0) {
            throw new Exception("Heap is empty. Cannot extract maximum.");
        }
        // 최댓값 추출
        int max = array[0];
        // 마지막 노드를 루트로 옮기고 크기 감소
        array[0] = array[size - 1];
        size--;
        // 최대 힙 속성을 만족하도록 재정렬
        int i = 0;
        while (true) {
            int leftChildIndex = 2 * i + 1;
```

```
        int rightChildIndex = 2 * i + 2;
        int largestIndex = i;
        // 왼쪽 자식과 비교
        if (leftChildIndex < size && array[leftChildIndex] > array[i]) {
            largestIndex = leftChildIndex;
        }
        // 오른쪽 자식과 비교
        if (rightChildIndex < size && array[rightChildIndex] > array[largestIndex]) {
            largestIndex = rightChildIndex;
        }
        // i가 최댓값의 인덱스와 같으면 힙 속성을 만족하므로 종료
        if (i == largestIndex) {
            break;
        }
        // 현재 노드와 최댓값 노드 교환
        int temp = array[i];
        array[i] = array[largestIndex];
        array[largestIndex] = temp;
        i = largestIndex;
    }
    return max;
}

// 최대 힙 정렬 함수
public static void heapSort(int arr[], int size)
{
    // 최대 힙 생성
    MaxHeapSort heap = new MaxHeapSort(size);
    // 배열의 모든 원소를 최대 힙에 삽입
    for (int i = 0; i < size; i++) {
        try {
            heap.insert(arr[i]);
        } catch (Exception e) {
            break;
        }
    }
    // 최대 힙에서 원소 추출
    for (int i = 0; i < size; i++) {
        try {
            arr[i] = heap.extractMax();
        } catch (Exception e) {
            break;
        }
    }
}
```

```
    public static void main(String[] args)
    {
        int     i;
        int     arr[] = {12, 11, 13, 5, 6, 7};
        int     size = arr.length;

        System.out.printf("Original array: \n");
        for (i = 0; i < size; i++){
            System.out.printf("%d ", arr[i]);
        }
        heapSort(arr, size);
        System.out.printf("\n\nSorted Array (Descending Order):\n");
        for (i = 0; i < size; i++){
            System.out.printf("%d ", arr[i]);
        }
        System.out.printf("\n");
    }
}
```

실행결과

```
Original Array:
12 11 13 5 6 7

Sorted Array (Descending Order):
13 12 11 7 6 5
```

〈예 VII-15〉 최대 힙을 이용한 내림차순 정렬 예제 프로그램

6 이진 탐색 트리(Binary Search Tree, BST)

이진 탐색 트리는 효율적인 데이터 탐색, 삽입 및 삭제를 위한 자료구조이다. <그림 VII-20>에서 보여주듯이 각 노드는 하나의 값(value)과 두 개 이하의 자식 노드를 가진다. 트리는 루트(root) 노드로 시작하며, 루트를 기준으로 왼쪽 서브 트리(left subtree)와 오른쪽 서브 트리(right subtree)로 나뉜다. 각 서브 트리도 다시 이진 탐색 트리일 수 있다. 이진 탐색 트리는 다음의 중요한 속성을 만족한다.

- 왼쪽 서브 트리의 모든 노드 값은 현재 노드의 값보다 작다.
- 오른쪽 서브 트리의 모든 노드 값은 현재 노드의 값보다 크다.

이러한 속성 때문에 이진 탐색 트리를 중위(in-order) 순회하면 정렬된 순서로 데이터를 얻을 수 있다. 이진 탐색 트리는 데이터를 탐색하는 데 효율적이다. 값을 찾기 위해 루트 노드부터 시작하여 현재 노드의 값과 목표 값을 비교하고, 작으면 왼쪽 서브 트리로 이동하고, 크면 오른쪽 서브 트리로 이동하여 반복한다.

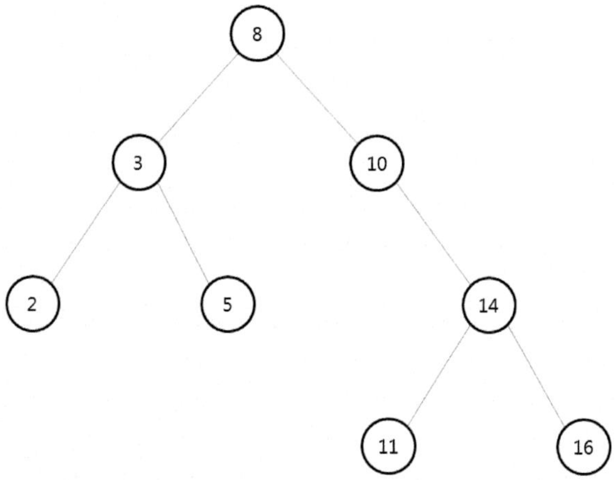

그림 VII-20 이진 탐색 트리

이진 탐색(Binary Search)은 이진 탐색 트리의 핵심 연산 중 하나이다. <예 VII-16>은 BTS의 탐색을 수행하는 search_bianry()를 보여준다. 이 함수는 재귀적으로 이진 탐색을 수행하며 정렬된 배열 또는 리스트 list, 현재 탐색 범위의 가장 작은 인덱스 low, 현재 탐색 범위의 가장 큰 인덱스 high, 그리고 찾으려는 값 target을 인자로 받아 원하는 값인 target을 찾으면 해당 값의 인덱스를 반환하고, 찾지 못한 경우 -1을 반환한다.

```
int search_binary(int[] list, int low, int high, int target) {
    if (low > high) {
        // 기저 사례: 원소를 찾지 못한 경우
        return -1; // 혹은 다른 값을 반환하여 오류를 나타낼 수 있다.
    }
    int mid = (low + high) / 2;
    if (list[mid] == target) {
        // 원소를 찾은 경우
        return mid;
    } else if (list[mid] > target) {
        // 찾는 값이 중간값보다 작은 경우, 왼쪽 부분에 대해 이진 탐색
        return search_binary(list, low, mid - 1, target);
    } else {
        // 찾는 값이 중간값보다 큰 경우, 오른쪽 부분에 대해 이진 탐색
```

```
        return search_binary(list, mid + 1, high, target);
    }
}
```

〈예 VII-16〉 이진 탐색 트리에서 탐색

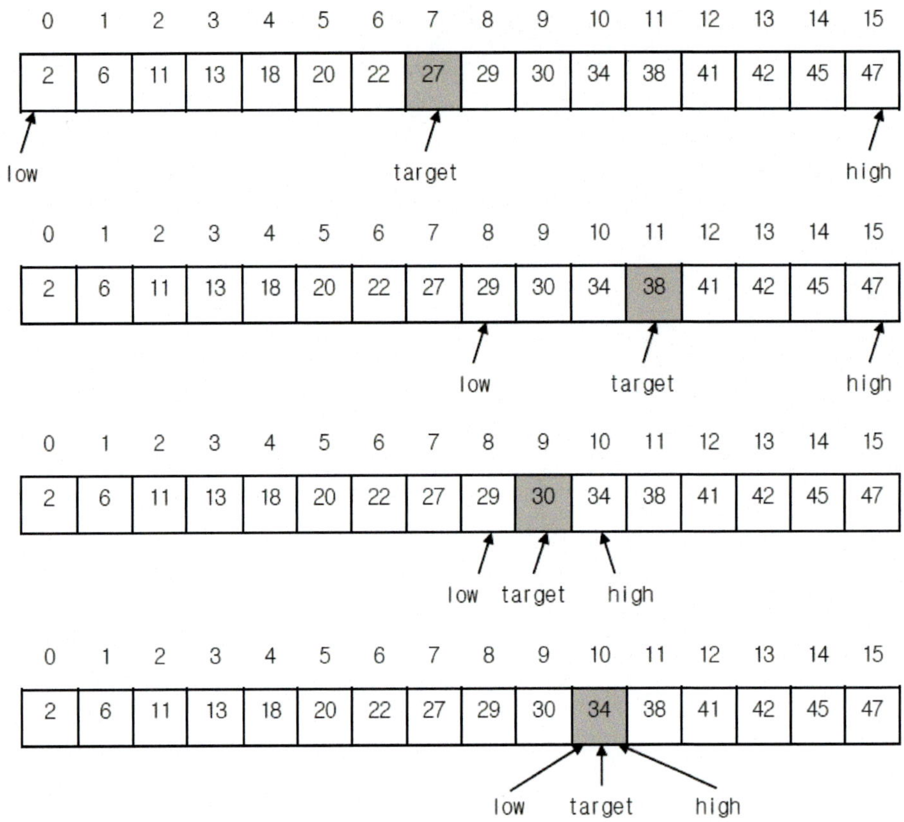

그림 VII-21 이진 탐색 트리에서 탐색

<그림 VII-21>에서 target은 low와 middle 사이 중간에 위치한다. 예를 들어 첫 번째 배열에서 target이 34이면 먼저 low(list[0])와 high(list[15])의 중간인 list[7]의 값인 27과 비교한다. target이 27보다 크기 때문에 low를 list[8]로 이동시키고, high(list[15])와 중간인 list[11]의 값인 38과 비교한다. target이 38보다 작기 때문에 high를 list[10]으로 이동시키고, low(list[8])과 high(list[10])의 중간인 list[9]의 값인 30과 비교한다. target이 30보다 크기 때문에 다시 low를 list[10] 이동시켜 원하는 target를 찾게 된다.

이진 탐색 트리에서 새로운 노드를 삽입하는 과정은 다음과 같이 동작한다.

- 먼저, 새로운 원소를 삽입하기 전에 이진 탐색을 수행하여 해당 원소 값(키)이 이미 트리에 존재하는지를 검사한다.
- 검사 결과, 해당 원소 값(키)이 이미 트리에 존재한다면 추가 실패로 처리한다. 이진 탐색 트리는 중복된 값을 허용하지 않는 구조이므로, 동일한 키의 노드를 중복해서 삽입하는 것은 허용되지 않기 때문이다.
- 만약 원소 값(키)이 트리에 존재하지 않는다면, 새로운 노드를 삽입한다. 이때, 탐색 과정에서 어떤 노드에 도달했는지를 기억하고, 새로운 노드를 해당 노드의 자식으로 추가한다.

<그림 VII-22>에서 이진 탐색 트리에 20, 15, 25, 12, 22라는 값들이 이미 존재하는 경우, 원소 값 30을 삽입하려고 할 때 먼저 30이라는 값을 탐색한다. 30은 현재 트리에 없으므로, 삽입을 진행한다. 30은 20보다 크기 때문에 오른쪽 서브 트리로 이동한다. 다음으로 30은 25보다 크기 때문에 다시 오른쪽 서브 트리로 이동한다. 마지막으로. 30은 25보다 크기 때문에 오른쪽 자식으로 30을 삽입한다. 삽입된 BTS의 특성을 유지하고 있음을 확인할 수 있다. 여기에 다시 원소 값 21을 삽입하려고 하면, 21은 20보다 크기 때문에 오른쪽 서브 트리로 이동한다. 다음으로 21은 25보다 작기 때문에 왼쪽 서브 트리로 이동하고 22보다 작기 때문에 왼쪽 자식으로 21을 삽입한다.

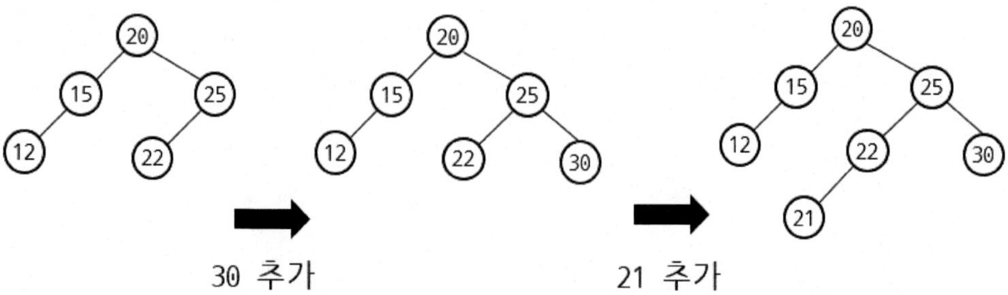

그림 VII-22 이진 탐색 트리에서 노드 삽입

<예 VII-17>은 이진 탐색 트리에서 삽입 과정을 보여준다. 먼저, 빈 트리인 경우 (root가 null), 새로운 노드를 생성하고 해당 데이터로 초기화한 다음 반환한다. 그렇지 않은 경우, 현재 노드와 비교하여 데이터가 이미 트리에 존재한다면 중복 삽입을 허용하지 않고 현재 노드를 그대로 반환한다. 데이터가 현재 노드의 데이터보다 작으면 왼쪽 서브 트리로 이동하여 재귀적으로 삽입을 시도하고, 데이터가 현재 노드의 데이터보다 크면 오른쪽 서브 트리로 이동하여 재귀적으로 삽입을 시도한다.

```java
class TreeNode {
    int data;
    TreeNode left;
    TreeNode right;

    TreeNode(int data) {
        this.data = data;
        this.left = this.right = null;
    }
}

public class BinarySearchTree
{
    // 이진 탐색 트리에 노드 삽입 함수
    public static TreeNode insert(TreeNode root, int data)
    {
        // 빈 트리인 경우, 새 노드를 생성하여 반환
        if (root == null) {
            return new TreeNode(data);
        }
        // 데이터가 현재 노드의 데이터와 같다면, 아무 작업도 하지 않음
        if (data == root.data) {
            return root;
        }
        // 데이터가 현재 노드의 데이터보다 작으면 왼쪽 서브 트리에 삽입
        if (data < root.data) {
            root.left = insert(root.left, data);
        }
        // 데이터가 현재 노드의 데이터보다 크면 오른쪽 서브 트리에 삽입
        else {
            root.right = insert(root.right, data);
        }
        return root;
    }
}
```

〈예 VII-17〉 이진 탐색 트리에서 삽입

이진 탐색 트리에서 노드를 삭제하는 것은 상당히 복잡한 작업일 수 있다. 삭제할 노드의 위치와 자식 노드의 개수에 따라 다양한 경우가 있기 때문이다. 가장 일반적인 삭제 작업은 다음과 같다.

- 삭제할 노드의 차수가 0인 리프(단말) 노드인 경우, 즉 삭제할 노드가 자식 노드를 가지지 않는 경우, 이 노드를 단순히 삭제하면 된다.

- 삭제할 노드의 차수가 1이고 노드가 하나의 자식 노드만 가지고 있는 경우, 해당 노드를 삭제하고 그 자식 노드를 삭제한 노드의 부모 노드에 연결한다.
- 삭제할 노드의 차수가 1이고 노드가 두 개의 자식 노드를 가지는 경우는 가장 복잡한 시나리오 중 하나이다. 이 경우 대체할 노드로서 논리적으로 '직전' 노드(왼쪽 서브 트리에서 가장 큰 값 노드 또는 오른쪽 서브 트리에서 가장 작은 값 노드)를 찾아 대체한 후, 해당 노드를 삭제한다.

가장 중요한 것은 삭제될 노드의 차수는 반드시 0 또는 1이어야 함을 주의하면 된다. 또한 이진 탐색 트리에서 삭제 작업을 수행할 때, 삭제할 노드를 대체할 적절한 노드를 찾는 것이 중요한데 이를 위해 아래 두 가지 방법 중 하나를 선택하여 대체할 노드를 찾아 삭제 연산을 수행하게 된다.

- 왼쪽 서브트리에서 제일 큰 원소 값을 갖는 노드 탐색:
  삭제할 노드의 왼쪽 서브트리에서 가장 큰 원소 값을 가진 노드를 찾는다. 이를 위해 왼쪽 서브트리에 대해 중위 순회를 수행하고 가장 마지막에 방문한 노드를 선택한다. 이 노드는 삭제할 노드를 대체할 노드로 사용된다. 이 방법은 삭제할 노드의 왼쪽 서브 트리에 노드가 있을 때 사용된다.
- 오른쪽 서브트리에서 제일 작은 원소 값을 갖는 노드 탐색:
  삭제할 노드의 오른쪽 서브트리에서 가장 작은 원소 값을 가진 노드를 찾는다. 이를 위해 오른쪽 서브트리에 대해 중위 순회를 수행하고 가장 처음에 방문한 노드를 선택한다. 이 노드는 삭제할 노드를 대체할 노드로 사용된다. 이 방법은 삭제할 노드의 왼쪽 서브 트리가 비어 있을 때 주로 사용된다. 대체할 노드가 왼쪽에서 가장 큰 원소 값을 찾아 대체할 경우 왼쪽 서브 트리에 단지 하나의 원소가 남게 되는 경우에도 사용된다.

<그림 VII-23>의 (a)에서 이진 탐색 트리에서 노드 30은 삭제할 노드의 차수가 0인 리프(단말) 노드이기 때문에 단순히 삭제하면 된다. (b)에서 노드 22는 차수가 1이고 하나의 자식 노드만 가지고 있기 때문에 해당 노드를 삭제하고 그 자식 노드를 삭제한 노드의 부모 노드에 연결하면 된다. <그림 VII-24>는 차수가 2인 노드 20을 삭제하는 경우이다. 왼쪽 서브 트리에서 가장 큰 값의 노드(노드 15) 또는 오른쪽 서브 트리에서 가장 작은 값의 노드(노드 21)를 찾아 노드 20 자리에 대체한 후, 해당 노드를 삭제하면 된다. 노드 15나 노드 21의 차수가 1이나 2라면 앞의 삭제 과정을 반복 적용한다.

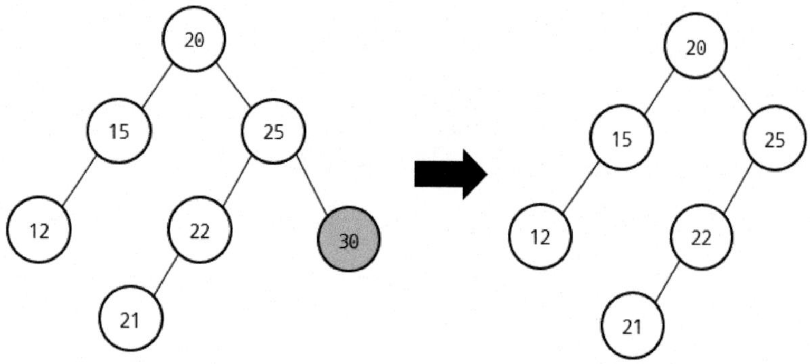

(a) 차수 0인 리프 노드 삭제

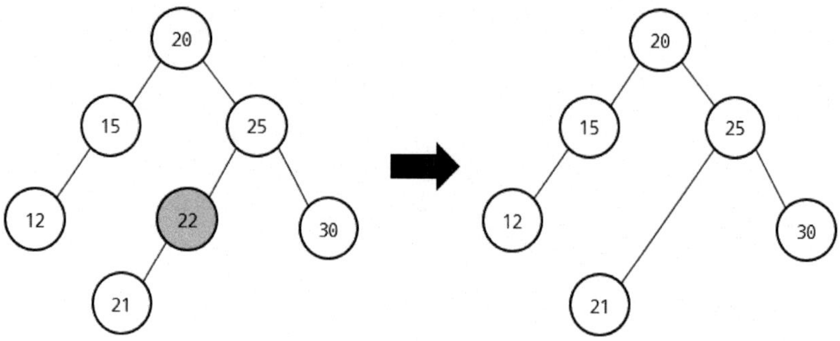

(b) 차수 1인 노드 삭제

그림 VII-23 이진 탐색 트리에서 차수 0, 1인 노드의 삭제

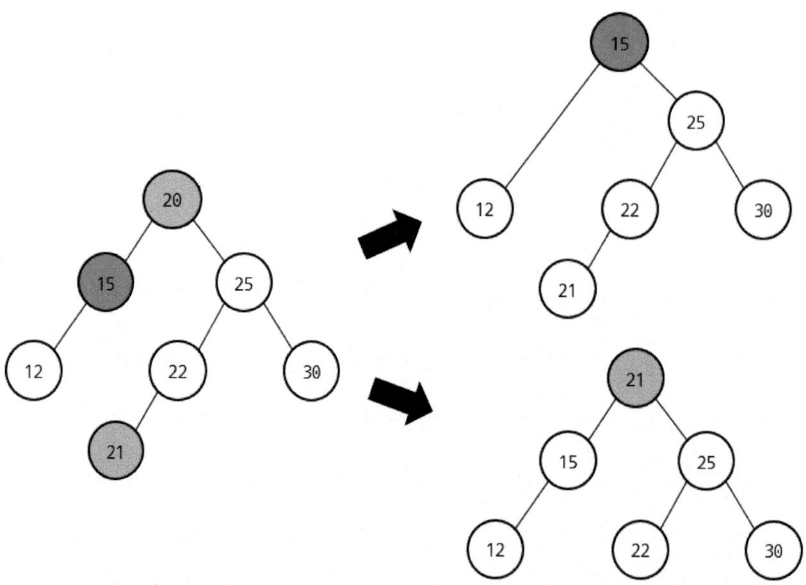

그림 VII-24 이진 탐색 트리에서 차수 2인 노드 삭제

```
// 이진 탐색 트리에서 노드 삭제 함수
public static TreeNode deleteNode(TreeNode root, int key)
{
    if (root == null) {
        return root;
    }
    // 삭제할 노드를 찾음
    if (key < root.data) {
        root.left = deleteNode(root.left, key);
    } else if (key > root.data) {
        root.right = deleteNode(root.right, key);
    } else {
        // 삭제할 노드를 찾았을 때
        // Case 1: 리프 노드인 경우
        if (root.left == null && root.right == null) {
            root = null;
        }
        // Case 2: 하나의 자식 노드를 가지는 경우
        else if (root.left == null) {
            TreeNode temp = root;
            root = root.right;
        } else if (root.right == null) {
            TreeNode temp = root;
            root = root.left;
        }
        // Case 3: 두 개의 자식 노드를 가지는 경우
        else {
            // 오른쪽 서브 트리에서 가장 작은 값을 가진 노드를 찾음
            TreeNode temp = findMin(root.right);
            // 찾은 노드의 값을 삭제할 노드로 복사
            root.data = temp.data;
            // 오른쪽 서브 트리에서 복사한 값을 가진 노드를 삭제
            root.right = deleteNode(root.right, temp.data);
        }
    }
    return root;
}

public static TreeNode findMin(TreeNode node) {
    while (node.left != null) {
        node = node.left;
    }
    return node;
}
```

〈예 VII-18〉 이진 탐색 트리에서 삭제

<예 VII-18>은 이진 탐색 트리의 노드 삽입과 삭제를 구현한 후, 중위 순회를 통해 트리의 내용을 출력하는 예제 프로그램을 보여준다. 초기에 12, 15, 20, 25, 22라는 값을 가진 이진 탐색 트리를 생성하고 deleteNode()를 사용하여 값을 삭제한다. 이 경우에는 20을 삭제하고 중위 순회로 수정된 트리의 내용을 출력한다. 또한 insert()를 사용하여 30을 삽입하고 중위 순회로 최종 트리의 내용을 출력한다.

```
class TreeNode {
    int data;
    TreeNode left;
    TreeNode right;

    TreeNode(int data) {
        this.data = data;
        this.left = this.right = null;
    }
}

public class BinarySearchTree
{
    // 이진 탐색 트리에 노드 삽입 함수
    public static TreeNode insert(TreeNode root, int data)
    {
        // 빈 트리인 경우, 새 노드를 생성하여 반환
        if (root == null) {
            return new TreeNode(data);
        }
        // 데이터가 현재 노드의 데이터와 같다면, 아무 작업도 하지 않음
        if (data == root.data) {
            return root;
        }
        // 데이터가 현재 노드의 데이터보다 작으면 왼쪽 서브 트리에 삽입
        if (data < root.data) {
            root.left = insert(root.left, data);
        }
        // 데이터가 현재 노드의 데이터보다 크면 오른쪽 서브 트리에 삽입
        else {
            root.right = insert(root.right, data);
        }
        return root;
    }


    // 이진 탐색 트리에서 노드 삭제 함수
```

```
public static TreeNode deleteNode(TreeNode root, int key)
{
    if (root == null) {
        return root;
    }
    // 삭제할 노드를 찾음
    if (key < root.data) {
        root.left = deleteNode(root.left, key);
    } else if (key > root.data) {
        root.right = deleteNode(root.right, key);
    } else {
        // 삭제할 노드를 찾았을 때
        // Case 1: 리프 노드인 경우
        if (root.left == null && root.right == null) {
            root = null;
        }
        // Case 2: 하나의 자식 노드를 가지는 경우
        else if (root.left == null) {
            TreeNode temp = root;
            root = root.right;
        } else if (root.right == null) {
            TreeNode temp = root;
            root = root.left;
        }
        // Case 3: 두 개의 자식 노드를 가지는 경우
        else {
            // 오른쪽 서브 트리에서 가장 작은 값을 가진 노드를 찾음
            TreeNode temp = findMin(root.right);
            // 찾은 노드의 값을 삭제할 노드로 복사
            root.data = temp.data;
            // 오른쪽 서브 트리에서 복사한 값을 가진 노드를 삭제
            root.right = deleteNode(root.right, temp.data);
        }
    }
    return root;
}

public static TreeNode findMin(TreeNode node)
{
    while (node.left != null) {
        node = node.left;
    }
    return node;
}
```

```
    // 이진 탐색 트리를 중위 순회하여 출력하는 함수 (테스트 용)
    public static void inorder(TreeNode root)
    {
        if (root != null) {
            inorder(root.left);
            System.out.printf("%d ", root.data);
            inorder(root.right);
        }
    }

    public static void main(String[] args)
    {
        /* TreeNode root = new TreeNode(10);
        insert(root, 20);
        deleteNode(root, 20); */

        TreeNode root = null;
        // 이진 탐색 트리에 노드를 삽입
        root = insert(root, 12);
        root = insert(root, 15);
        root = insert(root, 20);
        root = insert(root, 25);
        root = insert(root, 22);
        System.out.printf("Inorder Traversal (Original Tree): ");
        inorder(root);
        System.out.printf("\n");
        // 노드 삭제
        int keyToDelete = 20;
        root = deleteNode(root, keyToDelete);
        System.out.printf("Inorder Traversal (After Deleting %d): ", keyToDelete);
        inorder(root);
        System.out.printf("\n");
        // 노드 추가
        int keyToInsert = 30;
        root = insert(root, keyToInsert);
        System.out.printf("Inorder Traversal (After Inserting %d): ", keyToInsert);
        inorder(root);
        System.out.printf("\n");
        // 중위 순회를 통해 트리의 내용을 출력한다.
    }
}
```

실행결과

```
Inorder Traversal (Original Tree): 12 15 20 22 25
```

```
Inorder Traversal (After Deleting 20): 12 15 22 25
Inorder Traversal (After Inserting 30): 12 15 22 25 30
```

〈예 VII-19〉 이진 탐색 트리 예제 프로그램

이진 탐색 트리의 시간복잡도는 트리의 높이와 직접적으로 관련이 있다. 이진 탐색 트리에서 n개의 원소를 저장할 수 있는 이진 탐색 트리의 최소 높이는 log n이며, 최대 높이는 n이다. 따라서 n개의 원소가 저장된 이진 탐색 트리에 대한 탐색, 삽입, 삭제 연산의 최선의 경우 시간복잡도는 O(log n)이 된다.

최선의 경우는 노드가 트리에서 균형 있게 분포되어 있는 경우를 의미한다. 이렇게 균형을 이루면 탐색 연산에서 한 번의 비교마다 트리의 높이를 대략 절반으로 줄일 수 있으므로, 탐색 시간이 O(log n)에 가까워진다.

그러나 불균형한 이진 탐색 트리의 경우 트리가 한 쪽으로 기울어지는 경향이 있을 때(즉, 최악의 경우) 즉, 트리의 높이가 n에 가까워지므로 탐색 시간은 선형 시간인 O(n)이 될 수 있다

따라서 균형을 유지하는 자료구조로 AVL 트리나 레드-블랙 트리 등이 이진 탐색 트리 대신에 사용된다. 이러한 트리들은 삽입 및 삭제 시에 균형을 조절하여 최악의 경우에도 O(log n)의 성능을 보장한다. AVL 트리나 레드-블랙 트리는 XI 장에서 다룬다.

참고로 이진 탐색은 정렬된 배열에서 중간 값을 선택하고 찾고자 하는 값과 비교하는 방법으로, 배열이나 리스트에서 원소를 찾는 데 사용된다. 시간복잡도는 O(log n)이지만 삽입 및 삭제가 어렵다. 이와 다르게 이진 탐색 트리는 정렬된 데이터를 트리 구조로 저장하는 방법으로, 데이터를 삽입, 삭제하고 탐색하는 데 사용된다. 따라서 이진 탐색 트리는 데이터의 삽입과 삭제가 빈번하게 일어나는 상황에서도 효율적으로 동작할 수 있으며, 균형을 유지하는 구조를 사용하면 항상 O(log n)의 성능을 보장할 수 있다.

7 선택 트리(Selection Tree)

선택 트리는 주어진 k개의 정렬된 런(runs)을 하나의 정렬된 순서순차(ordered sequence)로 합병(merge)하는 과정을 나타내는 트리 자료구조이다. 선택 트리의 주요 목적은 주어진 k개의 런을 하나의 정렬된 순서로 합병하고, 최소값을 효율적으로 찾는 것이다. 따라서 선택 트리를 사용하면 정렬된 데이터를 병합하거나 최소값을 효율적으로 찾는 데 사용할 수 있다. 승자 트리와 패자 트리는 선택 트리의 구현 방법 중 두 가지 주요한 변형이다.

(1) 승자 트리(Winner Tree)

승자 트리(Winner Tree)는 선택 트리(selection tree)의 일종으로, 정렬된 런(run)들에서 가장 작은 값을 효율적으로 선택하고 관리하기 위한 자료구조이다. 이것은 병합 정렬(merge sort)과 같은 정렬 알고리즘에서 사용되며 최소값을 효율적으로 찾을 때 도움이 된다. 승자 트리는 다음과 같은 특징을 가지고 있다.

- 승자 트리는 완전 이진 트리의 형태를 갖는다. 이것은 모든 레벨의 노드가 완전히 채워져 있고, 마지막 레벨의 노드는 왼쪽에서 오른쪽으로 순서대로 채워진다는 것을 의미한다.
- 승자 트리의 단말 노드는 각 런의 최소 키 값을 나타낸다. 따라서 승자 트리의 단말 노드들은 서로 다른 런에서의 최소 키 값을 가지고 있다.
- 내부 노드는 그의 두 자식 노드 중에서 작은 키 값을 가진 원소를 나타낸다. 즉, 두 자식 노드 간의 "토너먼트"에서 승자를 결정하는 역할을 한다.

승자 트리를 구축하고 최소값을 선택하는 과정은 다음과 같다.

- 주어진 런의 첫 번째 원소(최소 키 값)를 각 단말 노드에 배치하여 승자 트리를 초기화한다.
- 내부 노드는 그의 두 자식 노드 중에서 작은 키 값을 가진 원소를 나타낸다. 따라서 승자 트리의 루트 노드는 모든 런의 첫 번째 원소 중에서 가장 작은 값을 갖는다.
- 승자 트리의 루트 노드에 있는 최소 키 값을 선택하여 출력하고, 해당 런의 다음 원소를 승자 트리에 삽입한다.
- 새로운 원소를 승자 트리에 삽입한 후, 승자 트리의 재구성 작업이 필요할 수 있다. 이는 승자 트리가 토너트 승자를 계속해서 유지하도록 보장하기 위함이다.
- 위 과정을 반복하여 모든 런의 모든 원소를 정렬된 순서로 병합하고 최소값을 찾는다.

<그림 VII-25>는 여덟개의 런에 각각 4개의 배열이 있고 런 마다 세 개 또는 네 개의 원소가 있고, 이 원소들을 합병하여 정렬된 순서로 만드는 승자 트리의 구성 과정을 보여준다. 각 런은 이미 오름차순으로 정렬되어 있다고 가정한다. (1)에서 보여주듯이 런 1에는 10, 15, 16, 런 2에는 9, 20, 38, 런 3에는 20, 20, 30, 런 4에는 6, 15, 25, 28, 런 5에는 8,15, 59, 런 6에는 9, 11, 16, 런 7에는 90, 95, 99 그리고 마지막으로 런 8에는 17, 18, 20이 있다. 우선 각 런의 첫 번째 원소(각 런의 최소 키 값)을 각 단말 노드에 배치하고 승자 트리를 초기화 한다. (2)에서 보여주듯이 각 자식 노드 중 작은 키 값이 부모 노드로 복사하는 과정을 루트 노드의 키 값이 결정될 가지 진행한다. (3)에서 최소 값 6이 루트 노드에 키 값에 넣고 이를 최소 값으로 출력하면 된다. 그리고 (4)에서 보여주듯이 새로운 원소 15를 승자 트리에 삽입하여, (5)에서처럼 승자 트리의 재구성을 통해 형제 노드

와 비교하여 승자를 다시 결정하는 과정을 거치게 된다.

(1)

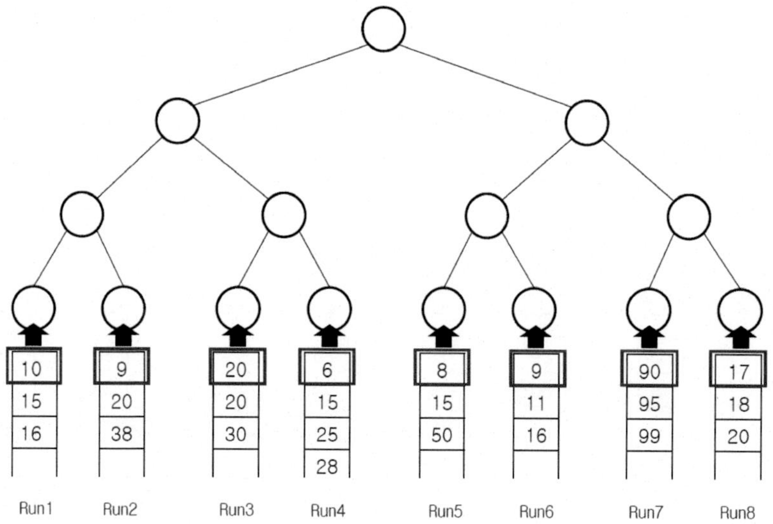

(2)

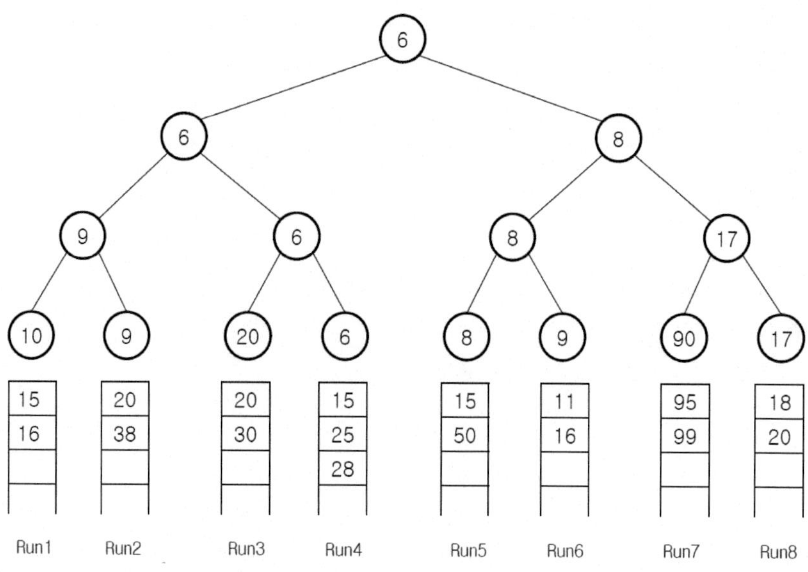

(3)

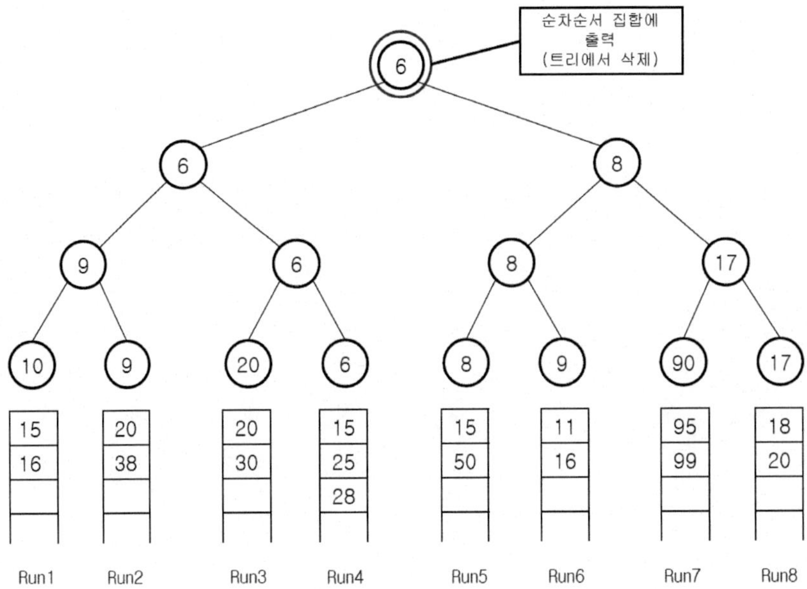
순차순서 집합에
출력
(트리에서 삭제)
6
6
8
9
6
8
17
10
9
20
6
8
9
90
17
15
16
20
38
20
30
15
25
28
15
50
11
16
95
99
18
20
Run1
Run2
Run3
Run4
Run5
Run6
Run7
Run8

(4)

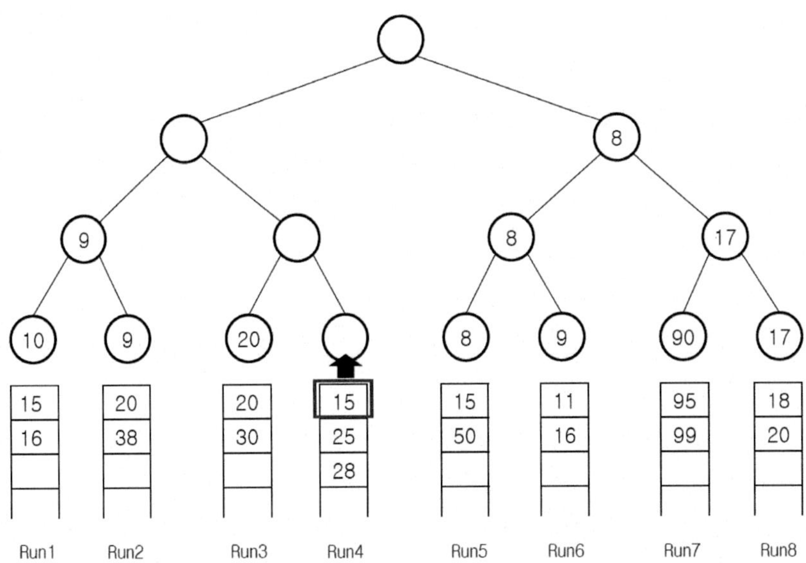
8
9
8
17
10
9
20
8
9
90
17
15
16
20
38
20
30
15
25
28
15
50
11
16
95
99
18
20
Run1
Run2
Run3
Run4
Run5
Run6
Run7
Run8

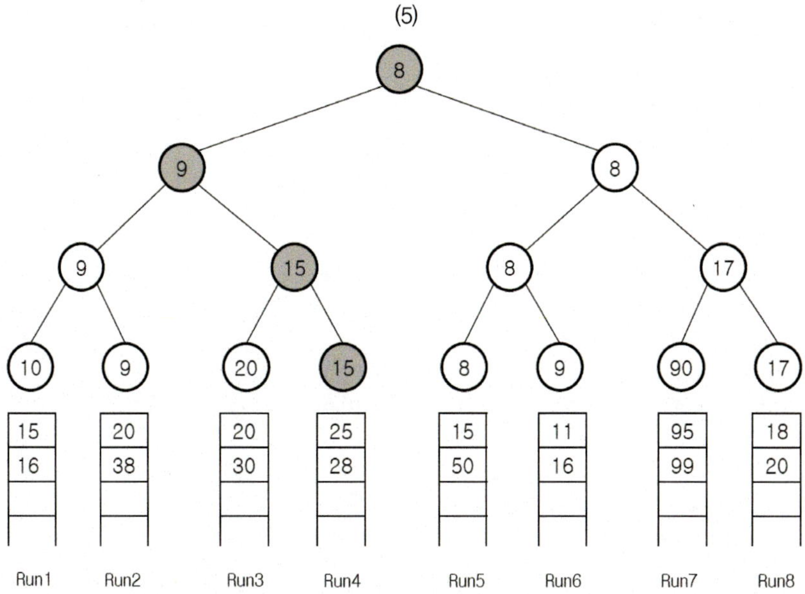

그림 VII-25 승자 트리 구성

<예 VII-20>은 승자 트리 예제 프로그램은 세 개의 런(run)을 가정하고, 각 세 개의 런(run)이 각각 {1, 4, 7}, {2, 5, 8}, {3, 6, 9}의 원소를 가지고 있을 때 이를 승자 트리를 사용하여 병합하고 최종 정렬된 순서순차(ordered sequence) 집합을 출력한다.

```
class Node
{
    int key;
    int runIndex;
    Node(int key, int runIndex)
    {
        this.key = key;
        this.runIndex = runIndex;
    }

    static Node infNode = new Node(Integer.MAX_VALUE, -1);
}

class Run
{
    Node[] runs;
    int front;

    Run(int runIndex, int[] list)
```

```
    {
        runs = new Node[list.length];
        for (int i = 0; i < list.length; i++)
            runs[i] = new Node(list[i], runIndex);
        front = -1;
    }
    Node getNext()
    {
        if (front >= runs.length - 1)
            return Node.infNode;
        front++;
        return runs[front];
    }
}

public class WinnerTree
{
    Node[] tree;     // 승자 트리를 저장하는 배열
    int numLeaves; // 단말 노드(리프)의 개수
    int size;
    Run[] runs;

    Node min(Node a, Node b)
    {
        if (a.key < b.key) return a;
        else return b;
    }

    // 승자 트리 초기화
    void initializeWinnerTree(int n, Run[] r)
    {
        runs = r;
        numLeaves = n;
        // 승자 트리의 크기를 계산한다.
        // 승자 트리는 완전 이진 트리이므로 단말 노드의 개수를 기반으로 계산한다.
        size = 1;
        while (size < numLeaves)
            size *= 2;
        // size: 트리 단말 노드의 수
        tree = new Node[size * 2];
        for (int i = 0; i < size * 2; ++i) {
            tree[i] = Node.infNode; // 초기값으로 무한대 설정
        }
        // 단말 노드에 초기값을 할당한다.
        for (int i = 0; i < numLeaves; ++i) {
```

```
            tree[i + size] = runs[i].getNext();
        }
        // 승자 트리를 구성한다.
        for (int i = size - 1; i >= 1; --i) {
            tree[i] = min(tree[i * 2],  tree[i * 2 + 1]);
        }
        // tree[1]에 최솟값이 저장됨
    }

    // 최소값 선택과 승자 트리 업데이트
    int selectMin()
    {
        Node winner = tree[1]; // 루트 노드에 저장된 승자 선택
        int index = winner.runIndex + size;
        // 승자 값이 속한 run이 연결된 단말 노드(위치:index)를 해당 run의 그 다음 값으로 변경
하고,
        // 트리를 업데이트
        tree[index] = runs[winner.runIndex].getNext();
        index /= 2;
        while (index > 0) {
            tree[index] = min(tree[index * 2], tree[index * 2 + 1]);
            index /= 2;
        }
        return winner.key;
    }

    public static void main(String[] args)
    {
        int runsKey[][] = {  // 각 run은 오름차순으로 정렬되어 있음
            {1, 4, 7},
            {2, 5, 8},
            {3, 6, 9}
        };
        int numLeaves = 3;
        int numNodeRun = runsKey[0].length;

        Run[] runs = new Run[numLeaves];
        for (int i = 0; i < numLeaves; i++) {
            runs[i] = new Run(i, runsKey[i]);
        }

        WinnerTree winnerTree = new WinnerTree();
        winnerTree.initializeWinnerTree(numLeaves, runs);
        System.out.printf("Sorted Sequence: ");
        for (int i = 0; i < numLeaves * numNodeRun; ++i) {
```

```
            int minVal = winnerTree.selectMin();
            System.out.printf("%d ", minVal);
        }
        System.out.printf("\n");
    }
}
```

▶ 실행결과

```
Sorted Sequence: 1 2 3 4 5 6 7 8 9
```

〈예 VII-20〉 승자 트리 예제 프로그램

(2) 패자 트리(Loser Tree)

패자 트리(loser tree)는 승자 트리(winner tree)와는 약간 다른 원리로 동작하는 트리 자료구조이다. 패자 트리는 주로 순서순차(ordered sequence) 집합을 병합하고 정렬하는데 사용된다. <그림 VII-26>은 패자 트리의 예를 보여준다.

패자 트리는 다음과 같은 특징을 가지고 있다.

- 패자 트리는 완전 이진 트리로 구성되며, 루트 위에 0번 노드가 추가된다.
- 단말 노드는 각 런의 최소 키 값을 가진 원소를 나타낸다.
- 내부 노드는 토너먼트의 패자 원소를 나타낸다. 즉, 그 노드의 자식 중에서 더 작은 키 값을 가진 원소가 패자가 된다.
- 루트(1번 노드)는 결승 토너먼트의 패자 원소를 나타내며, 0번 노드는 전체 승자 원소를 나타낸다.

패자 트리를 구축하고 원소를 병합 및 정렬하는 과정은 다음과 같다:

- 초기 상태에서는 각 런의 첫 번째 원소를 패자 트리의 단말 노드로 넣다.
- 두 자식 노드들이 부모 노드에서 토너먼트 경기를 수행하며, 패자가 부모 노드에 남게 된다.
- 승자는 부모 노드로 올라가서 다시 토너먼트 경기를 계속한다. 이 과정을 루트 노드(1번 노드)에 도달할 때까지 반복한다.
- 루트 노드(1번 노드)의 토너먼트에서 승자를 0번 노드로 올리고, 이를 순서순차 집합에 출력하고 트리에서 삭제한다.

• 삭제된 런의 다음 원소를 승자 트리에 삽입하고, 승자 트리를 재구성한다.

패자 트리는 승자 트리와 마찬가지로 병합 및 정렬 작업에 사용되며, 이러한 과정에서 비교 횟수를 최소화하여 빠른 수행 시간을 제공한다.

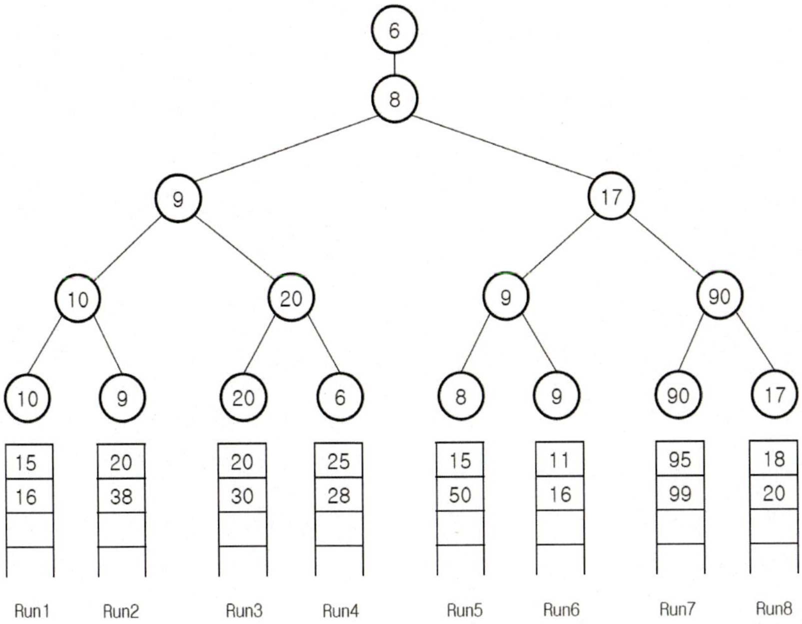

그림 VII-26 패자 트리

8 푸리에 트리

푸리에 트리(Fourier Tree)는 컴퓨터 과학 및 수학에서 사용되는 트리 구조로, 주로 푸리에 변환(Fourier Transform)과 관련된 작업에서 유용하게 활용된다. 푸리에 트리는 시간 도메인 데이터를 주파수 도메인으로 변환하거나 반대로 주파수 도메인 데이터를 시간 도메인으로 역변환할 때 효과적이다. 또한 푸리에 트리는 신호 및 음성 처리 분야에서는 주파수 도메인에서의 데이터 분석 및 필터링에 유용하게 활용되며, 푸리에 변환과 관련된 다양한 알고리즘에 활용된다.

푸리에 트리는 재귀적인 트리 구조로 이루어져 있다. 각 노드는 주어진 데이터의 부분 집합을 나타낸다. 루트 노드는 전체 데이터를 나타내며, 자식 노드는 데이터를 절반으로 나눈 부분 데이터 집합을 갖는다. 재귀적으로 이어지는 이 분할 과정은 리프 노드에 도달할 때까지 반복된다.

푸리에 트리의 주요 용도 중 하나는 시간 도메인의 데이터를 주파수 도메인으로 변환하는 것이다. 이를 위해 푸리에 트리를 구성하고, 리프 노드에서 시작하여 상위 노드로 데이터를 합치며 주파수 도메인 데이터를 생성한다. 푸리에 트리를 사용하여 주파수 도메인 데이터를 시간 도메인으로 역변환하는 것도 가능하다. 리프 노드에서부터 시작하여 상위 노드로 데이터를 역방향으로 합치면, 시간 도메인 데이터를 재구성할 수 있다.

푸리에 트리의 구성 및 변환 작업은 주로 재귀적으로 이루어지며, 각 노드에서의 계산은 선형 시간에 이루어진다. 푸리에 트리의 높이는 데이터의 크기($\log_2(n)$)에 비례하므로, 전체 작업의 시간 복잡도는 O(n log n)가 된다.

푸리에 트리의 구현은 알고리즘의 복잡성으로 인해 구현하기가 어렵다. 하지만 간단한 예제를 통해 푸리에 트리의 개념을 이해할 수 있다.

<예 VII-21>은 푸리에 트리를 이용하여 데이터를 주파수 도메인으로 변환하는 프로그램을 보여준다. 이 예제 프로그램은 주어진 데이터 배열을 푸리에 트리로 구성하고, 푸리에 트리를 사용하여 주파수 도메인으로 변환한다. 주의할 점은 실제 푸리에 트리 구현은 상당히 복잡하며, <예 VII-21>은 개념 설명을 위한 간단한 형태로 작성한 것이며 실제 데이터를 사용할 경우에는 해당 데이터에 대한 주파수 도메인으로의 변환 값이 나타날 것이다, 실제 푸리에 트리의 구현은 이보다 훨씬 복잡하다.

```
public class FourierTree {
    // 복소수 클래스
    static class Complex {
        double real;
        double imag;

        Complex(double real, double imag) {
            this.real = real;
            this.imag = imag;
        }

        Complex add(Complex other) {
            return new Complex(this.real + other.real, this.imag + other.imag);
        }

        Complex subtract(Complex other) {
            return new Complex(this.real - other.real, this.imag - other.imag);
        }

        Complex multiply(Complex other) {
```

```java
        return new Complex(
            this.real * other.real - this.imag * other.imag,
            this.real * other.imag + this.imag * other.real
        );
    }
}

// 주파수 도메인으로 데이터를 변환하는 함수
static void transformToFrequencyDomain(Complex[] data) {
    int n = data.length;
    if (n <= 1) {
        return;
    }

    // 홀수 번째와 짝수 번째 원소로 데이터를 분할
    int halfN = n / 2;
    Complex[] evenData = new Complex[halfN];
    Complex[] oddData = new Complex[halfN];

    for (int i = 0; i < halfN; i++) {
        evenData[i] = data[2 * i];
        oddData[i] = data[2 * i + 1];
    }

    // 재귀적으로 홀수 번째와 짝수 번째 데이터를 변환
    transformToFrequencyDomain(evenData);
    transformToFrequencyDomain(oddData);

    // 데이터를 결합하여 주파수 도메인으로 변환
    for (int i = 0; i < halfN; i++) {
        double angle = -2 * Math.PI * i / n;
        Complex t = new Complex(Math.cos(angle), Math.sin(angle)).multiply(oddData[i]);
        data[i] = evenData[i].add(t);
        data[i + halfN] = evenData[i].subtract(t);
    }
}

public static void main(String[] args) {
    int n = 8; // 데이터 배열의 길이 (2의 거듭제곱)

    // 주어진 시간 도메인 데이터 배열
    int[] timeDomainDataReal = {1, 2, 3, 4, 5, 6, 7, 8};
    Complex[] timeDomainData = new Complex[n];
    for (int i = 0; i < n; i++) {
        timeDomainData[i] = new Complex(timeDomainDataReal[i], 0);
```

```
        }

        // 주파수 도메인으로 변환
        transformToFrequencyDomain(timeDomainData);

        // 주파수 도메인 데이터 출력
        System.out.println("Frequency Domain Data:");
        for (Complex c : timeDomainData) {
            System.out.printf("%.6f + %.6fi%n", c.real, c.imag);
        }
    }
}
```

▶ 실행결과

```
Frequency Domain Data:
36.000000 + 0.000000i
-4.000000 + 9.656854i
-4.000000 + 4.000000i
-4.000000 + 1.656854i
-4.000000 + 0.000000i
-4.000000 + -1.656854i
-4.000000 + -4.000000i
-4.000000 + -9.656854i
```

〈예 VII-21〉 푸리에 트리 예제 프로그램

Exercise

01. 다음 트리에 대해 답하시오.

(1) 트리의 높이를 구하시오.(height of the tree)

(2) 29에서 37까지의 길이를 구하시오.(length of this path)

(3) 리프 노드의 개수를 구하시오.

(4) 이 트리는 바이너리 트리인가/아닌가?를 설명하고 그 이유를 쓰시오.

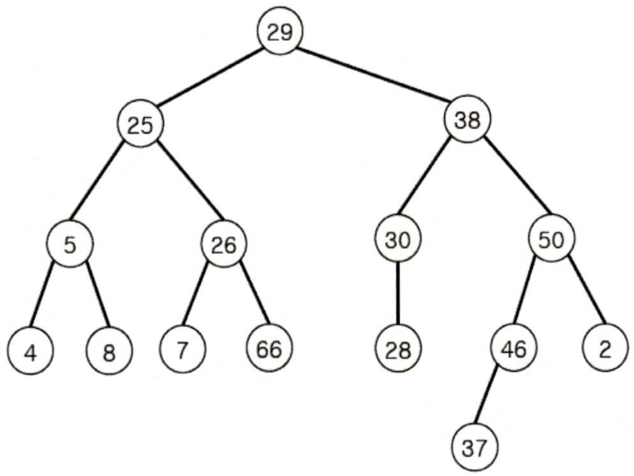

02. 다음 트리를 전위, 중위, 후위 탐색 했을 때 결과를 각각 쓰시오.

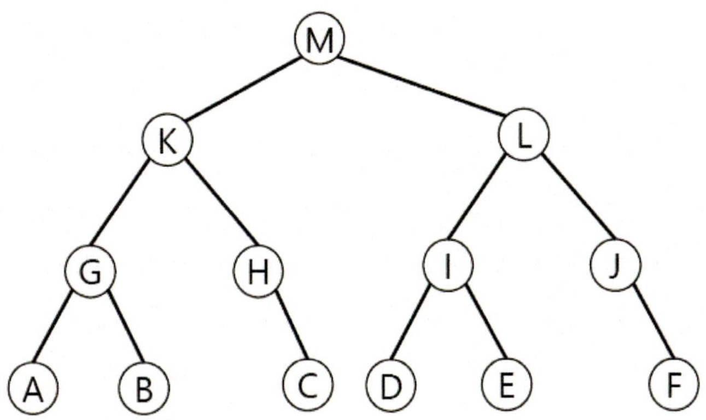

03. 다음 그림(A) 이진트리를 배열로 표현하고, 그림(B) 배열을 이진트리로 표현하시오.

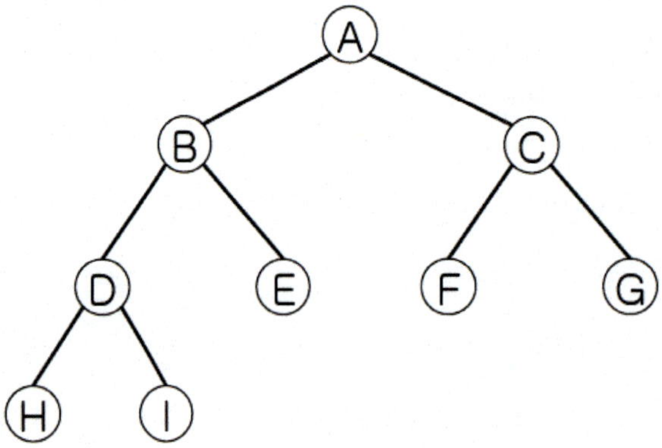

그림(A)

인덱스	값
[0]	–
[1]	A
[2]	B
[3]	–
[4]	C
[5]	–
[6]	–
[7]	–
[8]	D
[9]	–
. . .	. . .
[16]	E

그림(B)

04. 초기에 비어있는 바이너리 Heap에 11, 3, 2, 15, 4, 25, 6, 8, 1을 순서대로 삽입한 결과로 나타난 바이너리 최소 Heap을 도시화하시오.

Chapter VIII

정렬(Sorting)

본 장에서는 다양한 정렬 기법에 대해 다룬다. 자료구조란 기본적으로 데이터를 효율적으로 저장, 검색, 삭제할 수 있도록 설계된 구조이기 때문에 데이터를 순서대로 정렬하는 기법을 익히는 것은 아주 중요하다.

정렬 알고리즘은 데이터를 특정한 순서로 정렬하는 알고리즘이다. 정렬은 컴퓨터 과학과 데이터 처리에서 매우 중요한 작업으로, 데이터 탐색, 데이터 분석, 데이터 압축 등 다양한 응용 분야에서 사용된다.

1 버블 정렬(Bubble Sort)

버블 정렬은 인접한 두 개의 원소를 비교하여 자리를 교환하는 방식으로 가장 큰 레코드가 한 칸씩 한 칸씩 오른쪽으로 떠올라오는 형태이다. 버블 정렬은 가장 간단한 형태의 정렬 알고리즘으로 리스트의 끝까지 한 번의 패스가 완료되면, 가장 큰 원소가 마지막 위치에 정렬된다. 이러한 과정을 리스트의 크기만큼 반복하여 정렬을 완료한다. 버블 정렬의 시간복잡도는 최악, 최선, 평균 모두 $O(n^2)$이다. 버블 정렬의 알고리즘은 <표 VIII-1>과 같다.

표 VIII-1 버블 정렬 알고리즘

(1) 인접한 두 개의 원소를 비교하여 크기가 큰 원소를 오른쪽으로 이동시킨다. (2) 한 단계를 마치면 가장 큰 값이 배열의 가장 오른쪽에 위치하게된다. (3) 배열의 마지막 원소를 제외한 나머지 원소들로 동일한 작업을 수행한다. (4) 배열의 전체 데이터가 정렬될 때까지 반복한다.

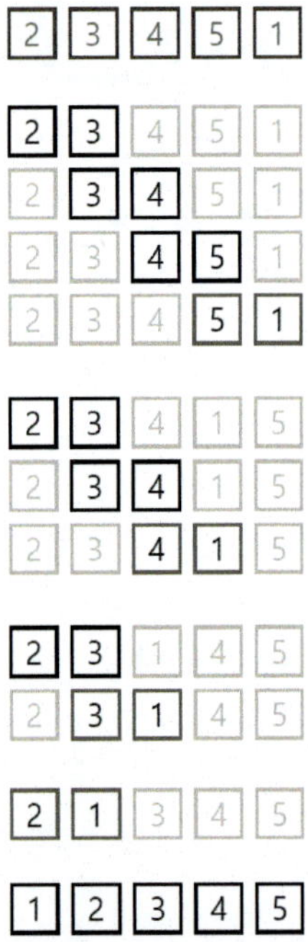

그림 VIII-1 버블 정렬

```
public static void bubbleSort(int[] list, int n)
{
    int i, j, k, temp;

    for(i = n-1; i >= 0; i--) {
        for(j =0; j < i; j++) {
            if(list[j] > list[j+1]) {
                temp = list[j];
                list[j]= list[j+1];
                list[j+1] = temp;
            }
        }
    }
}
```

〈예 VIII-1〉 버블 정렬 함수

2 선택 정렬(Selection Sort)

선택 정렬은 리스트에서 가장 작은 원소를 선택하여 첫 번째 위치로 옮기고, 그 다음으로 작은 원소를 두 번째 위치로 옮기는 방식이다. 이러한 과정을 리스트의 크기만큼 반복한다. 선택 정렬의 시간복잡도 최악, 최선, 평균 모두 $O(n^2)$이다. 선택 정렬의 알고리즘은 <표 VIII-2>와 같다.

표 VIII-2 선택 정렬 알고리즘

(1) 배열에서 가장 작은 원소를 찾아 선택하여 배열의 첫 번째 원소와 자리를 바꾼다.
(2) 두 번째로 작은 원소를 찾아 선택하여 배열의 두 번째 원소와 자리를 바꾼다.
(3) 배열의 전체 데이터가 정렬될 때까지 반복한다.

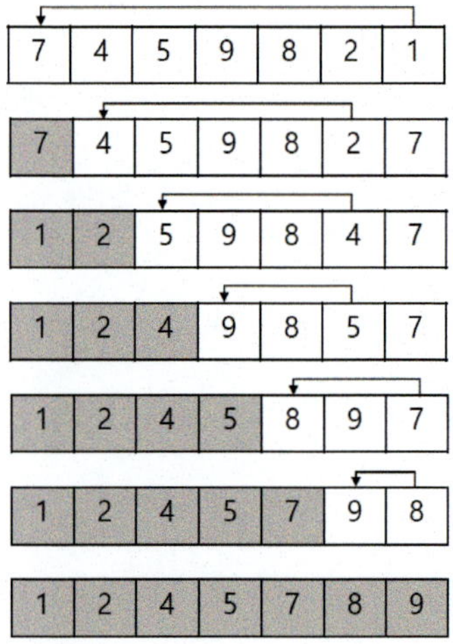

그림 VIII-2 선택 정렬

```
public static void selectionSort(int[] list, int n)
{
    int i, j, min, temp;

    for(i = 0; i < n-1 ; i++) {
        min = i;
        for(j = i + 1 ; j < n ; j++) {
            if(list[j] < list[min])
                min = j;
        }
        temp = list[i];
        list[i] = list[min];
        list[min] = temp;
    }
}
```

〈예 VIII-2〉 선택 정렬 함수

3 삽입 정렬(Insertion Sort)

삽입 정렬은 리스트를 두 부분, 정렬되지 않은 부분과 정렬된 부분으로 나눈다. 정렬되지 않은 부분에서 하나씩 원소를 선택하여 정렬된 부분의 적절한 위치에 삽입한다. 삽입 정렬의 시간복잡도는 최악과 최선은 O(n^2)이며, 정렬된 리스트에선 O(n)이다. 삽입 정렬의 알고리즘은 <표 VIII-3>과 같다.

표 VIII-3 삽입 정렬 알고리즘

(1) 인덱스 1부터 시작한다. 인덱스 0은 이미 정렬된 것으로 볼 수 있다. (2) 현재 삽입될 숫자인 i번째 정수를 key 변수로 복사한다. (3) 현재 정렬된 배열은 i-1까지 이므로 i-1번째부터 역순으로 조사한다. (4) j값이 음수가 아니어야 되고 key값보다 정렬된 배열에 있는 값이 크면 j번째를 j+1번째로 이동한다. (5) j를 하나 감소한다. (6) j번째 정수가 key보다 작으므로 j+1번째가 key값이 들어갈 위치이다.

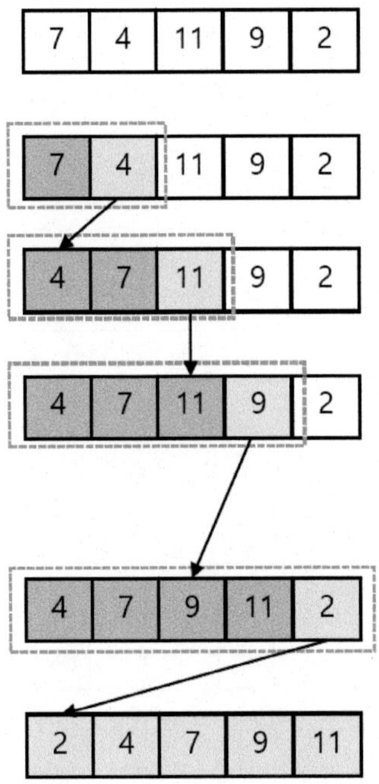

그림 VIII-3 삽입 정렬

```
public static void insertionSort(int[] list, int n)
{
    int i, j, key;

    for (i = 1 ; i < n ; i++) {
        key = list[i];
        for(j = i-1 ; j >= 0 && list[j] > key ; j--)
            list[j+1] = list[j];
        list[j+1] = key;
    }
}
```

〈예 VIII-3〉 삽입 정렬 함수

4 병합 정렬(Merge Sort)

병합 정렬은 분할 정복(divide and conquer) 기법을 사용한 정렬 알고리즘이다. 리스트를 반으로 나눈 뒤, 각각을 정렬하고, 정렬된 두 리스트를 병합하여 하나의 정렬된 리스트를 생성한다. 병합 정렬의 시간복잡도는 최악, 최선, 평균 모두 O(nlogn) 이다. 병합 정렬의 알고리즘은 <표 VIII-4>와 같다.

표 VIII-4 병합 정렬 알고리즘

(1) 만약 나누어진 구간의 크기가 1이상이면 중간 위치를 계산한다. (2) 앞쪽 부분 배열을 정렬하기 위하여 merge_sort 함수를 순환 호출한다. (3) 뒤쪽 부분 배열을 정렬하기 위하여 merge_sort 함수를 순환 호출한다. (4) 정렬된 2개의 부분 배열을 통합하여 하나의 정렬된 배열로 만든다.

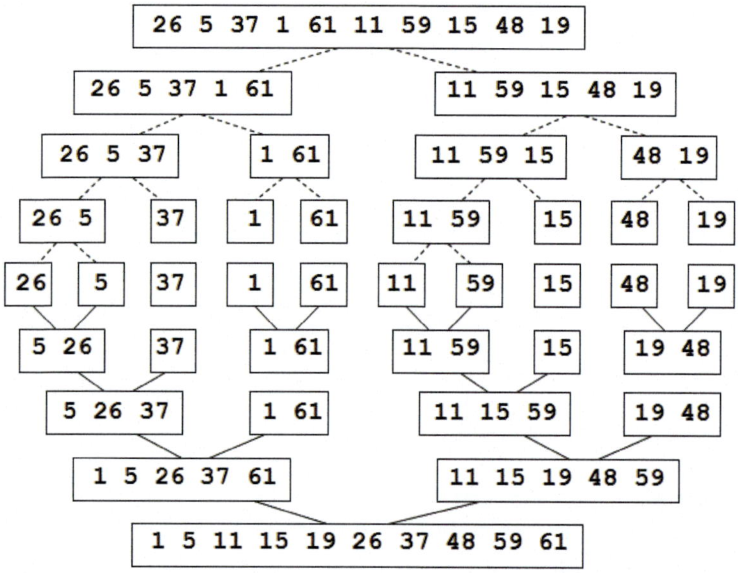

그림 VIII-4 병합 정렬

```
public static void merge(int[] list, int left, int mid, int right)
{
    int i, j, k, m;
    int[] sorted = new int[list.length];

    i = left;
```

```
    j = mid + 1;
    k = left;

    while(i <= mid && j <= right) {
        if(list[i] <= list[j])
            sorted[k++] = list[i++];
        else
            sorted[k++] = list[j++];
    }

    if(i > mid)
        for(m = j; m <= right; m++)
            sorted[k++] = list[m];
    else
        for(m = i; m <= mid; m++)
            sorted[k++] = list[m];

    for(m = left; m <= right; m++)
        list[m] = sorted[m];
}

public static void mergeSort(int list[], int left, int right)
{
    int mid;
    if(left < right) {
        mid = (left + right) / 2;
        mergeSort(list, left, mid);
        mergeSort(list, mid+1, right);
        merge(list, left, mid, right);
    }
}
```

〈예 VIII-4〉 병합 정렬 함수

5 퀵 정렬(Quick Sort)

퀵 정렬은 분할 정복 기법을 사용한 또 다른 정렬 알고리즘이다. 리스트에서 하나의 원소를 선택하고, 이를 기준(pivot)으로 삼아 작은 원소는 왼쪽, 큰 원소는 오른쪽으로 분할한다. 분할된 부분 리스트에 대해 재귀적으로 퀵 정렬을 적용한다. 퀵 정렬의 시간복잡도는 최악일 경우 $O(n^2)$ 이며, 최선과 평균은 O(nlogn)이다.

전형적인 퀵 정렬의 알고리즘은 <표 VIII-5>와 같다.

표 VIII-5 퀵 정렬 알고리즘

(1) 배열에서 하나의 원소를 피벗으로 선택한다.
(2) 선택한 피벗을 기준으로 배열을 두 부분으로 분할한다. 피벗보다 작거나 같은 원소는 피벗의 왼쪽에 위치하고, 큰 원소는 오른쪽에 위치하도록 배열을 정렬한다.
(3) 분할된 두 부분 배열에 대해 재귀적으로 퀵 정렬을 수행한다.
(4) 정복된 부분 배열들을 병합하여 하나의 정렬된 배열을 생성한다.
(5) 부분 배열의 크기가 1 이하가 될 때까지 위의 과정을 반복한다. 이때, 크기가 1 이하인 배열은 이미 정렬된 것으로 간주하고 재귀를 종료한다.

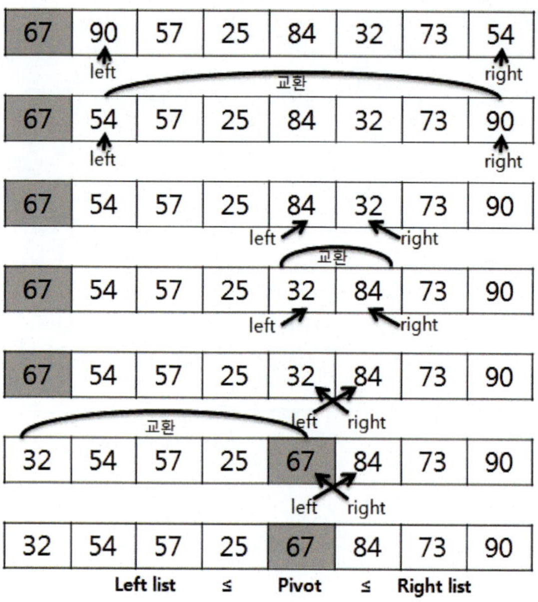

그림 VIII-5 퀵 정렬의 첫 번째 단계

```
public static int partition(int[] list, int left, int right)
{
    int pivot;
    int low, high;
    low = left;
    high = right+1;
    pivot = list[left];

    do{
        do{
            low++;
        }while(low <= right && list[low] < pivot);

        do{
            high--;
        }while(high >= left && list[high] > pivot);

        if(low < high)  swap(list, low, high);
    }while(low < high);

    swap(list, left, high);

    return high;
}

public static void quickSort(int[] list, int left, int right)
{
    if(left < right){
        int q = partition(list, left, right);
        quickSort(list, left, q-1);
        quickSort(list, q+1, right);
    }
}
```

〈예 VIII-5〉 퀵 정렬 함수

퀵 정렬은 평균적으로 매우 빠르게 동작하지만, 최악의 경우(피벗이 항상 가장 작거나 가장 큰 원소일 때)에는 시간복잡도가 $O(n^2)$이 될 수 있다. 이를 개선하기 위해 여러 퀵 정렬의 변형 알고리즘이 개발되었다. 대표적인 퀵정렬 변형 알고리즘은 삼분할 퀵 정렬(Three-Way Quick Sort), 랜덤화 퀵 정렬 (Randomized Quick Sort), 쓰리미디언 퀵 정렬 (IntroSort), 비재귀적 퀵 정렬 (Non-Recursive Quick Sort), 그리고 중앙 피벗 퀵 정렬 (Median of Three Quick Sort) 등이 있다.

(1) 삼분할 퀵 정렬

일반적인 퀵 정렬은 피벗을 중심으로 두 개의 부분 배열로 분할하는데 반해 삼분할 퀵 정렬은 피벗을 기준으로 세 개의 부분 배열로 분할한다. 이 방식은 동일한 값들이 여러 개 존재할 때 중복된 값들을 한 번에 정렬할 수 있어서 최악의 경우 시간복잡도를 개선할 수 있다. <예 VIII-6>에서 삼분할 퀵 정렬 예제 프로그램을 보여준다.

```
public class ThreeWayQuickSort
{
    public static void swap(int[] list, int i, int j)
    {
        int temp = list[i];
        list[i] = list[j];
        list[j] = temp;
    }

    // 분할 함수
    public static int[] partition(int[] arr, int low, int high)
    {
        int pivot = arr[low]; // 피벗을 첫 번째 원소로 선택
        int i = low + 1;
        int lt = low;
        int gt = high;
        while (i <= gt) {
            if (arr[i] < pivot) {
                swap(arr, i, lt);
                lt++;
                i++;
            } else if (arr[i] > pivot) {
                swap(arr, i, gt);
                gt--;
            } else {
                i++;
            }
        }
        int[] ret = {lt, gt};
        return ret;
    }

    // 삼분할 퀵 정렬 함수
    public static void threeWayQuickSort(int[] arr, int low, int high)
    {
        if (low < high) {
            int left, right;
```

```
            int[] ret = partition(arr, low, high);
            left = ret[0];
            right = ret[1];
            threeWayQuickSort(arr, low, left - 1);
            threeWayQuickSort(arr, right + 1, high);
        }
    }

    public static void main(String[] args)
    {
        int[] arr = {3, 6, 2, 8, 6, 4, 2, 8, 3, 2, 5};
        int n = arr.length;
        System.out.println("Original Array: ");
        for (int num : arr) {
            System.out.printf("%d ", num);
        }
        System.out.println("");
        threeWayQuickSort(arr, 0, n - 1);
        System.out.println("Sorted Array: ");
        for (int num : arr) {
            System.out.printf("%d ", num);
        }
        System.out.println("");
    }
}
```

실행결과

```
Original Array: 3 6 2 8 6 4 2 8 3 2 5
Sorted Array: 2 2 2 3 3 4 5 6 6 8 8
```

〈예 VIII-6〉 삼분할 퀵 정렬 예제 프로그램

(2) 랜덤화 퀵 정렬

퀵 정렬의 최악의 경우는 피벗 선택에 따라 발생하는데, 항상 가장 작거나 가장 큰 원소를 선택하는 경우이다. 랜덤화 퀵 정렬은 피벗을 무작위로 선택하여 최악의 경우를 피하는 방식으로 피벗 선택 과정에서 무작위성을 도입하여 평균 시간복잡도를 향상시킨다. <예 VIII-7>에서 랜덤화 퀵 정렬 예제 프로그램을 보여준다.

```
import java.util.*;
```

```
public class RandomizedQuickSort
{
    // 배열에서 두 요소의 위치를 바꾸는 함수
    public static void swap(int[] list, int i, int j)
    {
        int temp = list[i];
        list[i] = list[j];
        list[j] = temp;
    }

    // 랜덤한 피벗을 선택하는 함수
    public static int choosePivot(int arr[], int low, int high)
    {
        Random random = new Random();
        int r = random.nextInt();
        int randomIndex = low + r % (high - low + 1);
        return randomIndex;
    }

    // 퀵 정렬의 파티션 함수
    public static int partition(int arr[], int low, int high)
    {
        int pivotIndex = choosePivot(arr, low, high);
        int pivot = arr[pivotIndex];

        swap(arr, pivotIndex, high); // 마지막 원소와 피벗 교환

        int i = low - 1;
        for (int j = low; j <= high - 1; j++) {
            if (arr[j] < pivot) {
                i++;
                swap(arr, i, j);
            }
        }
        swap(arr, i + 1, high);
        return (i + 1);
    }

    // 랜덤화 퀵 정렬 함수
    public static void randomizedQuickSort(int arr[], int low, int high)
    {
        if (low < high) {
            int pi = partition(arr, low, high);
            randomizedQuickSort(arr, low, pi - 1);
            randomizedQuickSort(arr, pi + 1, high);
```

```
        }
    }

    public static void main(String[] args)
    {
        int arr[] = {12, 5, 9, 3, 14, 10, 6, 2};
        int n = arr.length;

        System.out.printf("Original Array: ");
        for (int i = 0; i < n; i++) {
            System.out.printf("%d ", arr[i]);
        }
        System.out.printf("\n");

        randomizedQuickSort(arr, 0, n - 1);

        System.out.printf("Sorted Array: ");
        for (int i = 0; i < n; i++) {
            System.out.printf("%d ", arr[i]);
        }
        System.out.printf("\n");
    }
}
```

▶ 실행결과

```
Original Array: 12 5 9 3 14 10 6 2
Sorted Array: 2 3 5 6 9 10 12 14
```

〈예 VIII-7〉 랜덤화 퀵 정렬 예제 프로그램

(3) 쓰리 미디언 퀵 정렬

퀵 정렬과 힙 정렬을 결합한 형태로, 퀵 정렬을 사용하면서 최악의 경우를 방지하기 위해 힙 정렬을 사용하는 방식이다. 최악의 경우에도 안정적인 성능을 제공한다. <예 VIII-8>에서 쓰리미디언 퀵 정렬 예제 프로그램을 보여준다.

```
public class ThreeMedianQuickSort
{
    // 배열에서 두 요소의 위치를 바꾸는 함수
    public static void swap(int[] list, int i, int j)
    {
        int temp = list[i];
```

```
        list[i] = list[j];
        list[j] = temp;
    }

    // 미디언 값 계산
    public static int medianOfThree(int arr[], int left, int right)
    {
        int mid = left + (right - left) / 2;
        if (arr[left] > arr[mid]) {
            swap(arr, left, mid);
        }
        if (arr[left] > arr[right]) {
            swap(arr, left, right);
        }
        if (arr[mid] > arr[right]) {
            swap(arr, mid, right);
        }
        // 중간 값을 반환
        return arr[mid];
    }

    // 퀵 정렬
    public static void quickSort(int arr[], int left, int right)
    {
        if (left >= right) {
            return;
        }
        int pivot = medianOfThree(arr, left, right);
        int i = left;
        int j = right + 1;
        while (true) {
            while (++i <= right && arr[i] < pivot);
            while (--j >= left && arr[j] > pivot);
            if (i < j) {
                swap(arr, i, j);
            } else {
                break;
            }
        }

        swap(arr, j, left);

        quickSort(arr, left, j);
        quickSort(arr, j + 1, right);
    }
```

```
    // 배열 출력
    public static void printArray(int arr[], int size)
    {
        for (int i = 0; i < size; i++) {
            System.out.printf("%d ", arr[i]);
        }
        System.out.printf("\n");
    }

    public static void main(String[] args)
    {
        int arr[] = {12, 5, 9, 3, 14, 10, 6, 2};
        int size = arr.length;

        System.out.printf("Original Array: ");
        printArray(arr, size);
        int left = 0;
        int right = size - 1;
        quickSort(arr, left, right);
        System.out.printf("Sorted Array: ");
        printArray(arr, size);
    }
}
```

● 실행결과

```
Original Array: 12 5 9 3 14 10 6 2
Sorted Array: 2 3 5 6 9 10 12 14
```

〈예 VIII-8〉 쓰리미디언 퀵 정렬 예제 프로그램

(4) 비재귀적 퀵 정렬

재귀적인 호출을 사용하지 않고 스택을 활용하여 퀵 정렬을 구현하는 방식이므로 재귀적인 호출에 따른 오버헤드를 줄일 수 있다. <예 VIII-9>에 스택을 이용한 퀵 정렬 예제 프로그램을 보여준다.

```
// 스택을 위한 클래스 정의
class StackItem {
    int left;
    int right;
    StackItem(int left, int right) {
        this.left = left;
        this.right = right;
```

```
    }
}

public class IterativeQuickSort
{
    // 스택의 최대 크기 설정
    final static int MAX_STACK_SIZE = 100;
    // 스택 배열과 스택 포인터 초기화
    StackItem[] stack = new StackItem[MAX_STACK_SIZE];
    int top = -1;

    // 스택 관련 함수
    private void push(int left, int right) throws Exception
    {
        if (top < MAX_STACK_SIZE - 1) {
            stack[++top] = new StackItem(left, right);
        } else {
            throw new Exception("Stack is full!");
        }
    }

    private StackItem pop() throws Exception
    {
        if (top >= 0) {
            StackItem item = stack[top--];
            return item;
        } else {
            throw new Exception("Stack is empty!");
        }
    }

    // 배열에서 두 요소의 위치를 바꾸는 함수
    public static void swap(int[] list, int i, int j)
    {
        int temp = list[i];
        list[i] = list[j];
        list[j] = temp;
    }

    // 미디언 값 계산
    private int medianOfThree(int arr[], int left, int right)
    {
        int mid = left + (right - left) / 2;
        if (arr[left] > arr[mid]) {
            swap(arr, left, mid);
```

```
    }
    if (arr[left] > arr[right]) {
        swap(arr, left, right);
    }
    if (arr[mid] > arr[right]) {
        swap(arr, mid, right);
    }
    // 중간 값을 반환
    return arr[mid];
}
// 비재귀적 퀵 정렬
void iterativeQuickSort(int arr[], int left, int right) throws Exception
{
    push(left, right);  // 초기 범위를 스택에 푸시
    while (top >= 0) {
        StackItem item = pop();  // 스택에서 범위를 팝
        left = item.left;
        right = item.right;
        if (right - left <= 0) {
            continue;  // 범위가 1 이하면 다음 반복으로 건너뜀
        }
        int pivot = medianOfThree(arr, left, right);
        int i = left;
        int j = right + 1;
        while (true) {
            while (++i <= right && arr[i] < pivot);
            while (--j >= left && arr[j] > pivot);
            if (i < j) {
                swap(arr, i, j);
            } else {
                break;
            }
        }
        swap(arr, left, j);
        // 두 개의 하위 배열을 스택에 푸시
        if (i - 1 - left >= right - i - 1) {
            push(left, j);
            push(j + 1, right);
        } else {
            push(j + 1, right);
            push(left, j);
        }
    }
}
// 배열 출력
```

```
    public static void printArray(int arr[], int size)
    {
        for (int i = 0; i < size; i++) {
            System.out.printf("%d ", arr[i]);
        }
        System.out.printf("\n");
    }

    public static void main(String[] args) throws Exception
    {
        int arr[] = {12, 5, 9, 3, 14, 10, 6, 2};
        int size = arr.length;
        IterativeQuickSort qsort = new IterativeQuickSort();
        System.out.printf("Original Array: ");
        printArray(arr, size);
        int left = 0;
        int right = size - 1;
        qsort.iterativeQuickSort(arr, left, right);
        System.out.printf("Sorted Array: ");
        printArray(arr, size);
    }
}
```

실행결과

```
Original Array: 12 5 9 3 14 10 6 2
Sorted Array: 2 3 5 6 9 10 12 14
```

〈예 VIII-9〉 스택을 이용한 퀵 정렬 예제 프로그램

(5) 중앙 피벗 퀵 정렬

피벗을 선택할 때, 배열의 처음, 중간, 끝 원소를 비교하여 중간값을 피벗으로 선택하는 방식으로 최악의 경우를 방지하기 위해 피벗 선택을 최적화하고자 사용된다. <예 VIII-10>에서 중앙 값을 피벗으로 하여 퀵 정렬하는 예제 프로그램을 보여준다.

```
public class MidQuickSort
{
    // 배열에서 두 요소의 위치를 바꾸는 함수
    public static void swap(int[] list, int i, int j)
    {
        int temp = list[i];
        list[i] = list[j];
```

```
        list[j] = temp;
    }

    // 중앙 피벗을 사용한 퀵 정렬
    public static int partition(int arr[], int low, int high)
    {
        int pivot = arr[low + (high - low) / 2]; // 중앙 값을 피벗으로 선택
        int i = low - 1;
        int j = high + 1;

        while (true) {
            do {
                i++;
            } while (arr[i] < pivot);

            do {
                j--;
            } while (arr[j] > pivot);

            if (i >= j)
                return j;

            swap(arr, i, j);
        }
    }

    public static void quickSort(int arr[], int low, int high)
    {
        if (low < high) {
            int partitionIndex = partition(arr, low, high);

            // 분할된 부분 배열에 대해 재귀적으로 정렬
            quickSort(arr, low, partitionIndex);
            quickSort(arr, partitionIndex + 1, high);
        }
    }

    public static void main(String[] args)
    {
        int arr[] = {12, 5, 9, 3, 14, 10, 6, 2};
        int arrSize = arr.length;
        System.out.printf("Original Array: ");
        for (int i = 0; i < arrSize; i++) {
            System.out.printf("%d ", arr[i]);
        }
```

```
        System.out.printf("\n");

        quickSort(arr, 0, arrSize - 1);

        System.out.printf("Sorted Array: ");
        for (int i = 0; i < arrSize; i++) {
            System.out.printf("%d ", arr[i]);
        }
        System.out.printf("\n");
    }
}
```

▶ 실행결과

```
Original Array: 12 5 9 3 14 10 6 2
Sorted Array: 2 3 5 6 9 10 12 14
```

〈예 VIII-10〉 중앙 값을 피벗으로 하는 퀵 정렬

6 힙 정렬(Heap Sort)

힙 정렬은 힙 자료 구조를 사용하여 정렬하는 알고리즘이다. 리스트를 힙으로 만든 뒤, 최대 힙에서 가장 큰 값을 추출하여 정렬되지 않은 부분에서 가장 마지막 위치에 삽입한다. 힙 정렬의 시간복잡도는 최악, 최선, 평균 모두 O(n log n) 이다. 힙 정렬에 대한 자세한 설명은 VII장에 있다.

7 기수 정렬(Radix Sort)

기수 정렬 알고리즘은 비교 기반 정렬 알고리즘이 아닌 정렬 방식 중 하나이다. 기수 정렬은 주어진 숫자들을 자릿수 별로 비교하지 않고 정렬하는 방법으로, 각 자릿수를 따로따로 정렬하여 전체를 정렬하는 방법이다. 기수 정렬은 비교 연산을 사용하지 않으므로, 정수나 문자열과 같은 자료형을 정렬할 때 매우 효율적이다. 그러나, 숫자의 자릿수가 많은 경우에는 메모리 사용량이 많아질 수 있으므로 주의가 필요하다. 기수 정렬의 시간복잡도는 입력 크기가 n이라고 할 때, 입력 크기와 가장 큰 자릿수인 k에 비례한다. 따라서 시간복잡도는 O(nk)이다. 만약 k가 상수이거나 작다면 기수 정렬은 매우 효율적인 정렬 알고리즘이 될 수 있다.

기수 정렬의 알고리즘은 <표 VIII-6>과 같다. <예 VIII-11>은 주어진 배열에서 가장 큰 수를 찾아 최대 자릿수를 계산하고, 자릿수별로 버킷을 사용하여 기수 정렬 예제 프로그램을 보여준다.

표 VIII-6 기수 정렬 알고리즘

(1) 가장 낮은 자릿수부터 가장 높은 자릿수까지 정렬한다.
(2) 각 자릿수를 기준으로 정렬할 때, 해당 자릿수의 값을 기준으로 데이터를 그룹화한다.
(3) 각 그룹을 정렬한 후, 그룹들을 병합하여 하나의 정렬된 배열을 만든다.
(4) 가장 높은 자릿수까지 이 과정을 반복한다.

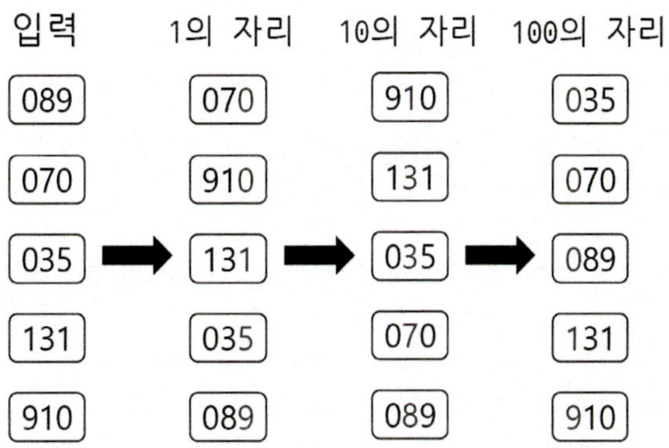

그림 VIII-6 기수 정렬

```
public class RadixSort
{
    final static int MAX_SIZE = 100;

    // 자릿수 기반 정렬 함수
    public static void radixSort(int[] arr, int n)
    {
        // 입력 배열 중 가장 큰 수를 찾음
        int max = arr[0];
        for (int i = 1; i < n; i++) {
            if (arr[i] > max) {
                max = arr[i];
            }
        }
        // 가장 큰 수의 자릿수를 찾음
        int digitPlace = 1;
        // 버킷 및 카운트 배열 초기화
        int[] bucket = new int[10];
        int[] output = new int[MAX_SIZE];
        for (int i = 0; i < 10; i++) {
            bucket[i] = 0;
        }
        // 가장 큰 자릿수까지 반복
```

```
        while (max / digitPlace > 0) {
            // 버킷 배열 초기화
            for (int i = 0; i < 10; i++) {
                bucket[i] = 0;
            }
            // 자릿수를 기준으로 데이터를 버킷에 분배
            for (int i = 0; i < n; i++) {
                int index = (arr[i] / digitPlace) % 10;
                bucket[index]++;
            }
            // 버킷 배열을 업데이트 (누적 개수로)
            for (int i = 1; i < 10; i++) {
                bucket[i] += bucket[i - 1];
            }
            // 입력 배열을 역순으로 순회하며 데이터를 output 배열에 배치
            for (int i = n - 1; i >= 0; i--) {
                int index = (arr[i] / digitPlace) % 10;
                output[bucket[index] - 1] = arr[i];
                bucket[index]--;
            }
            // output 배열을 입력 배열로 복사
            for (int i = 0; i < n; i++) {
                arr[i] = output[i];
            }
            // 다음 자릿수로 이동
            digitPlace *= 10;
        }
    }

    public static void main(String[] args)
    {
        int arr[] = {170, 45, 75, 90, 802, 24, 2, 66};
        int n = arr.length;
        System.out.printf("Original Array: ");
        for (int i = 0; i < n; i++) {
            System.out.printf("%d ", arr[i]);
        }
        radixSort(arr, n);
        System.out.printf("\nSorted Array: ");
        for (int i = 0; i < n; i++) {
            System.out.printf("%d ", arr[i]);
        }
    }
}
```

▶ 실행결과

```
Original Array: 170 45 75 90 802 24 2 66
Sorted Array: 2 24 45 66 75 90 170 802
```

〈예 VIII-11〉 기수 정렬 예제 프로그램

8 정렬 프로그램 통합

<예 VIII-12>는 버블 정렬, 선택 정렬, 삽입 정렬, 퀵 정렬, 병합 정렬, 기수 정렬 등이 모두 포함된 예제 프로그램을 보여준다.

```
public class Sort
{
    // 배열에서 두 요소의 위치를 바꾸는 함수
    public static void swap(int[] list, int i, int j)
    {
        int temp = list[i];
        list[i] = list[j];
        list[j] = temp;
    }

    // 버블 정렬
    public static void bubbleSort(int[] list, int n)
    {
        for(int i = n-1; i >= 0; i--) {
            for(int j =0; j < i; j++) {
                if(list[j] > list[j+1]) {
                    swap(list, j, j+1);
                }
            }
        }
    }

    // 선택 정렬
    public static void selectionSort(int[] list, int n)
    {
        int min;

        for(int i = 0; i < n-1 ; i++) {
            min = i;
            for(int j = i + 1 ; j < n ; j++) {
```

```
            if(list[j] < list[min])
                min = j;
        }
        swap(list, i, min);
    }
}

// 삽입 정렬
public static void insertionSort(int[] list, int n)
{
    int j, key;

    for (int i = 1; i < n; i++) {
        key = list[i];
        for(j = i-1; j >= 0 && list[j] > key; j--)
            list[j+1] = list[j];
        list[j+1] = key;
    }
}

// 병합 정렬
public static void mergeSort(int list[], int left, int right)
{
    int mid;
    if(left < right) {
        mid = (left + right) / 2;
        mergeSort(list, left, mid);
        mergeSort(list, mid+1, right);
        merge(list, left, mid, right);
    }
}

public static void merge(int[] list, int left, int mid, int right)
{
    int i, j, k, m;
    int[] sorted = new int[list.length];

    i = left;
    j = mid + 1;
    k = left;

    while(i <= mid && j <= right) {
        if(list[i] <= list[j])
            sorted[k++] = list[i++];
        else
```

```
            sorted[k++] = list[j++];
    }

    if(i > mid)
        for(m = j; m <= right; m++)
            sorted[k++] = list[m];
    else
        for(m = i; m <= mid; m++)
            sorted[k++] = list[m];

    for(m = left; m <= right; m++)
        list[m] = sorted[m];
}

// 퀵 정렬
public static void quickSort(int[] list, int left, int right)
{
    if(left < right){
        int q = partition(list, left, right);
        quickSort(list, left, q-1);
        quickSort(list, q+1, right);
    }
}

public static int partition(int[] list, int left, int right)
{
    int pivot;
    int low, high;
    low = left;
    high = right+1;
    pivot = list[left];

    do{
        do{
            low++;
        }while(low <= right && list[low] < pivot);

        do{
            high--;
        }while(high >= left && list[high] > pivot);

        if(low < high)  swap(list, low, high);
    }while(low < high);

    swap(list, left, high);
```

```
    return high;
}

// 기수 정렬
public static void radixSort(int[] arr, int n)
{
    int max = getMax(arr, n);
    for (int exp = 1; max / exp > 0; exp *= 10)
        countSort(arr, n, exp);
}

public static int getMax(int[] arr, int n)
{
    int max = arr[0];
    for (int i = 1; i < n; i++) {
        if (arr[i] > max)
            max = arr[i];
    }
    return max;
}

public static void countSort(int[] arr, int n, int exp)
{
    int[] output = new int[n];
    int[] count = new int[10];
    for (int i = 0; i < n; i++)
        count[(arr[i] / exp) % 10]++;
       for (int i = 1; i < 10; i++)
        count[i] += count[i - 1];
    for (int i = n - 1; i >= 0; i--) {
        output[count[(arr[i] / exp) % 10] - 1] = arr[i];
        count[(arr[i] / exp) % 10]--;
    }
    for (int i = 0; i < n; i++)
        arr[i] = output[i];
}

public static boolean isSorted(int[] list)
{
    for (int i = 0; i < list.length - 1; i++) {
        if (list[i] > list[i+1])
            return false;
    }
    return true;
```

```java
    }

    public static void printArray(int[] list)
    {
        for (int i = 0; i < list.length; i++)
            System.out.printf("%d ", list[i]);
        System.out.println("");
    }

    public static void main(String[] args)
    {
        int arr[] = {12, 5, 9, 3, 14, 10, 6, 2};
        int n = arr.length;
        System.out.printf("Original Array: ");
        printArray(arr);
        bubbleSort(arr, n);
        System.out.printf("Bubble Sort: ");
        printArray(arr);
        int selectionArr[] = {12, 5, 9, 3, 14, 10, 6, 2};
        selectionSort(selectionArr, n);
        System.out.printf("Selection Sort: ");
        printArray(selectionArr);
        int insertionArr[] = {12, 5, 9, 3, 14, 10, 6, 2};
        insertionSort(insertionArr, n);
        System.out.printf("Insertion Sort: ");
        printArray(insertionArr);
        int quickArr[] = {12, 5, 9, 3, 14, 10, 6, 2};
        quickSort(quickArr, 0, n - 1);
        System.out.printf("Quick Sort: ");
        printArray(quickArr);
        int mergeArr[] = {12, 5, 9, 3, 14, 10, 6, 2};
        mergeSort(mergeArr, 0, n - 1);
        System.out.printf("Merge Sort: ");
        printArray(mergeArr);
        int radixArr[] = {12, 5, 9, 3, 14, 10, 6, 2};
        radixSort(radixArr, n);
        System.out.printf("Radix Sort: ");
        printArray(radixArr);
    }
}
```

▶ 실행결과

```
Original Array: 12 5 9 3 14 10 6 2
Bubble Sort: 2 3 5 6 9 10 12 14
```

```
Selection Sort: 2 3 5 6 9 10 12 14
Insertion Sort: 2 3 5 6 9 10 12 14
Quick Sort: 2 3 5 6 9 10 12 14
Merge Sort: 2 3 5 6 9 10 12 14
Radix Sort: 2 3 5 6 9 10 12 14
```

〈예 VIII-12〉 정렬 알고리즘 통합

9 자바의 정렬

자바에서 정렬을 사용하는 대표적인 방법으로 Arrays.sort()와 Collections.sort() 메소드가 있다. 전자는 Array를 정렬하기 위해 사용되고 후자는 Collection을 정렬하기 위해 사용된다. Collection 정렬 방법으로 Stream API를 사용하는 방법도 가능하다.

<예 VIII-13>은 Arrays.sort()를 기본 타입과 객체 타입 배열에 적용한 예를 보여준다. 기본 타입은 바로 sort() 메소드를 호출하면 해당 배열의 요소가 오름차순으로 정렬된다. 객체 타입 배열의 경우 해당 클래스가 Comparable 인터페이스의 compareTo() 메소드를 구현해야 한다. 해당 메소드는 객체 내에서 비교할 필드에 대해 비교 결과를 음수, 0, 양수로 리턴한다.

```
import java.util.Arrays;

class Person implements Comparable<Person> {
    String name;
    int age;

    public Person(String name, int age) {
        this.name = name;
        this.age = age;
    }

    // 나이를 기준으로 정렬하도록 구현
    @Override
    public int compareTo(Person other) {
        return Integer.compare(this.age, other.age);
    }

    @Override
    public String toString() {
        return name + " (" + age + ")";
    }
```

```
}

public class ArraySortExample {
    public static void main(String[] args) {
        // 1. 기본 타입 배열 정렬
        int[] numbers = {5, 3, 8, 1, 2};
        // 배열 정렬
        Arrays.sort(numbers);
        // 정렬된 배열 출력
        System.out.println("Sorted array: " + Arrays.toString(numbers));  // 출력: [1, 2, 3,
5, 8]

        // 2. 객체 배열 정렬
        Person[] people = {
            new Person("John", 30),
            new Person("Alice", 25),
            new Person("Bob", 20)
        };
        // 배열 정렬
        Arrays.sort(people);
        // 정렬된 배열 출력
        System.out.println("Sorted array: " + Arrays.toString(people));  // 출력: [Bob (20),
Alice (25), John (30)]
    }
}
```

실행결과

```
Sorted array: [1, 2, 3, 5, 8]
Sorted array: [Bob (20), Alice (25), John (30)]
```

〈예 VIII-13〉 자바의 Arrays.sort() 예

Collections.sort()는 Collection 객체를 정렬하기 위한 메소드로 기본 타입에 대해서는 바로 사용할 수 있지만, 요소가 객체일 경우나 내림차순 정렬 등과 같은 변화를 주기 위해서는 Comparator 인터페이스 구현 객체를 제공해야 한다. <예 VIII-14>는 Collection 객체를 정렬하는 예를 보여준다. fruits의 경우 요소의 타입이 기본 타입인 String이고 오른차순 정렬을 하는 것이므로 Collection.sort()에 fruits만 인자로 넣어주면 정렬이 된다. 하지만 people 객체의 경우 요소의 타입이 객체인 Person이고 내림차순으로 정렬을 하기 때문에 Comparator<Person> 구현 객체를 추가 인자로 제공해야 한다.

```
import java.util.ArrayList;
import java.util.Collections;
import java.util.Comparator;
import java.util.List;

class Person {
    String name;
    int age;

    public Person(String name, int age) {
        this.name = name;
        this.age = age;
    }

    @Override
    public String toString() {
        return name + " (" + age + ")";
    }
}

public class CollectionSortExample {
    public static void main(String[] args) {
        // 1. 기본 타입에 대한 sort()
        List<String> fruits = new ArrayList<>();
        fruits.add("Banana");
        fruits.add("Apple");
        fruits.add("Orange");

        // 리스트 정렬
        Collections.sort(fruits);
        // 정렬된 리스트 출력
        System.out.println("Sorted list: " + fruits);  // 출력: [Apple, Banana, Orange]

        // 2. 객체 요소에 대한 sort()
        List<Person> people = new ArrayList<>();
        people.add(new Person("John", 30));
        people.add(new Person("Alice", 25));
        people.add(new Person("Bob", 20));

        // 나이를 기준으로 정렬 (내림차순)
        Collections.sort(people, new Comparator<Person>() {
            @Override
            public int compare(Person p1, Person p2) {
                return Integer.compare(p2.age, p1.age);
            }
```

```
        });
        // 정렬된 리스트 출력
        System.out.println("Sorted list: " + people);  // 출력: [John (30), Alice (25), Bob 
(20)]
    }
}
```

실행결과

```
Sorted list: [Apple, Banana, Orange]
Sorted list: [John (30), Alice (25), Bob (20)]
```

〈예 VIII-14〉 자바의 Collections.sort() 예

Exercise

01. 입력 목록이 1430, 3292, 7684, 1338, 193, 595, 4243, 9002, 4393, 130, 1001 일 때 Insertion Sort, Selection Sort, Heap Sort, Merge Sort, Quick Sort 각각에 대해 정렬하시오. 단, Quick Sort의 피벗은 첫 번째 원소로 한다.

02. 입력 목록이 22, 36, 6, 79, 26, 45, 2, 13, 31, 62, 10, 79, 33, 11, 62, 26 일 때 Bubble Sort, Insertion Sort, Selection Sort, Shell Sort, Merge Sort, Quick Sort, Heap Sort를 각각을 이용하여 정렬하시오. 동일한 키를 가진 레코드의 원래 순서를 보존하는 경우 정렬 알고리즘은 안정적(stable)이라고 한다. 위의 정렬 방법 중 어떤 것이 가장 안정적인가 쓰시오.

03. 두 가지 흔한 분할 정복 정렬 알고리즘은 Quick Sort와 Merge Sort이다. 실제로 Quick Sort는 Merge Sort보다 선호되는 이유를 쓰시오.

04. Quick Sort의 최악의 경우 실행 시간은 $O(n^2)$이지만, 파티션 함수가 잘 동작한다면 기대되는 실행 시간은 O(n log n)이다. O(n log n)의 실행 시간을 얻기 위해 파티션 함수가 만족해야 하는 조건은 무엇인지 쓰시오. 그리고 실제로는 어떻게 이를 보장할 수 있을지 쓰시오.

05. QuickSort,MergeSort, Selection Sort, Insertion Sort, HeapSort 각각에 대해 다음 설명에 해당하는 모든 종류의 Sorting 알고리즘을 쓰시오. 단 아무런 Sorting 알고리즘도 해당하지 않을 때는 없음이라고 쓰시오.

(1) Ω(NlogN) 하한으로 제한됨

(2) Quicksort의 최악의 경우 실행 시간보다 점근적으로 더 나은 최악의 경우 실행 시간을 가짐

(3) 최악의 경우에는 요소들 간의 Θ(N)개의 쌍별 교환을 수행

(4) 동일한 두 원소를 두 번 비교하지 않음

(5) 특정 입력에 대해 최상의 경우 Θ(logN) 시간 내에 실행됨

06. 만약 k가 n+log2n－2 보다 크거나 같은 가장 작은 정수인 경우, k비교는 n개의 고유한 요소 집합에서 가장 큰 값과 두 번째로 큰 값을 찾는 데 필요하며 충분하다는 것을 보이시오.

07. 최악의 경우에 키 비교 횟수가 가능한 최소인 네 가지 키에 대한 정렬 방법을 찾고, 평균 케이스에서 알고리즘은 몇 번의 비교를 수행하는지 설명하시오.

08. 정렬된 문자열 배열 s1,…,sn이 있다고 가정해 봅시다. 주어진 문자열 x가 이 문자열 배열의 구성원인지 여부를 판별하기 위한 알고리즘과 시간복잡도를 쓰시오.

09. 길이가 n인 배열에서 두 가장 작은 요소를 찾는 알고리즘을 설계하시오. 이것을 2n－3비교보다 적게 할 수 있을지 확인하시오. 그리고 배열에서 최소 및 최대 요소를 2n－3비교만 사용하여 찾는 방법이 있는지 확인하시오.

10. n개의 항목을 정렬하는 시간에 대한 빅-오 표기법을 사용하여 다음 표를 작성하시오.

	평균	최악
정렬된 배열의 바이너리 탐색		
Insertion sort		
Merge sort		
중간값 세 개를 피벗으로 사용하지 않는 Quick Sort		
중간값 세 개를 피벗으로 사용하는 Quick Sort		
Selection sort		
Heap sort		

Chapter IX

해싱(Hashing)

본 장에서는 저장 및 검색에서 자주 활용되는 자료구조인 해싱에 대해 다룬다. 해싱은 특정한 알고리즘을 통해 데이터의 값을 추출하고 활용하는 것이기 때문에 구현하는 방법에 따라 사용 용도와 성능이 달라진다.

해싱(Hashing)은 빠른 데이터 탐색을 위한 자료구조 및 탐색 기법 중 하나로, 데이터를 효율적으로 저장하고 탐색하기 위한 기술이다. 해싱은 해시 함수(Hash Function)라고 불리는 특별한 함수를 사용하여 데이터를 고유한 인덱스로 변환하여 저장하는 방법을 기반으로 한다.

```
ADT Dictionary
  Objects : 0 < n 쌍의 모임, 각 쌍은 키와 관련된 아이템을 갖는다.
  functions :
   for all d ∈ Dictionary, item ∈ Item, k ∈ Key, n ∈ integer
   Dictionary Create(max_size)   ::=  create an empty dictionary..
   Boolean IsEmpty(d, n)         ::=  if (n > 0) return TRUE
                                      else return FALSE
   Element Search(d, k)          ::=  return item with key k,
                                      return NULL if no such element.
   Element Delete(d, k)          ::=  delete and return item (if any) with key k;
   void Insert(d, item, k)       ::=  insert item with key k into d.
```

해시 함수는 임의의 크기를 가진 데이터를 고정된 크기의 해시 코드(또는 해시 값)로 변환하는 함수이다. 이 함수는 데이터의 내용에 따라 항상 동일한 해시 코드를 생성해야 한다. 즉, 동일한 데이터에 대해서는 항상 동일한 해시 코드를 반환해야 한다. <그림 IX-1>에서 보여주듯이 해시 함수는 탐색키를 입력으로 받아 해시 주소(hash address)를 생성하고 이 해시 주소가 배열로 구현된 해시 테이블(hash table)의 인덱스가 된다. 예를 들어, 영어사전에서는 단어가 탐색키가 되고 이 단어를 해시 함수를 이용하여 적절한 정수 i로 변환한 다음, 배열 원소 ht[i]에 단어의 정의를 저장하는 것과 유사하다.

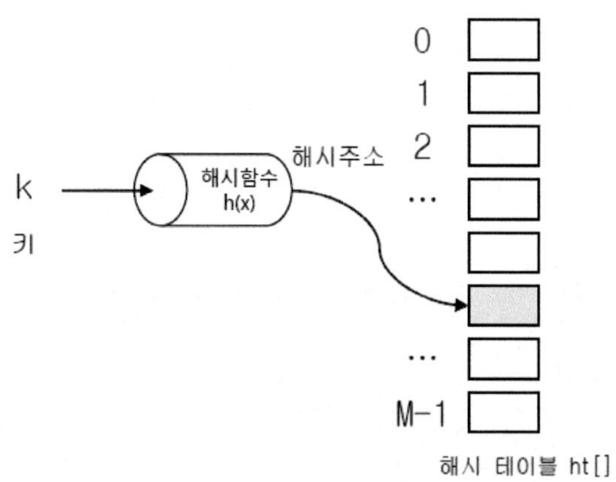

그림 IX-1 해시 함수와 해시 주소

해시 테이블은 데이터를 저장하고 탐색하는 데 사용되는 자료구조이다. 해시 테이블은 다음과 같은 특징을 갖는다.

- 해시 테이블은 M개의 버킷 또는 슬롯으로 이루어져 있다. 각 버킷은 하나 이상의 슬롯을 가질 수 있으며, 이 슬롯은 실제 데이터를 저장하는 공간이다.
- 해시 함수는 중요한 역할을 한다. 좋은 해시 함수는 데이터를 균일하게 분산시켜야 하며, 충돌(Collision)을 최소화할 수 있다. <그림 IX-2>는 충돌 상황을 보여준다.
- 서로 다른 두 개의 탐색 키 k_1과 k_2가 같은 해시 주소로 매핑될 때 충돌이 발생한다. 이러한 충돌은 해시 테이블에서 관리해야 할 중요한 문제 중 하나이다. 충돌이 없는 해시 함수는 없기 때문에 충돌을 어떻게 처리할 것인지가 중요하다.
- 충돌이 해결되지 않으면 오버플로우가 발생한다. 이것은 버킷 또는 슬롯에 더 이상 항목을 저장할 수 없는 상황을 의미한다. 오버플로우를 효과적으로 다루는 것이 해시 테이블의 핵심 과제 중 하나이다.

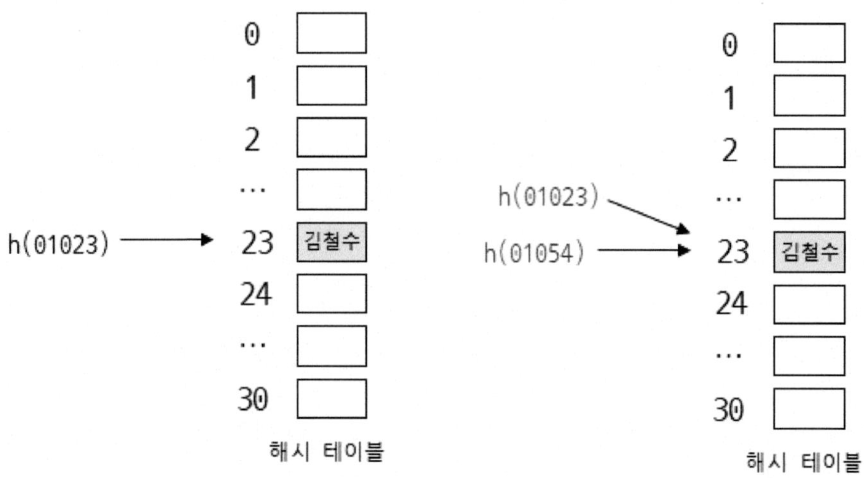

그림 IX-2 해시의 예와 충돌

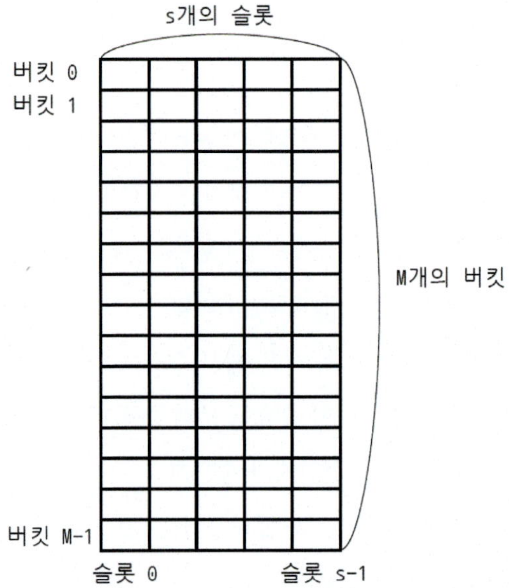

그림 IX-3 버킷과 슬롯

이상적인 해싱은 데이터를 효율적으로 저장하고 탐색하기 위한 방법 중 하나로, 학생 정보를 예로 들어 설명하면 다음과 같다.

먼저, 해시 함수를 정의해야 한다. <그림 IX-2>와 같이 학번을 탐색 키로 가정하면, 학번의 뒷 3자리 숫자를 해시 함수의 입력으로 사용할 수 있다. 예를 들어, 학번 01023을 해시 함수에 넣으면, 023이라는 해시 값을 반환한다.

다음으로 해시 값을 저장할 해시 테이블을 만든다. 해시 테이블은 일반적으로 배열로 표현되며, 각 슬롯은 해시 값에 대응한다. 예를 들어, ht[23]은 해시 값 023에 대한 슬롯을 의미한다.

학생 정보를 저장할 때, 해당 학생의 학번을 해시 함수에 넣어 해시 값을 계산하고, 이 값을 해시 테이블의 해당 슬롯에 저장한다. 예를 들어, 학번 01023인 학생의 정보를 저장할 때, ht[23] 슬롯에 해당 정보를 저장한다.

데이터를 탐색할 때도 학번을 해시 함수에 넣어 해당하는 슬롯으로 이동한 다음, 해당 슬롯에서 정보를 찾는다. 예를 들어, 학번 01023을 탐색하면, 해시 값 023을 계산하고 ht[23] 슬롯에서 정보를 가져온다.

이상적인 상황에서는 해시 충돌이 발생하지 않지만, 현실에서는 동일한 해시 값이 여러 학생에 대해 발생할 수 있다. 이런 경우에 대비하여 충돌을 처리할 수 있는 방법을 고려해야 한다. 가장 일반적인 방법은 각 슬롯에 연결 리스트(또는 다른 데이터 구조)를 사용하여 충돌된 데이터를 연결하는 것이다. 이상적인 해싱은 데이터를 효율적으로 저장하고 빠르게 탐색할 수 있는 방법 중 하나이지만, 실제로는 해시 함수 설계와 충돌 처리에 신경을 써야 한다.

실제 해시 테이블은 일반적으로 유한한 크기로 제한된다. 이것은 해시 테이블에 저장할 수 있는 데이터의 양을 제한하는 요소이다. 테이블의 크기를 크게 하면 더 많은 데이터를 저장할 수 있지만, 메모리 사용량이 증가하고 탐색 시간이 늘어날 수 있다. 또한 실제 해싱에서는 해시 함수와 충돌 처리 전략을 신중하게 선택해야 한다. 해시 함수는 최대한 고르게 키를 분산시켜야 하며, 충돌 처리 전략은 데이터를 효율적으로 저장하고 탐색하기 위해 조정되어야 한다.

좋은 해시 함수를 설계하기 위해서는 다음 사항을 고려해야 한다.

- 충돌이 적어야 한다. 충돌은 서로 다른 키가 동일한 해시 값으로 매핑되는 경우를 의미한다. 충돌이 적다는 것은 서로 다른 키가 가능한 한 서로 다른 해시 값에 매핑되어야 한다는 것을 의미한다. 적은 충돌은 해시 테이블의 성능을 향상시키고 탐색 속도를 높일 수 있다.
- 해시 함수 값이 해시 테이블의 주소 영역 내에서 고르게 분포되어야 한다. 이것은 해시 테이블의 각 슬롯이 균등하게 사용되어야 한다는 것을 의미한다. 즉, 일부 슬롯이 과도하게 사용되지 않고 다른 슬롯이 비어 있어서는 안 된다. 고르게 분포된 해시 함수는 해시 테이블의 자원을 효율적으로 활용하도록 도와준다.
- 계산이 빨라야 한다. 해시 함수는 빠르게 계산할 수 있어야 한다. 느린 해시 함수는 탐색 및 삽입 작업에 시간이 오래 걸릴 수 있으며, 이는 성능 저하로 이어질 수 있다.

좋은 해시 함수를 설계하기 위해서는 주어진 데이터의 특성을 고려해야 하며, 데이터가 고르게 분포되고 충돌이 적을 수 있도록 최적화해야 한다. 이를 위해 다양한 해시 함수 설계 기법과 테스트가 존재하며, 특정 응용 프로그램에 가장 적합한 해시 함수를 선택하는 것이 중요하다.

<예 IX-1>은 해시 테이블에서 데이터 추가하고 탐색하는 간단한 해싱 기반 데이터 구조를 보여준다.

```
public class Hash
{
    final static int TABLE_SIZE = 100;
    int[] ht = new int[TABLE_SIZE];

    // 해시 함수: 간단한 모듈로 연산을 사용하는 예
    int hash_function(int key) {
        return key % TABLE_SIZE;
    }
```

```
    // 데이터 추가 함수
    void add(int key, int value) {
        int index = hash_function(key);
        ht[index] = value;
    }
    // 데이터 탐색 함수
    int search(int key) {
        int index = hash_function(key);
        return ht[index];
    }
}
```

〈예 IX-1〉 해시 테이블에서 데이터 추가하고 탐색하는 과정

1 정적 해싱(Static Hashing)

정적 해싱은 해시 테이블의 크기가 고정되어 있고 데이터를 저장할 슬롯의 수가 변하지 않는 해싱 기법이다. 이 해싱 기법에서는 해시 함수가 항상 동일한 수의 슬롯에 데이터를 할당하므로, 해시 테이블의 크기는 고정되어 있으며 새로운 데이터의 삽입 또는 삭제 시에 해시 테이블의 크기를 조정하지 않는다.

<그림 IX-4>에서 보여주듯이 해시 테이블은 일반적으로 bt[0], bt[1], ..., bt[b-1]과 같이 b개의 버킷(bucket)으로 분할된다. 각 버킷은 데이터를 저장하는 데 사용되며, 각 버킷은 여러 슬롯(slot)으로 구성된다.

각 버킷은 s개의 슬롯으로 구성된다. 슬롯은 해시 테이블에서 데이터를 저장하는 기본 단위이다. 슬롯은 하나의 데이터 항목 또는 사전 쌍을 저장한다. 사전 쌍은 해시 테이블에 저장되는 데이터의 단위이다. 사전 쌍은 키(key)와 값(value)으로 구성된다. 키는 데이터를 식별하는 역할을 하며, 값은 키와 연관된 데이터를 저장한다. 해시 함수는 해시 테이블에서 키를 버킷 또는 슬롯으로 변환하는 함수로 이 함수는 주로 키의 해시 코드를 계산하고, 이 코드를 버킷 또는 슬롯의 인덱스로 매핑한다. 해시 함수는 데이터의 분산을 돕는 역할을 한다.

서로 다른 키가 동일한 버킷 또는 슬롯으로 매핑되는 상황을 충돌이라고 한다. 충돌은 해시 테이블에서 해결해야 하는 중요한 문제 중 하나이며, 충돌 해결 알고리즘이 된다. 충돌을 해결하기 위한 다양한 방법이 존재하는데 가장 일반적인 방법으로는 체인법(Chaining)과 개방 주소법(Open Addressing)이 사용된다. 체인법은 해시 테이블의 각 버킷은 연결 리스트 또는 다른 자료구조로 구현되어 충돌된 항목들을 연결하여 저장하고, 충돌이 발생하면 연결 리스트에 새 항목을 추가한

다. 개방 주소법은 충돌이 발생하면 다른 빈 슬롯을 찾아서 데이터를 저장한다. 개방 주소법에는 선형 조사(Linear Probing), 이차 조사(Quadratic Probing), 랜덤 조사(Random Probing) 등의 방법이 있다.

체인법은 각 슬롯에 연결 리스트와 같은 자료구조를 사용하여 동일한 버킷에 연속적으로 저장되는 데이터를 관리하고, 충돌이 발생하면 데이터는 해당 버킷의 연결 리스트에 추가된다.

개방 주소법은 충돌이 발생한 경우 다른 빈 슬롯을 찾아서 데이터를 저장하는 방법이다. 선형 조사(linear probing), 이차 조사(quadratic probing), 이중 해싱(double hashing)과 같은 기법이 사용된다.

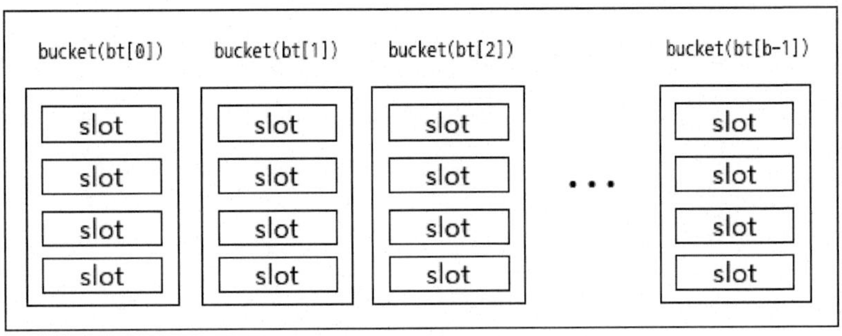

그림 IX-4 해시 테이블의 구조

해시 테이블에서 각 키 값 k에 대한 주소 또는 위치는 해시 함수 h에 의해 결정된다. 해시 함수는 키 값을 버킷으로 사상(mapping)하는 함수로, 키 값을 받아 해당 키를 어느 버킷에 저장할지 결정한다.

해시 값 범위로 해시 함수 h(k)는 보통 0부터 b - 1까지의 정수 중 하나를 반환한다. 여기서 b는 해시 테이블의 버킷 수이며, h(k)는 키 k의 해시 또는 홈 주소이다.

해시 테이블의 키 밀도(key density)는 n/T이며 여기서 n은 테이블에 있는 쌍의 수이고 T는 가능한 키의 총 개수이다. 테이블 적재 밀도(loading density) 또는 적재 인수(loading factor)는 α = n/(sb)이다. 여기서 s는 각 버킷의 슬롯 수를 나타낸다. 대개 키 밀도 n/T는 매우 작고, 키의 개수와 비슷한 해시 테이블의 버킷 수 b도 T보다 훨씬 작다. 그렇기 때문에 해시 함수 h는 여러 같은 키들을 같은 버킷에 사상(mapping) 시킨다. 즉, 해시 함수는 여러 키를 동일한 버킷에 매핑할 수 있다. 즉, 서로 다른 두 키 k_1과 k_2에 대해 $h(k_1) = h(k_2)$인 경우, 이 두 키는 동거자(synonym)라고 한다. 이상적인 조건 하에서는 사전 쌍들이 모두 해당 홈 버킷에 저장되기 때문에 새로운 사전 쌍을 삽입하려고 할 때 해당 홈 버킷이 꽉 차 있는 경우가 발생한다. 이것을 오버플로(overflow)라 하며,

충돌(collision)은 새로운 쌍의 삽입 시 비어 있는 자리가 없는 경우를 말한다. 각 버킷에 하나의 슬롯만 있다면(즉, s = 1) 충돌과 오버플로는 동시에 발생한다.

(1) 해시 테이블의 예

b = 26개의 버킷과 s =2 인 해시 테이블 ht가 있고, C의 라이브러리 함수를 나타내는 n = 10의 상이한 식별자를 삽입한다고 가정하자. 적재 밀도(loading factor) α는 해시 테이블에 저장된 쌍의 수 n을 가능한 키의 총 개수 T로 나눈 값이다. 여기서 n은 10개의 식별자이고, 가능한 키의 총 개수는 알파벳 대문자 A부터 Z까지의 26개 문자이다. 따라서 해시 테이블의 α = 10 / 26 = 0.19가 된다.

해시 함수를 설정하기 위해 각 가능한 식별자를 0~25 중의 한 숫자로 매핑시키고, 문자 A~Z를 각각 숫자 0~25와 연관 시켜서 해시 함수, f(x)를 x의 첫 번째 문자로 정의한다. 이 기법을 이용하면 라이브러리 함수 acos, define, float, exp, char, atan, ceil, floor, clock, ctime은 각각 버킷 0, 3, 5, 4, 2, 0, 2, 5, 2, 2로 해시가 된다. <그림 IX-5>에서 n은 처음 8개의 식별자가 해시 테이블에 저장되어 있는 것을 보여준다.

	Slot 0	Slot 1
0	acos	atan
1		
2	char	ceil
3	define	
4	exp	
5	float	floor
6		
...		
25		

그림 IX-5 26개의 버킷과 버킷당 2개의 슬롯으로 구성된 해시 테이블

여기서 식별자 acos와 atan은 동거자이고 float와 floor, ceil과 char도 동거자이다. 그리고 clock은 버킷 h[2]로 해시되지만 이 버킷이 만원이기 때문에 오버플로가 일어나게 된다. 따라서 오버플로를 처리할 방법이 필요하다.

(2) 해시 함수

해시 함수는 키를 해시 테이블 내의 버킷으로 사상(mapping)하는 것으로 우선 효율적으로 계산이 되어야 한다. 이것은 특히 매우 큰 데이터셋에 대한 처리 성능을 고려할 때 중요하다. 또한 충돌이 적어야 하고, 편중을 피해야 한다. 편중된 해시 함수는 몇몇 버킷을 지나치게 많이 사용하거나 사용하지 않을 수 있다. k가 키 공간에서 임의로 선택된 키라면 h(k) = i가 될 확률은 모든 버킷 i에 대해 1/b가 되는 것이 이상적이며, 이러한 함수를 균일 해시 함수(uniform hash function)라 한다.

(3) 해시 함수의 종류

가. 제산 함수(Division Function)

제산 함수는 실제로 가장 많이 쓰이는 해시 함수 중 하나이다. 이 함수는 키 값을 음이 아닌 정수로 가정하고, 홈 버킷을 모듈(%) 연산자에 의해 결정한다. 즉, 키 k를 어떤 정해진 임의의 수 D로 나눈 나머지를 홈 버킷으로 사용한다.

버킷 주소의 범위는 0부터 D - 1까지이며, 해시 테이블에는 적어도 D개의 버킷이 필요하다. 키를 D로 나눈 나머지를 사용하기 때문에 해시 테이블의 크기는 D의 선택에 따라 결정된다.

나. 중간 제곱 함수(Mid-Square Function)

중간 제곱 함수는 키를 제곱한 후에 그 결과의 중간에 있는 적절한 수의 비트를 취해서 홈 버킷을 정한다. 이 함수는 키를 정수로 가정하며, 제곱 수의 중간 비트를 사용하기 때문에 서로 다른 해싱 주소를 가질 확률이 높다. 예를 들어, 키 k를 제곱하여 나온 결과 중간의 비트를 사용하여 해시 값을 계산한다. r개의 비트가 사용된다면 각 값들의 범위는 0에서 $2^r - 1$이기 때문에 해시 테이블의 크기는 2의 제곱이 되게 선정한다.

다. 접지 함수(Folding Function)

접지 함수는 숫자로 된 키 k를 몇 부분으로 나눈 다음, 각 부분들을 더하여 k에 대한 해싱 주소를 만든다. 이 함수는 키의 각 부분을 조작하여 해시 값을 계산한다. 접지 함수에는 두가지 h(k)를 얻는 방법이 있다. 먼저 이동 접지 (Shift Folding)는 마지막을 제외한 모든 부분들을 이동시켜 최하위 비트가 마지막 부분의 자리와 일치하도록 맞춘 뒤, 서로 다른 부분들을 더하여 h(k)를 얻는 방법이다. 경계 접지 (Folding at the Boundaries)는 키의 각 부분들을 종이를 접듯이 경계에서 겹치게 한 다음, 같은 자리에 위치한 수들을 더하여 h(k)를 얻는 방법이다.

예를 들어, k = 12320324111220이라면 이것을 각각 길이가 세 자리인 부분들로 나눈다. 즉 각 부분은 $P_1 = 123$, $P_2 = 203$, $P_3 = 241$, $P_4 = 112$, $P_5 = 20$가 된다.

이를 이동 접지 방법을 사용하는 경우

$h(k) = \sum_{i=1}^{5} P_i = 123 + 203 + 241 + 112 + 20 = 699$가 된다.

다시 이를 경계 접지 방법을 사용하는 경우, 먼저 P_2와 P_4를 역순으로 하여 302와 211을 각각 구한 후 5개의 부분을 더하여 h(k) = 123 + 302 + 241 + 211 + 20 = 897가 된다.

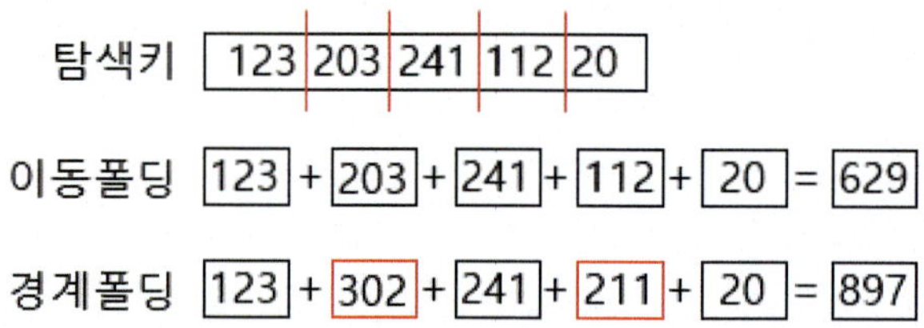

그림 IX-6 접지 함수 구하는 방법

라. 숫자 분석 함수(Numeric Analysis Function)

숫자 분석 함수는 해시 함수가 어떻게 숫자로 된 키를 해싱 주소로 변환하는지를 설명하는 함수이다. 이 함수는 일반적으로 키를 입력으로 받아서 해시 값을 계산하고, 이러한 변환 과정을 설명하며 어떻게 키를 해시 주소로 변환하는지를 묘사한다. 숫자 분석 함수는 테이블에 있는 모든 키를 미리 알고 있는 정적 파일(static file) 과 같은 경우 유용하다. 각 키를 어떤 기수 r을 이용해 하나의 숫자로 바꾼 뒤 이 기수를 이용해 각 키의 숫자들을 검사하여 가장 편향된(skewed) 분산을 가진 숫자를 생략해서 남은 숫자만으로 해시 테이블의 주소를 결정한다.

(4) 충돌(Collision) 처리

충돌을 처리하는 방법에는 개방 주소법(open addressing)과 체인법(chainning)이 있다. 개방 주소법에는 선형 조사법(linear probing), 이차 조사법(quadratic probing), 재해싱(rehashing) 임의 조사법(random probing)등이 있다.

가. 선형 개방 주소법

선형 개방 주소법은 충돌이 발생하면 빈 버킷을 찾을 때까지 일정한 간격으로 다음 버킷을 검사하는 방식으로 동작한다. 선형 개방 주소법은 해시 함수와 해시 테이블의 크기에 의존한다. 해시 함수는 키 값을 해시 주소로 변환하고, 해시 테이블의 크기는 버킷의 수를 나타낸다. 새로운 키 값을 삽입할 때, 선형 개방 주소법은 처음 해시 주소 h(k)에서 시작한다. 그런 다음, h(k) + 1, h(k) + 2, h(k) + 3, ...과 같은 순서로 버킷을 탐색한다. 키 값이 k인 새로운 쌍 하나를 삽입할 때 ht[h(k) + i] % b의 순서에 따라 해시 테이블을 탐색한다. 여기서 h는 해시 함수이고 b는 버킷의 수이고,

$0 \le i \le b-1$이다. 다 채워지지 않은 버킷을 만나면 탐색이 끝나고 새로운 쌍이 그 버킷으로 삽입한다. 빈 자리가 있는 버킷이 없다면 해시 테이블의 크기를 늘려야 한다. 해시 테이블의 크기를 다시 정할 때 해시 함수도 바뀐다. 모든 사전 엔트리들은 새로 커진 테이블에 다시 사상(mapping)되야 한다.

선형 개방 주소법은 비교적 간단한 방법으로 충돌을 처리할 수 있지만, 클러스터링(clustering)이라는 문제가 발생할 수 있다. 클러스터링은 일부 버킷에 키들이 몰리는 현상을 의미하며, 이는 탐색 속도를 느리게 할 수 있다. 이러한 이유로 선형 개방 주소법은 적절한 해시 함수와 충분히 큰 해시 테이블을 사용하는 것이 중요하다. <예 IX-2>는 선형 개방 주소법의 데이터 추가에 대한 알고리즘을 보여준다.

```
def add(key: int, value)
    if ht is full:
        resize hash table
        return

    index = hash_function(key)
    while ht[index] is not empty:
        index = (index + 1) % TABLE_SIZE
```

〈예 IX-2〉 선형 개방 주소법의 데이터 추가 알고리즘

예를 들어, 버킷당 하나의 슬롯을 가지고 있는 13-버킷 테이블이 있다고 가정하고, 데이터로 단어 for, do, while, if, else, function를 사용하며, 각 단어는 선형 개방 주소법과 <표 IX-1>과 같이 가산 함수(additive transformation)에 의해 해시 값이 생성된다고 할 때 <그림 IX-7>과 같이 처음 다섯 단어는 모두 해시 주소가 상이하기 때문에 테이블에 삽입하는 데 아무 문제 없다. 마지막 식별자 function은 if와 같은 버킷으로 해시된다. 따라서 원형 순환을 이용하여 다음 가용 버킷은 ht[0]이 되고 여기에 function이 삽입된다.

표 IX-1 단어별 가산 함수(additive transformation)

단어	가산함수	x	해시
for	102 + 111 + 114	327	2
do	100 + 111	211	3
while	119 + 104 + 105 + 108 + 101	537	4
if	105 + 102	207	12
else	101 + 108 + 115 + 101	425	9
function	102 + 117 + 110 + 99 +116 + 105 + 111 + 110	870	12

h[0]	function
h[1]	
h[2]	for
h[3]	do
h[4]	while
h[5]	
h[6]	
h[7]	
h[8]	
h[9]	else
h[10]	
h[11]	
h[12]	if

그림 IX-7 선형 개방 주소법 결과

다른 예로, 해시 테이블의 크기가 5이고 해시 함수로 제산함수 h(k)=k mod 5를 사용한다고 할 때 저장할 키 값이 {45, 9, 10, 96, 25 } 이라고 하면 다음과 같이 충돌이 처리된다.

- 키 값 45 저장 : h(45) = 45 mod 5 = 0 => 해시테이블 0번에 45 저장
- 키 값 9 저장 : h(9) = 9 mod 5 = 4 => 해시테이블 4번에 9 저장
- 키 값 10 저장 : h(10) = 10 mod 5 = 0 => 충돌발생 => 해시테이블의 다음 버킷 중 비어있는 버킷 1에 저장
- 키 값 96 저장 : h(96) = 96 mod 5 = 1 => 충돌발생 => 해시테이블의 다음 버킷 중 비어있는 버킷 2에 저장
- 키 값 25 저장 : h(25) = 25 mod 5 = 0 => 충돌발생 => 해시 테이블의 다음 버킷 중 비어있는 버킷 3에 저장

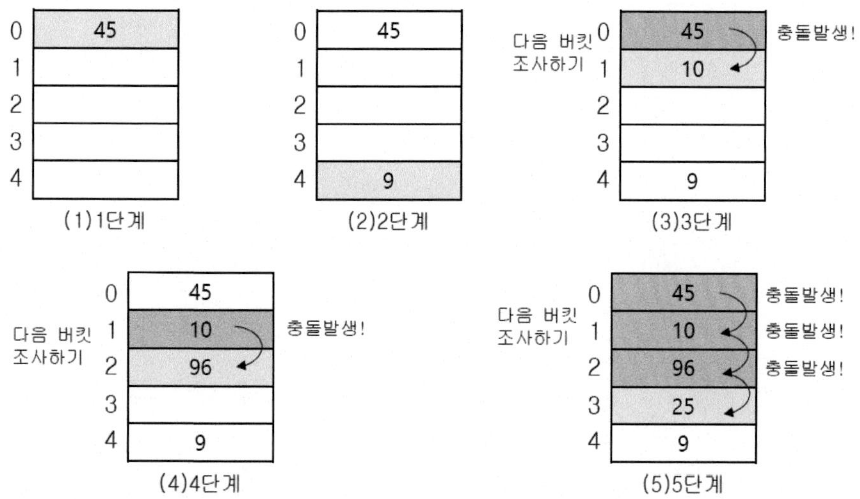

그림 IX-8 선형 개방 주소법의 충돌 해결

나. 체인법(Chaining)

체인법에서 충돌은 서로 다른 키들이 같은 해시 주소로 매핑되는 상황을 의미한다. 이 때, 체인법은 각 해시 주소에 연결 리스트(Linked List) 형태로 충돌된 키들을 저장하는 방식을 사용한다. 선형 조사법이 서로 다른 해시 값을 모두 비교하기 때문에 효율이 좋지 않다. 이에 반해 체인법은 각 버킷에 대해 그 버킷에 대한 모든 동거자들을 배열 ht[0:b - 1]을 이용하여 키 리스트로 구성한다. ht[i]는 버킷 i에 연결된 체인중 첫 번째 노드를 가리킨다. <예 IX-3>은 체인법에서 검색 알고리즘을 보여준다.

```
Element search(int key)
{
    int homeBucket = hash_function(k);
    for(Node current = ht[homeBucket]; current != null; current = current.link)
        if(current.data.key == key)
            return current.data;
    return null;
}
```

〈예 IX-3〉 체인법에서 검색 알고리즘

h[0]	acos atoi atol
h[1]	NULL
h[2]	char ceil cos ctime
h[3]	define
h[4]	exp
h[5]	float floor
h[6]	NULL
…	
h[25]	NULL

그림 IX-9 체인법 해시 테이블

만약 <그림 IX-9>와 같이 체인법 해시 테이블이 있을 경우한 식별자를 탐색하기 위해 필요한 비교 횟수는 acos, char, define, exp, float은 1번이고 atoi, ceil, floor에 대해서는 2번, atol과 cos는 3번, ctime은 4번이 되고, 평균 비교 횟수는 21/11 = 1.91이 된다.

다. 선형 조사법

충돌이 ht[k]에서 충돌이 발생했다면 ht[k+1]이 비어 있는지를 조사하고, 만약 비어있지 않다면 ht[k+2]를 살펴본다. 이런 식으로 비어있는 공간이 나올 때까지 계속하는 조사하는 방법을 선형 조사법이라고 한다. 만약 테이블의 끝에 도달하게 되면 다시 테이블의 처음으로 가고, 만약 조사를 시작했던 곳으로 다시 되돌아오게 되면 테이블이 가득찼다는 것을 의미한다.

예를 들어, h(k)=k mod 7 이고 입력 파일 (8, 1, 9, 6, 13)이면 <그림 IX-10>에서 보여주듯이 다음과 같이 충돌이 처리된다.

- 1단계 : h(8) = 8 mod 7 = 1이기 때문에 [1]에 저장
- 2단계 : h(1) = 1 mod 7 = 1이기 때문에 충돌이 발생. 따라서 (h(1)+1) mod 7 = 2가 되기 때문에 [2]에 저장
- 3단계 : h(9) = 9 mod 7 = 2이기 때문에 충돌 발생. 따라서 (h(1)+1) mod 7 = 3이 되기 때문에 [3]에 저장
- 4단계 : h(6) = 6 mod 7 = 6이기 때문에 [6]에 저장
- 5단계 : h(13) = 13 mod 7 = 6이 되고 충돌이 발생. 따라서 (h(13)+1) mod 7 = 0이 되기 때문에 [0]에 저장

	1단계	2단계	3단계	4단계	5단계
[0]					13
[1]	8	8	8	8	8
[2]		1	1	1	1
[3]			9	9	9
[4]					
[5]					
[6]				6	6

그림 IX-10 선형 조사법의 충돌 해결

라. 재해싱(이중해시법)

이중 해싱법(double hashing) 또는 재해싱(rehashing)은 오버플로우가 발생함에 따라 항목을 저장할 다음 위치를 결정할 때, 원래 해시 함수와 다른 별개의 해시 함수를 이용하는 방법이다.

예를 들어, 크기가M이 7인 해시테이블에서 첫 번째 해시 함수가 k mod M이고오버플로우 발생 시의 해시 함수는 h'(k)=5-(k mod 5)라고 할 때, i번 째 충돌 시 $h_i(k)$ = (h(k) + i * h'(k)) mod M 이다. 예를 들어, 입력 파일 (8, 1, 9, 6, 13)은 <그림 IX-11>에서 보여주듯이 다음과 같이 충돌이 처리된다.

- 1단계 : h(8) = 8 mod 7 = 1이기 때문에 [1]에 저장
- 2단계 : h(1) = 1 mod 7 = 1이기 때문에 충돌이 발생. (h(1) + h'(1)) mod 7 = (1+5-(1 mod 5)) mod 7 = 5이기 때문에 [5]에 저장
- 3단계 : h(9) = 9 mod 7 = 2이기 때문에 [2]에 저장
- 4단계 : h(6) = 6 mod 7 = 6이기 때문에 [6]에 저장
- 5단계 : (13) = 13 mod 7 = 6이 되고 충돌이 발생. (h(13) + h'(13)) mod 7 = (6 + 5 - (13 mod 5)) mod 7 = 1이기 때문에 다시 충돌 발생. (h(13) + 2 * h'(13)) mod 7 = (6 + 2 * 2) mod 7 = 3 이기 때문에 [3]에 저장

	1단계	2단계	3단계	4단계	5단계
[0]					
[1]	8	8	8	8	8
[2]			9	9	9
[3]					13
[4]					
[5]		1	1	1	1
[6]				6	6

그림 IX-11 재해싱의 충돌 해결

2 동적 해싱

정적 해싱이 미리 정해진 크기에 맞게 해시 테이블을 작성하므로 디스크 공간 낭비가 심하고, 정한 적재 밀도를 넘어가게 되면 해시 테이블과 함수를 주기적으로 다시 작성해야 한다는 단점이 있다. 또한 해시 테이블과 함수를 작성하는 도중에는 연산이 불가능하다는 단점도 있다. 따라서, 오직 하나의 버킷 안에 있는 엔트리들에 대해서만 홈 버킷을 변경하는 방법인 동적 해싱을 사용한다. 동적 해싱은 하나의 연산에 대해 좋은 성능을 유지할 수 있는 해시 테이블을 제공하는 것이 목적이다.

동적해싱은 디렉터리를 사용하는 동적 해싱과 디렉터리를 사용하지 않는 동적 해싱이 있다.

(1) 디렉터리를 사용하는 동적 해싱

디렉터리를 사용하는 동적 해싱은 버킷들에 대한 포인터를 저장하고 있는 디렉터리 d를 이용하며, 디렉터리의 크기는 h(k, u)의 u비트 수에 의해 바뀐다. 예를 들어 h(k, 2)의 디렉터리 크기는 $2^2 = 4$가 되고, 이 때 2를 디렉터리 깊이(directory depth)라고 한다.

<그림 IX-12>와 같이 해시 함수가 있을 때, <그림 IX-13>의 (a)는 키 A0, B0, A1, B1, C2, C3을 포함하고 있는 동적 해시 테이블을 보여준다. C5를 (a)의 해시 테이블에 삽입하는 경우 키 k를 탐색하려면, t가 디렉터리 깊이일 때 d[h(k, t)]가 가리키는 버킷을 탐색한다.

<그림 IX-12>와 같이 해시 함수에 의해 h(C5, 2) = 01 이므로 디렉터리의 01자리에 있는 포인터 d[01]을 따라가면, 그러면 A1과 B1이 있는 버킷이 나온다. 그러나 이 버킷은 꽉 차 있으므로 충돌이 발생한다. 이 충돌을 해결하기 위해 충돌된 버킷의 모든 키에 대해 h(k, u)가 같지 않게 하는 최하위 비트 u를 정한다. C5가 A1, B1과 다른 값을 갖도록 하는 u값은 3이 된다.

만약 u가 디렉터리 깊이보다 크면 u만큼 디렉터리 깊이를 증가시킨다. 이렇게 하는 것은 디렉터리의 크기를 증가시키기 위한 것일 뿐 버킷의 개수는 증가시키지 않기 위함이다. 디렉터리의 크기를 재조정한 후에는 위 해시 함수를 사용하여 오버플로된 버킷을 분할한다. h(k, 3)이므로 A1과 B1에 대해서는 h(k, 3) = 001 이고 C5에 대해서는 h(k, 3) = 101이 된다. <그림 IX-13>의 (b)는 최종 결과를 보여준다.

k	h(k) ← 파라미터 다름
A0	100 000
A1	100 001
B0	101 000
B1	101 001
C1	110 001
C2	110 010
C3	110 011
C5	110 101

그림 IX-12 해시 함수

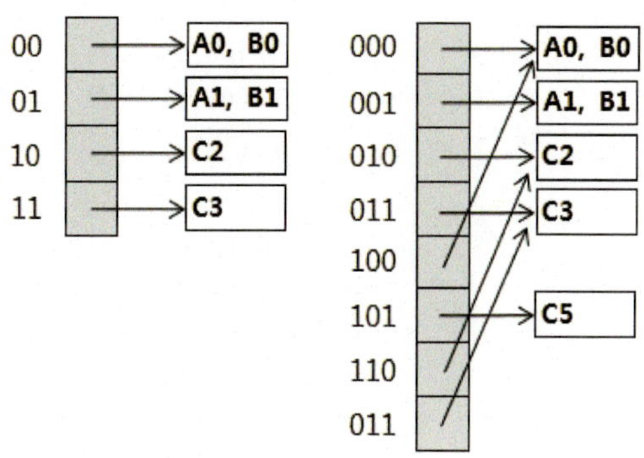

(a) depth = 2 (b) depth = 3

그림 IX-13 디렉터리를 사용하는 동적 해싱

(2) 디렉터리를 사용하지 않는 동적 해싱

디렉터리를 사용하지 않는 동적 해싱은 버킷 포인터 대신 버킷 배열 ht를 사용한다. 또한 배열의 크기는 매우 커서 동적으로 늘릴 필요가 없다고 가정한다. 디렉터리를 사용하지 않는 동적 해싱은 활성화된 버킷의 정보를 나타낼 q와 r 변수($0 \le q \le 2^r$)를 이용하여 버킷 정보를 얻는다. 항상 0부터 $2^r + q - 1$까지의 버킷만 활성화 되며, 나머지 버킷은 충돌 버킷이 된다. 0부터 q - 1까지의 활성 버킷은 h(k, r + 1)을 이용하여 인덱싱하고, 나머지는 h(k, r)을 이용해 인덱싱한다.

<그림 IX-14>와 같이 해시 함수가 있을 때, <그림 IX-15>의 (a)는 r = 2이고 q = 0일 때 디렉터리가 없는 해시테이블 ht를 보여준다. 활성 버킷의 개수는 (00, 01, 10, 11로 인덱스된) 4 이고 활성 버킷의 인덱스는 체인을 식별한다. 각 활성 버킷에는 2개의 슬롯이 있으며 버킷 00에는 B4와 A0이 있다. 또한 4개의 버킷 체인이 있는데, 각 체인은 4개의 활성 버킷 중 하나에서 시작하고 그 활성 버킷으로만 구성되고 충돌은 없다.

<그림 IX-15>의 (a)에서는 모든 키들이 h(k, 2)를 이용하여 체인들에 사상되어 있으며, <그림 IX-15>의 (b)에서는 r = 2이고 q = 1 일 때 체인 000과 100에 대해 h(k, 3)이 사용되어 있다. 체인 001, 010, 011에 대해서는 h(k, 2)가 사용되었고, 체인 001은 충돌 버킷을 가지고 있다. 충돌 버킷은 활성 버킷과 같은 수만큼 슬롯을 수용할 수도 있고 그렇지 않을 수도 있다.

k	h(k, r)
A0	100 000
A1	100 001
B0	101 000
B1	101 001
B4	101 100
C1	110 001
C2	110 010
C3	110 011
C5	110 101

그림 IX-14 해시 함수

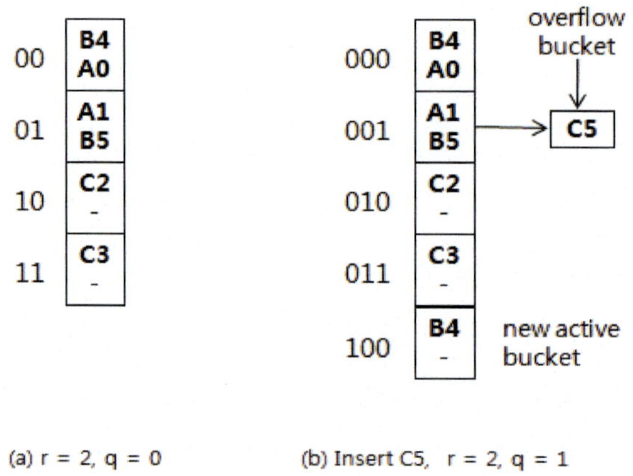

그림 IX-15 디렉터리가 없는 동적 해시 테이블에서의 삽입

<예 IX-4>는 간단한 해시 프로그램 예를 보여준다.

```
import java.io.*;

public class SimpleHash
{
    final static int BK = 10;
    final static int SL = 3;
    final static int NA = -1; // 값 없음을 의미

    int[][] hashTable = new int[BK][SL];

    SimpleHash()
    {
        int i, j;
        for (i = 0; i < BK; i++)
            for (j = 0; j < SL; j++)
                hashTable[i][j] = NA;
    }

    int hash(int key)
    {
        return key % 10;
    }

    void findKey(int key)
    {
        int i, bucket;
        bucket = hash(key);
        for (i = 0; i < SL; i++)
        {
            if (hashTable[bucket][i] == key)
            {
                System.out.printf("%d번 버킷 %d번째 슬롯에서 발견\n", bucket, i);
                break;
            }

            if (i == SL - 1)
                System.out.printf("탐색결과 없음\n");
        }
    }

    void addKey(int key)
    {
        int i, bucket;
```

```
        bucket = hash(key);
        for (i = 0; i < SL; i++)
        {
            if (hashTable[bucket][SL - 1] != -1)
            {
                System.out.printf("%d번 버킷에서 오버플로우 발생!\n", bucket);
                return;
            }
            if (hashTable[bucket][i] == -1)
            {
                hashTable[bucket][i] = key;
                break;
            }
        }
    }

    public static void main(String[] args) throws Exception
    {
        int i, key;
        SimpleHash hash = new SimpleHash();
        BufferedReader reader = new BufferedReader(new InputStreamReader(System.in));

        for (i = 0; i < 5; i++)
        {
            System.out.printf("%d번째 값을 입력하세요 : ", i + 1);
            try {
                key = Integer.parseInt(reader.readLine());
                if (key < 0)
                    throw new Exception("0 이상 정수만 입력하시오.");
            } catch (Exception e) {
                throw new Exception("0 이상 정수만 입력하시오.");
            }
            hash.addKey(key);
        }

        for (i = 0; i < 2; i++) {
            System.out.printf("탐색할 키를 입력하세요 :");
            try {
                key = Integer.parseInt(reader.readLine());
            } catch (Exception e) {
                throw new Exception("0 이상 정수만 입력하시오.");
            }
            if (key < 0)
                throw new Exception("0 이상 정수만 입력하시오.");
```

```
            hash.findKey(key);
        }
    }
}
```

실행결과

```
1번째 값을 입력하세요 : 13
2번째 값을 입력하세요 : 23
3번째 값을 입력하세요 : 44
4번째 값을 입력하세요 : 47
5번째 값을 입력하세요 : 94
탐색할 키를 입력하세요 :23
3번 버킷 1번째 슬롯에서 발견
탐색할 키를 입력하세요 :13
3번 버킷 0번째 슬롯에서 발견
```

〈예 IX-4〉 간단한 해시 프로그램 예

Exercise

01. 해시 함수를 잘못 선택한 경우 해시 테이블에서의 검색 시간의 시간복잡도를 쓰시오.

02. 주어진 입력 (4322, 1334, 1471, 9679, 1989, 6171, 6173, 4199)과 해시 함수 x mod 10에 대한 다음 중 맞는 설명을 모두 고르시오.

(1) 9679, 1989, 4199는 동일한 값으로 해싱된다.

(2) 1471, 6171은 동일한 값으로 해싱된다.

(3) 모든 요소가 동일한 값으로 해싱된다.

(4) 각 요소는 다른 값으로 해싱된다.

03. 경찰서는 자주 티켓을 받는 사람들의 최대 1800개의 차량 번호를 데이터베이스에 유지하려고 한다. 주어진 차량 번호가 데이터베이스에 있는지 여부를 매우 빠르게 판단할 수 있어야 하고, 메모리 효율성보다 응답 속도가 가장 중요한 경우 이 작업에 가장 적합한 데이터 구조는 무엇인지 고르시오.

(1) 정렬된 연결 리스트

(2) 1800개 항목이 있는 정렬된 배열

(3) 1800개 항목을 사용하는 개방 주소법을 사용하는 해시 테이블

(4) 3600개 항목을 사용하는 개방 주소법을 사용하는 해시 테이블

(5) 10000개 항목을 사용하는 개방 주소법을 사용하는 해시 테이블

04. 충돌 해결 기법 중 하나인 개방 주소법(Open Addressing)의 선형 조사(Linear Probing)를 사용하는 해시 테이블이 있다. 초기 테이블 크기는 13이고, 해시 함수는 간단한 나머지 연산을 사용한다고 할 때 h(k) = k % 13. 키 21에 대한 선형 조사를 통한 충돌 해결 과정을 설명하시오.

05. 체인법(Chaining)을 사용하는 해시 테이블이 있고 초기 테이블 크기는 7이고, 해시 함수는 h(k) = k % 7 일 때. 키 14와 키 21에 대한 체인법의 결과로 형성된 리스트의 상태를 설명하시오.

06. 다음은 간단한 해시 함수를 보여준다. 이 함수는 문자열의 각 문자의 ASCII 코드 값을 더한 후, 결과를 반환한다. 주어진 문자열 "hello"에 대해 이 함수의 해시 값을 계산하시오.

```
public class HashExercise
{
    public static int simple_hash(String s) {
        int hash_value = 0;
        for (int i = 0; i < s.length(); i++) {
            hash_value += (int)s.charAt(i);
        }
        return hash_value;
    }
    public static void main(String[] args) {
        String str = "hello";
        int hash_result = simple_hash(str);
        System.out.printf("Hash value for \"%s\" is %d\n", str, hash_result);
    }
}
```

Chapter X

탐색(Searching)

본 장에서는 탐색에 대해 다룬다. 탐색은 여러 개의 데이터에서 원하는 데이터를 찾는 작업으로 컴퓨터가 가장 많이 하는 작업 중 하나이기 때문에 효율성이 아주 중요하다.

탐색은 컴퓨터 과학 및 정보 기술 분야에서 가장 핵심적인 작업 중 하나로, 원하는 데이터를 찾아내는 과정을 의미한다. 이것은 컴퓨터가 수행하는 가장 빈번한 작업 중 하나로, 탐색 작업은 데이터베이스 탐색, 웹 탐색, 파일 시스템 탐색, 알고리즘 문제 해결, 인공 지능 및 머신 러닝 등 다양한 응용 분야에서 중요한 역할을 한다. 탐색 작업을 수행하기 위해 일반적으로 사용되는 자료구조로는 배열, 연결 리스트, 트리, 그래프 등이 있다.

선형 탐색, 이진 탐색, 해시 탐색, 그래프 탐색, 이진 힙 등 다양한 탐색 알고리즘이 존재하며, 각각의 알고리즘은 데이터의 특성과 탐색 조건에 따라 다르게 사용된다.

1 순차 탐색(Sequential Search)

순차 탐색은 가장 기본적인 탐색 알고리즘 중 하나로, 데이터 집합을 처음부터 끝까지 순차적으로 탐색하며 원하는 항목을 찾는 방법으로 이 알고리즘은 데이터가 무작위로 배치되어 있는 경우에 사용된다.

<예 X-1>에서 보여주듯이 순차 탐색의 동작 원리는 다음과 같다.

- 탐색할 데이터 집합을 처음부터 시작한다.
- 데이터 집합의 첫 번째 원소부터 순차적으로 확인하면서 원하는 항목을 찾을 때까지 진행한다.
- 원하는 항목을 찾으면 탐색을 중지하고 해당 항목의 위치 또는 정보를 반환한다.
- 데이터 집합을 끝까지 탐색해도 원하는 항목을 찾지 못하면 "탐색 실패"를 나타낸다.

```
int seq_Search(int[] list, int key, int low, int high)
{
    for(int i = low; i <= high; i++)
        if(list[i] == key)
            return i; // 탐색 성공
    return -1;        // 탐색 실패
}
```

〈예 X-1〉 순차 탐색

순차 탐색의 평균 비교 회수는 탐색 대상이 성공적으로 찾아질 확률과 실패할 확률에 따라 달라진다. 원하는 항목이 데이터 집합에 존재하는 경우, 그리고 모든 항목이 균등하게 분포되어 있을 경우 평균 비교 횟수는 (n + 1) / 2이다. 여기서 n은 데이터 집합의 크기이다. 그러나 다른 분포나 조건에서는 평균 비교 횟수가 달라질 수 있다.

실패 시 평균 비교 횟수는 이 값은 탐색 대상 항목이 데이터 집합 내에서 나타나지 않을 확률에 비례한다. 따라서 데이터 집합의 크기가 n이라면, 실패 시 평균 비교 회수는 n이다.

순차 탐색의 장점은 먼저 데이터 집합이 정렬되어 있지 않아도 동작하고, 간단하고 이해하기 쉽다는 것이다. 또한 순차 탐색은 데이터가 균일하게 분포되어 있는 경우 평균적으로 빠르게 찾을 수 있다. 그러나 순차 탐색은 대용량 데이터 집합에서 효율적이지 않는다. O(n)의 선형 시간복잡도를 가지므로 큰 데이터 집합에서는 느릴 수 있다. 정렬된 데이터에서 이진 탐색과 같은 다른 알고리즘보다 효율성이 낮다.

2 이진 탐색(Binary Search)

이진 탐색(Binary Search)은 정렬된 배열에서 원하는 항목을 효율적으로 찾기 위한 탐색 알고리즘 중 하나이다. 이진 탐색은 배열의 중간 요소와 비교하여 원하는 항목을 찾아내는 과정을 반복하여 탐색한다. <예 X-2>와 <예 X-3>에서 보여주듯이 이진 탐색의 동작 원리는 다음과 같다.

- 탐색할 데이터의 범위를 두 개의 포인터로 설정한다. 초기에는 전체 배열이 범위로 설정된다.
- 중간 요소를 선택하고, 이를 기준으로 원하는 항목과 비교한다.
- 중간 요소가 찾고자 하는 항목과 같다면 탐색을 종료하고 해당 항목의 인덱스를 반환한다.
- 중간 요소가 찾고자 하는 항목보다 작으면, 오른쪽 절반의 범위에서 다시 탐색을 수행한다.
- 중간 요소가 찾고자 하는 항목보다 크면, 왼쪽 절반의 범위에서 다시 탐색을 수행한다.
- 범위가 축소될 때까지 위 과정을 반복한다.

<그림 X-1>은 이진 탐색이 성공하는 경우와 실패하는 경우를 비교하여 보여준다. 이진 탐색은 이진 탐색은 배열을 반으로 나누어서 탐색 범위를 절반으로 줄이는 과정을 반복하기 때문에 각 단계마다 현재 탐색 범위는 이전 단계의 절반 크기로 줄어들고, 이로 인해 성공하든 실패하든 이진 탐색은 평균적으로 $O(\log_2 n)$시간이 걸린다. 여기서 n은 원소 수이다.

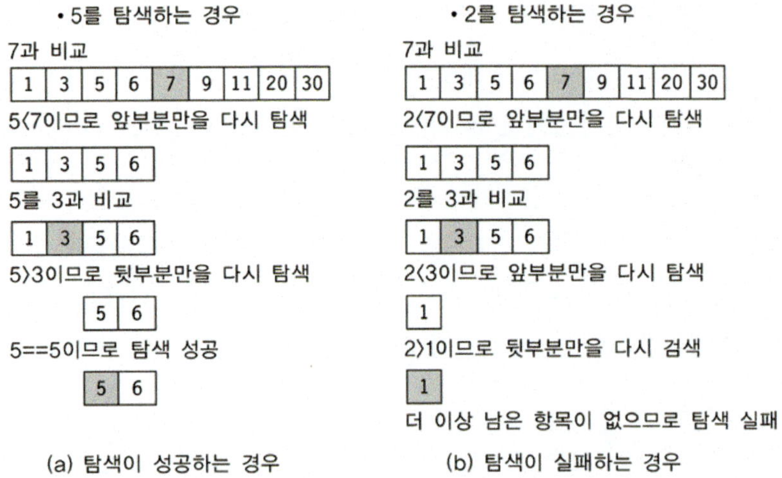

그림 X-1 이진 탐색

<예 X-2>와 <예 X-3>은 이진 탐색을 구현한 것이나, <예 X-2>는 재귀 함수를 사용하여 이진 탐색을 구현한 것이다. 이 함수는 중간 위치를 계산하고, 탐색 값과 중간 위치의 값을 비교하여 재귀적으로 탐색 범위를 축소한다. <예 X-3>은 반복문을 사용하여 이진 탐색을 구현한 것인데 while루프 내에서 중간 위치를 계산하고, 탐색 값과 중간 위치의 값을 비교하여 반복적으로 탐색 범위를 축소한다.

```
public static int searchBinaryR(int list[], int low, int high, int searchKey)
{
    if (low > high)
        return -1; // 탐색 실패

    int middle = (low + high) / 2;
    if (searchKey == list[middle]) {
        return middle; // 탐색 성공
    } else if (searchKey < list[middle]) {
        high = middle - 1;
        return searchBinaryR(list, low, high, searchKey);
    } else { // searchKey > list[middle]
        low = middle + 1;
        return searchBinaryR(list, low, high, searchKey);
    }
}
```

〈예 X-2〉 재귀를 이용한 이진 탐색 1

```
public static int searchBinary(int list[], int low, int high, int searchKey)
{
    while (low <= high) {
        int middle = (low + high) / 2;
        if (searchKey == list[middle]) {
            return middle; // 탐색 성공
        } else if (searchKey < list[middle]) {
            high = middle - 1;
        } else if (searchKey > list[middle]) {
            low = middle + 1;
        }
    }
    return -1; // 탐색 실패
}
```

〈예 X-3〉 반복문을 이용한 이진 탐색 2

이진 탐색의 종료 조건은 중간 원소가 원하는 항목과 같을 때와 범위가 더 이상 축소되지 않을 때 즉, 탐색 범위가 빈 배열이 될 때까지 축소된 경우이다. 이진 탐색의 시간복잡도는 O(log n)으로, 데이터의 크기에 비례하지 않고 로그 시간에 원하는 항목을 찾을 수 있다. 이는 데이터를 반으로 나누어 탐색 범위를 축소하기 때문이다.

이진 탐색은 시간복잡도가 매우 낮으므로 대용량 데이터에서도 빠르게 탐색 가능하고, 추가적인 메모리를 사용하지 않고 원래 데이터에서 직접 탐색한다. 그러나, 정렬된 데이터에만 적용 가능하며, 삽입, 삭제 등의 데이터 수정 작업은 더 복잡하다. 데이터 수정 작업이 탐색 보다 O(log n)에서 O(n)의 시간이 걸릴 수 있다. 이진 탐색은 정렬된 배열에서 원하는 항목을 빠르게 찾아야 하는 경우에 사용되며, 특히 대용량 데이터에서 효율적으로 동작한다.

```
public class BinarySearch
{
    public static int searchBinary(int list[], int low, int high, int searchKey)
    {
        while (low <= high) {
            int middle = (low + high) / 2;
            if (searchKey == list[middle]) {
                return middle; // 탐색 성공
            } else if (searchKey < list[middle]) {
                high = middle - 1;
            } else if (searchKey > list[middle]) {
                low = middle + 1;
```

```
            }
        }
        return -1; // 탐색 실패
    }

    public static int searchBinaryR(int list[], int low, int high, int searchKey)
    {
        if (low > high)
            return -1; // 탐색 실패

        int middle = (low + high) / 2;
        if (searchKey == list[middle]) {
            return middle; // 탐색 성공
        } else if (searchKey < list[middle]) {
            high = middle - 1;
            return searchBinaryR(list, low, high, searchKey);
        } else { // searchKey > list[middle]
            low = middle + 1;
            return searchBinaryR(list, low, high, searchKey);
        }
    }

    public static void main(String[] args)
    {
        int[] list = {1, 5, 9, 10, 30, 35};

        System.out.println("배열: 1, 5, 9, 10, 30, 35");

        int x = searchBinary(list, 0, list.length - 1, 10);
        System.out.printf("이진 탐색 결과: 10의 위치 = %d\n", x);

        x = searchBinaryR(list, 0, list.length - 1, 10);
        System.out.printf("재귀 이진 탐색 결과: 10의 위치 = %d\n", x);
    }
}
```

실행결과

```
배열: 1, 5, 9, 10, 30, 35
이진 탐색 결과: 10의 위치 = 3
재귀 이진 탐색 결과: 10의 위치 = 3
```

〈예 X-4〉 이진 탐색 예제 프로그램

참고 이진 탐색과 이진 탐색 트리의 차이

구분	이진 탐색	이진 탐색 트리
데이터의 저장	정렬된 배열에 저장	트리 구조로 저장
검색 시간복잡도	O(log(n))	균형 이진 탐색 트리 : O(log(n))
		불균형 이진 탐색 트리 : 최악의 경우 O(n)
기타	삽입 및 삭제 연산이 비효율적이며, 원소 이동이 필요	검색에 효과적이며, 삽입 및 삭제 연산도 효율적 트리가 균형을 유지해야 최적의 성능을 발휘

3 색인 순차 탐색(Indexed Sequential Search)

색인 순차 탐색은 순차 탐색을 개선한 알고리즘으로 인덱스(index) 테이블을 사용하여 탐색의 효율 증대시킨 것이다. <그림 X-2>와 같이 데이터를 정렬된 순서로 저장한 후, 데이터에 대한 색인 테이블을 생성한다. 색인 테이블은 키(key)와 해당 데이터의 위치(파일 내 위치 등)를 저장하는 테이블이다. 탐색하려는 항목을 찾기 위해 먼저 색인 테이블에서 이진 탐색(Binary Search)을 사용하여 탐색한다.

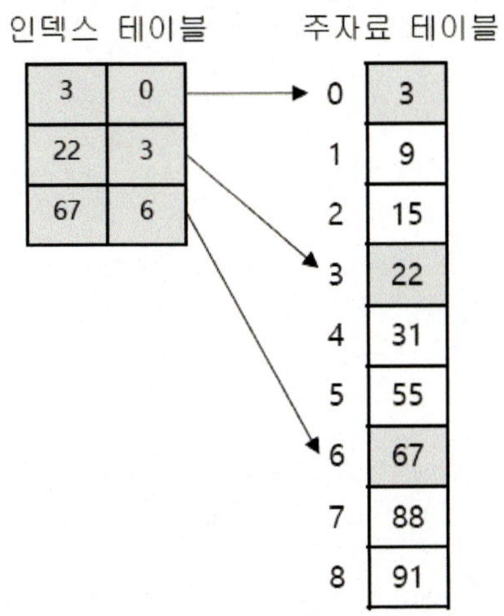

그림 X-2 색인 테이블과 주자료 테이블

이진 탐색을 통해 탐색 키와 관련된 색인 항목을 찾으면, 해당 항목에 저장된 데이터 위치(파일 내 위치 등)를 얻을 수 있다. 인덱스 테이블에서 탐색 키와 일치하는 항목을 찾지 못한 경우에는 인덱스 테이블을 사용하여 얻은 데이터 위치를 이용하여 주 테이블에서 직접 데이터를 찾아온다. 주

테이블에서의 데이터 탐색은 일반적으로 순차 탐색과 같은 방식으로 수행된다.

색인 순차 탐색은 색인 테이블을 활용하여 데이터 탐색 속도를 향상시키는데 사용된다. 이진 탐색을 통해 색인을 탐색하고, 해당 데이터의 위치를 사용하여 데이터를 탐색하므로 탐색 성능이 개선된다. 색인 순차 탐색의 단점은 주 자료 테이블과 인덱스 테이블은 모두 정렬되어 있어야 한다는 것이다. 시간복잡도는 O(m+n/m)이며, 여기서, m은 인덱스 테이블의 크기이고, n은 주자료 테이블의 크기이다.

<예 X-5>에 색인 순차 탐색 예제 프로그램을 보여준다.

```
// 데이터 클래스 (실제 데이터를 읽어올 때 사용)
class Data {
    // 데이터 필드 (원하는 데이터 형식으로 정의)
    int value; // 예시로 int 형식을 사용
    Data(int v) {
        this.value = v;
    }
}

// 색인 테이블 클래스
class IndexEntry {
    int key;            // 탐색 키 (색인을 위한 키)
    int location;       // 데이터 위치
    IndexEntry(int key, int loc) {
        this.key = key;
        this.location = loc;
    }
}

public class IndexedSequentialSearch
{
    // 색인 순차 탐색 함수
    public static Data indexedSequentialSearch(int searchKey,
            int sizeIndextTable, IndexEntry[] indexTable, Data[] dataStorage)
    {
        // 이진 탐색을 사용하여 색인 테이블에서 탐색 키를 찾는다.
        int low = 0;
        int high = sizeIndextTable - 1;

        while (low <= high) {
            int mid = (low + high) / 2;

            if (searchKey == indexTable[mid].key) {
```

```
                // 탐색 키를 찾았으므로 해당 데이터 위치를 얻는다.
                int dataLocation = indexTable[mid].location;

                // 데이터 위치를 사용하여 실제 데이터를 탐색하고 반환한다.
                Data data = dataStorage[dataLocation];
                return data;
            } else if (searchKey < indexTable[mid].key) {
                // 탐색 키가 현재 위치보다 작으면 왼쪽 부분을 탐색한다.
                high = mid - 1;
            } else {
                // 탐색 키가 현재 위치보다 크면 오른쪽 부분을 탐색한다.
                low = mid + 1;
            }
        }

        // 탐색 키를 찾지 못한 경우
        Data notFoundData = new Data(-1); // 예시로 -1을 반환
        return notFoundData;
    }

    public static void main(String[] args)
    {
        // 색인 테이블과 데이터 저장소를 초기화하고 테스트
        IndexEntry[] indexTable = {new IndexEntry(1, 0), new IndexEntry(3, 1),
                new IndexEntry(5, 2), new IndexEntry(7, 3), new IndexEntry(9, 4)};
        Data[] dataStorage = {new Data(10), new Data(30), new Data(50),
                new Data(70), new Data(90)};

        int searchKey = 5;
        Data result = indexedSequentialSearch(searchKey, 5, indexTable, dataStorage);

        if (result.value != -1) {
            System.out.printf("탐색 결과: %d\n", result.value);
        } else {
            System.out.printf("탐색 결과: Not Found\n");
        }
    }
}
```

▶ 실행결과

```
탐색결과 : 50
```

〈예 X-5〉 색인 순차 탐색 예제 프로그램

4 보간 탐색(Interpolation Search)

보간 탐색(Interpolation Search)은 이진 탐색과 달리 중간 요소를 고르게 분할하는 것이 아니라, 탐색 키의 값을 예측하여 탐색 범위를 좁힌다. 이로 인해 탐색 속도가 O(log n)보다 빠를 수 있다. 보간 탐색의 핵심 아이디어는 탐색 키와 배열 내의 값들 사이의 비례 관계를 활용하는 것이다. 일반적으로 배열이나 리스트가 정렬되어 있을 때, 값들은 어느 정도의 규칙성을 가질 수 있다. 보간 탐색은 이 규칙성을 활용하여 특정 값의 위치를 예측한다. 보간 탐색의 동작 원리는 다음과 같다.

- 배열 또는 리스트가 정렬되어 있다고 가정한다.
- 탐색 범위의 시작 위치(low)와 끝 위치(high)를 설정하다. 초기에는 전체 배열을 대상으로 시작한다.
- 탐색 키(searchKey)와 현재 탐색 범위의 처음과 끝 요소를 비교한다.
- 예측된 위치를 계산한다. 이때, 예측된 위치는 탐색 키와 현재 탐색 범위의 처음과 끝 요소의 값, 그리고 해당 위치의 인덱스를 고려하여 계산된다.
- 예측된 위치에 있는 요소와 탐색 키를 비교한다.
- 다음과 같이 두 가지 경우로 나뉜다.
- 예측된 위치의 요소가 탐색 키와 일치하면, 탐색 성공으로 결과를 반환한다.
- 예측된 위치의 요소가 탐색 키보다 작으면, 탐색 범위를 예측된 위치보다 오른쪽으로 좁힌다. (low = 위치 + 1)
- 예측된 위치의 요소가 탐색 키보다 크면, 탐색 범위를 예측된 위치보다 왼쪽으로 좁힌다. (high = 위치 - 1)
- 탐색 범위를 좁혔으면 다시 3단계로 돌아가 반복적으로 실행한다.
- 탐색 범위가 더 이상 좁혀지지 않고(low > high) 원하는 항목을 찾지 못한 경우, 탐색 실패로 처리한다.

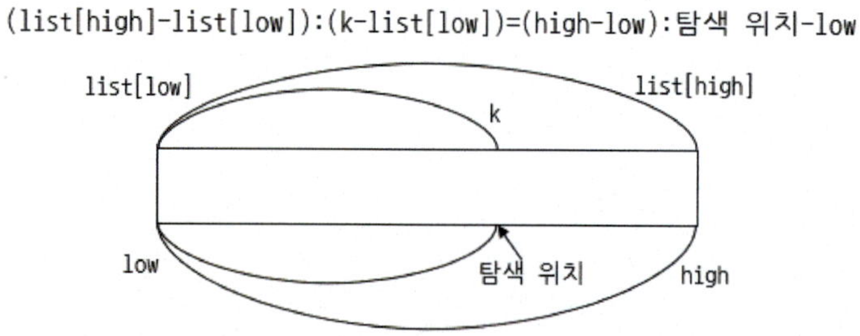

그림 X-3 보간 탐색의 동작 원리

$$\text{탐색 위치} = \frac{(k - list[low])}{list[high] - list[low]} * (high - low) + low$$

$$= (55-3)/(91-3)*(9-0)+0 = 5.31 \fallingdotseq 5$$

0	1	2	3	4	5	6	7	8	9
3	9	15	22	31	55	67	88	89	91

그림 X-4 보간 탐색법에서 탐색 위치 계산 예

보간 탐색의 핵심은 예측된 위치를 활용하여 탐색 범위를 동적으로 조절하는 것이다. 만약 배열 내의 값들이 균일하게 분포되어 있다면 보간 탐색은 이진 탐색과 유사한 성능을 보일 것이다. 그러나 값들이 불균등하게 분포되어 있는 경우에도 보간 탐색은 탐색 범위를 빠르게 좁히는 데 유용하다. 보간 탐색의 시간복잡도는 평균적으로 O(log log n) 정도로 매우 효율적이다. 다만, 배열 내의 값들이 균일하게 분포하지 않는 경우에는 최악의 경우 O(n)의 시간복잡도를 가질 수 있다.

```
public class InterpolationSearch
{
    // 보간 탐색 함수
    public static int interpolationSearch(int arr[], int n, int key)
    {
        int low = 0;
        int high = n - 1;

        while (low <= high && key >= arr[low] && key <= arr[high]) {
            // 예측된 위치 계산
            int pos = low + ((key - arr[low]) * (high - low)) / (arr[high] - arr[low]);

            if (arr[pos] == key) {
                return pos; // 원하는 항목을 찾은 경우 인덱스 반환
            }

            if (arr[pos] < key) {
                low = pos + 1; // 오른쪽 부분을 탐색
            } else {
                high = pos - 1; // 왼쪽 부분을 탐색
            }
        }

        return -1; // 원하는 항목을 찾지 못한 경우 -1 반환
    }
```

```
    public static void main(String[] args)
    {
        int arr[] = {10, 20, 30, 40, 50, 60, 70, 80, 90, 100};
        int n = arr.length;

        int key = 50;
        int result = interpolationSearch(arr, n, key);

        if (result != -1) {
            System.out.printf("원소 %d(은)는 인덱스 %d에서 찾았다.\n", key, result);
        } else {
            System.out.printf("원소 %d(을)를 찾지 못했다.\n", key);
        }
    }
}
```

실행결과

```
원소 50(은)는 인덱스 4에서 찾았다.
```

〈예 X-6〉 보간 탐색을 사용한 리스트 인덱싱 예제

Exercise

01. 이진 탐색과 순차 탐색의 차이점을 설명하시오.

02. 다음 정렬된 정수 배열이 주어졌을 때, 값 67을 이진 탐색으로 찾는다고 할 때, 그 과정을 쓰시오.

[2, 4, 7, 10, 23, 34, 45, 56, 67, 78, 89, 90]

03. 다음과 같이 색인 테이블과 주자료 테이블이 주어졌을 때, 값 25를 색인 순차 탐색으로 찾는 과정을 쓰시오.

색인 테이블:

2	0
10	3
21	8

주자료 배열:

[2, 5, 7, 10, 13, 14, 15, 18, 21, 25, 30, 33]

04. 〈예 X–6〉 보간 탐색 프로그램에서 arr 배열이 아래의 배열1과 배열2인 경우에 대해 값 70을 찾는 과정을 쓰고 비교해보시오. 탐색 과정은 while 루프 내의 pos 값의 변화를 살펴본다.

배열1 = {10, 20, 30, 40, 50, 60, 70, 80, 90, 100}

배열2 = {10, 30, 50, 70, 80, 90, 100, 110, 120, 130}

Chapter XI

이진 탐색 트리 (Binary Search Tree)

본 장에서는 이진 탐색 트리에 대해 다룬다. 이진 탐색 트리는 이진 탐색과 연결 리스트를 결합한 형태의 자료구조이다. 탐색은 빠르나 데이터의 입력과 삭제가 불가능한 이진 탐색과 달리 이진 탐색 트리는 빈번한 데이터의 입력과 삭제를 할 수 있다.

1 AVL(Adelson Velsky Landis) 트리

Adelson-Velsky와 Landis에 의해 제안된 AVL 트리(Adelson-Velsky and Landis Tree)는 이진 탐색 트리의 일종으로, 항상 균형을 유지하는 특징을 갖고 있다. AVL 트리는 모든 노드의 왼쪽 서브트리와 오른쪽 서브트리의 높이 차가 1 이하인 균형 이진 탐색 트리이다.

<그림 XI-1>에서 보여주듯이 AVL 트리는 모든 노드에서 왼쪽 서브트리와 오른쪽 서브트리의 높이 차이가 1 이하를 유지하여 각 노드의 균형 인수(Balance Factor)는 -1, 0, +1 중 하나의 값을 갖게 된다. 따라서 검색, 삽입, 삭제 연산의 평균, 최선, 최악 시간복잡도가 모두 O(log n)이다. 이는 트리의 높이가 항상 균형을 유지하기 때문에 가능한 것이다.

AVL 트리에서는 삽입 또는 삭제 연산으로 인해 균형이 깨질 경우 LL (Left-Left), LR (Left-Right), RR (Right-Right), RL (Right-Left) 등의 균형 회복 연산을 수행한다.

자가 균형 조정:

AVL 트리는 균형을 유지하기 위해 추가적인 균형 인수를 저장해야 하므로 메모리 사용량이 아주 높은 편이다. 그러나 현대 컴퓨터의 메모리 용량이 증가함에 따라 일반적으로는 큰 문제가 되지 않는다. AVL 트리는 검색이 많이 이루어지는 경우, 삽입과 삭제가 빈번하지 않은 경우에도 적합한 트리이다.

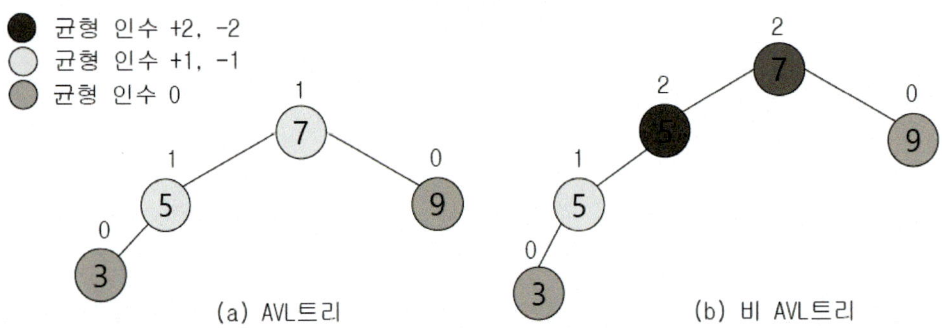

그림 XI-1 AVL 트리

AVL 트리의 삽입 연산은 이진 탐색 트리와 동일하다. 삽입 연산과 삭제 연산 시 균형 상태가 깨질 수 있기 때문에 균형인수의 값이 -1,0,1이 아닐 경우 노드는 회전을 실시해야 한다. 즉, 삽입 위치에서 루트까지의 경로에 있는 조상 노드들의 균형 인수 영향을 주기 때문에 삽입 후에 불균형 상태로 변한 가장 가까운 조상 노드(균형 인수가 ±2가 된 가장 가까운 조상 노드)의 서브 트리들에 대하여 다시 균형을 맞춰야 한다. 삽입 노드부터 균형 인수가 ±2가 된 가장 가까운 조상 노드까지

회전을 실시해야 하는데 회전의 유형은 다음과 같다.

- RR 회전: 불균형으로 판명된 노드(x)의 우측자식의 우측 서브트리에 삽입. 좌회전을 통해 균형을 유지
- LL 회전: 불균형으로 판명된 노드(x)의 좌측자식의 좌측 서브트리에 삽입. 우회전을 통해 균형을 유지
- LR 회전: 불균형으로 판명된 노드(x)의 좌측자식의 우측 서브트리에 삽입. 좌측 자식 노드에 대해 좌회전, 전체 트리에 대해 우회전을 통해 균형을 유지
- LR 회전: 불균형으로 판명된 노드(x)의 우측자식의 좌측 서브트리에 삽입. 우측 자식 노드에 대해 우회전, 전체 트리에 대해 좌회전을 사용하여 균형을 유지

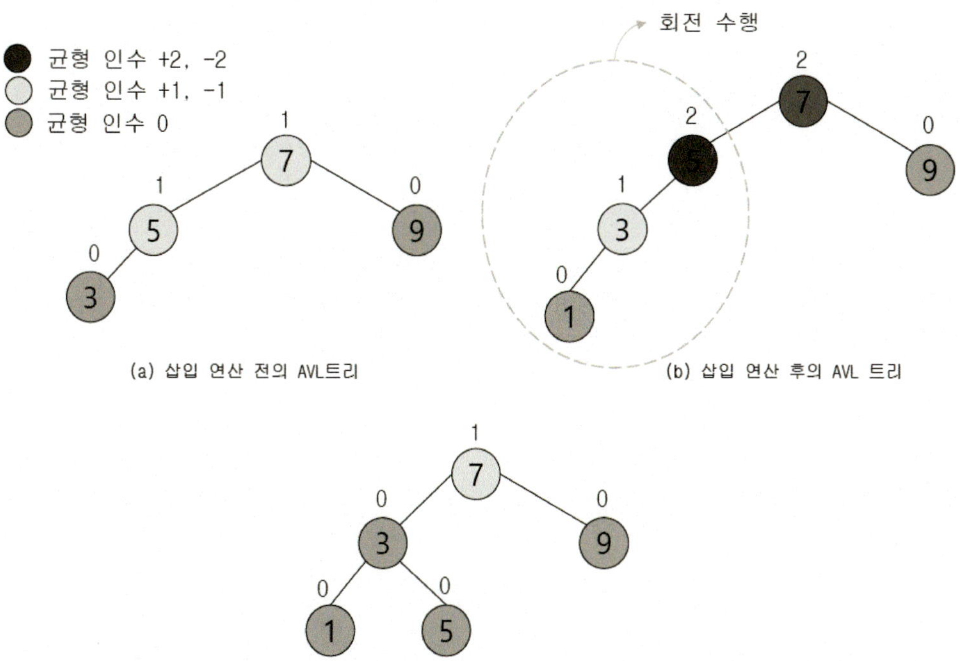

그림 XI-2 삽입 연산 시 균형

AVL 트리에서 균형이 깨지는 4가지 경우는 다음과 같다.

- LL 타입 (Left-Left): 노드 N이 A의 왼쪽 서브트리의 왼쪽 서브트리에 삽입된 경우
- LR 타입 (Left-Right): 노드 N이 A의 왼쪽 서브트리의 오른쪽 서브트리에 삽입된 경우
- RR 타입 (Right-Right): 노드 N이 A의 오른쪽 서브트리의 오른쪽 서브트리에 삽입된 경우
- RL 타입 (Right-Left): 노드 N이 A의 오른쪽 서브트리의 왼쪽 서브트리에 삽입된 경우

(1) LL 회전(Left-Left Rotation)

<그림 XI-3>과 같이 노드 N이 A의 왼쪽 서브트리의 왼쪽 서브트리에 삽입된 경우 해결 방법:A부터 N까지의 경로상 노드들을 오른쪽으로 회전시킨다.

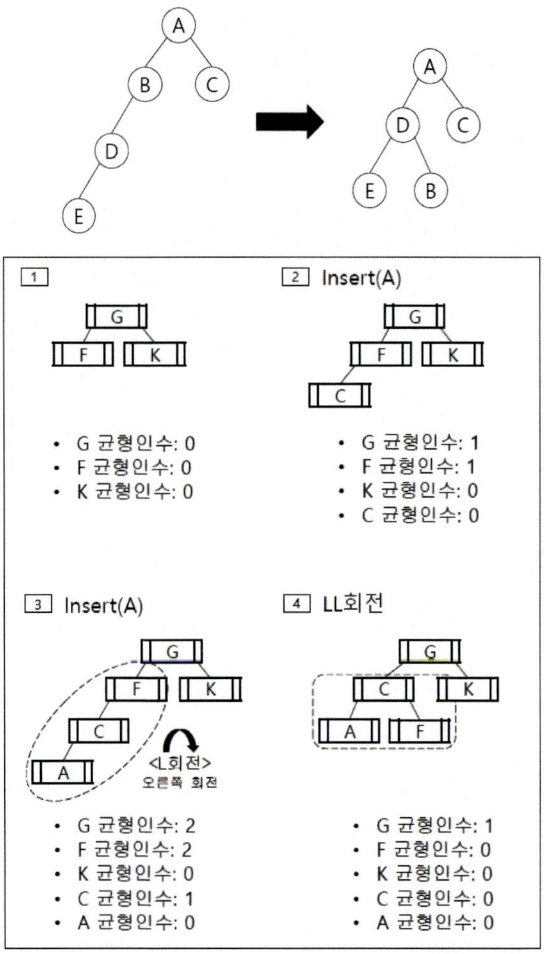

그림 XI-3 LL 회전

```
Node rotateLL(Node node)
{
        Node child = node.left;
        node.left = child.right;
        child.right = node;
        return child;
}
```

〈예 XI-1〉 LL 회전

(2) LR 회전(Left-Right Rotation)

<그림 XI-4>와 같이 N이 A의 왼쪽 서브트리의 오른쪽 서브트리에 삽입된 경우에 A부터 N까지의 경로상 노드들을 왼쪽으로 회전시킨 후, A부터 N까지의 경로상 노드들을 오른쪽으로 회전시킨다.

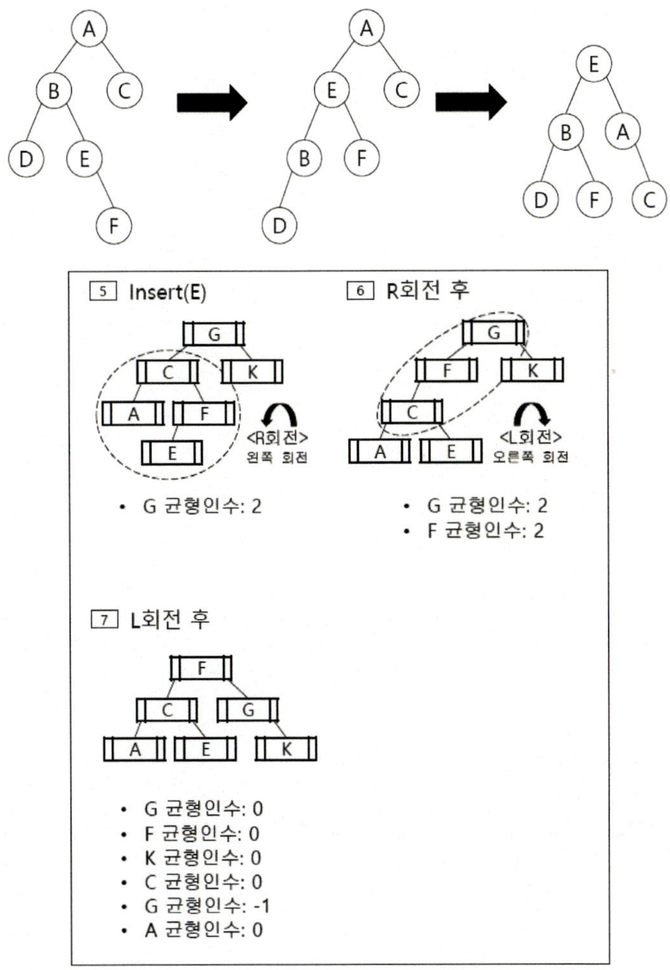

그림 XI-4 LR 회전

```
Node rotateLR(Node node)
{
    Node child = node.left;
    node.left = rotateRR(child);
    return rotateLL(node);
}
```

〈예 XI-2〉 LR 회전

(3) RR 회전(Right-Right Rotation)

<그림 XI-5>와 같이 노드 N이 A의 오른쪽 서브트리의 오른쪽 서브트리에 삽입된 경우 A부터 N까지의 경로상 노드들을 왼쪽으로 회전시킨다.

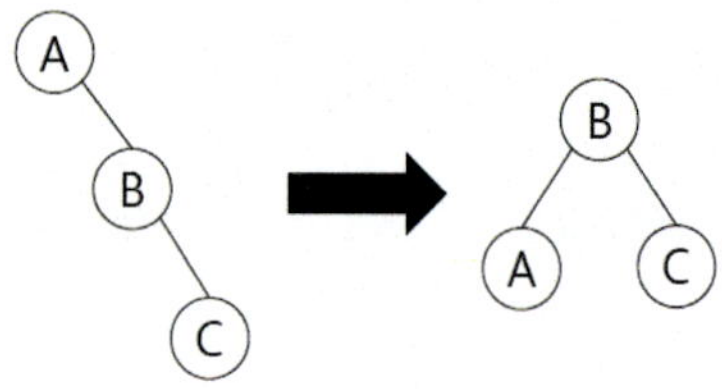

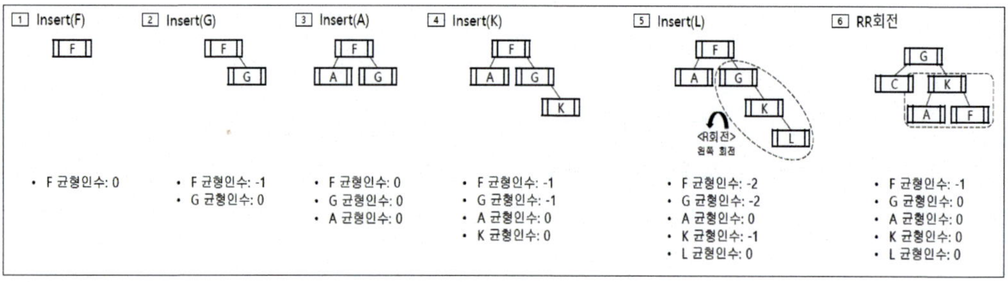

그림 XI-5 RR 회전

```
Node rotateRR(Node node)
{
        Node child = node.right;
        node.right = child.left;
        child.left = node;
        return child;
}
```

〈예 XI-3〉 RR 회전

(4) RL 회전(Right-Left Rotation)

<그림 XI-6>과 같이 노드 N이 A의 오른쪽 서브트리의 왼쪽 서브트리에 삽입된 경우 A부터 N까지의 경로상 노드들을 오른쪽으로 회전시킨 후, A부터 N까지의 경로상 노드들을 왼쪽으로 회전시킨다.

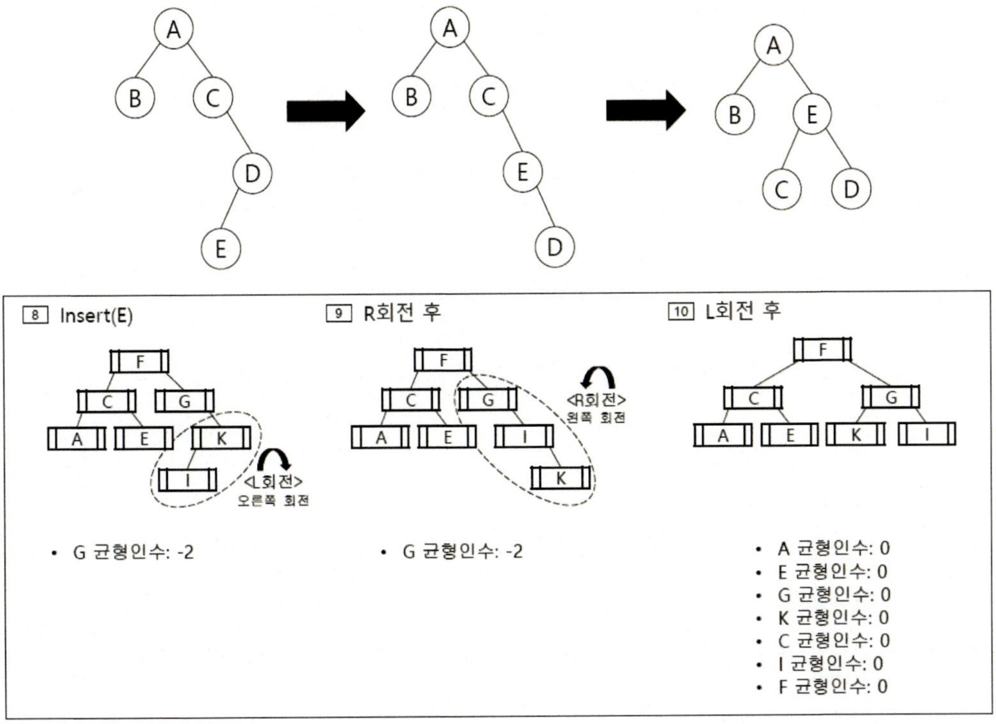

그림 XI-6 RL 회전

```
Node rotateRL(Node node)
{
      Node child=node.right;
      node.right=rotateLL(child);
      return rotateRR(node);
}
```

〈예 XI-4〉 RL 회전

(5) 이중 회전 알고리즘

AVL 트리에서 이중 회전은 한 번의 회전으로는 균형을 맞추기 어려운 상황에서, 두 번의 회전을 통해 균형을 맞추는 연산을 의미한다. 이중 회전은 LL 회전, RR 회전, LR 회전, RL 회전 중에서 LR 회전과 RL 회전이 이에 해당한다.

이중 회전을 위해 균형 인수를 구하려면 자식들의 높이를 구해서 그 차이를 알아야 한다. 균형 인수는 노드의 왼쪽 서브트리의 높이에서 오른쪽 서브트리의 높이를 뺀 값이다. 높이를 구하는 방법은 <예 XI-5>에서 보여주며, <예 XI-6>에서 간단한 AVL 트리 예제 프로그램을 보여준다.

```
int getHeight(Node node)
{
    int height = 0;
    if (node != null)
        height = 1 + max(getHeight(node.left), getHeight(node.right));
    return height;
}
```

<예 XI-5> 높이를 구하는 방법

```
class AVLNode
{
    int data; // key 값
    AVLNode left, right;
}

public class AVLTree
{
    AVLNode root = null;

    int max(int a, int b)
    {
        if (a > b) return a;
        else return b;
    }

    // LL 회전 (오른쪽으로 회전한다)
    // ±2를 가지는 A가 부모가 되고 A.left_child인 B가 child가 된다.
    // A.left에 B가 가지고 있는 right_child를 대입하고 B의 right_child에 A을 대입한다.
    AVLNode rotateLL(AVLNode parent)
    {
        AVLNode child = parent.left;
        parent.left = child.right;
        child.right = parent;
        return child;
    }

    // RR 회전 (왼쪽으로 회전한다)
    // ±2를 가지는 A가 부모가 되고 A.right_child인 B가 child가 된다.
    // A.right에 B가 가지고 있는 left_child를 대입하고 B의 left_child에 A을 대입한다.
    AVLNode rotateRR(AVLNode parent)
    {
        AVLNode child = parent.right;
        parent.right = child.left;
```

```
        child.left = parent;
        return child;
    }

    // RL 회전 (오른쪽-왼쪽으로 회전한다)
    // ±2를 가지는 A가 부모가 되고 A.right_child인 B가 child가 된다.// A.right_child에
rotateLL(B)가 반환하는 값을 대입한다. (B,C에 대해 오른쪽 회전)
    // rotateLL(B)호출시 B와 C가 변화가 생기고 다시 rotateRR(A)을 호출하면 균형트리가 된다.
    AVLNode rotateRL(AVLNode parent)
    {
        AVLNode child = parent.right;
        parent.right = rotateLL(child);
        return rotateRR(parent);
    }

    // LR 회전 (왼쪽-오른쪽으로 회전한다)
    // ±2를 가지는 A가 부모가 되고 A.left_child인 B가 child가 된다.
    // A.left_child에 rotateRR(B)가 반환하는 값을 대입한다. (B,C에 대해 왼쪽 회전)
    // rotateRR(B)호출시 B와 C가 변화가 생기고 다시 rotateLL(A)을 호출하면 균형트리가 된다.
    AVLNode rotateLR(AVLNode parent)
    {
        AVLNode child = parent.left;
        parent.left = rotateRR(child);
        return rotateLL(parent);
    }

    // 트리의 높이 측정 함수
    // 순환호출로 각각의 높이를 구하고 이들 중에서 더 큰값에 1을 더하면 트리의 높이가 된다.
    int getHeight(AVLNode node)
    {
        int height = 0;
        if (node != null)
            height = 1 + max(getHeight(node.left), getHeight(node.right));
        return height;
    }

    // 노드의 균형인수 반환 함수
    // 왼쪽 서브트리 높이 - 오른쪽 서브트리 높이
    int getBalance(AVLNode node)
    {
        if (node == null)
            return 0;
        return getHeight(node.left) - getHeight(node.right);
    }
```

```
// 균형 트리를 만드는 함수
AVLNode balanceTree(AVLNode node)
{
    int heightDiff = getBalance(node);
    if (heightDiff > 1) // 왼쪽 서브트리의 균형을 맞춘다
    {
        if (getBalance(node.left) > 0)
            node = rotateLL(node);
        else
            node = rotateLR(node);
    }
    else if (heightDiff < -1) // 오른쪽 서브트리의 균형을 맞춘다
    {
        if (getBalance(node.right) < 0)
            node = rotateRR(node);
        else
            node = rotateRL(node);
    }
    return node;
}

// AVL 트리의 삽입 연산
// key에 대해 순환호출을 반복하므로써 트리에 삽입 한 후 균형화 함수를 호출한다.
AVLNode insertAvl(int key) throws Exception
{
    root = _insertAvl(root, key);
    return root;
}

private AVLNode _insertAvl(AVLNode node, int key) throws Exception
{
    if (node == null)
    {
        node = new AVLNode();
        node.data = key;
        node.left = node.right = null;
    }
    else if (key < node.data)
    {
        node.left = _insertAvl(node.left, key);
        node = balanceTree(node);
    }
    else if (key > node.data)
    {
        node.right = _insertAvl(node.right, key);
```

```
            node = balanceTree(node);
        }
        else
        {
            throw new Exception("중복 키로 인한 삽입 실패\n");
        }
        return node;
    }

    // AVL 트리 탐색 함수
    // 일반 적인 이진 트리의 탐색 함수와 같다. AVL도 이진 탐색 트리의 일종이다.
    private void avlSearch(int key)
    {
        _avlSearch(root, key);
    }

    private AVLNode _avlSearch(AVLNode node, int key)
    {
        if (node == null)
            return null;
        System.out.printf("%d->", node.data);
        if (key == node.data)
            return node;
        else if (key < node.data)
            return _avlSearch(node.left, key);
        else
            return _avlSearch(node.right, key);
    }

    public static void main(String[] args) throws Exception
    {
        AVLTree avlTree = new AVLTree();

        int[] data = {8, 9, 10, 2, 1, 5, 3, 6, 4, 7, 11, 12};
        for (int d : data)
            avlTree.insertAvl(d);

        avlTree.avlSearch(12);
    }
}
```

실행결과

```
5->8->10->11->12->
```

〈예 XI-6〉 간단한 AVL 트리 예제

2 2-3 트리

2-3 트리는 차수가 2 또는 3인 노드를 가지는 트리로, AVL 트리와 비교할 때 완전 균형트리를 지향하는 특징이 있다. AVL 트리는 높이 균형을 유지하면서 데이터를 저장하는 이진 탐색 트리인 반면 2-3 트리는 각 노드가 2개 또는 3개의 자식 노드를 가질 수 있는 특별한 형태의 트리이다. 따라서 AVL 트리보다는 트리의 높이를 상대적으로 낮게 유지하며, 이러한 특징으로 탐색, 삽입, 삭제 등의 연산을 수행할 때 평균적으로 빠른 성능을 제공한다.

<그림 XI-7>에서 보여 주듯이 2-노드는 이진 탐색 트리처럼 하나의 키(k_1)와 두 개의 자식 노드를 갖는다. 키(k_1)를 기준으로 왼쪽 서브트리는 키보다 작은 값들을 가지며, 오른쪽 서브트리는 키보다 큰 값들을 갖는다.

3-노드는 자식 노드가 3개이고 키가 2개인 노드로 세 개의 자식 노드를 왼쪽(L), 중간(M), 오른쪽(R)으로 구분한다. 예를 들어, 키 크기 순서에 따라, $12 < 50 < 65 < 90 < 100$일 때, 왼쪽 서브 트리에 있는 값들은 모두 k_1(12)보다 작은 값이며, 중간 서브 트리에 있는 값들은 k_1(12)보다 크고 k_2(50)보다 작은 값이며, 오른쪽 서브 트리에 있는 값들은 모두 k_2(50)보다 큰 값이 된다.

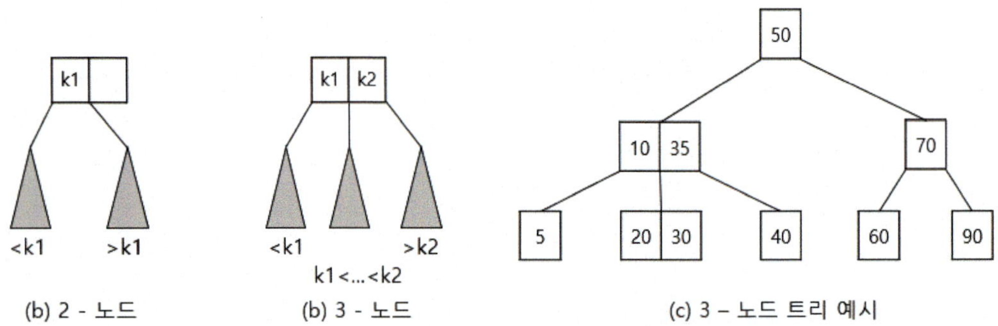

그림 XI-7 2-3 트리

(1) 2-3 트리에 데이터 삽입

2-3 트리에 데이터를 삽입할 때는 노드의 분할(split)이나 병합(merge)이 발생할 수 있다. <그림 XI-8>에서 보여주듯이, 단말 노드에 40을 삽입할 경우 2-노드로의 추가이기 때문에 단순하게 3-node로 만들어주면 된다.

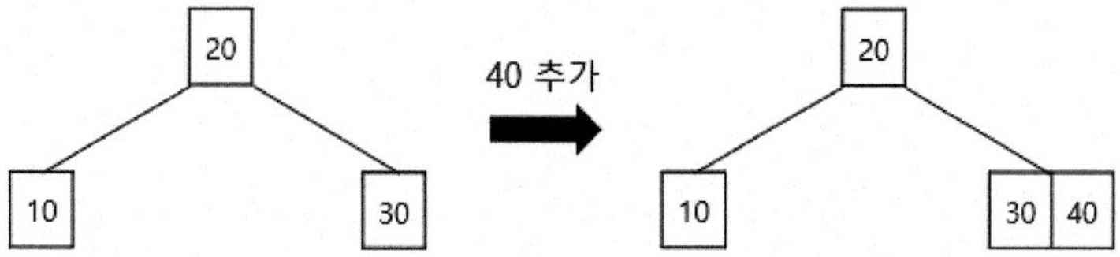

그림 XI-8 2-3 트리 단말 노드 추가

<그림 XI-9>와 같이 3-node를 초과하여 추가되는 경우 분할을 해야 한다. 분할은 초과된 노드에서 중간값을 찾아 부모 노드로 만들면 된다. 그러나, 단순히 부모 노드로 만들어준다면 트리에 불균형이 생기기 때문에 몇 가지 작업을 해야 한다.

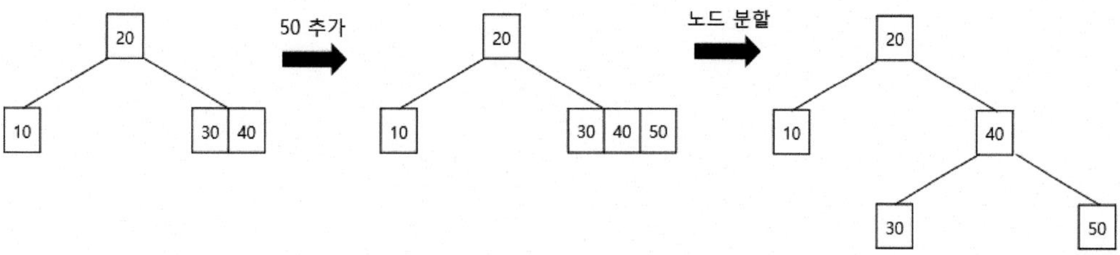

그림 XI-9 2-3 트리에서 3-노드를 초과하는 경우

<그림 XI-10>에서 루트 노드 20부터 높이가 2인 서브트리 A와 40부터 높이가 2인 서브트리 B의 경우 A 서브트리의 왼쪽 서브트리는 그대로 왼쪽 서브트리가 되고 B 서브트리의 왼쪽 서브트리는 중간(middle)이 되고, 중간 서브트리는 오른쪽 서브트리로 만들어주면서 3-node로 만든다.

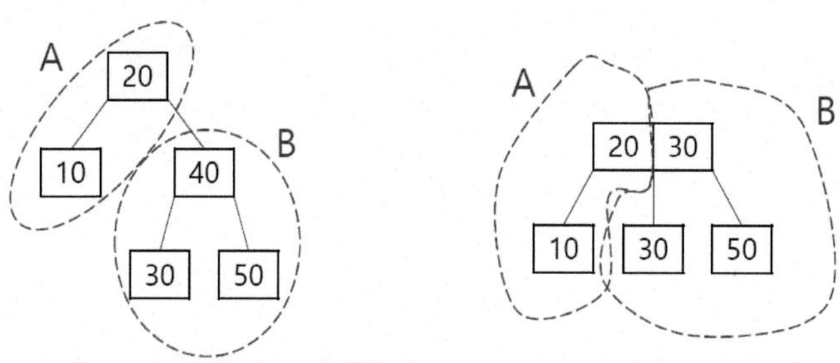

그림 XI-10 2-3 트리에서 두 서브트리를 3-node로 변환

<그림 XI-11>에서 보여주듯이 50, 30, 10, 20, 20, 40으로 구성된 트리에서 39를 삽입하면, 이진 탐색 트리라면 40보다 작으므로 40의 LChild 노드를 만들어 삽입하면 되나, 2-3 트리에서 리프는 3-노드일 수 있으므로, 키 39인 레코드와 키 40인 레코드가 합쳐져서 하나의 노드가 되게 하면 된다.

여기에 38을 삽입하면, 하나의 노드에 세 개의 원소가 들어가게 되고, 3-노드는 원소를 두 개까지만 허용하기 때문에 중간 39를 지닌 레코드가 부모 노드로 올라가고, 작은 키 38과 큰 키 40이 좌우로 분리된다.

여기에 37의 삽입하고, 36의 삽입하게 되면, 리프 노드에 36, 37, 38이 존재하게 되고, 중간 37이 부모 노드로 올라가고 나머지는 분리되어 부모 노드가 30, 37, 39로 바뀌게 된다. 중간인 37을 그 위 부모 노드로 올리고 자신은 30인 노드와 39인 노드로 분리된다. 39인 노드는 37, 50인 부모 노드의 중간 자식으로 그리고 36은 30의 오른쪽 자식으로, 키 38은 키 39의 왼쪽 자식으로 들어간다.

35, 34, 33까지 삽입 후 32를 삽입하면, 중간 33이 부모 노드로 올라가고 부모 노드의 중간 33이 더 위로 올라가면 루트 노드에 3개의 원소가 들어가기 때문에 새로운 루트를 만들어 중간인 37을 루트로 올리고, 나머지를 분할한다.

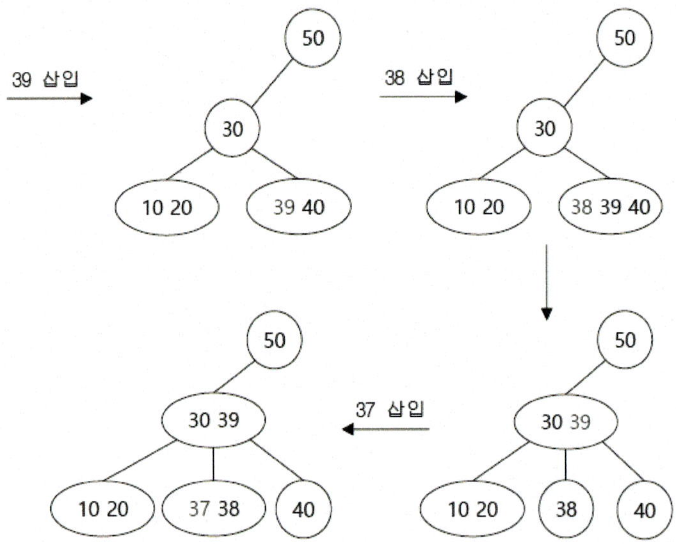

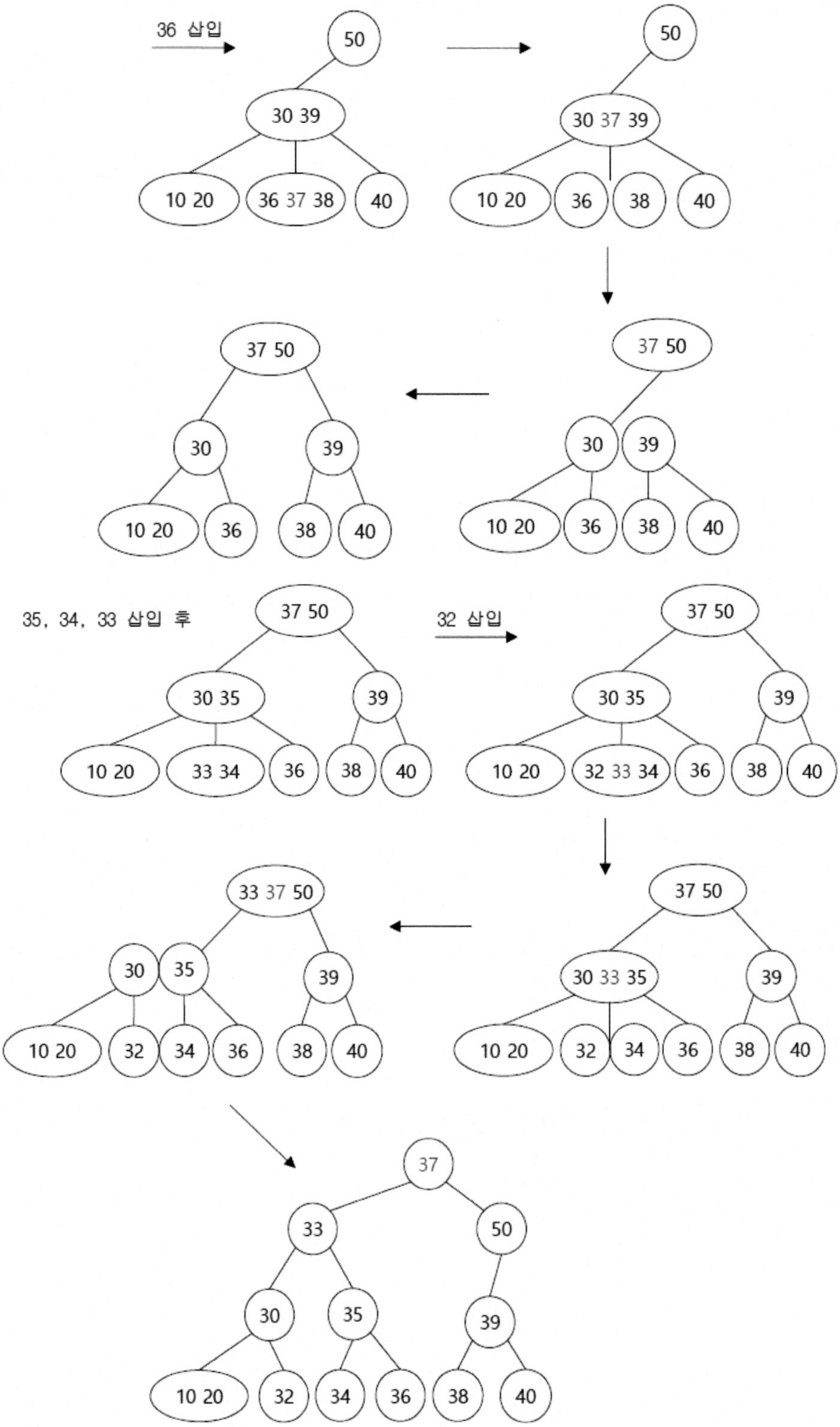

그림 XI-11 2-3 트리에서 루트 노드의 삽입

(2) 2-3 트리에 데이터 삭제

2-3 트리에서 삭제하기 위해서는 먼저 왼쪽 또는 오른쪽 자매 노드를 확인하여 하나라도 3-노드가 있으면 빌려오되 반드시 부모노드를 거쳐서 빌려온다.

<그림 XI-12>에서 보여주듯이, 10을 삭제하기 위해서는 1, 4로 구성된 왼쪽 자매노드 4 노드가 부모 노드로 올라가는 대신 5인 부모 노드가 삭제된 10의 자리로 들어간다.

여기에서 5인 노드를 삭제하려면, 왼쪽 오른쪽 3-노드가 없어 노드 자체가 삭제하면 된다. 따라서 자식노드가 두개로 줄어들어 부모 노드도 2-노드로 바뀐게 되기 때문에 부모노드 중 하나가 삭제된 노드의 자매노드로 이동한다. 여기서는 부모노드의 왼쪽 키가 삭제된 노드의 왼쪽 자매노드로 이동한다. 물론 부모노드의 오른쪽 키가 오른쪽 자매노드로 이동할 수도 있다.

20인 노드를 삭제하고, 40을 삭제할 때 80 노드로부터 빌릴 자리가 없으므로 40인 노드는 삭제하고, 부모노드인 45인 노드는 더 이상 2-노드 상태를 유지할 수 없어 삭제된 노드의 자매노드인 80 노드로 합쳐지면서 45인 노드가 빈 자리로 남게된다.

여기에서 45인 노드를 삭제하면, 35인 루트 노드가 2-노드 상태를 유지할 수 없어 왼쪽 자매 노드와 합쳐지면서 루트 노드 자체가 삭제되고 트리 높이가 감소하지만 균형상태는 유지된다.

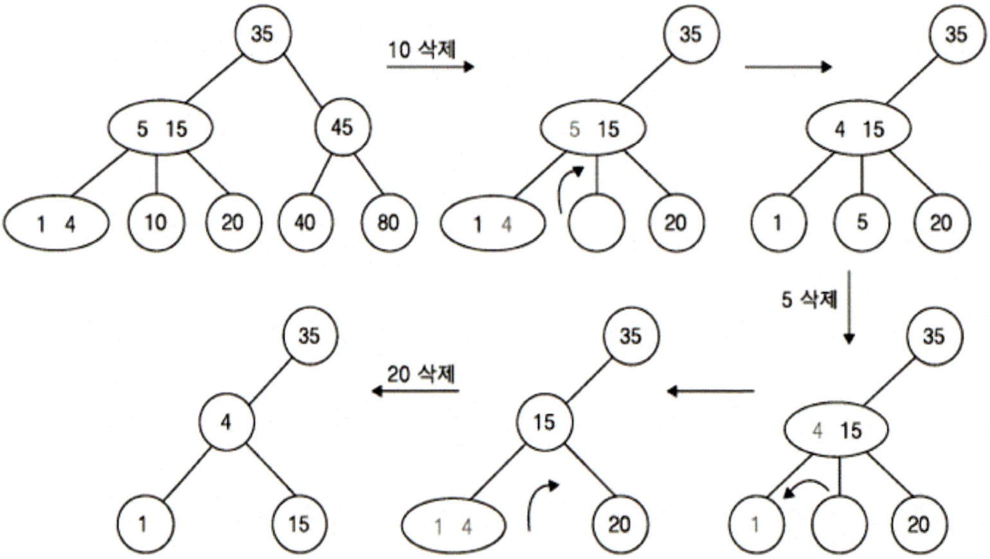

그림 XI-12 2-3 트리에서 루트 노드의 삭제

3 기타 이진 탐색 트리

(1) 2-3-4 트리

2-3-4 트리는 2-3 트리에 추가로 4-노드를 정의한 것이다. <그림 XI-13>에서 보여주듯이 자식 노드로 가는 링크가 4개이고 키가 3개인 노드가 되는데 왼쪽 자식, 오른쪽 자식, 왼쪽 중간 자식(Left Middle Child), 오른쪽 중간 자식(Right Middle Child)으로 구분한다.

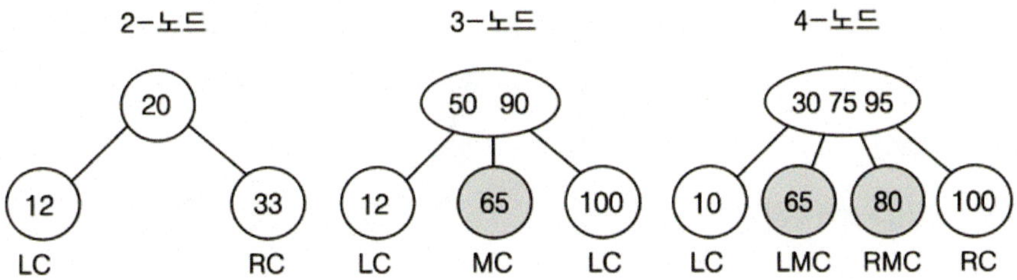

그림 XI-13 2-3-4 트리

2-3 트리는 리프 노드가 꽉 차면 중간 자식을 부모노드로 올리고, 만약 부모노드가 꽉 차면 다시 부모 노드의 중간 자식이 그 위로 올려지지만, 2-3-4 트리는 이러한 사태를 배제하기 위해, 루트로부터 삽입 위치를 찾아서 내려가는 도중에 4-노드를 만나면 무조건 제거하면서 내려가게 된다. 따라서, 스택이 불필요하며, 하나의 삽입 작업이 트리 모습을 바꾸면서 내려가는 동안, 동시에 이어서 두 번째 삽입작업이 루트로부터 내려올 수 있게 된다.

(2) 레드-블랙(Red-Black) 트리

내부적으로 균형을 이룬(self-balancing) 이진 탐색 트리로, 자료의 삽입, 삭제, 탐색에 최악의 경우에도 일정한 실행 시간을 보장한다. 각종 기하학 계산에 쓰이는 많은 자료구조들이 레드-블랙 트리 기반으로 만들어져 있다.

레드-블랙 트리에서 노드는 레드 혹은 블랙 중의 하나가 되며, 루트 노드(시작점)는 블랙이며, 모든 leaf node는 블랙이다. 또한 레드 노드의 자식노드 양쪽은 언제나 모두 블랙이며, 블랙 노드만이 레드 노드의 부모 노드가 될 수 있다. 어떤 노드로부터 시작되어 리프 노드에 도달하는 모든 경로에는 리프 노드를 제외하면 모두 같은 개수의 블랙 노드가 있게 된다. 이러한 조건을 루트 노드로부터 가장 먼 경로까지의 거리가, 가장 가까운 경로까지의 거리의 2배 보다 항상 작게 되고 균형을 맞추게 된다.

2-3-4 트리를 이진 트리로 표현한 것

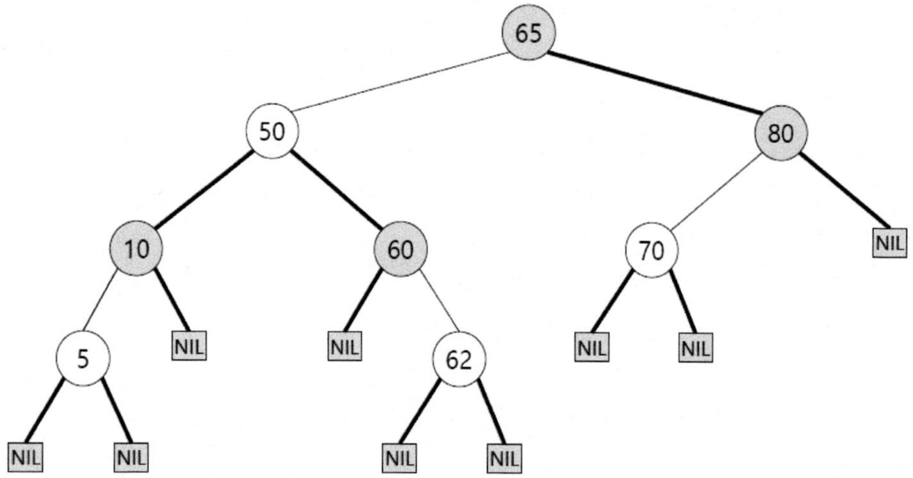

그림 XI-14 레드-블랙 트리

레드-블랙 트리의 링크는 색깔을 가지고 있기 때문에 구현을 위해서는 포인터 변수에 색깔이라는 속성을 추가해야 한다. 따라서 레드-블랙 트리의 자료구조에는 키를 포함한 데이터 필드, LChild 포인터, RChild 포인터 외에 LColor와 Rcolor를 포함해야 한다. 만약 색깔 변수 하나만 사용하려면 부모 노드로부터 자신을 향한 포인터의 변수를 표시해야 한다.

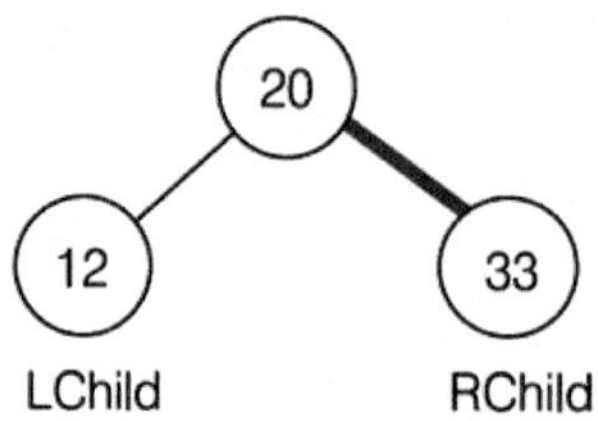

그림 XI-15 레드-블랙 트리의 링크 색깔 표시

모든 2-3-4 트리는 레드 블랙 트리로 표현 가능한데, 2-노드는 그대로 표현하면 되고, 3-노드는 왼쪽 또는 오른쪽 키를 루트로 하는 이진 트리로 만들면 된다. 따라서 트리 모양은 다르게 나올 수 있다. 이는 레드 링크는 원래 3-노드, 4-노드에서 같은 노드에 속했었다는 사실을 나타낸다. 4-노드의 레드 블랙 표현은 유일하다. <그림 XI-16>에서 레드-블랙 트리와 2-3-4 트리의 관련성을 보여준다.

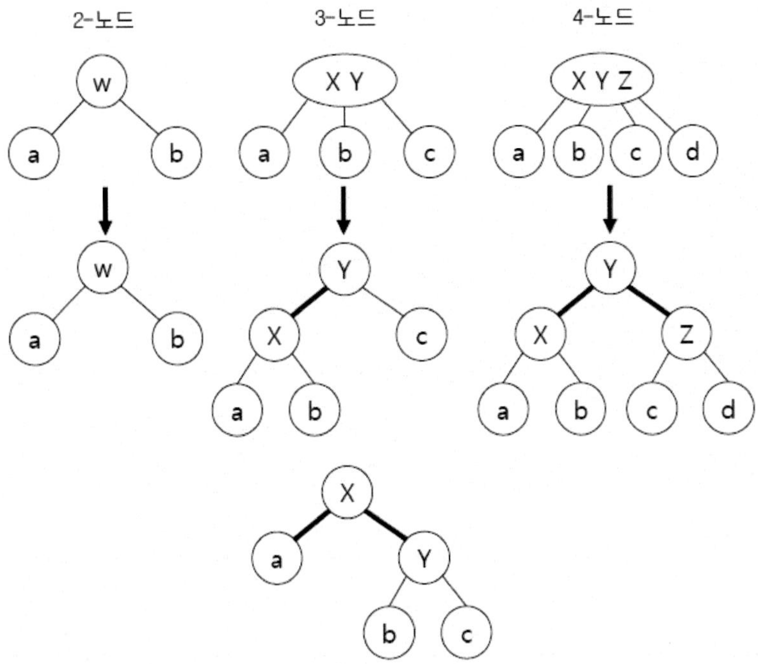

그림 XI-16 레드-블랙 트리와 2-3-4 트리의 관련성

레드-블랙 트리는 트리를 내려오면서 연속적인 레드 링크 2개는 허용하지 않으며, 루트로부터 리프 노드까지 검정 링크의 수는 모두 동일하며, 2개의 자식노드가 모두 빨강 링크일 때만 4-노드에 해당한다는 특징이 있다. 또한 레드-블랙 트리를 사용하는 이유는 2-3-4 트리가 복잡한 노드 구조 그리고 복잡한 삽입 삭제 코드를 가지고 있는 반면에 레드-블랙 트리는 이진 탐색 트리의 함수를 거의 그대로 사용할 수 있으며, 2-3-4 트리의 장점인 단일 패스 삽입 삭제가 그대로 레드 블랙 트리에도 적용되며, 언제 회전에 의해 균형을 잡아야 하는지가 쉽게 판별할 수 있다는 것 때문이다.

Exercise

01. AVL 트리에서 노드 하나를 삽입하였더니 삽입된 노드가 T1에 포함되게 되어 노드 C의 균형 인자(balance factor)가 +2가 되었다. 아래 그림은 C를 루트로 하는 부그래프를 보여주고 있고, 노드 C를 제외한 다른 노드의 균형 인자는 모두 −1, 0, 혹은 1이다. AVL 트리 삽입 알고리즘을 따르면 어떤 회전(rotation)이 일어나게 되는데, 어떤 회전이 일어나고 회전이 일어나는 과정을 도시화하시오.

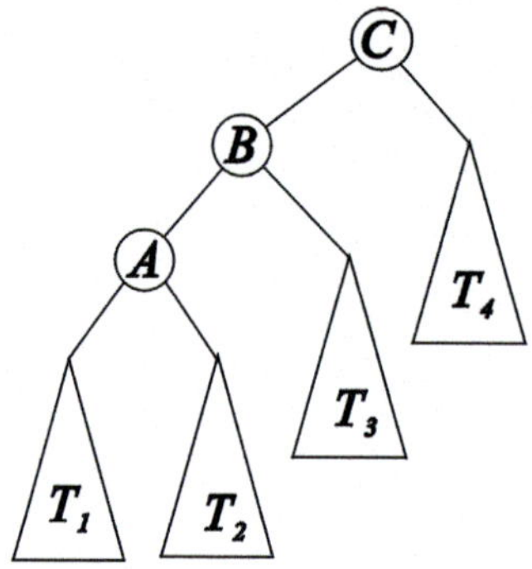

02. 다음 각각의 경우에서 주어진 순서대로 키를 삽입하여 AVL 트리를 만드시오.

(1) A, Z, B, Y, C, X, D, W, E, V, F

(2) A, B, C, D, E, F, G, H, I, J, K, L

(3) A, V, L, T, R, E, I, S, O, K

그리고 위 AVL에 트리에서

(4) LIFO 순서로 삽입된 각 키를 삭제하시오. (마지막에 삽입된 키가 처음 삭제됨)

(5) FIFO 순서로 삽입된 각 키를 삭제하시오. (첫 번째에 삽입된 키가 처음 삭제됨)

03. AVL 트리는 초기에 비어 있는 트리에 1, 2, 3, 4, 5의 키값을 어떤 순서로든 삽입하여 생성된다. 이 삽입 중 어떤 순서에 대해 어떤 회전도 필요하지 않은 경우는 어떤 순열에 대한 것인지 설명하시오.

04. AVL 트리에서 키를 삭제할 때 수행되는 (단일 또는 이중) 회전의 수가 트리의 높이의 반을 초과하지 않는지 보이시오.

05. 처음에 비어 있는 2–3 트리에 키 1, 2, ...을 오름차순으로 삽입한다고 가정할 때 어떤 키가 처음으로 리프가 레벨 4에 위치하는지 쓰시오. (루트가 레벨 1에 있다고 가정). 그리고 결과적으로 얻어지는 2–3 트리를 만드시오.

06. 높이가 h인 2–3 트리에 대해 최소 리프 노드의 수와 최대 리프 노드의 수를 구하시오.

07. 아래의 이진 탐색 트리에서 9를 삭제한 후의 트리가 어떻게 변화하는지 도시화하시오.

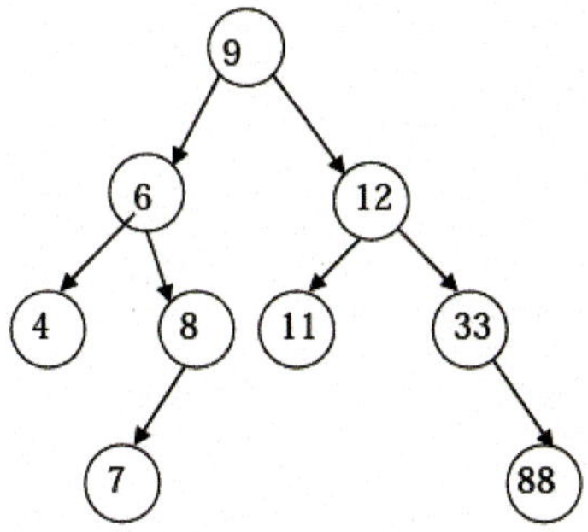

Chapter XII

그래프(Graph)

본 장에서는 연결된 데이터 간의 관계를 표현할 수 있는 그래프에 대해 다룬다. 그래프는 지하철 노선도, 최단 경로 등 실생활에서 자주 사용되는 자료구조이다.

1 그래프 이론의 역사와 활용

그래프 이론은 다양한 분야에서 중요한 역할을 하며, 그 발전은 컴퓨터 과학, 수학, 네트워크 공학, 사회 과학, 인공 지능 등 다양한 분야에 영향을 미치고 있다. 현재에 이르러서도 그래프 이론은 계속해서 연구되고 확장되고 있으며, 미래에도 새로운 응용 분야에서 중요성을 더욱 강조할 것으로 예상된다. 그래프 이론은 수학적 이론과 실제 응용 사이의 다리 역할을 하는 중요한 학문으로, 다양한 분야에서 활용되고 있다. 이 학문의 역사는 다음과 같다.

▣ 오일러의 다리 문제 (1736년)

그래프 이론의 시작은 스위스 수학자 레오나르드 오일러(Léonard Euler)에 의해 제기된 "쾨니히스베르크의 다리 문제"에서 비롯되었다. 이 문제는 다리와 땅을 연결하는 방법에 관한 것이었으며, 이를 푸는 과정에서 그래프의 개념이 처음 등장했다. 오일러는 그래프를 사용하여 이 문제를 해결하였고, 이것이 그래프 이론의 시작점이 되었다.

▣ 최단 경로 문제 (1950년대)

그래프 이론은 20세기 중반에 컴퓨터 과학과 연관되어 빠르게 발전했다. 최단 경로 문제를 해결하기 위한 다익스트라(Dijkstra) 알고리즘과 벨만-포드(Bellman-Ford) 알고리즘이 개발되었으며, 이로써 그래프 이론은 컴퓨터 네트워크, 라우팅, 교통 최적화 등의 분야에서 큰 역할을 하게 되었다

▣ 트리(Trees)와 그래프 자료구조 (1960년대)

그래프 이론은 자료구조의 중요한 부분으로 자리 잡았다. 트리 구조, 힙(heap), 그래프 데이터 구조 등이 데이터 저장 및 검색에서 사용되며, 이러한 자료 구조는 알고리즘, 데이터베이스, 운영체제 등 다양한 분야에서 활용되고 있다.

▣ 소셜 네트워크 분석 (2000년대 이후)

인터넷과 소셜 미디어의 등장으로 그래프 이론은 소셜 네트워크 분석에 큰 역할을 하게 되었다 소셜 네트워크에서의 친구 관계, 정보 전파, 온라인 커뮤니티 분석 등을 통해 그래프 이론이 현대 사회와 컴퓨터 과학의 중요한 영역 중 하나로 자리 잡았다.

▣ 기계 학습과 인공 지능 (2000년대 이후)

그래프 이론은 기계 학습과 인공 지능 분야에서도 핵심적으로 사용된다. 그래프 신경망(Graph Neural Networks)과 같은 그래프 기반 모델들은 이미지 분석, 자연어 처리, 추천 시스템 등 다양한 응용 분야에서 활용되고 있다.

그래프는 실제 세계의 시스템과 추상적인 문제에 대한 해결을 위해 정말 다양한 응용 분야에서 사용되고 있다. 컴퓨터 및 통신 네트워크에서의 장치나 노드 간의 연결과 통신 경로를 모델링하고 분석하는 데 그래프가 사용되고 있다. 지도를 그래프로 표현하여 위치와 위치 간의 최단 경로를 계산하는 데 활용되고 있다. 당연히 이를 통해 네비게이션 및 경로 최적화에 활용되고 있다. 교통 네트워크나 공급망에서 물류 및 자원의 흐름과 용량을 모델링하는 데도 그래프가 사용되고 있다. 컴퓨터 프로그램의 상태와 전이를 그래프로 표현하여 알고리즘 분석 및 최적화에 활용되고 있다. 가족 계보, 기업 조직도, 군대 계층 구조, 과학적 분류체계 등 다양한 관계를 그래프로 모델링하여 분석하고 시각화하는 데도 사용된다.

2 용어

그래프 G = (V, E)는 정점의 집합(V)과 간선의 집합(E)으로 구성되며, E의 각 간선은 V의 두 정점 사이의 연결을 나타낸다. 정점의 수는 |V|로 나타내며, 간선의 수는 |E|로 나타낸다. |E|는 0에서 최대 $|V|^2$ - |V|까지 범위에 있을 수 있다. <그림 XII-1>의 그래프를 정점과 간선으로 표현하면 <표 XII-1>과 같다.

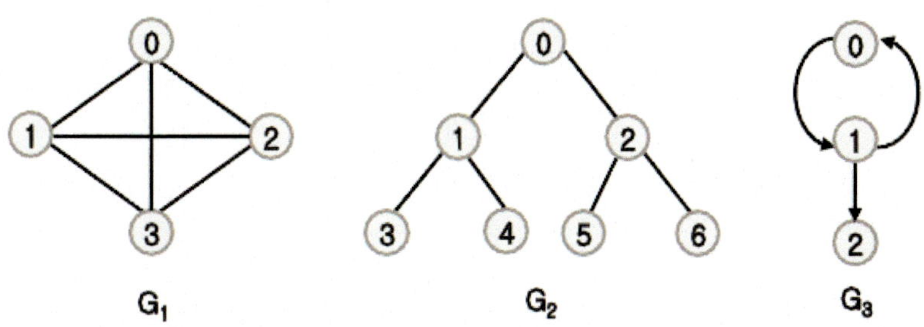

그림 XII-1 다양한 그래프들

표 XII-1 다양한 그래프들의 표현

그래프 G_1

$V(G_1) = \{0, 1, 2, 3\}$

$E(G_1) = \{(0,1), (0,2), (0,3), (1,2), (1,3), (2,3)\}$

그래프 G_2

$V(G_2) = \{0, 1, 2, 3, 4, 5, 6\}$

$E(G_2) = \{(0,1), (0,2), (1,3), (1,4), (2,5), (2,6)\}$

그래프 G_3

$V(G_3) = \{0, 1, 2\}$

$E(G_3) = \{<0,1>, <1,0>, <1,2>\}$

간선이 비교적 적은 그래프를 희소 그래프(sparse graph)라고 하고, 간선이 많은 그래프를 밀집 그래프(dense graph)라고 한다. 모든 가능한 간선을 포함하는 그래프는 완전 그래프(complete graph)라고 한다. 부분 그래프(subgraph)는 $V(G') \subseteq V(G)$ 이고 $E(G') \subseteq E(G)$ 그래프를 말한다.

<그림 XII-1>의 G_3와 같이 정점 간의 간선이 방향성을 가지는 그래프를 방향 그래프 또는 유향 그래프(directed graph 또는 digraph)라고 한다. <그림 XII-1>의 G_1, G_2와 같이 간선이 방향을 가지지 않는 그래프는 무방향 그래프(undirected graph)라고 한다. <그림 XII-1>에서 보여주듯이 정점에 레이블이 할당된 그래프를 레이블 그래프(labeled graph)라고 한다.

두 정점이 서로 연결된 경우 이들 정점은 인접한(adjacent) 정점이라고 한다. 이러한 정점들은 이웃(neighbors)이라고도 불린다. 정점에 들어오는 간선의 수를 인-디그리(in-degree(of vertex v))라고 하고 정점으로부터 나가는 간선의 수를 아웃-디그리(out-degree(of vertex v))라고 한다.

정점 U와 V를 연결하는 간선은 (U, V)로 표시되며, 이러한 간선은 정점 U와 V에 대해 부속(incident)된다고 말한다. 각 간선에는 비용 또는 가중치가 할당될 수 있다. <그림 XII-2>와 같이 간선에 가중치가 있는 그래프는 가중 그래프(weighted graph)라고 한다.

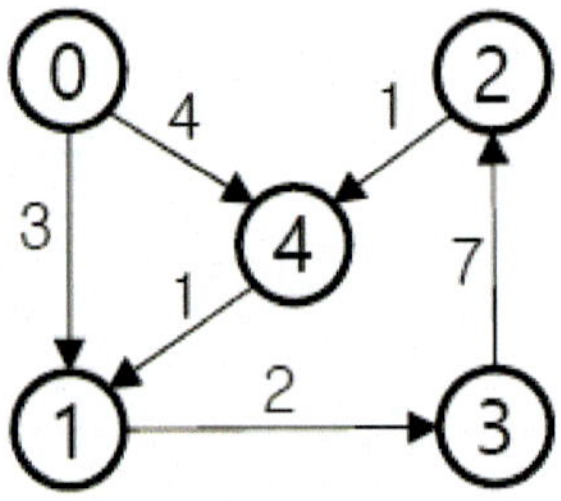

그림 XII-2 가중 그래프

정점의 순서 $v_1, v_2, \ldots, v_n$은 n - 1 길이의 경로(path)를 형성한다. 경로는 $1 \leq i < n$ 인 경우에 v_i에서 v_{i+1}로 가는 간선이 존재할 때 형성된다. 경로가 모든 정점이 서로 다른 경우 경로를 간단한 경로(simple path)라고 한다. 경로의 길이는 포함된 간선의 수다. 사이클(cycle)은 어떤 정점에서 자기 자신으로 가는 길이가 3 이상인 경로다. 사이클이 간단한 경우 경로는 처음과 마지막 정점을 제외하고 모든 정점이 서로 다른 경우를 나타낸다. <그림 XII-2>의 그래프에서 정점 0에서 정점 3까지 정점 0, 1 및 3을 포함한 간단한 경로가 있고, 또한 정점 0, 1, 3, 2, 4 및 1은 경로를 형성하지만, 정점 1이 두 번 나오므로 간단한 경로가 아니다. 정점 1, 3, 2, 4 및 1은 간단한 사이클을 형성한다.

무방향 그래프가 연결되어 있다는 것은 어떤 정점에서 다른 모든 정점까지 적어도 하나의 경로가 존재함을 의미한다. 무방향 그래프의 최대 연결 하위 그래프는 연결 요소(connected components)

라고 불린다. 예를 들어, <그림 XII-3>은 세 개의 연결 요소가 있는 무방향 그래프를 보여준다.

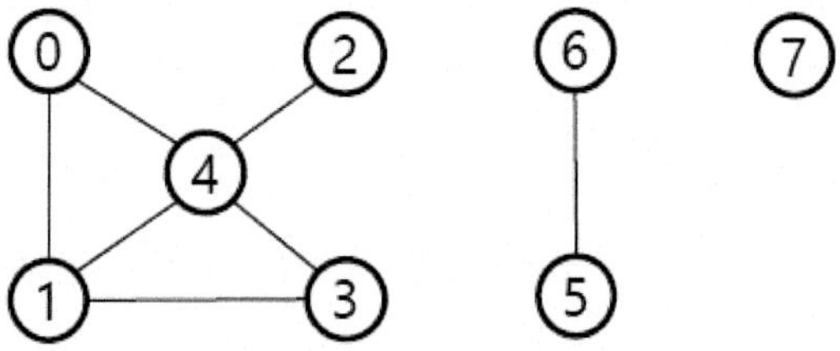

그림 XII-3 3개의 연결 요소가 있는 무방향 그래프

사이클이 없는 그래프를 비순환적(acyclic)이라고 한다. 따라서 사이클이 없는 방향 그래프는 방향 비순환 그래프 또는 DAG(Directed Acyclic Graph)라고 한다.

자유 트리(free tree)는 사이클이 없는 연결된 무방향 그래프로, 다른 정의로는 연결되어 있고 정점의 수에서 1을 뺀 |V| - 1개의 간선을 가지는 그래프이다.

그래프에도 제한 사항이 있다. 먼저 자신을 향하는 간선(자기 간선, self edge 또는 self loop)을 갖을 수 없다. 즉, 그래프는 자기 자신을 가리키는 간선을 가질 수 없다는 것이다. 즉, 한 정점에서 다시 자기 자신으로 돌아가는 간선은 허용되지 않는다. 이는 그래프의 구조를 단순하게 유지하고, 사이클이나 경로의 정의를 일관성 있게 유지하기 위한 것이다. 두 번째로 중복된 간선을 허용하지 않는다. 즉, 동일한 두 정점 사이에 여러 개의 동일한 간선이 존재할 수 없다. 이것은 그래프의 간선이 양방향인 경우에도 동일한 간선이 두 번 표시되지 않는다는 것을 의미한다. 중복 간선을 허용하지 않는 이러한 제한은 그래프의 정확성을 유지하고 예기치 않은 복잡성을 방지하기 위한 것이다.

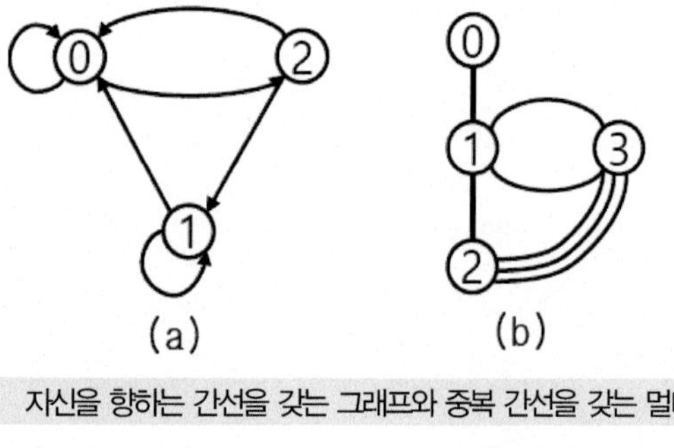

그림 XII-4 자신을 향하는 간선을 갖는 그래프와 중복 간선을 갖는 멀티그래프

3 그래프의 표현 방법

그래프를 표현하는 데 일반적으로 사용되는 두 가지 방법이 있다. 먼저 <그림 XII-5>에서 보여주듯이 인접 행렬(adjacency matrix)로 나타내는 것이다. 그래프의 인접 행렬은 $|V| \times |V|$ 크기의 배열로 표현된다. $|V| = n$이라고 가정하고 정점들이 v_0부터 v_{n-1}까지 레이블링되었다고 가정한다. 인접 행렬의 i번째 행은 정점 v_i에 대한 항목을 포함하며, i행의 j열이 표시되면 v_i에서 v_j로의 간선이 존재함을 나타내며, 그렇지 않으면 표시되지 않는다. 인접 행렬은 각 위치마다 한 비트를 필요로 한다. 반면에 각 간선에 숫자를 할당하려면 각 행렬 위치가 해당 숫자를 저장해야 한다. 어느 경우에도 인접 행렬의 공간 요구사항은 $O(|V|^2)$이다.

두 번째 일반적인 그래프 표현 방법은 인접 리스트(adjacency list)이다. 그 인접 리스트는 연결 리스트들의 배열이다. 그래프 G=(V,E)에 대해 $|V| = n(\geq 1)$ 일 때 그래프를 이차원 배열로 표현하는 데 adj_mat[i][j]는 (V_i, V_j)가 인접할 때 "1"로 그리고 인접하지 않을 때 "0"으로 나타낸다. 이 배열은 |V| 개의 항목을 가지며, i 위치에는 정점 vi의 간선 목록을 가리키는 포인터가 저장된다. 이 연결 리스트는 정점 v_i에 인접한 정점들로 간선을 표현한다. 인접 리스트는 결과적으로 트리에서 설명한 "자식 목록" 표현의 일반화된 형태다.

	0	1	2	3
0	0	1	1	1
1	1	0	1	1
2	1	1	0	1
3	1	1	1	0

	0	1	2
0	0	1	0
1	1	0	1
2	0	0	0

그림 XII-5 〈그림 XII-1〉의 G_1, G_3의 인접 행렬

인접 리스트의 저장 공간 요구사항은 그래프의 간선 수와 정점 수 모두에 의존한다. 각 정점마다 배열 항목이 있어야 하며 (정점이 다른 어떤 정점과도 인접하지 않아 연결된 간선이 없는 경우에도), 각 간선은 하나의 리스트에 나타나야 한다. 따라서 비용은 $O(|V| + |E|)$가 된다.

인접 행렬과 인접 리스트는 방향 그래프나 무방향 그래프 모두를 저장하는 데 사용할 수 있다. 무방향 그래프의 각 엣지는 정점 U와 V를 연결하는 두 개의 방향성 있는 엣지로 표현된다. U에서 V로의 엣지와 V에서 U로의 엣지 두 가지이다. <그림 XII-6>은 방향 그래프와 무방향 그래프의 인접 행렬과 인접 리스트의 사용을 보여준다.

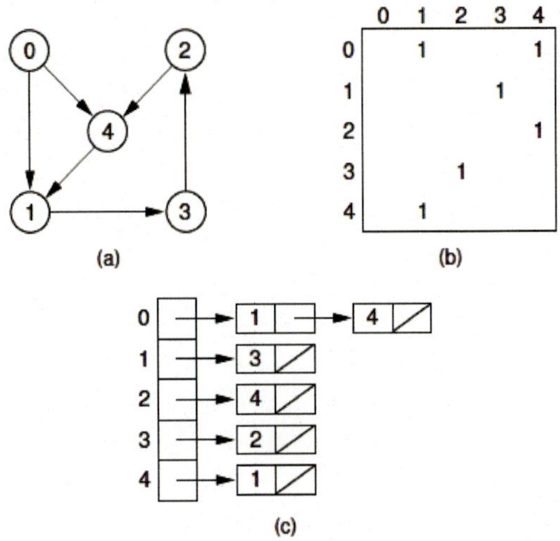

〈방향 그래프〉

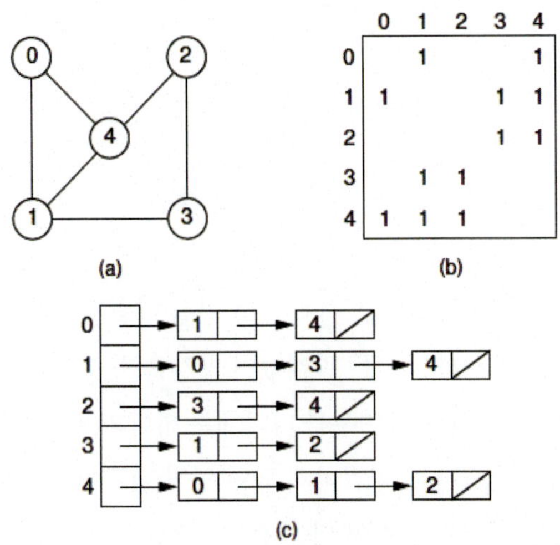

〈무방향 그래프〉

그림 XII-6 인접 행렬과 인접 리스트

<예 XII-1>은 그래프의 클래스를 보여준다. adjList_H[MAX_VERTEX]는 각 정점에 대한 인접 연결 리스트를 나타내는 배열이고 MAX_VERTEX는 그래프의 최대 정점 수를 나타내는 상수이다. 이 배열은 각 정점마다 해당 정점과 인접한 다른 정점들의 연결 리스트를 가리키는 참조를 저장한다. visited[MAX_VERTEX]는 방문한 정점을 표시하기 위한 배열이다. 이 배열은 그래프의 정점 수에 따라서 방문 여부를 나타내는 플래그와 같이 사용될 수 있다.

```
//정점의 정의
class GraphNode
{
    int vertex;         // 정점의 키값
    GraphNode link;     // 인접한 정점의 리스트
}

public class Graph
{
    final static int MAX_VERTEX = 100;
    // 그래프의 정의
    int n;                          // 그래프의 정점의 수

    // 각 정점에 대한 인접 연결 리스트
    GraphNode[] adjList_H = new GraphNode[MAX_VERTEX];

    int[] visited = new int[MAX_VERTEX];  // 방문한 정점
}
```

〈예 XII-1〉 그래프의 클래스

어떤 그래프 표현 방식이 더 공간 효율적인지는 그래프의 간선 수에 따라 달라진다. 인접 리스트는 그래프에 실제로 나타나는 간선에 대해서만 정보를 저장하므로, 간선이 실제 그래프에 나타나지 않는 경우에는 저장 공간을 사용하지 않는다. 반면 인접 행렬은 모든 가능한 간선에 대한 공간을 필요로 하며, 해당 간선이 존재하든 없든 관계없이 공간을 차지한다. 그러나 인접 행렬은 참조 오버헤드가 없으므로, 특히 간선의 존재 여부를 나타내는 하나의 비트만 저장되는 경우에는 상당한 비용을 절약할 수 있다. 그래프가 더 밀집하게 되면 인접 행렬이 상대적으로 더 공간 효율적이다. 희소 그래프의 경우 인접 리스트 표현이 더 공간 효율적일 가능성이 높다.

인접 행렬은 종종 알고리즘에 대한 점근적인 비용이 인접 리스트를 사용하는 경우에 비해 더 높을 수 있다. 그 이유는 그래프 알고리즘이 각 정점의 각 이웃을 방문하는 것이 일반적이기 때문이다. 인접 리스트를 사용하면 정점과 이웃 간의 실제 엣지만 확인하면 된다. 그러나 인접 행렬은 그것의 |V| 개의 잠재적 엣지 중 각각을 살펴봐야 하므로 알고리즘의 전체 비용은 $O(|V|^2)$이 된다. 이 때문에 알고리즘은 일반적으로 $O(|V|+|E|)$의 시간이 필요한 경우에도 $O(|V|^2)$의 시간이 필요할 수 있다. 이는 그래프가 희소한 경우에는 상당한 단점이지만, 그래프가 밀집한 경우에는 큰 문제가 되지 않는다.

예를 들어, <그림 XII-6>의 방향 그래프에 대한 인접 행렬의 크기는 $2 * |V|^2$ 바이트이다. 여기서 |V|는 정점의 수이다. |V| = 5로 가정하면 인접 행렬은 $2 * 5^2 = 50$ 바이트를 필요로 한다. 이에 반

해 <그림 XII-6>의 방향 그래프에 대한 인접 리스트는 각 정점마다 4 바이트(포인터)를 필요로 하며, 간선이 6개 있으므로 6 * 4 = 24 바이트를 필요로 한다. 또한 간선 가중치가 2 바이트씩 필요하므로 6 * 2 = 12 바이트를 추가로 필요로 한다. 따라서 인접 리스트는 4 * 5 (정점 수) + 6 * 4 (포인터) + 6 * 2 (가중치) = 56 바이트를 필요로 한다.

<그림 XII-6>의 무방향 그래프에 대한 인접 행렬의 크기는 방향 그래프와 동일하게 50 바이트이다. 무방향 그래프의 인접 리스트는 방향 그래프보다 간선의 수가 2배로 증가했으므로, 인접 리스트는 4 * 5 (정점 수) + 12 * 4 (포인터) + 12 * 2 (가중치) = 92 바이트를 필요로 한다.

요약하면, 간선의 수, 정점의 수, 그리고 데이터 요구사항에 따라 인접 행렬과 인접 리스트의 공간 요구사항이 달라진다. 일반적으로 희소한 그래프의 경우 인접 리스트가 공간 효율적일 수 있지만, 밀집한 그래프의 경우 인접 행렬이 공간 효율적일 수 있다.

4 그래프 순회(Graph Traversal)

하나의 정점에서 시작하여 그래프에 있는 모든 정점을 한 번씩 방문하는 것을 그래프 순회 또는 그래프 탐색(Graph Search)이라고 하고 트리 순회와 유사한 개념이다. 한가지 기억해야 할 것은 트리 순회가 모든 노드를 한 번씩 지정된 순서(preorder, inorder, postorder 등)대로 방문하는 것이라는 것이다. 여러 가지 트리 순회가 존재하는 이유는 다양한 애플리케이션에서 노드를 특정한 순서로 방문해야 하는 경우가 있기 때문이다. 예를 들어, 이진 탐색 트리의 노드를 오름차순으로 출력하려면 inorder 순회가 필요하다.

그래프의 경우에도 표준적인 순회 방법이 존재한다. 각각의 방법은 특정한 문제를 해결하기에 적합하게 설계되어 있다. 예를 들어, 인공 지능 프로그래밍에서는 많은 문제가 그래프를 사용하여 모델링된다. 문제 도메인은 여러 상태의 큰 집합으로 이루어져 있고, 상태 간에 연결이 있을 수 있다. 문제를 해결하기 위해서는 시작 상태에서 목표 상태까지 연결을 통해서만 상태를 이동하면서 특정한 순서로 그래프의 정점을 탐색해야 할 수 있다. 일반적으로 시작 상태와 목표 상태가 직접적으로 연결되어 있지 않다. 이러한 문제를 해결하기 위해서는 그래프의 정점을 어떤 체계적인 방법으로 탐색해야 한다.

그래프 순회 알고리즘은 일반적으로 시작 정점에서 시작하여 나머지 정점을 방문하는 것이다. 그래프 순회는 여러 가지 까다로운 경우를 다뤄야 한다. 첫째, 시작 정점에서 모든 정점에 도달하는 것이 불가능할 수 있다. 이는 그래프가 연결되지 않은 경우에 발생한다. 둘째, 그래프에는 사이클이 포함될 수 있으며, 이로 인해 알고리즘이 무한 루프에 빠지지 않도록 주의해야 한다.

그래프 순회 알고리즘은 이러한 두 가지 문제를 해결하기 위해 각 정점에 대한 방문(mark) 비트를 유지함으로써 동작한다. 알고리즘이 시작될 때 모든 정점에 대한 방문 비트는 초기화된다. 정점을 처음 방문할 때 해당 정점의 방문 비트가 설정된다. 방문 비트가 설정된 정점을 두 번째로 만나면 더 이상 방문하지 않는다. 이렇게 함으로써 그래프에 사이클이 있을 때 무한 루프에 빠지지 않도록 한다. 순회 알고리즘이 완료되면 방문 비트 배열을 확인하여 모든 정점이 처리되었는지 확인할 수 있다. 모든 정점이 방문되지 않았다면, 방문하지 않은 정점에서 순회를 계속할 수 있다. 이 프로세스는 그래프가 방향성이 있는지 또는 없는지와 관계없이 작동한다. 모든 정점을 방문하기 위해 <예 XII-2>에 보여주는 graphTraverse()를 사용하여, 모든 정점의 방문 비트를 초기화한 후, 각 정점에서 깊이우선탐색 함수나 너비우선탐색 함수를 호출한다.

```
public static void graphTraverse(Graph G)
{
    int i;
    for (i = 0; i < G.n; i++) {
        G.setMark(i, UNVISITED); // Clear mark bits for all vertices
    }
    for (i = 0; i < G.n; i++) {
        if (G.getMark(i) == UNVISITED) {
            dfs(G, i); // Perform depth-first or breadth-first traversal
        }
    }
}
```

〈예 XII-2〉 graphTraverse()와 방문 비트 표시

(1) 깊이 우선 탐색(DFS, Depth First Search)

조직화된 그래프 순회의 첫 번째 방법은 깊이 우선 탐색(DFS, Depth-First Search)이다. DFS는 그래프 순회 중에 정점 V가 방문될 때마다 V의 모든 방문하지 않은 이웃을 재귀적으로 방문한다. 또는 DFS는 v에서 나가는 모든 간선을 스택에 추가한다. 다음에 방문할 정점은 스택에서 팝하여 해당 간선을 따라가는 것으로 결정된다. 이 작업은 그래프에서 한 가지 가지를 끝까지 따라가고, 그런 다음 뒤로 돌아가 다른 가지를 따라가는 효과가 있다. DFS는 방향성이 있는 그래프나 방향성이 없는 그래프에 모두 적용할 수 있다. <표 XII-2>는 DFS 알고리즘을 보여준다.

표 XII-2 DFS 알고리즘

(1) 시작 정점 v를 결정하여 방문
(2) 정점 v에서 인접한 정점 중

① 방문하지 않은 정점 w가 있으면 정점 V를 스택에 push하고 w를 방문, w를 v로 하여 다시 (2)를 반복
② 방문하지 않은 정점이 없으면 스택을 pop하여 받은 가장 마지막 방문지점을 v로 설정한 뒤 다시 (2)를 수행
(3) 스택이 공백이 될 때까지 (2)를 반복

<그림 XII-7>은 DFS의 탐색 순서와 스택의 변화를 보여준다.

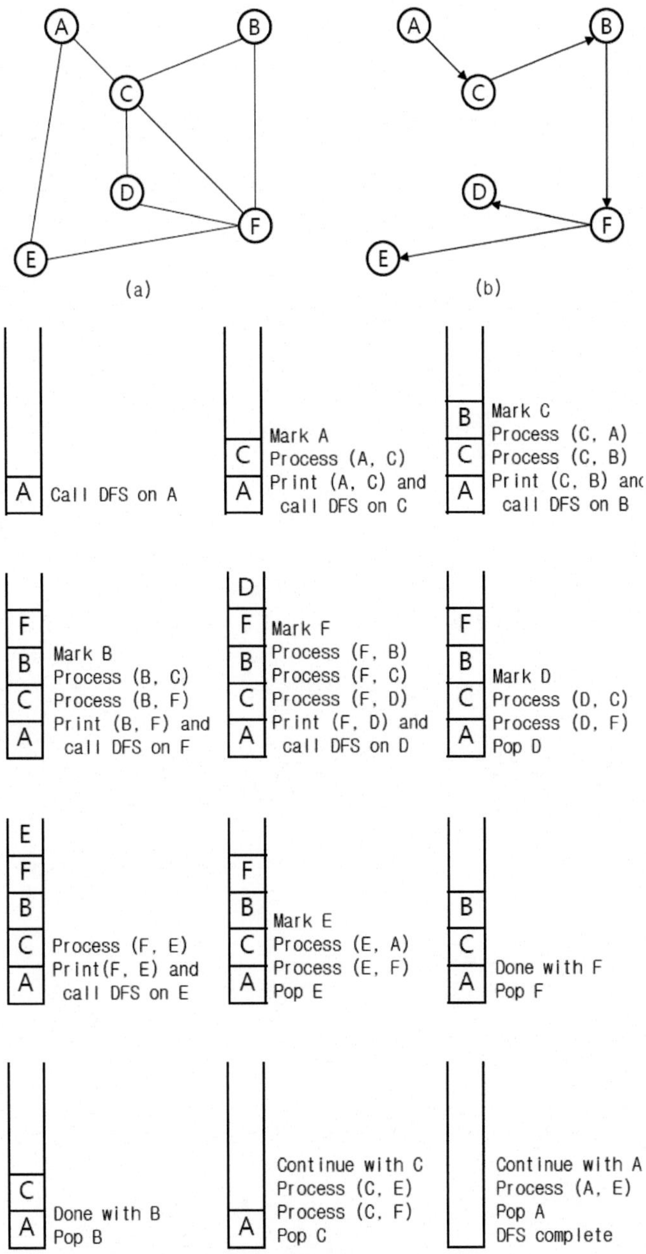

그림 XII-7 DFS의 탐색 순서와 스택의 변화

<예 XII-3>은 재귀호출로 구현한 dfs() 보여준다. visited[MAX_VERTEX]는 그래프의 정점들을 방문했는지 여부를 나타내는 배열로, 각 정점에 대한 방문 여부를 저장한다. UNVISITED는 방문하지 않았음을 나타내고, VISITED는 방문했음을 나타낸다. GraphNode는 그래프의 정점을 표현하는 클래스로, vertex는 정점의 값을 저장하고 link는 다음 연결된 정점을 가리킨다. adjListHead[]는 그래프의 정점들을 나타내는 배열로, 각 정점에서 시작하는 연결된 정점들을 연결 리스트 형태로 표현한다.

visited[v]를 VISITED로 설정하여 정점 v를 방문했음을 표시하고 현재 정점 v를 출력한다. adjListHead[v]를 순회하면서 연결된 정점들을 확인하는데, 만약 방문하지 않은 정점(visited[w.vertex] == UNVISITED)을 발견하면, 해당 정점을 방문하고 재귀적으로 dfs(w.vertex)를 호출하여 해당 정점에서 다시 깊이 우선 탐색을 수행한다.

```
//정점의 정의
class GraphNode
{
    int vertex;         // 정점의 키값
    GraphNode link;     // 인접한 정점의 리스트
}

public class Graph
{
    final static int MAX_VERTEX = 100;
    // 그래프의 정의
    int n;                          // 그래프의 정점의 수

    // 각 정점에 대한 인접 연결 리스트
    GraphNode[] adjList_H = new GraphNode[MAX_VERTEX];

    int [] visited = new int[MAX_VERTEX];  // 방문한 정점


    final static int UNVISITED = -1;
    final static int VISITED = 1;

    void dfs(int v)
    {
        // Depth-first search of a graph beginning at v
        GraphNode w;
        visited[v] = VISITED;
        System.out.printf("%5d", v);
        for (w = adjList_H[v]; w != null; w = w.link)
```

```
        {
            if (visited[w.vertex] == UNVISITED)
            {
                dfs(w.vertex);
            }
        }
    }
}
```

〈예 XII-3〉 재귀로 구현한 dfs()

<예 XII-4>는 연결 리스트를 사용한 DFS 예제 프로그램을, 그리고 <예 XII-5>는 배열을 사용한 DFS 예제 프로그램을 보여준다.

```
class GraphNode
{
    int vertex;
    GraphNode link;
}

class StackNode
{
    int data;
    StackNode link;
}

public class GraphDFS
{
    final static int MAX_VERTEX = 10;

    int n;
    GraphNode[] adjListHead = new GraphNode[MAX_VERTEX];
    boolean[] visited = new boolean[MAX_VERTEX];

    StackNode top;

    GraphDFS()
    {
        n = 0;
        for (int v = 0; v < MAX_VERTEX; v++)
        {
            visited[v] = false;
            adjListHead[v] = null;
        }
```

```
    }

    void push(int item)
    {
        StackNode temp = new StackNode();
        temp.data = item;
        temp.link = top;
        top = temp;
    }

    int pop()
    {
        int item;
        StackNode temp = top;
        if (top == null)
        {
            System.err.printf("\n\n Stack is empty !\n");
            return 0;
        }
        else
        {
            item = temp.data;
            top = temp.link;
            return item;
        }
    }



    void insertVertex(int v)
    {
        if ((n + 1) > MAX_VERTEX)
        {
            System.err.printf("\n 그래프 정점의 개수를 초과하였습니다!");
            return;
        }
        n++;
    }

    void insertEdge(int u, int v)
    {
        GraphNode node;
        if (u >= n || v >= n)
        {
            System.err.printf("\n 그래프에 없는 정점입니다!");
```

```
            return;
        }
        node = new GraphNode();
        node.vertex = v;
        node.link = adjListHead[u];
        adjListHead[u] = node;
    }

    void printAdjList()
    {
        int i;
        GraphNode p;
        for (i = 0; i < n; i++)
        {
            System.out.printf("\n\t\t정점%c의 인접리스트", i + 65);
            p = adjListHead[i];
            while (p != null)
            {
                System.out.printf(" -> %c", p.vertex + 65);
                p = p.link;
            }
        }
    }

    void dfsAdjList(int v)
    {
        GraphNode w;
        top = null;
        push(v);
        visited[v] = true;
        System.out.printf(" %c", v + 65);
        while (top != null)
        {
            v = top.data;
            w = adjListHead[v];
            while (w != null)
            {
                if (visited[w.vertex] == false)
                {
                    push(w.vertex);
                    visited[w.vertex] = true;
                    System.out.printf(" %c", w.vertex + 65);
                    break;
                }
                w = w.link;
```

```
                if (w == null){
                    pop();
                }
            }
        }
    }

    public static void main(String[] args)
    {
        int i;

        GraphDFS G = new GraphDFS();
        for (i = 0; i < 7; i++)
            G.insertVertex(i);
        G.insertEdge(0, 2);
        G.insertEdge(0, 1);
        G.insertEdge(1, 4);
        G.insertEdge(1, 3);
        G.insertEdge(1, 0);
        G.insertEdge(2, 4);
        G.insertEdge(2, 0);
        G.insertEdge(3, 6);
        G.insertEdge(3, 1);
        G.insertEdge(4, 6);
        G.insertEdge(4, 2);
        G.insertEdge(4, 1);
        G.insertEdge(5, 6);
        G.insertEdge(6, 5);
        G.insertEdge(6, 4);
        G.insertEdge(6, 3);
        System.out.printf("\n G의 인접 리스트 ");
        G.printAdjList();
        System.out.printf("\n\n///////////////\n\n깊이우선탐색 >> ");
        G.dfsAdjList(0);
        System.out.println("");
    }
}
```

실행결과

```
G의 인접 리스트
        정점A의 인접리스트 -> B -> C
        정점B의 인접리스트 -> A -> D -> E
        정점C의 인접리스트 -> A -> E
```

```
        정점D의 인접리스트 -> B -> G
        정점E의 인접리스트 -> B -> C -> G
        정점F의 인접리스트 -> G
        정점G의 인접리스트 -> D -> E -> F

///////////////

깊이우선탐색 >>  A B D G E C F
```

〈예 XII-4〉 연결 리스트를 이용한 DFS 예제 프로그램

<예 XII-5>는 배열을 이용한 DFS 예제 프로그램을 보여준다.

```
class GraphNode
{
    int vertex;
    boolean visited;
}

public class GraphDFSArray
{
    final static int MAX_VERTEX = 10;

    int n;
    GraphNode[] nodes = new GraphNode[MAX_VERTEX];
    int[][] adjMatrix = new int[MAX_VERTEX][MAX_VERTEX];

    int[] data = new int[MAX_VERTEX];
    int top = -1;

    GraphDFSArray()
    {
        n = 0;
        for (int i = 0; i < MAX_VERTEX; i++)
        {
            nodes[i] = new GraphNode();
            nodes[i].visited = false;
            for (int j = 0; j < MAX_VERTEX; j++) {
                adjMatrix[i][j] = 0;
            }
        }
    }

    void push(int item)
```

```
{
    if (top < MAX_VERTEX - 1) {
        data[++(top)] = item;
    }
}

int pop()
{
    if (top >= 0) {
        return data[(top)--];
    }
    return -1; // Stack is empty
}



void insertVertex(int v)
{
    if (n < MAX_VERTEX) {
        nodes[n].vertex = v;
        n++;
    }
}

void insertEdge(int u, int v)
{
    if (u >= 0 && u < n && v >= 0 && v < n) {
        adjMatrix[u][v] = 1;
    }
}

void printAdjMatrix()
{
    int i, j;
    for (i = 0; i < n; i++) {
        System.out.printf("\n\t\t정점 %c의 인접 행렬: ", i + 'A');
        for (j = 0; j < n; j++) {
            System.out.printf("%d ", adjMatrix[i][j]);
        }
    }
    System.out.printf("\n");
}

void dfsAdjMatrix(int v)
{
```

```
        top = -1;
        push(v);
        nodes[v].visited = true;
        System.out.printf(" %c", v + 'A');
        while (top != -1) {
            int w = -1;
            int i;
            v = data[top];
            for (i = 0; i < n; i++) {
                if (adjMatrix[v][i] != 0 && !nodes[i].visited) {
                    w = i;
                    break;
                }
            }
            if (w == -1) {
                pop();
            } else {
                push(w);
                nodes[w].visited = true;
                System.out.printf(" %c", w + 'A');
            }
        }
    }

    public static void main(String[] args)
    {
        int i;

        GraphDFSArray G = new GraphDFSArray();
        for (i = 0; i < 7; i++)
            G.insertVertex(i);
        G.insertEdge(0, 2);
        G.insertEdge(0, 1);
        G.insertEdge(1, 4);
        G.insertEdge(1, 3);
        G.insertEdge(1, 0);
        G.insertEdge(2, 4);
        G.insertEdge(2, 0);
        G.insertEdge(3, 6);
        G.insertEdge(3, 1);
        G.insertEdge(4, 6);
        G.insertEdge(4, 2);
        G.insertEdge(4, 1);
        G.insertEdge(5, 6);
        G.insertEdge(6, 5);
```

```
        G.insertEdge(6, 4);
        G.insertEdge(6, 3);
        System.out.printf("\n G의 인접 행렬 ");
        G.printAdjMatrix();
        System.out.printf("\n\n///////////////\n\n깊이우선탐색 >> ");
        G.dfsAdjMatrix(0);
        System.out.println("");
    }
}
```

▶ 실행결과

```
G의 인접 행렬
        정점 A의 인접 행렬: 0 1 1 0 0 0 0
        정점 B의 인접 행렬: 1 0 0 1 1 0 0
        정점 C의 인접 행렬: 1 0 0 0 1 0 0
        정점 D의 인접 행렬: 0 1 0 0 0 0 1
        정점 E의 인접 행렬: 0 1 1 0 0 0 1
        정점 F의 인접 행렬: 0 0 0 0 0 0 1
        정점 G의 인접 행렬: 0 0 0 1 1 1 0

///////////////

깊이우선탐색 >>  A B D G E C F
```

〈예 XII-5〉 배열을 이용한 DFS 예제 프로그램

(2) 너비 우선 탐색(BFS, Breadth First Search)

BFS는 시작 정점에서 먼저 연결된 모든 정점을 탐색한 다음 더 멀리 떨어진 정점을 방문한다. BFS는 DFS와 유사하게 구현되지만 재귀 스택 대신 큐를 사용한다. 그래프가 트리이고 시작 정점이 루트에 있는 경우 BFS는 위에서 아래로 레벨 단위로 정점을 방문하는 것과 동등하다. <표 XII-3>은 BFS 알고리즘을 보여준다. 그리고 <그림 XII-8>은 BFS의 탐색 순서와 큐의 변화를 보여준다.

표 XII-3 BFS 알고리즘

(1) 시작 정점 V를 결정하여 방문
(2) 정점 V에 인접한 정점들 중에서 방문하지 않은 정점을 차례로 방문하면서 큐에 enQueue
(3) 방문하지 않은 인접한 정점이 없으면 방문했던 정점에서 인접한 정점들을 다시 차례로 방문하기 위해 큐에서 deQueue하여 (2)를 반복
(4) 큐가 공백이 될 때까지 (2)~(3)을 반복

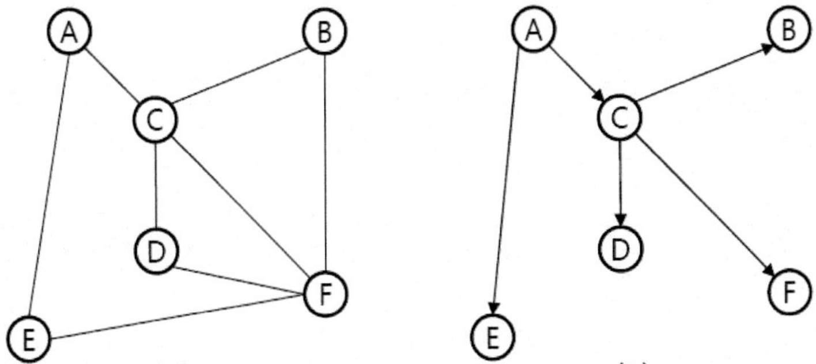

(a) (b)

A			

```
Initial call to BFS on A.
Mark A and put on the queue.
```

C	E		

```
Dequeue A.
Process (A,C).
Mark and enqueue C. Print (A,C)
Process (A,E).
Mark and enqueue E. Print (A,E).
```

E	B	D	F

```
Dequeue C.
Process (C,A). Ignore.
Process (C,B).
Mark and enqueue B. Print (C,B).
Process (C,D).
Mark and enqueue D. Print (C,D).
Process (C,F).
Mark and enqueue F. Print (C,F).
```

B	D	F	

```
Dequeue E.
Process (E,A). Ignore.
Process (E,F). Ignore.
```

D	F		

```
Dequeue B.
Process (B,C). Ignore.
Process (B,F). Ignore.
```

F			

```
Dequeue D.
Process (D,C). Ignore.
Process (D,F). Ignore.
```


```
Dequeue F.
Process (F,B). Ignore.
Process (F,C). Ignore.
Process (F,D). Ignore.
BFS is complete.
```

그림 XII-8 BFS의 탐색 순서와 스택의 변화

<예 XII-6>과 <예 XII-7>은 각각 연결 리스트로 구현한 bfs()와 배열로 구현한 bfs()를 보여준다. visited[];는 방문한 정점을 표시하는 배열로, MAX_VERTICES만큼의 정점을 나타낸다. visited 배열의 각 원소는 해당 정점을 방문한 경우 true로 표시되며, 방문하지 않은 경우 false로 표시된다. front;와 rear;는 큐의 front와 rear를 나타내는 변수이다.

```
void bfs(int startVertex)
{
    GraphNode temp;
    front = rear = null;
    visited[startVertex] = true;
    enQueue(startVertex);
    while (!isEmptyQ()) {
        int currentVertex = deQueue();
        System.out.printf("%c ", currentVertex + 65);
        temp = adjLists[currentVertex];
        while (temp != null) {
            int adjVertex = temp.vertex;
            if (visited[adjVertex] == false) {
                visited[adjVertex] = true;
                enQueue(adjVertex);
            }
            temp = temp.next;
        }
    }
}
```

〈예 XII-6〉 연결 리스트를 사용한 bfs()

```
void bfs(int start, int n) throws Exception
{
    int i, v;
    enQueue(start); // 시작 정점을 큐에 추가
    visited[start] = true; // 시작 정점을 방문했음을 표시
    while (front != -1) {
        v = deQueue(); // 큐에서 정점을 꺼냄
        System.out.printf("%c ", v + 65); // 정점 출력
        for (i = 0; i < n; i++) {
            // 정점 v와 연결된 정점들을 찾아 큐에 추가하고 방문 표시
            if (graph[v][i] == 1 && !visited[i]) {
                enQueue(i);
                visited[i] = true;
            }
        }
    }
}
```

〈예 XII-7〉 배열을 사용한 bfs()

<예 XII-8>은 배열을 이용한 BFS 예제 프로그램을 그리고 <예 XII-9>는 연결 리스트를 이용한

BFS 예제 프로그램을 보여준다.

```
public class GraphBFSArray
{
    final static int MAX_VERTICES = 7;

    int[][] graph = new int[MAX_VERTICES][MAX_VERTICES]; // 인접 행렬로 그래프 표현
    boolean[] visited = new boolean[MAX_VERTICES];
    int[] queue = new int[MAX_VERTICES];
    int front = -1, rear = -1;

    void enQueue(int item) throws Exception
    {
        if (rear == MAX_VERTICES - 1) {
            throw new Exception("Queue is full");
        }
        if (front == -1)
            front = 0;
        queue[++rear] = item;
    }

    int deQueue()  throws Exception
    {
        if (front == -1) {
            throw new Exception("Queue is empty\n");
        }
        int item = queue[front];
        if (front == rear)
            front = rear = -1;
        else
            front++;
        return item;
    }

    void printAdjMatrix() {
        int i, j;
        for (i = 0; i < MAX_VERTICES; i++) {
            System.out.printf("\n\t\t정점 %c의 인접 행렬: ", i + 'A');
            for (j = 0; j < MAX_VERTICES; j++) {
                System.out.printf("%d ", graph[i][j]);
            }
        }
        System.out.printf("\n");
    }
```

```
    void bfs(int start, int n) throws Exception
    {
        int i, v;
        enQueue(start); // 시작 정점을 큐에 추가
        visited[start] = true; // 시작 정점을 방문했음을 표시
        while (front != -1) {
            v = deQueue(); // 큐에서 정점을 꺼냄
            System.out.printf("%c ", v + 65); // 정점 출력
            for (i = 0; i < n; i++) {
                // 정점 v와 연결된 정점들을 찾아 큐에 추가하고 방문 표시
                if (graph[v][i] == 1 && !visited[i]) {
                    enQueue(i);
                    visited[i] = true;
                }
            }
        }
    }

    void initTestGraph() {
        graph[0][1] = graph[1][0] = 1;
        graph[0][2] = graph[2][0] = 1;
        graph[1][3] = graph[3][1] = 1;
        graph[1][4] = graph[4][1] = 1;
        graph[2][5] = graph[5][2] = 1;
        graph[2][6] = graph[6][2] = 1;
    }

    public static void main(String[] args) throws Exception
    {
        int n, start;
        GraphBFSArray G = new GraphBFSArray();
        G.initTestGraph();

        System.out.printf("\n G의 인접 행렬 ");
        G.printAdjMatrix();
        System.out.printf("\n\n///////////////\n\n너비우선탐색 >> ");
        G.bfs(0, MAX_VERTICES);
        System.out.printf("\n");
    }
}
```

▶ 실행결과

```
G의 인접 행렬
        정점 A의 인접 행렬: 0 1 1 0 0 0 0
```

```
	정점 B의 인접 행렬: 1 0 0 1 1 0 0
	정점 C의 인접 행렬: 1 0 0 0 0 1 1
	정점 D의 인접 행렬: 0 1 0 0 0 0 0
	정점 E의 인접 행렬: 0 1 0 0 0 0 0
	정점 F의 인접 행렬: 0 0 1 0 0 0 0
	정점 G의 인접 행렬: 0 0 1 0 0 0 0


//////////////

너비우선탐색 >> A B C D E F G
```

〈예 XII-8〉 배열을 이용한 BFS 예제 프로그램

```
class Node
{
    int data;
    Node next;
}

class GraphNode
{
    int vertex;
    GraphNode next;
}

public class GraphBFS
{
    final static int MAX_VERTICES = 7;

    Node front = null, rear = null;

    int numVertices;
    GraphNode[] adjLists = new GraphNode[MAX_VERTICES];
    boolean[] visited = new boolean[MAX_VERTICES];

    GraphBFS()
    {
        numVertices = MAX_VERTICES;
        for (int i = 0; i < numVertices; i++) {
            adjLists[i] = null;
            visited[i] = false;
        }
```

```
    }

    boolean isEmptyQ()
    {
        return front == null;
    }

    void enQueue(int data)
    {
        Node newNode = new Node();
        newNode.data = data;
        newNode.next = null;
        if (isEmptyQ()) {
            front = newNode;
            rear = newNode;
        } else {
            rear.next = newNode;
            rear = newNode;
        }
    }

    int deQueue()
    {
        if (isEmptyQ()) {
            System.err.println("Queue is empty!");
            return -1;
        }
        int data = front.data;
        Node temp = front;
        front = front.next;
        return data;
    }

    void addEdge(int src, int dest)
    {
        GraphNode newNode = new GraphNode();
        newNode.vertex = dest;
        newNode.next = adjLists[src];
        adjLists[src] = newNode;
    }

    void printAdjList()
    {
        int i;
        GraphNode p;
```

```
        for (i = 0; i < numVertices; i++)
        {
            System.out.printf("\n\t\t정점%c의 인접리스트", i + 65);
            p = adjLists[i];
            while (p != null)
            {
                System.out.printf(" -> %c", p.vertex + 65);
                p = p.next;
            }
        }
    }

    void bfs(int startVertex)
    {
        GraphNode temp;
        front = rear = null;
        visited[startVertex] = true;
        enQueue(startVertex);
        while (!isEmptyQ()) {
            int currentVertex = deQueue();
            System.out.printf("%c ", currentVertex + 65);
            temp = adjLists[currentVertex];
            while (temp != null) {
                int adjVertex = temp.vertex;
                if (visited[adjVertex] == false) {
                    visited[adjVertex] = true;
                    enQueue(adjVertex);
                }
                temp = temp.next;
            }
        }
    }

    public static void main(String[] args)
    {
        GraphBFS g = new GraphBFS(); // Create a graph with 7 vertices
        // Add edges to the graph
        g.addEdge(0, 2);
        g.addEdge(0, 1);
        g.addEdge(1, 4);
        g.addEdge(1, 3);
        g.addEdge(1, 0);
        g.addEdge(2, 6);
        g.addEdge(2, 5);
        g.addEdge(2, 0);
```

```
        g.addEdge(3, 1);
        g.addEdge(4, 1);
        g.addEdge(5, 2);
        g.addEdge(6, 2);
        System.out.printf("\n G의 인접 리스트 ");
        g.printAdjList();
        System.out.printf("\n\n///////////////\n\n너비우선탐색 >> ");
        g.bfs(0);
        System.out.printf("\n");
    }
}
```

실행결과

```
G의 인접 리스트
        정점A의 인접리스트 -> B -> C
        정점B의 인접리스트 -> A -> D -> E
        정점C의 인접리스트 -> A -> F -> G
        정점D의 인접리스트 -> B
        정점E의 인접리스트 -> B
        정점F의 인접리스트 -> C
        정점G의 인접리스트 -> C

///////////////

너비우선탐색 >> A B C D E F G
```

〈예 XII-9〉 연결리스트를 이용한 BFS 예제 프로그램

5 최단 경로 알고리즘(Shortest Path Algorithm)

지도에서 도시를 연결하는 도로들은 그래프로 모델링할 수 있으며, 간선은 실수로 레이블을 지정할 수 있다. 레이블로 지정된 실수들은 두 정점 사이의 거리(또는 여행 시간)를 나타낸다. 이러한 레이블은 응용 프로그램에 따라 가중치, 비용 또는 거리라고 불린다. 가중치가 주어진 그래프가 주어지면 일반적인 문제는 두 지정된 정점 사이의 최단 경로의 총 길이를 찾는 것이다. 그러나 이것은 간단한 문제가 아니다. 왜냐하면 최단 경로가 두 정점을 연결하는 간선 (있는 경우)을 따라야 하는 것이 아니라 하나 이상의 중간 정점을 포함하는 경로 일 수 있기 때문이다.

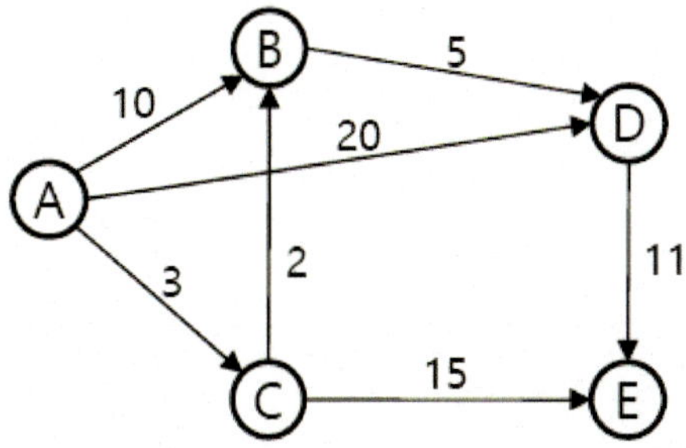

그림 XII-9 경로와 가중치

예를 들어 <그림 XII-9> 에서 A에서 B로 D로 가는 경로의 비용은 15이다. A에서 D로 바로 이어지는 간선의 비용은 20이다. A에서 C로 이어지고 B를 거쳐 D로 가는 경로의 비용은 10이다. 따라서 A에서 D로 가는 최단 경로는 10이다. (A에서 D로 직접 연결된 간선이 아님). d(A, D) = 10으로 표시하여 A에서 D로의 최단 거리가 10임을 나타낸다. 그러나 E에서 B로 가는 경로가 없으므로 d(E, B) = ∞로 설정한다. (A, D) 간선의 가중치는 w(A, D) = 20으로 정의한다. 그래프가 방향 그래프이므로 w(D, A) = ∞로 가정한다. 모든 가중치가 양수임을 가정한다.

최단 경로 알고리즘은 다양한 응용 분야에서 사용되며, 길 찾기, 네트워크 라우팅, 게임 경로 탐색 및 교통 분석과 같은 다양한 분야에서 중요한 역할을 한다. 다양한 종류의 최단 경로 알고리즘이 개발되었으며, 각각의 알고리즘은 특정 상황에 적합하다. 일반적으로 사용되는 몇 가지 최단 경로 알고리즘에는 다익스트라 알고리즘 (Dijkstra's Algorithm), 벨만-포드 알고리즘 (Bellman-Ford Algorithm), 플로이드-와샬 알고리즘 (Floyd-Warshall Algorithm), 변량 최단 경로 알고리즘 (Multimodal Shortest Path Algorithms), 양방향 탐색 (Bidirectional Search) 등이 있다.

(1) Dijikstra(다익스트라)의 최단 경로 알고리즘

다익스트라의 최단 경로 알고리즘은 네트워크에서 하나의 시작 정점으로부터 모든 다른 정점까지의 최단 경로를 찾는 알고리즘이다. <표 XII-4>에 다익스트라의 최단 경로 알고리즘을 보여준다.

표 XII-4 다익스트라의 최단 경로 알고리즘

(1) 출발 노드를 설정하고, 최단 거리 테이블을 초기화한다.
(2) 방문하지 않은 노드 중 최단 거리가 가장 짧은 노드를 선택한다.
(3) 해당 노드를 거쳐 다른 노드로 가는 비용을 계산하여 최단 거리 테이블을 갱신한다.
(4) 현재 테이블의 최단 거리보다, 해당 노드를 거쳐 가는 비용이 작으면 작은 경로로 교체한다.
(5) 위 (3)~(4)의 과정을 반복한다.

다익스트라의 최단 경로 알고리즘에서 시작 정점 v로부터의 최단경로가 이미 발견된 정점들의 집합을 S라고 하고, 최단 경로를 알려진 정점만을 통하여 각 정점까지 가는 최단 경로의 길이로 만든 배열을 거리(distance) 배열이라고 한다. <그림 XII-10>에서 보여주듯이 한 정점에서 다른 정점으로의 최단 거리를 찾을 때 각 정점까지의 거리를 distance[w]=min(distance[w], distance[u]+weight[u][w])를 적용하고, 매 단계에서 가장 거리 값이 적은 정점을 집합 S에 포함시킨다.

예를 들어 <그림 XII-11>과 같이 8개의 노드가 있는 그래프가 있을 때 0번 노드에서 출발하는 경우 최단거리 테이블 distance[]는 1차원 배열로, x번 노드까지 오는 데 필요한 거리를 기록한다.

처음에는 0번노드에서 자기 자신의 거리는 0이고, 나머지는 ∞값으로 초기화한다. 집합 S에 0을 포함시킨다. 그리고 출발 노드인 0번 노드에서 갈 수 있는 다른 노드들(1번, 4번, 5번 노드)의 거리를 계산하여 distance[]를 갱신한다. ∞값 작으므로 7, 3, 10로 각각 갱신된다. 0번 노드에서 4번 노드로 가는 거리가 가장 짧기 때문에 집합 S에 4를 포함시킨다. 그리고 4번 노드에서 갈 수 있는 다른 노드들 (1번, 3번, 6번 노드)의 거리를 계산하여 갱신한다. 4번 노드에서1번 노드로 가는 거리가 가장 짧기 때문에 집합 S에 1를 포함시킨다. 여기서 주의할 점은 4번 노드에 의해 1번 노드의 최단거리가 7에서 5로 갱신된다는 것이다. distance[w]=min(distance[w], distance[u]+weight[u][w])를 적용한 것이다. 이러한 과정을 최종적으로 S={0,4,1,6,2,5}가 되고 distance[]={0, 5, 9, 11, 3. 10, 8}가 된다.

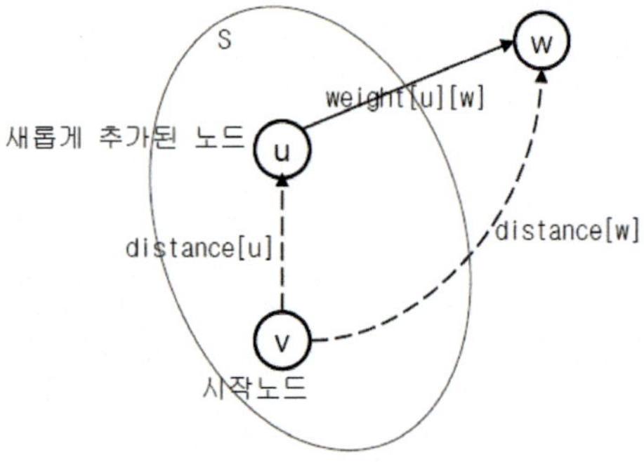

그림 XII-10 다익스트라의 최단 경로 distance[]와 집합 S

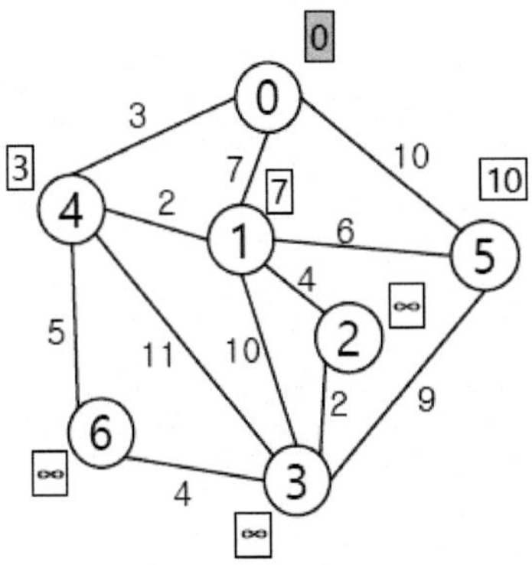

S={0}

	0	1	2	3	4	5	6
distance[]=	0	7	∞	∞	3	10	∞

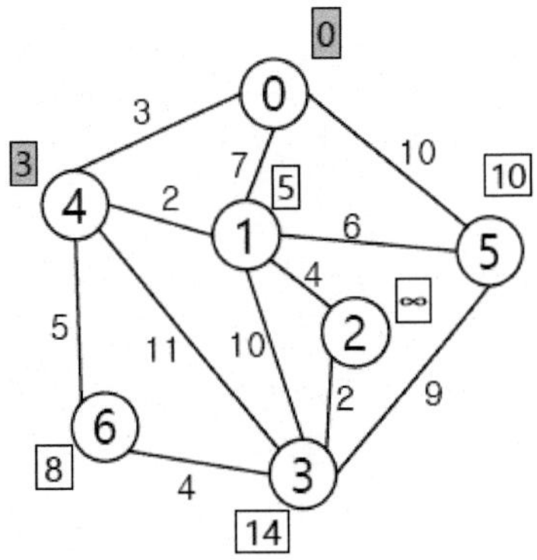

S={0,4}

	0	1	2	3	4	5	6
distance[]=	0	5	∞	14	3	10	8

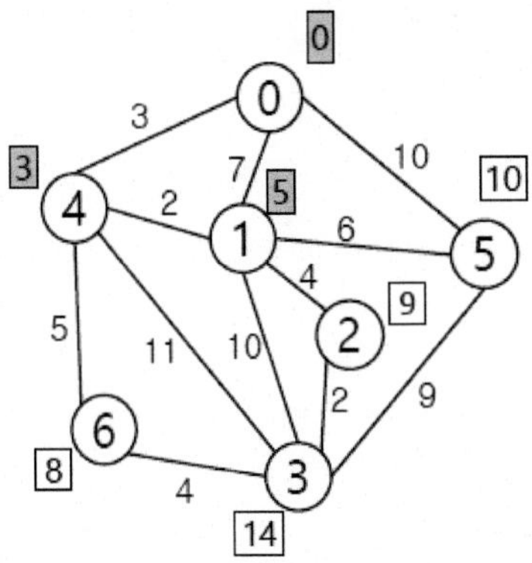

S={0,4,1}

	0	1	2	3	4	5	6
distance[]=	0	5	9	14	3	10	8

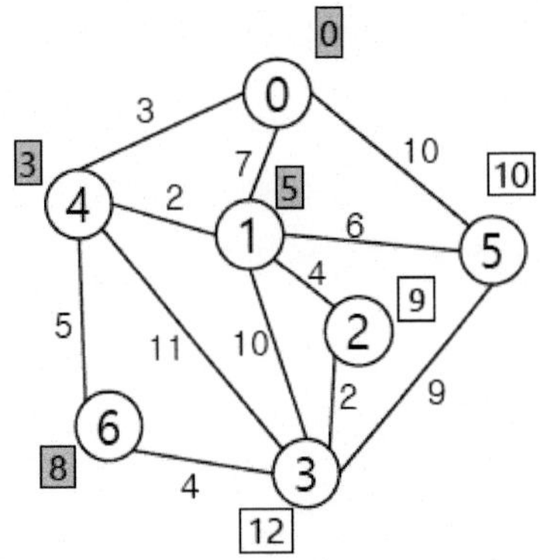

S={0,4,1,6}

	0	1	2	3	4	5	6
distance[]=	0	5	9	12	3	10	8

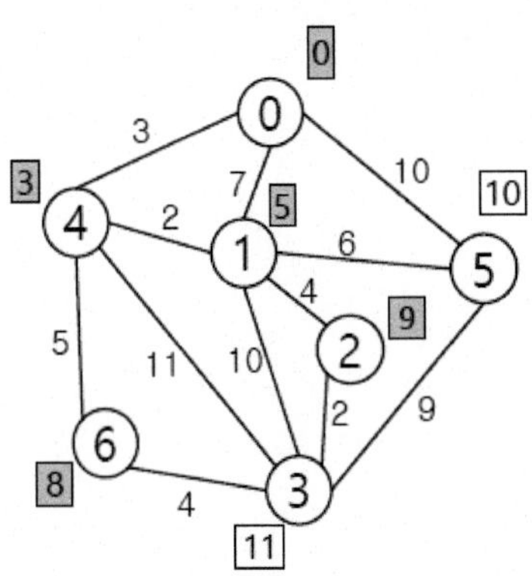

S={0,4,1,6,2}

	0	1	2	3	4	5	6
distance[]=	0	5	9	11	3	10	8

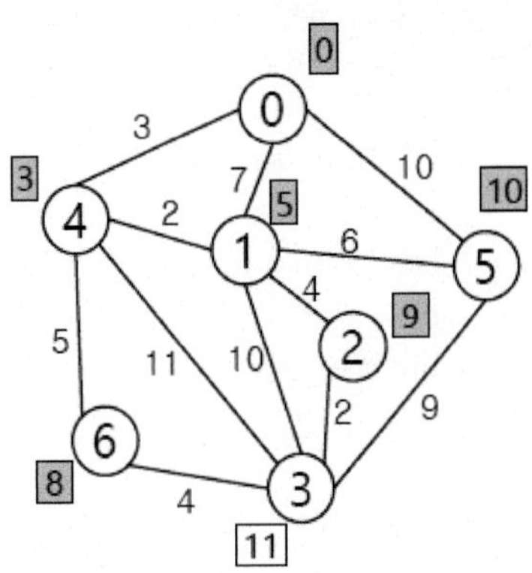

S={0,4,1,6,2,5}

	0	1	2	3	4	5	6
distance[]=	0	5	9	11	3	10	8

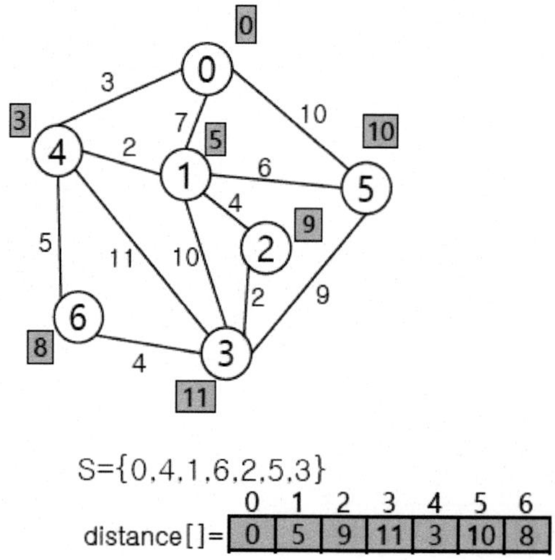

그림 XII-11 다익스트라의 최단 경로를 찾는 과정

<예 XII-10>은 다익스트라의 최단 경로를 이용하여 시작 정점에서 다른 모든 정점까지의 최단 경로와 거리를 출력하는 예제 프로그램을 보여준다. 실행 결과는 시작 정점 0에서 각 정점까지의 최단 거리를 나타낸다.

```
public class Dijkstra
{
    final static int V = 6;
    final static int INT_MAX = Integer.MAX_VALUE;


    // 최소 거리를 찾기 위한 보조 함수
    public static int minDistance(int[] dist, int[] sptSet)
    {
        int min = INT_MAX, min_index = 0;
        for (int v = 0; v < V; v++) {
            if (sptSet[v] == 0&& dist[v] < min) {
                min = dist[v];
                min_index = v;
            }
        }
        return min_index;
    }

    // 최단 경로를 출력하는 함수
    public static void printSolution(int[] dist)
    {
```

```
        System.out.printf("정점\t거리\n");
        for (int i = 0; i < V; i++) {
            System.out.printf("%d\t%d\n", i, dist[i]);
        }
    }

    // 다익스트라 알고리즘
    public static void dijkstra(int[][] graph, int src)
    {
        int[] dist = new int[V];    // 최단 거리를 저장하기 위한 배열
        int[] sptSet = new int[V];  // 최단 경로에 포함된 정점을 표시하기 위한 배열
        // dist 배열 초기화
        for (int i = 0; i < V; i++) {
            dist[i] = INT_MAX;
            sptSet[i] = 0;
        }
        // 시작 정점의 거리는 항상 0
        dist[src] = 0;
        // 모든 정점을 처리
        for (int count = 0; count < V - 1; count++) {
            int u = minDistance(dist, sptSet);
            // 현재 선택한 정점을 최단 경로 집합에 포함
            sptSet[u] = 1;
            // u를 거쳐 가는 경로가 더 짧으면 업데이트
            for (int v = 0; v < V; v++) {
                if (sptSet[v] == 0 && graph[u][v] != 0 && dist[u] != INT_MAX && dist[u] +
graph[u][v] < dist[v]) {
                    dist[v] = dist[u] + graph[u][v];
                }
            }
        }
        // 최단 경로 출력
        printSolution(dist);
    }
    public static void main(String[] args)
    {
        int[][] graph = {{0, 4, 0, 0, 0, 0},
                         {4, 0, 8, 0, 0, 0},
                         {0, 8, 0, 7, 0, 4},
                         {0, 0, 7, 0, 9, 14},
                         {0, 0, 0, 9, 0, 10},
                         {0, 0, 4, 14, 10, 0}};
        dijkstra(graph, 0);
    }
}
```

▶ 실행결과

```
정점 거리
0  0
1  4
2  12
3  19
4  26
5  16
```

〈예 XII-10〉 다익스트라의 최단 경로 예제 프로그램

(2) Bellman-Ford(벨만-포드)의 최단 경로 알고리즘

벨만-포드의 최단 경로 알고리즘은 다익스트라의 최단 경로 알고리즘과 달리 간선의 가중치가 양수, 음수, 또는 0인 그래프에서도 사용할 수 있다는 장점이 있으나, 실행 시간이 더 오래 걸릴 수 있다는 단점이 있다. 다익스트라 알고리즘과 똑같이 출발 노드를 설정하고, 최단 거리 테이블을 초기화 한 후 노드를 한번 씩 방문한다. 다만, 노드를 방문할 때 다익스트라 알고리즘은 해당 노드에 붙어있는 간선만 확인하는데 비해 벨만 포드는 전체 간선을 방문한다. 여기서 전체 간선을 방문하기에 음수 가중치가 포함되어 있으면 해당 가중치를 사용하여 최단 거리 테이블을 갱신할 수가 있다.

<표 XII-5>는 벨만-포드의 최단 경로 알고리즘을 보여준다.

표 XII-5 벨만-포드의 최단 경로 알고리즘

- 출발 노드를 설정하고, 최단 거리 테이블을 초기화한다.
- 다음의 과정을 V-1번(노드의 개수 만큼 = 모든 노드) 반복한다.
  - 전체 간선 E개를 하나씩 확인한다.
  - 각 간선을 거쳐 다른 노드로 가는 비용을 계산하여 최단 거리 테이블을 갱신한다.
- 전체 간선에서 음수 가중치가 있으면 해당 가중치를 이용하여 최단 거리 테이블을 갱신한다.

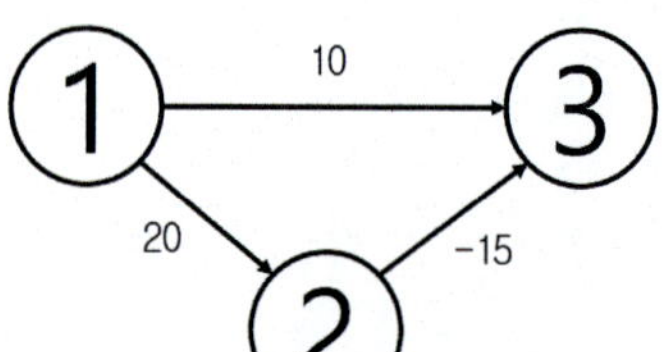

그림 XII-12 음수 거리가 포함된 그래프

<그림 XII-12>에서 '1번 노드에서 3번 노드로 가는 최단 거리'를 구한다고 가정할 때 '1번 -> 3번'으로 가는 경로는 2가지이다. 1번 -> 3번 경로와 1번 -> 2번 -> 3번으로 가는 경로 두 가지로, '1번 노드에서 3번 노드로 가는 최단 거리'는 5이다. 그러나 다익스트라 알고리즘을 사용하게 되면 이처럼 음수 간선이 있는 것을 제외하고. 매번 방문하지 않은 노드 중에서 최단 거리가 가장 짧은 노드를 선택하므로 1번 -> 3번의 경로를 선택하게 된다. 반면에 벨만-포드 알고리즘을 사용하게 되면 매번 모든 간선을 전부 확인하므로 1번 -> 2번 -> 3번의 경로를 선택하여, 최단 거리를 찾을 수 있게 된다.

```
    public static int[] shortestPath(int cost[][], int n, int v)
    {
        // n 노드 수
        // cost 배열은 인접 행렬을 나타냄, 0이나 음수도 cost로 취급함.
        int i, u, w;
        int[] distance = new int[n]; // distance[i] 는 정점 v에서 정점 i까지의 최단거리를 나
타냄
        boolean[] found = new boolean[n];
        // found[i] 는 i에서 최단 거리 발견 여부를 표시: false일 때 최단 거리 미발견, true일
때 최단거리 발견
        for(i=0; i<n; i++){
            found[i] = false;
            distance[i] = cost[v][i];
        }
        found[v] = true;
        for(i=0; i<n-2; i++){
            u = choose(distance, n, found);
            found[u] = true;
            for(w=0; w<n; w++)
                if(!found[w])
                    if(distance[u] + cost[u][w] < distance[w])
                        distance[w] = distance[u] + cost[u][w];
        }
        return distance;
    }

    public static int choose(int[] distance, int n, boolean[] found)
    {
        // 아직 check하지 않은 최단 거리를 찾음
        int i, min, minPos;
        min = INT_MAX;
        minPos = -1;
        for(i=0; i<n; i++)
            if(distance[i] < min && !found[i]){
```

```
                min = distance[i];
                minPos = i;
            }
        return minPos;
    }
```

〈예 XII-11〉 벨만-포드 알고리즘의 shortestPath()와 choose()

<예 XII-11>은 벨만-포드 알고리즘의 shortestPath()와 choose()를 보여준다. shortestPath()에서는 모든 정점의 found배열을 false로 초기화하고, 시작 정점 v에서 각 정점까지의 최단 거리를 cost배열의 값으로 초기화한다. 시작 정점 v를 found배열에서 제외한다. choose()를 사용하여, 최단 거리를 발견하지 않은 정점 중에서 최단 거리를 가진 정점 u를 선택한다. 선택한 정점 u를 found배열에서 제외하고, 정점 u에서 모든 정점 w로 가는 경로를 검사하여 최단 거리를 갱신한다. 이 때, 현재까지의 최단 거리와 새로 계산된 거리 중에서 더 작은 값을 distance배열에 저장한다. 정점 v에서 시작하여 n-1개의 정점을 방문하는 최단 경로를 찾기 위해 위 단계를 n-2번 반복하여 모든 정점 간의 최단 거리를 계산한다.

choose()는 최단 거리를 발견하지 않은 정점 중에서 최소 거리를 가진 정점을 선택하는 함수로 distance배열에서 아직 발견되지 않은 정점 중에서 가장 작은 거리를 가진 정점 u를 찾는다. found배열에서 u의 발견 여부를 확인하여 최단 거리를 발견하지 않은 정점인지 확인하고, 최단 거리를 가진 정점 u의 인덱스를 반환한다.

<예 XII-12>는 벨만-포드 최단 경로를 이용하여 시작 정점에서 다른 모든 정점까지의 최단 경로와 거리를 출력하는 예제 프로그램을 보여준다. 간선은 u, v, w 3개만 가능하도록 되어 있다. 실행 결과는 시작 정점 0에서 각 정점까지의 최단 거리를 나타낸다.

```
class Edge
{
    int u, v, w;
}

public class BellmanFord
{
    final static int INT_MAX = Integer.MAX_VALUE;

    public static void printDist(int[] dist, int n)
    {
        int i;
```

```
    System.out.printf("Distances:\n");
    for (i = 0; i < n; ++i)
        System.out.printf("to %d\t", i + 1);
    System.out.printf("\n");
    for (i = 0; i < n; ++i)
        System.out.printf("%d\t", dist[i]);
    System.out.printf("\n\n");
}

public static int[] bellmanFord(Edge[] edges, int n, int e, int s)
{
    // edges, n: # of nodes, e: # of edges
    int i, j;
    int dist[] = new int[32];

    for (i = 0; i < n; ++i)
        dist[i] = INT_MAX;
    dist[s] = 0;
    for (i = 0; i < n - 1; ++i)
        for (j = 0; j < e; ++j)
            if (dist[edges[j].u] + edges[j].w < dist[edges[j].v])
                dist[edges[j].v] = dist[edges[j].u] + edges[j].w;

    return dist; // dist[i] is the minimum distance from node s to node i
}

public static void main(String[] args)
{
    int i, j;
    int w;
    Edge[] edges = new Edge[1024];

    int n = 4;
    int e = 0;
    int[][] cost = {
        {0, 2, 0, 4}, {0, 0, 5, 0}, {0, 0, 0, 1}, {0, 0, 0, 0}
    };
    for (i = 0; i < n; ++i)
        for (j = 0; j < n; ++j)
        {
            //fscanf(fin, "%d", &w);
            w = cost[i][j];
            if (w != 0)
            {
                edges[e] = new Edge();
```

```
                edges[e].u = i;
                edges[e].v = j;
                edges[e].w = w;
                ++e;
            }
        }
        int[] result = bellmanFord(edges, n, e, 0);
        printDist(result, n);
    }
}
```

▶ 실행결과

```
Distances:
to 1    to 2    to 3    to 4
0       2       7       4
```

〈예 XII-12〉 벨만-포드 최단 경로 예제 예제 프로그램

(3) Floyd(프로이드)의 최단 경로 알고리즘

프로이드의 최단 경로 알고리즘은 모든 정점 쌍 사이의 최단 거리를 구하는 것을 목표로 하기 때문에 모든 쌍 최단 경로(All Pairs Shortest Paths) 알고리즘이라고도 말한다. 프로이드의 최단 경로 알고리즘의 주요 아이디어는 "중간 정점을 거쳐가는 경로가 더 짧은 경로일 수 있다"는 개념을 기반으로 하기 때문에 다이나믹 프로그래밍의 원리를 활용하여 모든 정점 쌍 간의 최단 거리를 구한다. 프로이드의 최단 경로 알고리즘은 음의 가중치를 가진 그래프와 음의 사이클을 포함하는 그래프에도 적용할 수이다.

<표 XII-6>에 프로이드의 최단 경로 알고리즘을 보여준다.

표 XII-6 프로이드의 최단 경로 알고리즘

- 먼저 각 정점 사이의 직접 연결된 가중치를 기반으로 최단 거리를 초기화한다. 이때, 직접 연결되지 않은 정점 쌍의 거리는 무한대 또는 충분히 큰 값을 할당하고 이것은 나중에 최단 경로를 갱신할 때 사용된다.
- 각 정점 쌍 (i, j)에 대해 다른 모든 정점 k를 중간 정점으로 고려하여 두 경로를 비교한다.
- 위의 단계를 모든 k값에 대해 반복한다.
- 최종적으로 distance행렬에 저장된 값들은 모든 정점 쌍 간의 최단 거리를 나타낸다.

$A^k[i][j]$ 는 정점 i에서 정점 j까지의 최단 경로의 길이를 나타낸다. 이때, k는 중간 경로에서 허용되는 정점의 최대 인덱스를 나타내며, k가 0부터 n-1까지 증가하면서 A^k 행렬이 계속 갱신된다.

여기서 n은 정점의 총 수를 나타낸다.

$A^k[i][j]$를 구하는 방법은 <표 XII-7>과 같다.

표 XII-7 $A^k[i][j]$ 구하는 방법

• 초기 단계 (k = -1): $A^{-1}[i][j]$ = distnace[i][j] (직접 연결된 경로의 길이) • 반복적인 갱신 (k = 0부터 n-1까지): $A^k[i][j] = \min\{A^{k-1}[i][j], A^{k-1}[i][k] + A^{k-1}[k][j]\}$

이 과정은 k가 0부터 n-1까지 증가하면서 모든 정점 쌍 i와 j 간의 최단 경로를 갱신한다. 즉, 연속적으로 $A^{-1}, A^0, A^1, \cdots, A^{n-1}$을 생성하는 것은 $A^{-1} \rightarrow A^0 \rightarrow A^1 \rightarrow \cdots \rightarrow A^{n-1}$순으로 최단 거리를 구하는 것이다. 각 반복에서, 중간 정점 k를 통과하는 경로와 그렇지 않은 경로를 고려하여 최단 경로를 갱신한다.

인덱스가 k보다 큰 정점을 통과하지 않는 i에서 j까지의 최단 경로가 인덱스가 k인 정점을 통과하지 않으면 그 길이는 $A^{k-1}[i][j]$가 된다. 정점 k를 거쳐서 가지 않는 경우 k보다 큰 정점은 통과하지 않으므로 이 경우 최단 거리는 $A^{k-1}[i][j]$ 가 된다.

반면, 최단 경로가 k를 통과한다고 하면 경로는 i에서 k까지의 경로와 k에서 j까지의 경로로 구성된다. 이러한 i에서 k까지 또, k에서 j까지의 부분 경로 둘 다 k-1보다 큰 인덱스를 가진 정점을 통과하지 않는다. 정점 k를 통과하는 경우 i에서 k까지의 최단거리는 $A^{k-1}[i][k]$에 k에서 j까지의 최단거리인 $A^{k-1}[k][j]$를 더한 값이 된다. <표 XII-8>에서는 이 과정을 의사 코드로 나타내었다.

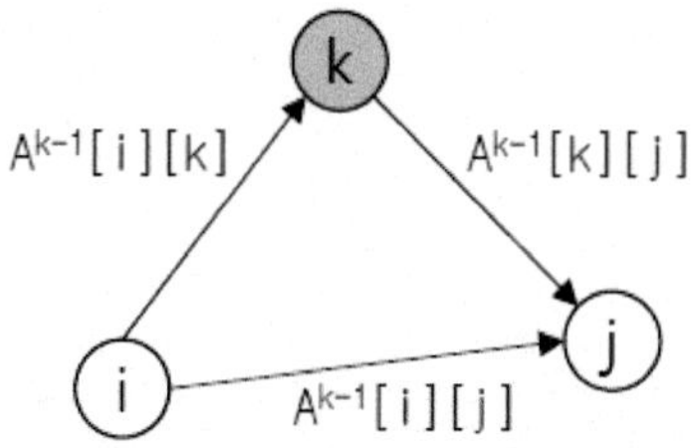

그림 XII-13 프로이드의 최단 경로 갱신

표 XII-8 프로이드의 최단 경로 알고리즘

```
void MatrixWDigraph::AllLengths(const int n)
{ // length[n][n]은 n개의 정점을 가진 그래프의 인접 행렬
  // a[i][j]는 i와 j 사이의 최단 경로의 길이.
    for(int i=0; i<n; i++)
      for(int j=0; j<n; j++)
        a[i][j] = length[i][j]; // length를 a에 복사
    for(int k=0; k<n; k++)        // 제일 큰 정점의 인덱스가 k인 경로에 대해
      for(i=0; i<n; i++)          // 가능한 모든 정점의 쌍에 대해
        for(int j=0; j<n; j++)
          if((a[i][k]+a[k][j]) < a[i][j]) a[i][j] = a[i][k] + a[k][j];
}
```

프로이드의 최단 경로 알고리즘의 시간복잡도는 $O(n^3)$가 된다. 여기서 n은 정점의 수를 나타낸다. 이는 모든 정점 쌍 간의 최단 거리를 계산하기 위해 3중 반복문을 사용하기 때문이다.

프로이드의 최단 경로 알고리즘은 그래프 내의 모든 정점 쌍 간의 최단 거리를 구할 때 유용하며, 음의 가중치와 음의 사이클이 있는 그래프에서도 사용할 수 있다. 그러나 큰 그래프에 대해서는 다른 최단 경로 알고리즘, 예를 들어 다익스트라 알고리즘 또는 벨만-포드 알고리즘을 고려해야 할 수 있다.

<예 XII-13>은 프로이드의 최단 경로 알고리즘 예제 프로그램을 보여준다. 정점간의 거리가 표시된 프로그램을 실행하고 <표 XII-9>와 같은 그래프 입력에 대해 최단 경로 행렬이 올바르게 계산되고 출력될 것이다.

표 XII-9 그래프 입력 내용

```
4 // 정점의 수
0 2 0 4 // A에서 A, B, C, D까지의 거리 (A에서 A는 0, A에서 B는 2, A에서 C는 0, A에서 D는 4)
0 0 5 0 // B에서 A, B, C, D까지의 거리
0 0 0 1 // C에서 A, B, C, D까지의 거리
0 0 0 0 // D에서 A, B, C, D까지 거리
```

```
public class FloydWarshall
{
    public static void printDist(int[][] dist, int n)
    {
```

```
        int i, j;
        System.out.printf("    ");
        for (i = 0; i < n; ++i)
            System.out.printf("%4c", 'A' + i);
        System.out.printf("\n");
        for (i = 0; i < n; ++i)
        {
            System.out.printf("%4c", 'A' + i);
            for (j = 0; j < n; ++j)
                System.out.printf("%4d", dist[i][j]);
            System.out.printf("\n");
        }
        System.out.printf("\n");
    }

    //  floydWarshall()
    //  after calling this function dist[i][j] will the the minimum distance between i and j
if it
    //       exists (i.e. if there's a path between i and j) or 0, otherwise
    public static void floydWarshall(int[][] dist, int n)
    {
        int i, j, k;
        for (k = 0; k < n; ++k)
        {
            for (i = 0; i < n; ++i)
                for (j = 0; j < n; ++j)
                    // If i and j are different nodes and if the paths between i and k
                    //    and between k and j exist, do
                    if ((dist[i][k] * dist[k][j] != 0) && (i != j))
                        // See if you can't get a shorter path between i and j by
                        //   interspacing k somewhere along the current path
                        if ((dist[i][k] + dist[k][j] < dist[i][j]) ||
                            (dist[i][j] == 0))
                            dist[i][j] = dist[i][k] + dist[k][j];
        }

    }

    public static void main(String[] args)
    {
        int n = 4;
        int[][] dist = {
            {0, 2, 0, 4}, {0, 0, 5, 0}, {0, 0, 0, 1}, {0, 0, 0, 0}
        };
```

```
        floydWarshall(dist, 4);
        printDist(dist, 4);
    }
}
```

실행결과

```
    A  B  C  D
A   0  2  7  4
B   0  0  5  6
C   0  0  0  1
D   0  0  0  0
```

〈예 XII-13〉 프로이드의 최단 경로 알고리즘 예제 프로그램

6 최소 신장 트리(Minimum Spanning Tree)

최소 신장 트리(MST)는 그래프 G에서 n개의 모든 정점과 n-1개의 간선으로 이루어진 트리이다. MST에는 사이클이 없다. 주어진 MST에 사이클이 있다면 사이클 내의 어느 간선 하나를 제거하여 MST를 만들면 된다.

<그림 XII-14>에서 MST의 예를 보여준다. 왼쪽 그래프에서 간선 하나를 제공하면 MST가 된다.

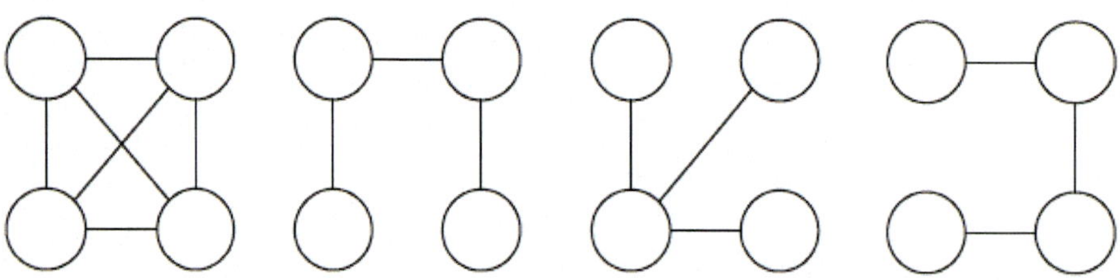

그림 XII-14 완전 그래프와 신장 트리

따라서 MST는 자유 트리(free tree)이며 정점 수 (즉, 정점을 연결)를 나타내는 |V| - 1개의 간선을 갖는다.

최소 비용 신장 트리라는 이름은 필요한 간선 집합이 트리를 형성하며 정점을 연결하며 최소 비용을 가지기 때문이다. MST는 연결된 무방향 그래프 G를 입력으로 받으며 각 간선에 거리 또는 가중치가 부여된 경우이다. MST는 G의 정점을 포함하며 G의 부분 집합인 간선을 포함한다. 이 간선들은 (1) 간선의 모든 값을 합산하여 측정된 총 비용이 최소여야 하며, (2) 정점들을 연결해야 한다.

MST가 유용한 응용 분야로는 회로 기판의 단자를 연결하는 데 필요한 최단 와이어 세트를 연결하거나, 케이블의 양을 최소화하도록 도시들을 전화선으로 연결하는 등이 있다.

최소 신장 트리를 만드는 방법으로는 주로 크루스칼 알고리즘 (Kruskal's Algorithm)과 프림 알고리즘 (Prim's Algorithm)을 사용한다. 두 알고리즘 모두 최소한의 간선으로 모든 정점을 연결하는 신장 트리를 생성한다. 선택하는 간선의 순서와 방법에 따라 최종 결과가 달라질 수 있다.

DFS와 BFS는 주로 최단 경로나 그래프 내의 모든 정점을 방문할 때 사용되며, 최소 신장 트리 생성에 직접 사용되지는 않는다. 그러나 이러한 탐색 알고리즘을 통해 그래프를 탐색하고, 간선을 선택하거나 배제하는 데 도움이 될 수 있다. 따라서 신장 트리 생성과 탐색 알고리즘은 그래프 이론과 관련된 중요한 주제 중 하나라고 할 수 있다. <그림 XII-15>는 DFS 신장 트리와 BFS 신장 트리의 차이를 보여준다.

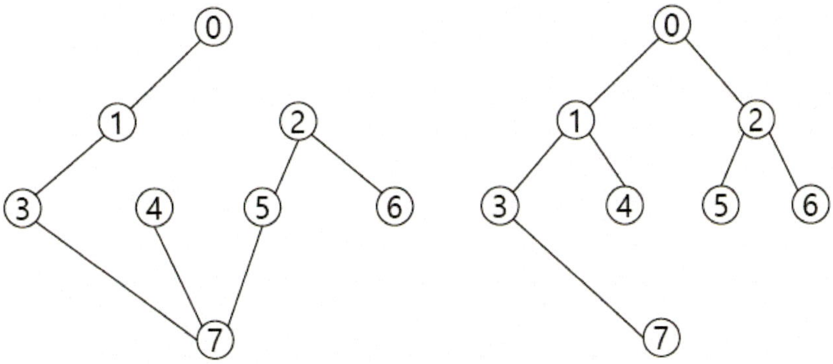

그림 XII-15 DFS 신장 트리와 BFS 신장 트리

(1) 크루스칼(Kruskal)의 최소 비용 신장 트리

크루스칼 알고리즘은 그리디 알고리즘의 일종으로, 간선의 가중치를 기준으로 최소 신장 트리를 구축한다. 초기에는 모든 정점을 개별적인 트리로 간주하고, 가장 가중치가 작은 간선부터 선택하면서 트리를 합친다. 이때 사이클이 형성되지 않도록 간선을 선택한다. 이 과정을 반복하여 최종적으로 최소 신장 트리를 생성한다. <표 XII-10>은 크루스칼의 최소 비용 신장트리 알고리즘을 보여준다.

표 XII-10 크루스칼의 최소 비용 신장 트리 알고리즘

(1) 그래프 G의 모든 간선을 가중치에 따라 오름차순으로 정리
(2) 그래프 G에서 가중치가 가장 작은 간선을 삽입
    이때, 사이클을 형성하는 간선은 삽입 불가능하므로 그다음으로 가중치가 작은 간선을 삽입

(3) 그래프 G에 n-1개의 간선을 삽입할 때까지 (2)를 반복
(4)그래프 G의 간선이 n-1개가 되면 최소 비용 신장 트리가 완성

<그림 XII-16>은 크루스칼 알고리즘의 적용 과정을 보여준다. (c)에서부터 (h)까지 보여주듯이 모든 간선을 가중치에 따라 오름차순으로 정리하고, 가중치가 가장 작은 간선부터 그래프를 추가한다. 단, 추가할 때 사이클이 생기지 않도록 주의해야 한다. 일반적으로 간선을 추가할 때 사이클이 형성되는지 확인하기 위해 두 정점이 같은 집합에 속해있는지 여부를 빠르게 확인할 수 있도록 하는 Union-Find(합집합 찾기) 알고리즘을 사용한다. 이러한 과정을 모든 정점이 연결될 때까지 반복하여, 최종적으로 모든 정점이 연결된 상태에서의 간선들로 이루어진 트리가 MST가 된다.

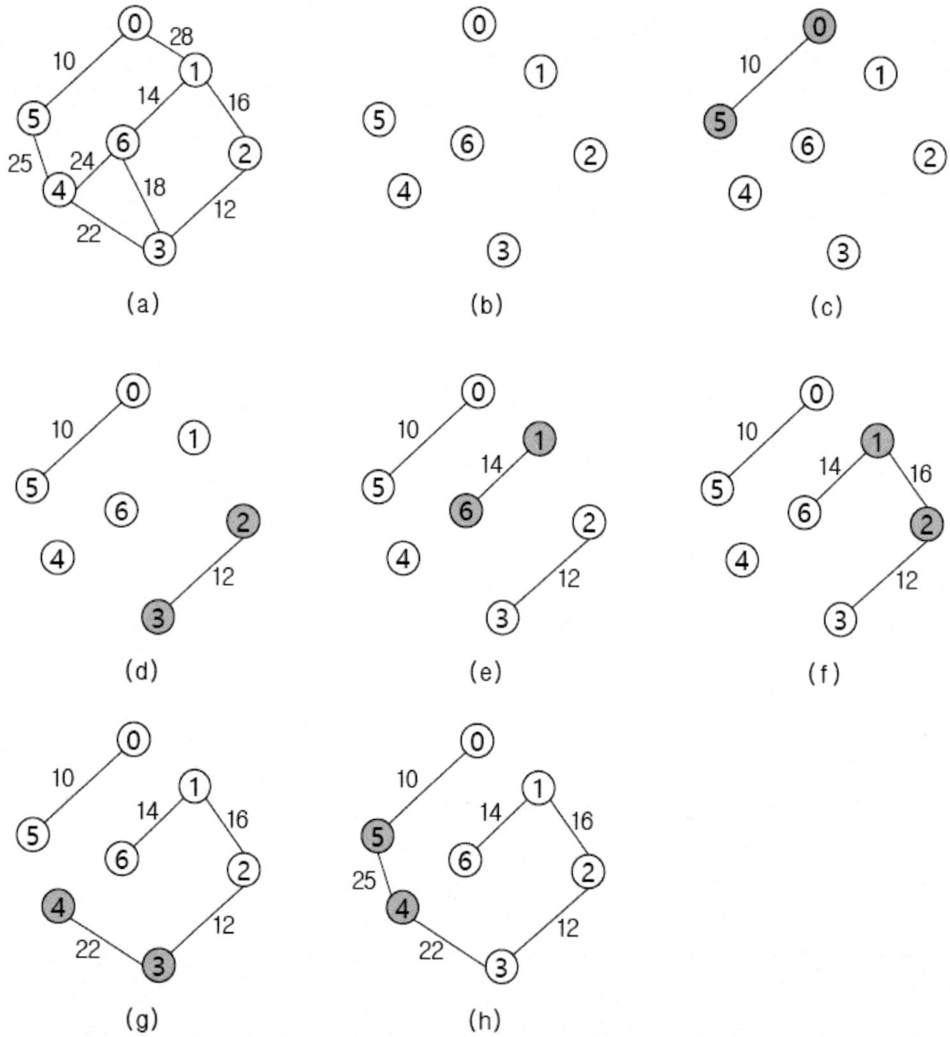

그림 XII-16 Kruskal 알고리즘의 적용 과정

```
class Edge {
    int src, dest, weight;
    Edge(int s, int d, int w) {
        src = s;
        dest = d;
        weight = w;
    }
}

public class Kruskal
{
    int V, E;
    Edge[] edges;

    Kruskal(int V, int E)
    {
        this.V = V;
        this.E = E;
        this.edges = new Edge[E];
    }

    int find(int parent[], int i)
    {
        if (parent[i] == i)
            return i;
        return find(parent, parent[i]);
    }

    void unionSets(int parent[], int x, int y)
    {
        int rootX = find(parent, x);
        int rootY = find(parent, y);
        parent[rootX] = rootY;
    }

    void swap(Edge[] list, int i, int j)
    {
        Edge temp = list[i];
        list[i] = list[j];
        list[j] = temp;
    }

    void bubbleSort(Edge[] list, int n)
    {
        for(int i = n-1; i >= 0; i--) {
```

```
            for(int j =0; j < i; j++) {
                if(list[j].weight > list[j+1].weight) {
                    swap(list, j, j+1);
                }
            }
        }
    }

    void kruskal()
    {
        Edge[] result = new Edge[V];  // 최소 비용 신장 트리를 저장할 배열
        int e = 0;  // 결과 배열에 추가된 간선의 인덱스
        int i = 0;  // 정렬된 간선 배열의 인덱스
        int[] parent = new int[V];

        //qsort(edges, E, sizeof(edges[0]), compareEdges);
        bubbleSort(edges, E);

        for (int v = 0; v < V; v++)
            parent[v] = v;  // 각 정점을 자기 자신으로 초기화
        while (e < V - 1 && i < E) {
            Edge nextEdge = edges[i++];
            int x = find(parent, nextEdge.src);
            int y = find(parent, nextEdge.dest);
            if (x != y) {
                result[e++] = nextEdge;
                unionSets(parent, x, y);
            }
        }
        System.out.printf("최소 비용 신장 트리:\n");
        for (int j = 0; j < e; j++) {
            System.out.printf("%d  -  %d:  %d\n",  result[j].src,  result[j].dest,
result[j].weight);
        }
    }

    public static void main(String[] args)
    {
        int V = 4;  // 정점의 수
        int E = 5;  // 간선의 수

        Kruskal graph = new Kruskal(V, E);
        // 간선 추가
        graph.edges[0] = new Edge(0, 1, 10);
        graph.edges[1] = new Edge(0, 2, 6);
```

```
        graph.edges[2] = new Edge(0, 3, 5);
        graph.edges[3] = new Edge(1, 3, 15);
        graph.edges[4] = new Edge(2, 3, 4);
        graph.kruskal();
    }

}
```

실행결과

```
최소 비용 신장 트리:
2 - 3: 4
0 - 3: 5
0 - 1: 10
```

〈예 XII-14〉 크루스칼의 MST 예제 프로그램

(2) 프림(Prim)의 최소 비용 신장 트리

프림 알고리즘은 시작 정점에서부터 출발하여 트리를 확장해 나가는 방법이다. 시작 정점을 선택하고, 해당 정점과 연결된 간선 중에서 가장 가중치가 작은 간선을 선택하여 트리에 추가한다. 추가한 정점에서 다시 연결된 간선 중에서 가장 가중치가 작은 간선을 선택하여 트리를 확장한다. 이 과정을 반복하여 최종적으로 최소 신장 트리를 생성한다. <표 XII-11>은 프림의 최소 비용 신장트리 알고리즘을 보여준다.

표 XII-11 프림의 최소 비용 신장 트리 알고리즘

한 번에 한 간선씩 최소 비용 신장 트리를 구축 (1) 각 단계에서 선택된 간선의 집합은 트리 (2) 하나의 정점으로 된 트리 T에서 시작 (3) 최소 비용 간선 (u,v)를 구해 T ∪ {(u,v)}이 트리가 되면 T에 추가 (4) T에 n-1개의 간선이 포함될 때까지 간선의 추가 단계를 반복 (5) 추가된 간선이 사이클을 형성하지 않도록 각 단계에서 간선 (u,v)를 선택할 때 u 또는 v중 오직 하나만 T에 속한 것을 선택

<그림 XII-17>은 프림 알고리즘의 적용 과정을 보여준다. <그림 XII-17>의 (a)를 기준으로 <그림 XII-17>의 (a)에서 정점 0을 선택하여 이를 MST에 추가하고, 여기서부터 연결된 간선 중 최소 가중치를 갖는 간선을 찾아이와 연결된 정점을 MST에 추가한다.이러한 과정을 모든 정점이 연결될 때까지 반복하여, 최종적으로 모든 정점이 연결된 상태에서의 간선들로 이루어진 트리가

MST가 된다.

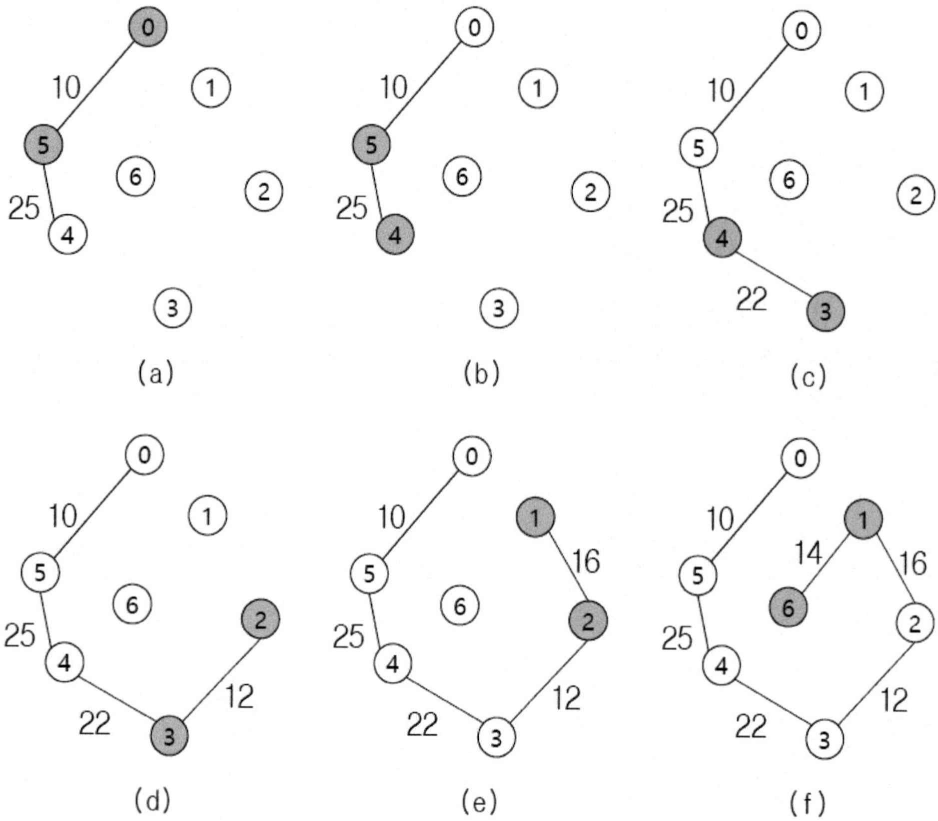

그림 XII-17 프림 알고리즘의 적용 과정

```
public class PrimMST
{
    final static int V = 5; // 정점의 수
    final static int INT_MAX = Integer.MAX_VALUE;

    public static int minKey(int[] key, boolean[] mstSet)
    {
        int min = INT_MAX, min_index = 0;
        for (int v = 0; v < V; v++) {
            if (!mstSet[v] && key[v] < min) {
                min = key[v];
                min_index = v;
            }
        }
        return min_index;
```

```
    }

    public static void printMST(int[] parent, int[][] graph)
    {
        System.out.printf("최소 비용 신장 트리:\n");
        for (int i = 1; i < V; i++) {
            System.out.printf("%d - %d: %d\n", parent[i], i, graph[i][parent[i]]);
        }
    }

    public static void primMST(int[][] graph)
    {
        int[] parent = new int[V];
        int[] key = new int[V];
        boolean[] mstSet = new boolean[V];

        for (int i = 0; i < V; i++) {
            key[i] = INT_MAX;
            mstSet[i] = false;
        }
        key[0] = 0;  // 시작 정점을 선택
        for (int count = 0; count < V - 1; count++) {
            int u = minKey(key, mstSet);
            mstSet[u] = true;
            for (int v = 0; v < V; v++) {
                if (graph[u][v] !=0 && !mstSet[v] && graph[u][v] < key[v]) {
                    parent[v] = u;
                    key[v] = graph[u][v];
                }
            }
        }
        printMST(parent, graph);
    }

    public static void main(String[] args)
    {
        int[][] graph = {
            {0, 2, 0, 6, 0},
            {2, 0, 3, 8, 5},
            {0, 3, 0, 0, 7},
            {6, 8, 0, 0, 9},
            {0, 5, 7, 9, 0}
        };
        primMST(graph);
    }
```

```
}
```

실행결과

```
최소 비용 신장 트리:
0 - 1: 2
1 - 2: 3
0 - 3: 6
1 - 4: 5
```

〈예 XII-15〉 프림의 MST 예제 프로그램

Exercise

01. 다음 그래프를 인접 행렬(Adjacency Matrix)과 인접 연결 리스트(Linked Adjacency Lists)로 표현하시오.

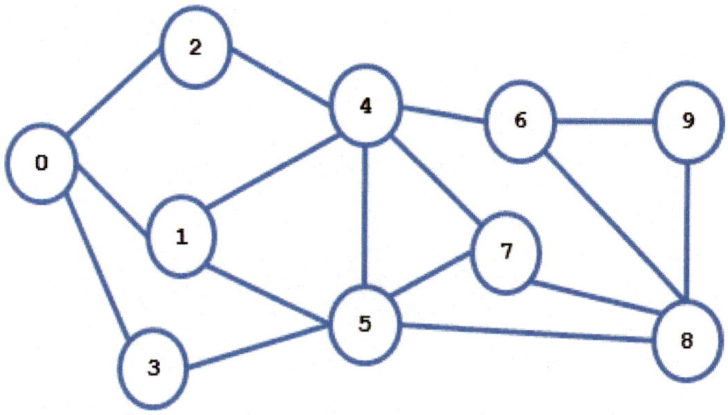

02. 다음 Direct Graph에서 정점 "A"에서 시작하여 깊이 우선 탐색(DFS)과 너비우선 탐색(BFS)으로 탐색하였을 경우 스택과 큐를 활용하여 탐색하고 탐색 순서를 쓰고 스택과 큐의 변화를 각각 표현하시오.

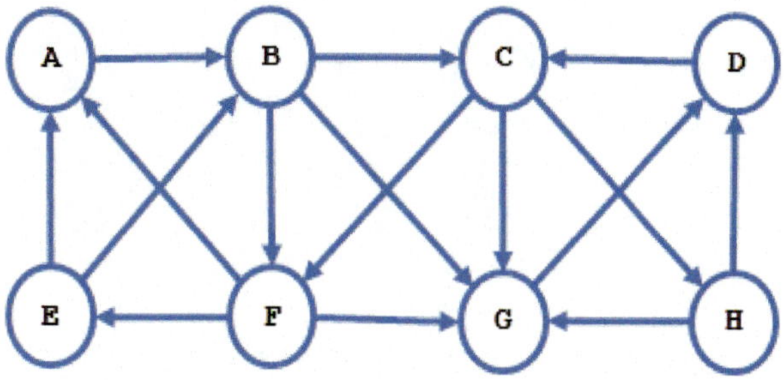

03. 다음 음의 길이 간선을 가진 방향 그래프에서 Bellman-Ford 알고리즘을 이용하여 정점 A에서 정점 E까지의 최단 경로를 찾는 방법을 도시화하시오.

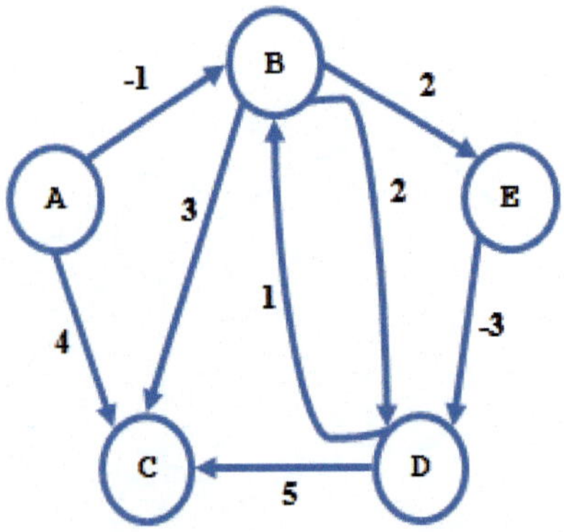

04. 다음 가중치 그래프에서 Dijkstra 알고리즘(양수 간선 비용 알고리즘)을 이용하여 정점 "A"에서 정점 "E"까지의 최단 경로를 찾는 방법을 도시화하시오.

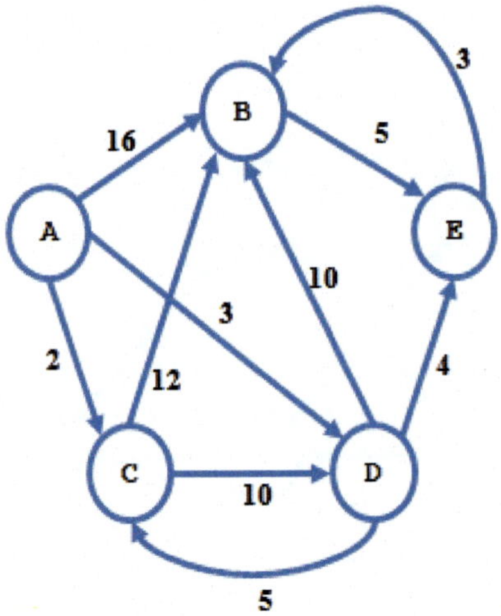

05. 다음과 같이 비용(가중치, Weighted) 그래프에서 (1) Kruskal 알고리즘과 (2) Prim의 알고리즘(정점 "A"에서 시작한다고 가정)을 각각 적용하였을 때 최소비용신장트리(Minimum cost spanning tree)를 찾는 과정을 도시화하시오.

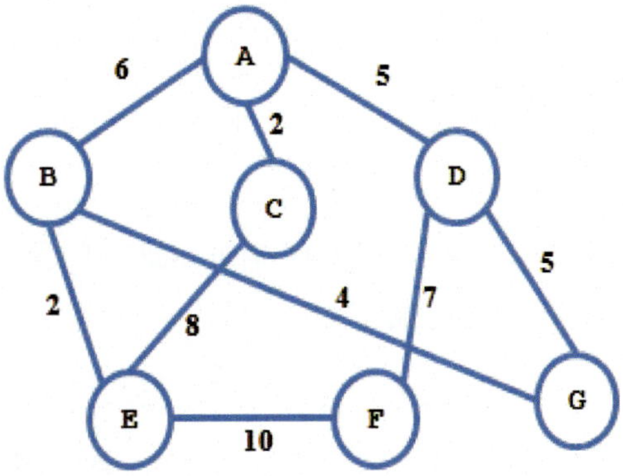

06. |V|가 방향 그래프의 정점 수이고, |E|가 간선의 수이면 Dijkstra 알고리즘의 실행 시간을 빅-오 표기법으로 쓰고 그 이유를 쓰시오.

07. 아래의 다이어그램은 Kruskal 알고리즘의 실행 중간 단계에서의 그래프와 파티션 데이터 구조를 보여준다.

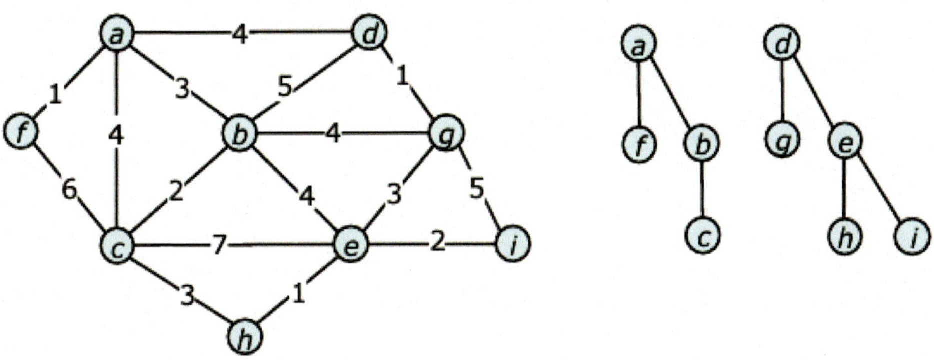

(1) 그래프에서 현재까지 계산된 부분 MST 솔루션에는 어떤 간선들이 포함되어 있는지 확인하시오.

(2) 파티션 데이터 구조에서 a와 e의 rank 값은 무엇인지 쓰시오.

(3) Kruskal 알고리즘 대신, 간선 {u,v}을 고려할 때 현재 '파란 트리(blue tree)'에서 정점 u를 포함하는 트리 순회를 수행하고 v가 트리에 있는지 확인하는 알고리즘을 고려해 보자. 이 알고리즘의 Kruskal 알고리즘의 실행 시간에 대한 빅-오 바운드를 제시하고, 왜 실행 시간이 해당 바운드만큼 나쁠 수 있는지 설명하시오.

08. Prim의 알고리즘을 효율적으로 구현하여 위의 그래프에 대한 최소 비용 신장 트리(MST)를 찾고, 이 프로그램의 실행 시간을 계산하시오.

09. Kruskal의 알고리즘을 사용하여 MST를 찾으시오. 구현에서는 간선 집합을 구성하기 위해 힙 데이터 구조를 사용하고, union 및 find를 구현하기 위해 MFSET 데이터 구조를 사용하시오. 그리고 Prim의 알고리즘과의 실행 시간을 비교하시오.

10. 아래에서 지정된 상황에 대한 연결된 그래프의 예를 제시하시오. 상황에 대한 예가 존재하지 않는 경우 그 이유를 쓰시오.

(1) 그래프에서 모든 최소 비용 신장 트리(MST)에 최대 비용 간선이 포함된 경우

(2) 최대 비용 간선이 어떤 MST에도 포함되지 않는 그래프

(3) 최소 비용 간선이 어떤 MST에도 포함되지 않는 그래프

찾아보기

기호

1차원 배열 3
2-3 트리 344
2-3-4 트리 349
2차원 배열 2

영문

ADT(Abstract Data Type) 2, 36, 127, 163, 296, 364
ArrayDeque 157, 192
ArrayList 120, 290
AVL(Andelson Velsky Landis) 트리 203, 334
Big Oh(O) 41
bottom(base) 126
B-tree 35
Comparator 289
Deque 157
Dijikstra(다익스트라) 383
forEach 5
front 162
icp(incoming precedence) 142
isp(in-stack precedence) 142
LinkedList 192
LL 회전 335
LR 회전 335
N-퀸 문제(N-queens problem) 126
Omega(Ω) 42
pop 연산 126
push 연산 126
rear 162
RL 회전 339
RR 회전 335
Stack 157
String(문자열) 13
Theta(θ) 42
top 126

ㄱ

가중 그래프(weighted graph) 358
간선(edge) 357
개방 주소법(open addressing) 300
곱셈 원리(multiplication principle) 22
공간복잡도(space complexity) 40
균일 해시 함수(uniform hash function) 303
그래프 순회(graph traversal) 363
그래프(graph) 356
기댓값(expectation value) 28
기수 정렬(radix sort) 280
깊이 우선 탐색(DFS) 56, 364
깊이(depth) 199, 364

ㄴ

너비 우선 탐색(BFS, breadth first search) 374

ㄷ

다항식(polynomial) 82
단순성(simplicity) 37
단일 연결 리스트(singly linked list) 74
대수 방정식(algebraic equation) 25
더미 노드(dummy node) 95
덧셈원리(addition principle) 22
동적 해싱(dynamic hashing) 310
동적배열(dynamic array) 131

ㄹ

랜덤 조사(random probing) 301
랜덤화 퀵 정렬 271
레드-블랙(red-black) 트리 203, 349
레벨(level) 199
루트(root) 노드 199
리프(leaf) 노드 198

ㅁ

명확성(clarity) 37
명확성(definiteness) 34
무방향 그래프(undirected graph) 358

ㅂ

방향 그래프(directed graph, digraph) 358
방향 비순환 그래프
(DAG, directed acyclic graph) 359
배열을 이용한 이진 트리 구현 204
버블 정렬(bubble sort) 262
버킷(bucket) 297
벨만-포드(Bellman-Ford) 알고리즘 388
병합 정렬(mergesort) 49, 266
보간 탐색(interpolatio search) 328
복합 자료구조(compund) 36
부모 노드 198
분할 정복(divide and conquer)
49, 59, 266, 267
비선형 자료구조(non-linear data structure) 198
비연속적(non-contiguous) 구조 51
비재귀적 퀵 정렬 269
빅 오(big oh, O) 27

ㅅ

삼분할 퀵 정렬 269
삽입 정렬(insertion sort) 264
색인 순차 탐색(indexed sequential search) 325
서브트리(subtree) 198
선입선출(FIFO, first-in first-out) 162
선택 정렬(selection sort) 263
선택 트리(selectio tree) 247
선형 자료구조(linear data structure) 198
선형 조사(linear probing) 301
순열(permutation) 22
순차 탐색(sequential search) 320
스택 오버플로우(stack overflow) 63, 129
스택(stack) 127
슬롯(slot) 297
승자 트리(winner tree) 248
시간복잡도(time complexity) 37
쓰레기 수집(garbage collection) 78
쓰리 미디언 퀵 정렬 273

ㅇ

알고리즘(algorithm) 34
어셈블리(assembly) 36
연결 리스트(linked list) 51, 74
연결 리스트를 이용한 이진 트리의 표현 206
연결 스택(linked stack) 151
연결 요소(connected components) 358
연속적(contiguous) 구조 50
예외 처리 19
완전 그래프(complete graph) 358
완전 이진 트리(complete binary tree) 201
우선순위 큐(priority queue) 223
원시(primitive) 3, 35
유한성(finiteness) 34
의사코드(pseudo-code) 34
이중 연결 리스트(doubly linked list) 74
이중 해싱(double hashing) 301
이중 회전 알고리즘 339
이진 탐색 트리(BST, binary search tree)200, 335
이진 탐색(binary tree) 321
이진 트리(binary tree) 200
이차 조사(quadratic probing) 301
인접 리스트(adjacency list) 360
인접 행렬(adjacency matrix) 360
인터프리터(interpreter) 35

ㅈ

자기 참조 클래스 76
자식 노드 198
재귀 함수(recursive function) 26, 56
재귀식(recurrence) 26, 57
재해싱(rehashing) 304

적재 인수(loading factor) 301
전위 순회(preorder traversal) 209
전위(prefix) 표기법 126
점근적 알고리즘 분석(asymptotic algorithm analysis) 33
점근적 표기법(asymptotic notations) 27
정렬(sorting) 261
정적 메소드 12
정적 해싱(static hashing) 300
정적배열(static array) 223
정점(vertex) 357
정확성(correctness) 37
제자리 정렬(in-place sorting) 230
조합(combination) 22
중앙 피벗 퀵 정렬 278
중위 순회(inorder traversal) 209
중위(infix) 표기법 126
지수(exponent) 23
지표 무작위 변수(indicator random variable) 29

ㅊ

참조(reference) 4, 75
체인법(chaining) 300, 307
최단 경로 문제(short-path problem) 356
최대 힙(max heap) 215, 280
최소 신장 트리 (minimum spanning tree, MST) 396
최소 힙(min heap) 215
최적성(optimality) 37
충돌(collision) 297

ㅋ

퀵 정렬(quick sort) 267
큐(queue) 162
크루스칼(Kruskal) 알고리즘 (최소 신장 트리) 397
클래스 9

ㅌ

탐색(searching) 320
트리(tree) 198

ㅍ

패자 트리(loser tree) 254
팩토리얼(factorial) 22, 56
편향 이진 트리(skewed binary tree) 201
포화 이진 트리(perfect binary tree) 201
푸리에 트리(fourier tree) 255
프림(Prim) 알고리즘 401
피보나치(fibonacci) 26, 58

ㅎ

하노이의 탑(towers of hanoi) 56
해시 테이블(hash table) 296
해시 함수 296
해시 함수(hash function) 296
해싱(hashing) 295
헤드 노드(ehad node) 95
확률 변수(random variable) 28
환형 연결 리스트(circularly linked list) 74
환형 큐(circular queue) 164
효과성(effectiveness) 34
후위 순회(postorder traversal) 209
후위(postfix) 표기법 137
후입선출(LIFO, last-in first-out) 126
힐버트 곡선(Hilber Curve) 65
힙 정렬(heap sort) 230
힙 트리(heap tree) 215